《地方节能监察法制建设2012》
编委会名单

主　　编： 李仰哲

副 主 编： 徐志强　杨　博

编 委 会： 申京云　赵亚如　尚阿浪　李　福　孙永东　崔　仲

张　墨　郝宁宁　吴光中　林培勋　朱亚明　朱　辉

程百军　向进斌　陈　健（广东）　卢建明　李　平

周金科　刘德义　吴斌翔　克里木江·玉素甫　孙公廉

官义高　陈　健（宁波）　戚桂林　唐宝坤　蔺启良

王鲁迤　刘德权　曹向东

编写人员： 高　健　张　宇　杨碧玉　辛　升　刘　源　李宇涛

吴　云　刘红斌　杨建荣　刁立璋　董巨威　曹海滨

翟国富　秦恒春　王　英　刘　锋

2012

地方节能监察法制建设

李仰哲 主编

中国发展出版社
CHINA DEVELOPMENT PRESS

图书在版编目（CIP）数据

地方节能监察法制建设 2012/李仰哲主编 . —北京：中国发展出版社，2012.7

ISBN 978 – 7 – 80234 – 791 – 5

Ⅰ. 地… Ⅱ. 李… Ⅲ. 节能—能源法—汇编—中国 Ⅳ. D922.670.9

中国版本图书馆 CIP 数据核字（2012）第 100026 号

书　　　名：地方节能监察法制建设 2012

主　　　编：李仰哲

出 版 发 行：中国发展出版社

　　　　　　（北京市西城区百万庄大街 16 号 8 层　100037）

标 准 书 号：ISBN 978 – 7 – 80234 – 791 – 5

经 销 者：各地新华书店

印 刷 者：北京明恒达印务有限公司

开　　　本：787×1092mm　1/16

印　　　张：37.5

字　　　数：600 千字

版　　　次：2012 年 7 月第 1 版

印　　　次：2012 年 7 月第 1 次印刷

定　　　价：95.00 元

咨 询 电 话：(010) 68990642　68990692

购 书 热 线：(010) 68990682　68990686

网　　　址：http://www.develpress.com.cn

电 子 邮 件：fazhanreader@163.com

目　　录

Ⅳ　年度监察计划、方案

VI 专项监察通知

第一部分

地方性法规

1. 《北京市实施〈中华人民共和国节约能源法〉办法》

（北京市人民代表大会常务委员会公告第9号）

《北京市实施〈中华人民共和国节约能源法〉办法》已由北京市第十三届人民代表大会常务委员会第十八次会议于 2010 年 5 月 28 日修订，现将修订后的《北京市实施〈中华人民共和国节约能源法〉办法》予以公布，自 2010 年 7 月 1 日起施行。

北京市第十三届人民代表大会常务委员会

2010 年 5 月 28 日

第一章　总　则

第一条　为了实施《中华人民共和国节约能源法》，结合本市实际情况，制定本办法。

第二条　本办法适用于本市行政区域内的节能管理、能源使用和节能技术的开发、利用等活动。

第三条　本市贯彻节约资源的基本国策，实施节约与开发并举、把节约放在首位的能源发展战略，建设资源节约型、环境友好型社会。

节能工作遵循政府引导、市场调节、科技推动、社会参与的原则。

第四条　市和区、县人民政府应当将节能工作纳入国民经济和社会发展规划、年度计划，并组织编制和实施节能中长期专项规划、年度节能计划。

市和区、县人民政府每年向同级人民代表大会或者其常务委员会报告节能工作。

第五条　市和区、县人民政府应当根据经济和社会发展的需要，调整产业结构、企业结构、产品结构和能源消费结构，加快发展低能耗的高新技术产业、服务业、现代制造业和节能环保产业，限制发展高耗能产业，提高能源利用效率。

第六条　市和区、县发展改革部门主管本行政区域内的节能监督管理工作，负责节能综合协调，组织拟定本市节约能源综合规划，按照职责分工组织实施节能监察和考核工作。

发展改革部门所属的节能监察机构具体实施节能监察工作。

经济和信息化、住房和城乡建设、交通、公共机构节能管理、市政市容、规划、科技、财政、质量技术监督、统计、农业等部门在各自的职责范围内负责节能监督管理工作，并接受同级发展改革部门的指导。

第七条　本市鼓励、支持节能科学技术的研究、开发、示范应用及推广，促进节能技术的创新与进步。

鼓励、支持开发利用新能源、可再生能源。

第八条　市发展改革部门应当会同有关部门和社会组织，开展节能宣传和教育，通过国民教育和培训体系、节能宣传周、节能社区、节能家庭、志愿者服务等形式，普及节能科学知识，增强公众的节能意识，倡导节约型的消费方式。

新闻媒体应当加强宣传节能法律、法规、政策和节能知识，对浪费能源的行为进行舆论监督。

本市在每年六月开展节能宣传周活动。

第二章　节能管理

第九条　市和区、县人民政府建立议事协调机制，统筹协调、组织推动本地区节能工作，研究解决节能工作中的重大问题。

第十条　本市实行节能目标责任制和节能考核评价制度。市人民政府根据节能中长期专项规划和年度节能计划，与区、县人民政府签订节能目标责任书，将节能目标完成情况作为对区、县人民政府及其负责人考核评价的内容。

节能目标、节能考核评价标准应当结合各区、县发展水平、区域功能定位和各类能耗所占比重等因素，科学合理地制定。

第十一条　经济和信息化、住房和城乡建设、交通、公共机构节能管理、市政市容等部门会同发展改革部门，根据本市节能中长期专项规划，分别编制工业、民用建筑、交通运输、公共机构、供热等领域或者系统的节能规划，报市人民政府批准后实施。

节能规划应当包括编制依据、节能目标、重点任务、保障措施等内容。

第十二条　本市节能领域严格执行国家标准、行业标准。没有国家标准、行业标准，本市需要制定地方标准的，或者本市需要制定严于强制性国家标准、行业标准的地方标准的，由市质量技术监督部门、有关行政部门依法组织制定。本市制定的地方节能标准应当公布，并根据经济社会发展情况适时修订。

第十三条　本市按照国家规定实行固定资产投资项目节能评估和审查制度。达到国家规定的规模和标准的项目，由市发展改革部门组织节能评估并出具节能审查意见。

固定资产投资项目的建设单位和设计单位，应当按照节能强制性标准及节能审查意见进行建设项目的设计。施工图设计文件审查机构应当按照节能强制性标准及节能审查意见对施工图设计文件进行审查。

固定资产投资项目的施工单位、监理单位和建设单位，应当按照审查合格的施工图设计文件进行施工、监理和竣工验收。

第十四条　市经济和信息化部门编制工业结构调整目录，指导用能单位对耗能过高的用能产品、设备和生产工艺实施技术改造。

第十五条　禁止生产、进口、销售国家明令淘汰或者不符合强制性能源效率标准的用能产品、设备；禁止使用国家明令淘汰的用能设备、生产工艺。

第十六条　质量技术监督部门按照国家规定对高耗能特种设备的设计、制造、安装、改造、维修、使用及检验检测实行节能审查和监管。

第十七条　市统计部门建立健全能源统计制度和能源统计指标体系，定期发布主要耗能行业的能源消费和节能情况等信息。

第十八条　市发展改革部门建立统一的节能公共服务网站，公布节能政策法规、节能服务机构名录，宣传节能知识，介绍节能技术和产品，披露违反节能法律、法规行为的信息，促进节能信息资源共享。

第十九条　政府部门可以委托行业协会、节能服务机构开展节能宣传培训、信息咨询和技术推广等工作。

第二十条　本市建立和完善节能服务体系，支持节能服务机构开展节能咨询、设计、评估、检测、审计、认证等活动，开展节能知识宣传和节能技术培训，提供节能信息、节能示范和其他公益性节能服务。

节能服务机构应当按照法律规定和合同约定从事节能服务活动，提高服务质量，保障提供的信息真实、准确。

市和区、县人民政府及负有节能监督管理职责的部门制定与节能有关的政策和标准时，应当听取节能服务机构的意见。

第二十一条　本市推行合同能源管理，发展节能服务产业。节能服务机构通过与用能单位签订节能服务合同，为用能单位提供节能诊断、融资、改造等服务，并按照合同约定与用能单位分享节能效益。

本市将合同能源管理项目纳入有关专项资金支持范围，对采用合同能源管理方式实施的节能改造项目，按照国家和本市有关规定，给予税收扶持和补助、奖励。

用能单位采用合同能源管理方式支付节能服务机构的支出，按照国家会计制度的规定予以列支。

鼓励金融机构根据节能服务机构的融资需求特点，创新信贷产品，拓宽担保品范围，简化申请和审批手续，为节能服务机构提供项目融资、保理等金融服务。

第二十二条　任何单位和个人应当依法履行节能义务，有权举报浪费能源的违法行为。

负有节能监督管理职责的部门应当公布举报电话、电子邮箱或者其他联系方式；接到举报，应当完整地进行记录，及时调查核实并依法做出处理。

负有节能监督管理职责的部门应当为举报人保密；对举报属实、为查处违法案件提供线索和证据的举报人给予奖励。

第三章　合理使用与节约能源

第二十三条　用能单位应当加强用能管理，采取技术上可行、经济上合理及环境和社会可承受的措施，降低能源消耗，减少排放，有效、合理地利用能源，制止能源浪费。

第二十四条　用能单位应当做好以下工作：

（一）建立节能目标责任制和节能奖惩制度；

（二）制定并实施节能计划和节能技术措施；

（三）建立月度能源消费统计台账和能源利用状况分析制度；

（四）定期开展节能教育和岗位节能培训。

年综合能源消费总量 2000 吨以上不满 1 万吨标准煤的用能单位，除市发展改革部门指定的重点用能单位外，应当每年向所在地的区、县发展改革部门报送能源利用状况报告。

第二十五条　用能单位应当加强能源计量管理，按照规定配备和使用经依法检定合格的能源计量器具，记录和汇总能源计量原始数据，确保数据真实、完整。

第二十六条　供热单位应当加强供热系统节能管理，对供热系统进行定期检查、维护和更新改造，提高供热系统效率。

第二十七条　能源生产经营单位不得向本单位职工无偿提供能源。任何单位不得对能源消费实行包费制。

第二十八条　本市鼓励用能单位与同行业的能源效率先进水平指标进行对比，强化节能管理，实施节能技术改造，优化用能结构，提高能源利用效率。

有关行业协会应当为会员单位进行能效指标对比和优化节能管理提供指导和咨询服务。

第二十九条　本市鼓励工业企业采用高效、节能的电动机、锅炉、窑炉、风机、泵类等设备，采用热电联产、余热余压利用、洁净煤以及先进的用能监测和控制等技术。

第三十条　电网企业应当按照国家规定的并网技术标准，加强电网建设，提高吸纳可再生能源电力的能力，为可再生能源发电提供上网服务。

第三十一条　建筑所有权人或者使用权人应当保证建筑用能系统正常运行，不得人为损坏建筑围护结构和用能系统。

第三十二条　本市在民用建筑领域推广太阳能利用系统，其中，新建保障性住房、政府投资的公共建筑，以及在小城镇、工业园区建设中应当率先推广使用。新建民用建筑安装太阳能利用系统或者预留安装位置的，应当符合国家和本市有关太阳能利用系统与建筑一体化设计、施工的技术标准，并与建筑主体工程同步设计、同步施工、同步验收。具体办法由市住房和城乡建设部门会同有关部门制定，报市人民政府批准后执行。

本市推广太阳能在新农村建设中的普及和应用；开展示范项目，支持农业生产、农民生活与太阳能利用相结合。

支持太阳能利用项目的补贴办法按照市人民政府有关规定执行。

第三十三条　既有居住建筑不符合民用建筑节能强制性标准的，在尊重该建筑所有权人意愿的基础上，逐步实施节能改造。节能改造费用由政府、建筑所有权人共同负担。

住房和城乡建设部门制定既有居住建筑节能改造计划，明确节能改造的范围、要求和项目实施单位，报同级人民政府批准后执行。

第三十四条　居住建筑以外的其他既有民用建筑不符合民用建筑节能强制性标准的，在进行扩建、改建时，应当同步进行节能改造。

第三十五条　农民对住宅实施节能保温改造的，按照本市有关规定给予政策性资金扶持。

第三十六条　使用空调采暖、制冷的公共建筑应当改进空调运行管理，充分利用自然通风，并按照国家规定实行室内温度控制制度。

第三十七条　实行集中供热的建筑分步骤实行供热分户计量、按用热量收费的制度。新建建筑或者对既有建筑进行节能改造，应当按照规定安装用热计量装置、室内温度调控装置和供热系统调控装置。新建建筑未按照规定安装用热计量装置、室内温度调控装置和供热系统调控装置的，建设单位不得出具竣工验收合格报告。

第三十八条　公用设施、公共场所的照明和大型建筑物装饰性景观照明及其控制系统应当优先使用节电的技术、产品和新能源，按照节能要求降低照明能耗。

第三十九条　本市促进各种交通运输方式协调发展和有效衔接，优化交通运输结构，建设节能型综合交通运输体系；推进交通信息化建设，建设智能交通运输管理系统，逐步提高交通运行效率。

第四十条　本市优先发展公共交通、轨道交通，推广大容量快速公交系统，科学规划调整公共交通线路布局，优化城市道路网络系统。

第四十一条　本市鼓励和支持公共交通等公共服务行业优先采购和使用电动车、混合动力车、天然气车等节能环保型汽车。

第四十二条　公共机构应当落实下列节能管理工作：

（一）制定年度节能目标和实施方案，有针对性地采取节能管理或者节能改造措施；

（二）带头使用节能产品和设备，提高能源利用效率；

（三）加强能源消费计量和监督管理，定期报告能源消费状况；

（四）对重点用能部位的用能情况实行监测，采取有效措施降低能耗。

公共机构负责人对本单位节能工作全面负责。

第四十三条　公共机构新建建筑和既有建筑节能改造，应当使用新型墙体材料等节能建筑材料和节能设备。具备可再生能源利用条件的，应当安装和使用可再生能源利用系统。

发展改革部门应当安排对公共机构既有建筑的节能改造投资。

第四十四条　本市推广绿色建筑标准，鼓励、支持新建民用建筑执行绿色建筑标准，鼓励、支持既有民用建筑通过改造达到绿色建筑标准。具体办法由市住房和城乡建设部门会同有关部门制定，报市人民政府批准后执行。

第四十五条　公共机构节能管理部门制定公共机构能源消耗定额标准，对公共机构实行能源消耗定额管理制度。能源消耗定额标准应当根据经济社会发展状况定期调整。

第四十六条　公共机构和大型公共建筑应当安装能源消耗计量装置，实行能源消耗分类、分项计量和能源审计制度。

公共机构和大型公共建筑的能源消耗情况按照国家有关规定向社会公布。

第四十七条　市发展改革部门按照国家规定加强对重点用能单位的节能管理，并于每年 6 月底前会同统计部门向社会公布全市重点用能单位的能源利用状况。

第四十八条　市发展改革部门在年综合能源消费总量 5000 吨以上不满 1 万吨标准煤的用能单位中指定重点用能单位，并会同统计部门公布具体名单。

市发展改革部门指定的重点用能单位在每年 3 月底前向市发展改革部门报送上年度的能源利用状况报告。

市发展改革部门应当组织对重点用能单位报送的能源利用状况报告进行审查。对节能管理制度不健全、节能措施不落实、未完成年度节能考核目标、能源利用效率低的重点用能单位，发展改革部门应当开展现场调查，组织实施用能设备能源效率检测，责令实施能源审计，并提出书面整改要求，限期整改。

第四十九条 能源审计主要包括下列内容：

（一）查阅用能系统、设备台账资料，核对能源消耗计量记录；

（二）检查用能系统、设备及能源计量器具的运行状况，审查节能管理制度及能源消耗定额执行情况；

（三）查找存在节能潜力的用能环节或者部位，提出合理使用能源的建议。

第五十条 重点用能单位应当设立能源管理岗位，按照国家规定的条件聘任能源管理负责人，并报所在地的区、县发展改革部门和有关部门备案。

能源管理负责人应当接受节能培训。

第五十一条 政府有关部门可以采用在线监测和现场检测等方式，掌握公共机构、大型公共建筑、重点用能单位和其他用能单位的用能情况。有关用能单位应当予以配合。

政府有关部门应当加强节能监测，并利用在线监测系统或者通过现场检测等方式，为用能单位提供指导和服务。

第四章 节能技术进步

第五十二条 市和区、县人民政府应当把节能技术研究开发作为政府科技投入的重点领域，支持开展节能技术应用研究，开发节能共性和关键技术，促进节能技术创新与成果转化。

鼓励开展节能和可再生能源技术与信息的国际交流合作。

第五十三条 市发展改革部门会同有关部门制定并公布节能技术和产品的推广目录；市住房和城乡建设部门按照国家规定制定并公布推广使用、限制使用和禁止使用的民用建筑材料目录。

第五十四条 本市鼓励和支持研究开发交通节能技术和产品，推广节油技术和新能源汽车。

第五十五条 本市按照因地制宜、多能互补、综合利用、讲求效益的原则，发展和推广太阳能、生物质能、地热能和风能等可再生能源利用技术。

第五章　激励措施

第五十六条　市人民政府应当安排节能专项资金，支持节能技术研究开发、节能技术和产品的示范与推广、重点节能工程的实施、节能技术改造、节能宣传培训、信息服务和表彰奖励等。

第五十七条　市和区、县人民政府应当安排民用建筑节能资金，支持民用建筑节能的科学技术研究和标准制定、既有建筑围护结构和供热系统的节能改造、可再生能源的应用，以及民用建筑节能示范工程、节能项目的推广。

第五十八条　本市鼓励采用高效照明、高效电机、蓄能设备等节能技术和产品，推广节能自愿协议、电力需求侧管理等节能办法。具体奖励和补助办法由市人民政府另行制定。

第五十九条　本市实行有利于节能和开发利用可再生能源的价格政策，逐步建立和完善能耗超限额加价制度和能源阶梯价格制度，引导用能单位和个人节能。

第六十条　政府采购监督管理部门会同有关部门制定节能产品、设备政府采购名录。公共机构应当优先采购列入政府采购名录中的产品、设备。

第六十一条　本市引导金融机构增加对节能项目的信贷支持，为符合条件的节能技术研究开发、节能产品生产及节能技术改造等项目提供优惠贷款；引导社会有关方面加大对节能的资金投入，加快节能技术改造；逐步开展节能量指标交易。

第六十二条　本市鼓励和支持消费者购买和使用能源效率等级较高或者有节能认证标志的用能产品。

第六十三条　市和区、县人民政府对在节能工作中取得显著成绩或者做出突出贡献的单位和个人，给予表彰和奖励。

第六章　法律责任

第六十四条　固定资产投资项目建设单位开工建设不符合强制性节能标准的项目或者将该项目投入生产、使用的，由发展改革部门责令停止建设或者停止生产、使用，限期改造；不能改造或者逾期不改造的生产性项目，由发展改革部门报请同级人民政府按照国务院规定的权限责令关闭。

第六十五条　使用国家明令淘汰的用能设备或者生产工艺的，由发展改革部门责令停止使用，没收国家明令淘汰的用能设备；情节严重的，可以由发展改革部门提出意见，报请同级人民政府按照国务院规定的权限责令停业整顿或者关闭。

依法没收的国家明令淘汰的用能设备，交由指定单位解体处理。

第六十六条　节能服务机构从事节能咨询、设计、评估、检测、审计、认证等活动提供虚假信息的，由发展改革部门责令改正，没收违法所得，并处 5 万元以上 10 万元以下罚款，并将违法行为信息记入本市企业信用信息系统。

第六十七条　用能单位未按照规定配备、使用能源计量器具的，由质量技术监督部门责令限期改正；逾期不改正的，处 1 万元以上 5 万元以下罚款。

第六十八条　瞒报、伪造、篡改能源统计资料或者编造虚假能源统计数据的，依照《中华人民共和国统计法》的规定处罚。

第六十九条　能源生产经营单位无偿向本单位职工提供能源或者对能源消费实行包费制的，由发展改革部门责令限期改正；逾期不改正的，处 5 万元以上 20 万元以下罚款。

第七章　附　则

第七十条　本办法自 2010 年 7 月 1 日起施行。

2. 《山西省节约能源条例》

(2000 年 5 月 28 日山西省第九届人民代表大会常务委员会第十六次会议通过

2011 年 9 月 23 日山西省第十一届人民代表大会常务委员会第二十五次会议修订)

《山西省节约能源条例》已由山西省第十一届人民代表大会常务委员会第二十五次会议于 2011 年 9 月 23 日修订通过,现将修订后的《山西省节约能源条例》公布,自 2011 年 12 月 1 日起施行。

山西省人民代表大会常务委员会

2011 年 9 月 23 日

第一章 总 则

第一条 根据《中华人民共和国节约能源法》和有关法律、行政法规,结合本省实际,制定本条例。

第二条 在本省行政区域内从事能源开发、加工、转换、利用、管理等活动,适用本条例。

第三条 本条例所称能源,是指煤炭、石油、天然气、煤层气、生物质能和焦炭、电力、热力以及其他直接或者通过加工、转换而取得有用能的各种资源。

本条例所称节约能源(以下简称节能),是指加强用能管理,采取技术上可行、经济上合理以及环境和社会可以承受的措施,从能源生产到消费的各个环节,降低消耗、减少损失和污染物排放、制止浪费,有效、合理地利用能源。

本条例所称重点用能单位,是指年综合能源消费总量 5000 吨标准煤以上的用能单位。

第四条 县级以上人民政府应当加强对节能工作的领导,将节能工作纳入国民经济和社会发展规划、年度计划;引导发展低能耗、低排放、高附加值和节能环保型产业；支持开发和利用新能源、可再生能源；发展循环经济、推行清洁生产，淘汰落后生产能力，提高能源利用效率。

第五条 县级以上人民政府经济和信息化行政管理部门是节能主管部门，负责本行政区域内的节能监督管理工作。

县级以上人民政府发展和改革、住房和城乡建设、交通运输等行政管理部门以及管理机关事务工作的机构应当在各自的职责范围内，负责相关领域节能监督管理工作，并接受同级节能主管部门的指导。

县级以上人民政府科技、财政、统计、质监等行政管理部门应当在各自的职责范围内做好相关节能管理工作。

第六条 本省建立统一的节能统计、监测和考核体系，实行节能目标责任制和节能考核评价制度，将节能目标完成情况纳入各地经济社会发展综合评价体系，并将其作为对县级以上人民政府及其负责人考核评价的内容。

第七条 县级以上人民政府及其相关部门以及学校、社区应当加强节能宣传教育，普及节能科学知识，倡导节能环保的消费模式和生活方式。

新闻媒体应当宣传节能法律、法规和政策，刊播节能公益广告，宣传节能先进经验和重要举措。

第二章 节能管理

第八条 县级以上人民政府应当组织编制和实施节能中长期专项规划和年度节能计划，并报上一级人民政府节能主管部门备案。

县级以上人民政府有关部门应当按照各自的职责分工，根据本行政区域节能中长期专项规划和年度节能计划，会同同级节能主管部门编制本领域的节能规划和年度节能计划。

第九条 省人民政府应当根据省节能中长期专项规划，确定全省年度节能目标，并向设区的市人民政府和重点用能单位下达年度节能目标。设区的市人民政府应当根据省人民政府下达的年度节能目标，向县级人民政府下达年度节能目标。

重点用能单位的名单由省人民政府节能主管部门定期公布。

第十条 省、设区的市人民政府应当对其下达的节能目标完成情况进行考核评价，县级以上人民政府应当每年向上一级人民政府报告节能目标责任的履行情况。

县级以上人民政府、重点用能单位未完成节能目标的，省、设区的市人民政府投资主管部门应当按照项目管理权限对其新建高耗能行业项目实行限批。

第十一条　固定资产投资项目实行节能评估和审查制度。

县级以上人民政府发展和改革行政管理部门审批、核准、备案或者核报本级人民政府审批、核准的项目，其节能审查由具有管理权限的发展和改革行政管理部门负责。其中，属于工业和信息化领域的项目，应当经具有管理权限的经济和信息化行政管理部门预审并提出意见；属于建筑领域的项目，应当经具有管理权限的住房和城乡建设行政管理部门预审并提出意见。县级以上人民政府发展和改革行政管理部门审查意见与预审意见不一致时，应当报同级人民政府决定。

县级以上人民政府经济和信息化行政管理部门审批、核准、备案或者核报本级人民政府审批、核准的工业和信息化企业技术改造类项目，其节能审查由具有管理权限的经济和信息化行政管理部门负责。

未经节能评估和审查或者经审查不符合强制性节能标准的固定资产投资项目，负责项目审批或者核准的机关不得批准或者核准建设，建设单位不得开工建设；已经建成的，不得投入生产、使用。

第十二条　省节能主管部门应当会同有关部门根据国家明令淘汰的用能产品、设备、生产工艺的目录和本省经济发展水平，制定本省明令淘汰的用能产品、设备、生产工艺的目录，并向社会公布。

禁止生产、进口、销售国家和本省明令淘汰或者不符合强制性能源效率标准的用能产品、设备。禁止使用国家和本省明令淘汰的用能设备、生产工艺。

第十三条　省节能主管部门应当会同有关部门推行合同能源管理，规范节能服务行业的发展，落实资金支持、税收优惠、金融服务和会计管理等政策。

第十四条　省节能主管部门应当会同有关部门建立节能信息服务平台，完善能源利用状况、节能政策、节能标准等专业基础数据库，定期发布节能新技术、新产品信息。

第十五条　县级以上人民政府发展和改革行政管理部门负责第一产业、第三产业（不含房地产业）的节能监督管理工作。

第十六条 县级以上人民政府住房和城乡建设行政管理部门负责建筑节能的监督管理工作，推进新建民用建筑节能、既有民用建筑节能改造、民用建筑用能系统运行节能、可再生能源民用建筑应用管理等工作。

第十七条 县级以上人民政府交通运输行政管理部门负责公路、水路交通运输的节能监督管理工作，引导运输企业加强车船用油定额管理，提高运输组织化程度和集约化水平，组织开展重点运输企业油耗统计、监测和考核工作。

第十八条 县级以上人民政府管理机关事务工作的机构负责公共机构节能监督管理工作，会同有关部门制定本级公共机构能源消耗定额和公共机构既有建筑节能改造计划，并组织实施。

第十九条 县级以上人民政府质量技术监督行政管理部门应当加强对用能单位的能源计量器具和能源消费计量的检测与监督管理，建立健全能源计量数据的监督核查制度。

省人民政府质量技术监督行政管理部门可以根据本省实际，会同省节能主管部门和其他有关部门建立节能标准体系，制定严于强制性国家标准、行业标准的地方节能标准，并按规定程序报经国务院批准后执行；法律另有规定的除外。

第二十条 县级以上人民政府统计行政管理部门应当按照有关规定，开展相关能耗调查与统计工作，定期向同级人民政府报告统计情况，并对用能单位能源统计人员开展业务培训。

省人民政府统计行政管理部门应当会同省节能主管部门定期向社会公布设区的市以及主要耗能行业的能源消费和节能情况等信息。

第二十一条 县级以上人民政府节能主管部门负责本行政区域的节能监察工作，可以依法委托节能监察机构开展下列工作：

（一）监察能源生产、经营、使用单位和节能服务机构执行节能法律、法规、规章情况；

（二）监察重点用能单位的能源利用状况；

（三）受理节能违法行为的举报和投诉，查处违法用能案件；

（四）开展节能宣传、教育和培训，推广先进节能技术，指导用能单位合理使用能源；

（五）法律、法规规定的其他节能监察职责。

用能单位和其他组织应当配合节能监察机构依法开展节能监察工作，不得阻碍节能监察。

第三章　合理使用和节约能源

第二十二条　用能单位应当完善节能管理和考核奖惩制度，建立能源管理体系，执行节能标准，控制新增能耗，加强能源消耗定额管理，分解落实节能目标和责任。

用能单位应当开展能效水平对标活动，通过管理和技术措施，提高能效水平。

第二十三条　用能单位应当建立健全能源计量、检测管理制度，配备和使用经依法检定合格的能源计量器具。

用能单位应当加强能源统计工作，建立健全原始记录和统计台账，并对统计数据的真实性负责。

第二十四条　重点用能单位应当每年安排资金用于节能技术改造和节能新技术、新工艺、新设备的研究开发及推广应用，淘汰高耗能落后工艺、技术和设备，调整企业产品结构和能源消费结构。

第二十五条　重点用能单位应当每5年开展一次能源审计并编制节能规划，制订年度节能计划，完成节能目标。

第二十六条　重点用能单位应当每年向相应的节能主管部门和节能监察机构报送上一年度的能源利用状况报告。

县级以上人民政府节能主管部门应当对重点用能单位报送的能源利用状况报告进行审查。

第二十七条　重点用能单位应当设立能源管理岗位，聘请具有节能专业知识、实际经验以及中级以上技术职称的人员担任能源管理负责人，并报县级以上人民政府节能主管部门和有关部门备案。

第二十八条　工业企业应当执行单位产品能耗限额标准，对产品生产过程中的能源消耗实行限额管理。

第二十九条　电网企业应当加强电网建设和改造，优化资源配置，降低网损，提高输供电效率。

电网企业应当按照节能发电调度管理的有关规定，优先安排清洁、高效和符合规定的热电联产、利用余热余压发电的机组以及煤矸石、低热值燃料等符合资源综合利用规定的发电机组与电网并网发电运行。

第三十条　服务行业应当在保证服务功能的前提下，选用能源利用效率高、能耗低的产品或者服务方式、服务项目，并加强对耗能设备使用和维修的管理。

第三十一条　建筑工程的建设、设计、施工、监理和施工图审查等单位应当执行国家和省有关建筑节能标准。

禁止在建筑活动中使用列入国家和省禁止使用目录的技术、工艺、材料和设备。

第三十二条　营运机动车辆、船舶的能耗应当符合国家规定的能耗标准，超出标准的不得用于营运。

第三十三条　鼓励用能单位采用合同能源管理方式，委托节能服务机构为本单位的节能改造提供用能状况诊断，以及节能项目设计、融资、改造和运行管理等服务。

第三十四条　鼓励企业开展节能产品认证。

政府采购监督管理部门应当优先将取得节能产品认证证书的产品、设备列入政府采购名录。

公共机构应当优先采购列入政府采购名录中的节能产品、设备，加强用能系统和设备的运行管理，提高运行效率。

第三十五条　加强农业和农村节能工作，发展新型高效的沼气池、农作物秸秆气化等集中供气系统，推广省柴节煤炉灶炕，开发利用生物质能和风能、太阳能等可再生能源。

鼓励农村建筑采用节能设计，使用节能材料，采取节能措施。

第三十六条　能源生产经营单位不得向本单位职工无偿或者低于市场价格提供能源。

第三十七条　本省行政区域内禁止新建和扩建实心粘土砖生产企业和生产线。城市建筑工程禁止使用实心粘土砖。

第四章　节能技术进步和激励措施

第三十八条　县级以上人民政府应当将节能技术创新与成果转化作为扶持的重

点领域，鼓励、支持科研机构、高等院校、企业和个人研究开发节能新技术、新能源和可再生能源。

提倡多渠道开展国际、国内节能信息、技术交流与合作。

第三十九条　省节能主管部门应当会同有关部门，定期公布本省推荐使用的节能产品和技术目录，组织实施重大节能科研项目、节能示范项目和重点节能工程。

第四十条　省、设区的市人民政府应当设立节能专项资金，县级人民政府可以根据财力状况设立节能专项资金，用于节能改造工程项目、节能技术和产品的示范与推广、节能宣传培训和信息服务等。

节能专项资金的使用和管理办法由省人民政府制定。

第四十一条　县级以上人民政府应当按照有关规定，通过财政补贴、价格调控、落实税收优惠政策等方式，鼓励和支持下列节能活动：

（一）生产、使用高效节能的电动机、锅炉、窑炉、风机、泵类等用能设备和生产工艺；

（二）采用煤矸石发电等综合利用技术；

（三）采用余热余压、地热、煤泥、洗中煤、矿井瓦斯等发电或供热，以及热电联产、洁净煤技术等综合利用技术；

（四）开发利用生物质能、风能、太阳能、水能、地热能等可再生能源；

（五）在新建、改建、扩建建筑工程和既有建筑节能改造中，使用新型墙体材料等节能建筑材料、节能设备、节能技术和产品；

（六）综合利用生产、生活中产生的废弃物；

（七）采用先进的能源管理、监测和控制等技术；

（八）推广、使用节能照明器具等节能产品；

（九）开发生产使用低能耗、低污染的节能环保车和清洁能源车；

（十）国家和省确定的其他节能活动。

第四十二条　省人民政府应当设立淘汰落后产能补偿资金，设区的市、县级人民政府应当安排一定的配套资金，用于淘汰落后产能企业的经济补偿等。

第四十三条　引导金融机构为符合条件的节能技术研究开发、节能产品生产以及节能技术改造等项目优先给予信贷支持。

鼓励民间资金对节能行业的投入。

第四十四条　本省实行峰谷分时电价、季节性电价、可中断负荷电价制度，鼓励电力用户合理调整用电负荷；对钢铁、有色金属、建材、化工和其他主要耗能行业的企业，分类实施差别电价政策。

第四十五条　县级以上人民政府每年应当对节能工作成绩显著的单位和个人给予表彰、奖励。

第五章　法律责任

第四十六条　国家工作人员在节能监督管理工作中有下列行为之一的，依法给予处分；构成犯罪的，依法追究刑事责任：

（一）审批或者核准未经节能评估和审查或者经审查不符合强制性节能标准的项目的；

（二）拒不受理举报、投诉或者受理后不查处的；

（三）违法收取相关费用或者罚款的；

（四）其他滥用职权、玩忽职守、徇私舞弊的。

第四十七条　违反本条例规定，建设单位开工建设的固定资产投资项目，未经节能评估和审查或者经审查不符合强制性节能标准的，由负责节能审查的县级以上人民政府有关部门责令停止建设，限期整改；已经建成的，责令停止生产、使用，限期改造；不能改造或者逾期不改造的项目，由负责节能审查的县级以上人民政府有关部门报请本级人民政府按照规定的权限责令关闭。

第四十八条　违反本条例规定，使用国家和本省明令淘汰的用能设备或者生产工艺的，由节能主管部门责令停止使用，没收明令淘汰的用能设备；情节严重的，由节能主管部门提出意见，报请本级人民政府按照规定的权限责令停业整顿或者关闭。

第四十九条　违反本条例规定，阻碍节能监察，违反治安管理处罚法的，依法给予治安管理处罚；构成犯罪的，依法追究刑事责任。

第五十条　违反本条例规定，重点用能单位未开展节能审计或者不按规定编制节能规划、节能计划的，由节能主管部门予以警告，并责令限期整改；逾期未改正的，予以通报，并对未开展能源审计的实施强制能源审计。

第五十一条　违反本条例规定，工业企业超过单位产品能耗限额标准用能的，由节能主管部门会同物价、电监等部门，对超限额产品生产用电实施惩罚性电价并责令限期治理；逾期不治理或者未达到治理要求的，由节能主管部门提出意见，报请本级人民政府按照规定的权限责令停业整顿或者关闭。

第六章　附　则

第五十二条　本条例自 2011 年 12 月 1 日起施行。

3. 《浙江省实施〈中华人民共和国节约能源法〉办法》

（1998 年 12 月 15 日浙江省第九届人民代表大会常务委员会第九次会议通过
2011 年 5 月 25 日浙江省第十一届人民代表大会常务委员会第二十五次会议修订）

《浙江省实施〈中华人民共和国节约能源法〉办法》已于 2011 年 5 月 25 日经浙江省第十一届人民代表大会常务委员会第二十五次会议通过，现将修订后的《浙江省实施〈中华人民共和国节约能源法〉办法》公布，自 2011 年 9 月 1 日起施行。

浙江省人民代表大会常务委员会

2011 年 5 月 25 日

第一章　总　则

第一条　为了贯彻节约资源的基本国策，推进全社会节约能源，提高能源利用效率，减少温室气体排放，保护和改善环境，促进生态文明建设和经济社会全面协调可持续发展，根据《中华人民共和国节约能源法》和其他有关法律、行政法规的规定，结合本省实际，制定本办法。

第二条　在本省行政区域内从事能源生产、转换、储存和消费，节能产品和技术的开发、利用，节能服务以及节能管理等相关活动，应当遵守本办法。

第三条　节能工作应当遵循节约优先、政府调控、市场引导、社会参与的原则。

第四条　县级以上人民政府应当加强对节能工作的领导，根据本行政区域国民经济和社会发展目标，将节能工作纳入国民经济和社会发展规划、年度计划，并组织编制和实施节能中长期专项规划、节能年度计划。

县级以上人民政府应当按照规定实行节能目标责任制和节能考核评价制度，将节能目标完成情况作为对下级人民政府及其负责人考核评价的内容。县级以上人民政府应当每年向本级人民代表大会或者其常务委员会报告节能工作。

第五条　县级以上人民政府应当实行有利于推进节能降耗和环境保护的产业政策，淘汰落后生产能力，限制发展高耗能、高污染行业，鼓励发展节能环保型产业，推动产业结构、企业结构、产品结构和能源消费结构调整，促进经济转型升级。

县级以上人民政府应当鼓励、支持节能产品、技术、工艺的研发、示范和推广应用，促进节能科技创新和成果转化。

鼓励、支持开发和利用新能源、可再生能源。

第六条　县级以上人民政府应当依法将节能知识纳入国民教育和培训体系，并通过节能宣传周、节能企业、节能社区等形式和报刊、广播、网络等媒体，加强节能宣传教育和培训，普及节能科学知识，增强公众的节能意识，提倡节约型的消费方式。

新闻媒体应当加强节能宣传报道，发挥舆论引导和监督作用。

第七条　县级以上人民政府管理节能工作的部门（以下简称节能主管部门）负责本行政区域内的节能监督管理工作。

节能主管部门所属的能源监察机构（以下简称能源监察机构）具体负责本行政区域内的节能监察工作。

发展和改革、建设、交通运输、机关事务管理、财政、统计、质量技术监督、环境保护、农业、海洋与渔业、科技等部门，在各自的职责范围内负责节能监督管理工作，并接受同级节能主管部门的指导。

乡（镇）人民政府、街道办事处应当协助做好本辖区内的节能监督管理工作。

第八条　任何单位和个人都应当依法履行节能义务，有权检举浪费能源的行为和节能管理中的违法行为。

第二章　节能管理

第九条　县级以上节能主管部门和建设、交通运输、机关事务管理、农村能源管理等有关部门应当按照各自职责，制定工业、民用建筑、交通运输、公共机构、农业和农村节能规划并组织实施，加强对节能法律、法规和节能标准执行情况的监督检查，依法查处违法用能行为。

第十条　能源监察机构应当按照规定职责，加强节能监察，履行下列职责：

（一）监督检查能源生产、经营单位和用能单位执行节能法律、法规、规章和节能标准情况；

（二）核查重点用能单位的能源利用状况，监督落实节能措施；

（三）受理能源利用违法行为的举报、投诉；

（四）依法查处能源利用违法行为；

（五）法律、法规和规章规定的其他监察工作。

第十一条　省标准化主管部门会同省节能主管部门和有关部门依法制定生产过程中耗能高的产品的单位产品能耗限额地方标准。

省建设主管部门依法制定严于国家标准或者行业标准的地方建筑节能标准。

鼓励企业制定严于国家标准、行业标准或者地方标准的企业节能标准。

第十二条　县级以上统计部门应当会同同级有关部门，建立健全能源统计制度，完善能源统计指标体系和统计方法，加强统计执法，保证能源统计数据真实、完整。

省统计部门会同同级有关部门，定期向社会公布设区的市以及主要耗能行业的能源消费和节能情况等信息。

第十三条　实行落后用能产品、设备、生产工艺淘汰制度和高耗能行业限制制度。

省人民政府应当制定产业结构调整指导目录，控制高耗能行业产能增长。县级以上人民政府应当根据产业结构调整指导目录，加快淘汰落后的耗能过高的用能产品、设备和生产工艺。

未完成节能目标或者未完成落后产能淘汰任务的地区，有关投资主管部门应当按照管理权限暂停批准或者核准新增能耗的高耗能行业项目。

第十四条　实行固定资产投资项目节能评估和审查制度。未依法进行节能审查或者未通过节能审查的项目，依法负责项目审批或者核准的部门不得批准或者核准建设；建设单位不得开工建设；已经建成的，不得投入生产、使用。

第十五条　固定资产投资项目（包括新建、改建和扩建项目，下同）节能评估按照项目设计年综合能源消费总量实行分类管理：

（一）年综合能源消费总量3000吨标准煤以上（电力折算系数按等价值，下同）的固定资产投资项目，应当单独编制节能评估报告书；

（二）年综合能源消费总量 1000 吨标准煤以上不满 3000 吨标准煤的固定资产投资项目，应当单独编制节能评估报告表；

（三）年综合能源消费总量 1000 吨标准煤以下的固定资产投资项目，应当填写节能登记表。

节能评估报告书、节能评估报告表、节能登记表的具体内容和格式，由省节能主管部门会同有关部门规定。

建设单位应当委托符合条件的机构编制节能评估报告书、节能评估报告表（以下统称节能评估文件）。建设单位和节能评估文件的编制机构、评估人员共同对节能评估文件的真实性和有效性负责。建设单位可以自行填写节能登记表。

第十六条　固定资产投资项目节能审查实行分级负责。

年综合能源消费总量 5000 吨标准煤以上的固定资产投资项目，由省节能、建设主管部门在各自的职责范围内负责节能审查。

年综合能源消费总量 1000 吨标准煤以上不满 5000 吨标准煤的固定资产投资项目，由设区的市、县（市、区）节能、建设主管部门按照权限在各自的职责范围内负责节能审查，具体权限由设区的市人民政府确定。

第十七条　有下列情形之一的固定资产投资项目，节能审查不予通过：

（一）使用国家和省明令淘汰的用能产品、设备和生产工艺的；

（二）用能产品、设备不符合强制性能源效率标准的；

（三）单位产品能耗超过国家、行业或者地方限额标准的；

（四）不符合国家和省其他节能规定的。

第十八条　民用建筑的建设单位在向城乡规划主管部门报送建设工程设计方案时，应当附具建设项目节能评估文件或者节能登记表。

城乡规划主管部门应当将建设工程设计方案（包括节能评估文件、节能登记表）征求建设主管部门意见。建设主管部门应当自收到建设工程设计方案之日起 10 个工作日内就其是否符合国家、行业和地方的建筑节能强制性标准提出审查意见。建设主管部门的节能审查时间不计算在规划许可期限内。

需要国家批准或者核准的民用建筑项目，由建设主管部门会同发展和改革部门提出节能审查意见。

第十九条　民用建筑以外的固定资产投资项目，建设单位应当在办理项目批准、核准或者备案前，将节能评估文件报送节能主管部门审查或者将节能登记表报送其备案。

节能主管部门应当自收到节能评估报告书之日起 15 个工作日内、节能评估报告表之日起 10 个工作日内，提出节能审查意见。其中，依法需经国家批准或者核准的固定资产投资项目，由节能主管部门会同发展和改革部门提出节能审查意见。

第二十条　按照本办法第十五条规定需要编制节能评估文件的民用建筑建成后，建设单位组织竣工验收时应当对建筑物能效进行测评；建筑物能效测评结果不合格的，不得通过竣工验收。竣工验收报告应当包括能效测评结果。

民用建筑以外的需要编制节能评估文件的固定资产投资项目建成后，建设单位应当向节能主管部门申请节能验收。节能主管部门应当自受理申请之日起 10 个工作日内组织节能验收。未经节能验收或者验收不合格的，不得投入生产、使用。

第二十一条　从事固定资产投资项目节能评估的机构应当具备下列条件：

（一）取得中华人民共和国法人资格；

（二）有相应工程咨询、设计资质或者从事专业节能服务 2 年以上；

（三）有 10 名以上与节能评估业务相关的专业技术人员。其中，具有高级专业技术职称的人员不少于 3 人，专业技术人员不得同时在两个以上节能评估机构执业；

（四）有健全的节能评估工作管理制度、信息保密制度。

节能评估机构应当根据评估业务范围，事先将机构名称、前款规定的相应证明材料报送省节能、建设主管部门备案；节能评估机构符合前款规定条件的，省节能、建设主管部门应当自收到备案材料之日起 5 个工作日内予以备案。

未予备案的节能评估机构，其所编制的节能评估文件不能作为节能审查的依据。

节能评估机构名录由省节能、建设主管部门向社会公告。

第二十二条　节能审查主管部门不得以任何方式指定或者变相指定固定资产投资项目的节能评估机构，不得向建设单位收取节能审查费用。

第二十三条　县级以上人民政府应当鼓励、支持大专院校、科研院所和有条件的企事业单位参与节能服务体系建设和发展，形成开放式的节能服务市场体系。

节能服务机构为用能单位提供咨询、设计、评估、检测、审计、认证等服务，应当客观公正、诚实守信，保守用能单位商业秘密。

第三章　合理使用与节约能源

第二十四条　用能单位应当建立健全能源消费统计制度以及各类能源消费、主要耗能设备等原始台账，确保本单位能源消费统计数据真实、准确、完整，并按照规定要求向统计部门报送有关能源统计报表。

第二十五条　鼓励用能单位采用高效、节能的电动机、锅炉、窑炉、风机、泵类等设备，采用热电联产、分布式能源、余热余压利用、洁净煤以及先进的用能监测和控制等技术。

第二十六条　电网企业应当按照国家和省节能发电调度管理有关规定，优先安排符合规定的利用清洁能源、可再生能源和热电联产、余热余压发电的机组以及其他符合资源综合利用规定的发电机组与电网并网运行。

第二十七条　有条件的城镇、工业园区、经济技术开发区等，应当在规定的合理经济供热范围内，根据有关规划实行集中统一供热和热、电、冷三联产。集中供热的生产供应单位应当按照法律、法规规定和供需合同约定为用户安全、稳定供热。

在已实行集中统一供热的区域内，未经节能主管部门批准不得新建生产性、生活性供热锅炉。集中统一供热后，该区域内已建成的生产性、生活性供热锅炉，除特殊工艺要求外，节能主管部门应当在依法补偿后责令限期停止使用；逾期不停止使用的，由节能主管部门报请本级人民政府予以强制关停或者拆除。

第二十八条　鼓励太阳能、地热能、沼气等可再生能源在民用建筑中的应用。

新建公共机构办公建筑、保障性住房、十二层以下的居住建筑、建筑面积一万平方米以上的公共建筑，应当按照国家和省规定标准利用一种以上可再生能源用于采暖、制冷、照明和热水供应等。可再生能源利用设施应当与民用建筑主体工程同步设计、同步施工、同步验收。

第二十九条　县级以上人民政府及其有关部门应当加强城市节约用电管理，推广使用节能照明产品和节能控制技术，严格控制道路、广场、公园、公共绿地等公用设施和场所以及大型建筑物的装饰性景观照明用电。

第三十条　县级以上交通运输主管部门应当加强对营运车船燃料消耗检测的监

督管理，依法实施营运车船燃料消耗量限值准入制度；加强交通运输组织管理，提高运输组织化程度和集约化水平，引导运输企业提高用能效率，加快淘汰、更新高耗能的老旧营运车船。

第三十一条　交通运输单位应当制定并实施节能计划和节能措施，建立和完善节能管理制度，根据生产过程中运量、运力、施工作业等多种因素变化情况及时调整生产计划，提高交通用能设备的使用效率。

第三十二条　县级以上人民政府应当优先发展公共交通，加大对公共交通的投入，科学规划调整公共交通线路布局，优化城市道路网络系统，完善公共交通服务体系，鼓励利用公共交通工具出行；鼓励使用非机动交通工具出行。

鼓励发展中小学校车服务系统。

第三十三条　公共机构应当遵守国家和省有关公共机构节能规定，组织实施能源消费统计、能源审计、能效公示、既有办公建筑节能改造等工作，实行能源消耗定额管理制度，厉行节约，杜绝浪费。

第三十四条　公共机构应当充分利用电视电话会议等现代化手段，提高效率，减少交通出行。

第三十五条　县级以上人民政府应当加强对农业和农村节能工作的资金投入，支持、推广在农业生产、农产品加工储运等方面应用节能技术和节能产品。

县级以上人民政府应当制定具体政策，鼓励和引导农村居民采用节能建筑材料和生物质能、太阳能、水能、风能、地热能等可再生能源利用技术，推广使用沼气、省柴灶、节能炉灶和节能灯等农村生活节能技术和节能产品。

建立高耗能农业机械和渔业船舶提前更新和淘汰补偿制度。具体补偿办法由省财政部门会同同级农业、海洋与渔业部门制定。

第三十六条　节能主管部门应当加强对重点用能单位的节能管理。

年综合能源消费总量5000吨标准煤以上的用能单位为重点用能单位。重点用能单位名单由省节能主管部门会同省统计部门定期向社会公布。

对年综合能源消费总量1000吨以上不满5000吨标准煤的用能单位，设区的市、县（市、区）节能主管部门可以根据本地实际实施重点管理。

第三十七条　重点用能单位应当设定能源管理岗位，聘任能源管理负责人，并确定能源管理人员，报本级节能主管部门备案。

能源管理负责人和能源管理人员应当接受节能专业培训。

第三十八条　重点用能单位应当按照能源消耗总量的等级划分定期向节能主管部门报送能源利用状况报告，并对报送的能源利用状况报告的真实性负责。

能源利用状况报告包括能源消费情况、能源利用效率、节能目标完成情况和节能效益分析、节能措施等内容。

第三十九条　县级以上节能主管部门应当对重点用能单位的能源利用状况报告进行审查。对能源利用状况报告内容不实、节能管理制度不健全、节能措施不落实、能源利用效率低的重点用能单位，由能源监察机构实施节能监察，或者委托节能服务机构进行能源检测或者审计。县级以上节能主管部门应当根据节能监察、检测或者审计的结果对用能单位提出书面整改要求，限期整改。

第四章　激励措施

第四十条　县级以上人民政府应当安排节能专项资金，支持节能技术研究开发、节能产品和技术的示范与推广应用、重点节能工程的实施、节能宣传培训、节能信息服务、合同能源管理和节能表彰奖励等。

县级以上人民政府科技专项资金，应当优先安排用于节能降耗新产品、新技术的研究开发与推广、节能技术示范工程建设以及新能源和可再生能源的开发利用，促进节能技术创新与科技成果的转化应用。

节能专项资金和用于节能领域的科技专项资金不得就同一事项重复安排。

第四十一条　县级以上人民政府应当执行国家节约能源资源和资源综合利用的税收优惠政策，鼓励用能单位开展各类资源循环利用和减量化、无害化处理。

第四十二条　鼓励金融机构加大对节能项目的信贷投放，优先为符合条件的节能技术研究开发、节能产品生产以及节能技术改造等项目提供信贷支持。

鼓励金融机构创新信贷产品，拓宽担保范围，提高服务效率，为节能服务机构提供项目融资等金融服务。

鼓励和引导社会资金投资节能领域，促进节能技术改造。

第四十三条　县级以上人民政府应当运用财税、价格等政策，支持推广合同能源管理、电力需求侧管理、节能自愿协议等节能办法，鼓励支持节能服务产业的发展。

第四十四条 县级以上人民政府应当将合同能源管理项目纳入有关专项资金支持范围。节能服务机构采用合同能源管理方式提供节能服务的，按照国家和省有关规定，给予税收扶持和补助、奖励。

用能单位采用合同能源管理方式支付节能服务机构的支出，按照国家会计制度的规定予以列支。

第四十五条 企业单位应当安排一定资金用于本单位的节能奖励。奖励资金从所节约的能源价值中依法提取，计入成本费用。

第四十六条 对生产、使用列入国家节能技术、节能产品推广目录的技术和产品的，按照规定实行税收优惠等扶持政策。

除国家节能技术、节能产品推广目录外，省节能主管部门可以会同省有关部门制定并公布本省的节能技术、节能产品推广导向目录。

县级以上人民政府应当采用财政补贴等方式，支持生产、使用列入推广目录或者推广导向目录的节能技术和节能产品。

第四十七条 鼓励和支持消费者购买和使用能源效率等级较高和取得节能产品认证标志的用能产品。

第四十八条 对能源消耗超过国家和省的单位产品能耗限额标准的用能单位，实行惩罚性价格政策；对主要耗能行业的用能单位，按照淘汰、限制、允许和鼓励类实行差别电价政策。具体按照国家和省有关规定执行。

第五章 法律责任

第四十九条 违反本办法规定的行为，《中华人民共和国节约能源法》及其他有关法律、法规已有法律责任规定的，从其规定。

《中华人民共和国节约能源法》等法律、法规和本办法规定由节能主管部门行使的行政处罚权，已设立能源监察机构的，由能源监察机构行使。

第五十条 建设单位违反本办法第十四条、第二十条第二款规定，有下列情形之一的，由县级以上节能、建设主管部门按照各自职责责令停止建设或者停止生产、使用，限期改造；不能改造或者逾期不改造的生产性项目，由节能主管部门报请本级人民政府按照国务院规定的权限责令关闭：

（一）固定资产投资项目未依法进行节能审查或者未通过节能审查开工建设或者投入生产、使用的；

（二）民用建筑以外的依法需要进行节能审查的固定资产投资项目未经节能验收或者验收不合格投入生产、使用的。

第五十一条　节能评估机构在节能评估工作中不负责任或者弄虚作假，致使节能评估文件严重失实的，由县级以上节能、建设主管部门按照各自职责责令改正，没收违法所得，并处 5 万元以上 10 万元以下罚款；节能评估机构和负有责任的评估人员 3 年内所编制或者参与编制的节能评估文件不能作为节能审查的依据。

第五十二条　违反本办法第二十八条第二款规定，民用建筑项目未按规定利用可再生能源或者可再生能源利用设施未与主体工程同步设计、同步施工、同步验收的，由县级以上建设主管部门责令建设单位限期整改；逾期未整改的，责令停止建设，并处 10 万元以上 30 万元以下罚款。

第五十三条　节能主管部门和有关部门以及能源监察机构有下列情形之一的，对直接负责的主管人员和其他直接责任人员，由有权机关按照管理权限给予处分：

（一）违反规定进行固定资产投资项目节能审查的；

（二）对未依法进行节能审查或者未通过节能审查的固定资产投资项目予以批准或者核准建设的；

（三）不依法实施监督检查和行政处罚的；

（四）违反专项资金使用和管理规定的；

（五）对能源利用违法行为的举报、投诉不依法处理的；

（六）其他玩忽职守、滥用职权、徇私舞弊的行为。

第六章　附　则

第五十四条　本办法下列用语的含义：

（一）节能监察，是指能源监察机构依法对用能单位执行节能法律、法规、规章和节能标准的情况进行监督检查，督促用能单位加强节能管理、提高能源利用效率，并对违法用能行为依法予以查处的活动。

（二）民用建筑，是指居住建筑、国家机关办公建筑和商业、服务业、教育、卫生等其他公共建筑。

（三）公共机构，是指全部或者部分使用财政性资金的国家机关、事业单位和团体组织。

（四）能源审计，是指根据节能法律、法规和节能标准，以规定的程序和方法对用能单位能源利用的物理过程和财务过程进行检查、核查和分析评价，以促进节能、制止浪费，提高能源利用率和经济效益。

（五）节能评估，是指根据节能法律、法规和节能标准，对固定资产投资项目用能的科学性、合理性进行分析和评估，提出提高能源利用效率、降低能源消耗的对策和措施，并编制节能评估文件或者填写节能登记表，为项目决策提供科学依据。

（六）合同能源管理，是指运用市场手段促进节能的一种服务机制，即节能服务机构通过与用能单位签订节能服务合同，为用能单位提供用能状况诊断和节能项目设计、融资、改造等服务，并以节能效益分享方式回收投资和获得合理利润。

（七）节能自愿协议，是指用能单位或者行业组织在政府有关政策引导和鼓励下，就一定期限实现一定节能和环保目标，自愿与政府部门签订的协议。

（八）电力需求侧管理，是对电力用户推行节电和负荷管理工作的一种模式，即通过采取电能效率管理、电力负荷管理、有序用电等措施，优化用电方式，提高电能利用效率，实现低成本的电力服务，达到节能和保护环境的目的。

第五十五条　本办法自 2011 年 9 月 1 日起施行。

4. 《湖北省实施〈中华人民共和国节约能源法〉办法》

（2000 年 9 月 28 日湖北省第九届人民代表大会常务委员会第二十次会议通过
2011 年 4 月 2 日湖北省第十一届人民代表大会常务委员会第二十三次会议修订）

第一章 总 则

第一条 为了实施《中华人民共和国节约能源法》，结合本省实际，制定本办法。

第二条 在本省行政区域内从事能源利用、监督管理和节能技术的开发、应用等活动，适用本办法。

第三条 贯彻节约资源的基本国策，坚持节约与发展相互促进，坚持节约与开发并举、节能优先，建设资源节约型、环境友好型社会。

第四条 节能工作遵循政府引导、市场调节、技术推进、政策激励和社会参与的原则。

第五条 县级以上人民政府应当加强对节能工作的组织领导，将节能工作纳入国民经济和社会发展规划，建立节能工作协调机制，研究解决节能工作中的重大问题，全面部署、统筹推进本行政区域内的节能工作。

第六条 实行节能目标责任制和节能考核评价制度。省人民政府应当建立科学、完整、统一的节能统计、监测和考核体系，将节能目标逐级分解落实到各市、州、县以及重点用能单位，逐级签订节能目标责任书。

各级人民政府应当将节能指标完成情况纳入经济社会发展综合评价体系，作为行政负责人综合考核评价和企业负责人业绩考核的重要内容。

第七条 省人民政府发展改革部门（以下简称省人民政府节能行政主管部门）主管全省节能监督管理工作，县级以上人民政府节能行政主管部门负责本行政区域内的节能监督管理工作。节能行政主管部门可以委托其所属的节能监察机构具体实施节能监察工作。

县级以上人民政府工业、建设、交通、农业、机关事务管理等部门在各自的职责范围内负责节能监督管理工作，并接受同级节能行政主管部门的指导。

第八条　各级人民政府及其相关部门、新闻媒体、学校等应当加强节能宣传教育，普及节能知识，增强全民的节能意识。

第九条　任何单位和个人都应当依法履行节约能源的义务，有权举报浪费能源的行为。

节能行政主管部门和有关部门应当公布举报电话、电子邮箱，接受举报，及时依法处理，并为举报人保密。

第二章　节能管理

第十条　县级以上人民政府节能行政主管部门和有关部门应当在各自的职责范围内，加强对节能法律、法规和节能标准执行情况的监督检查，依法查处违法用能行为。

第十一条　县级以上人民政府有关部门应当会同节能行政主管部门，根据本行政区域节能中长期专项规划和年度计划，编制本部门的节能规划，报本级人民政府批准后实施。

第十二条　省人民政府节能行政主管部门应当会同有关部门根据国家产业政策，制定有利于节能的产业目录，报省人民政府批准后向社会公布。

第十三条　固定资产投资项目由其管理部门按照管理权限和有关规定进行节能评估审查。有下列情形之一的固定资产投资项目，不得审查通过：

（一）使用国家和省明令淘汰的用能产品、设备、生产工艺的；

（二）用能设备不符合强制性能源效率标准的；

（三）不符合单位产品能耗限额标准的；

（四）不符合国家和省规定的其他节能要求的。

第十四条　审查单位应当自收到节能评估报告之日起15日内出具节能审查文件。未经节能评估审查或者经审查未通过的固定资产投资项目，依法负责项目审批或者核准的机关不得批准或者核准建设，建设单位不得开工建设。

第十五条　省人民政府对高耗能的产品，可以根据国家标准明确单位产品能耗限额标准。用能单位应当严格执行单位产品能耗限额标准。

鼓励企业与国际国内同行业先进企业能效指标进行对比分析，通过管理和技术等措施，达到更高能效水平。

第十六条　对国家规定淘汰的用能产品、设备和生产工艺，省人民政府有关部门应当制定淘汰计划，指导用能单位实施淘汰或者技术改造。

第十七条　省人民政府统计部门会同节能行政主管部门及有关部门，做好能源消费和利用状况的统计工作，每年定期向社会公布各市（州）单位生产总值耗能以及主要耗能行业、重点用能单位的能耗情况等信息。

第十八条　各级人民政府应当加快节能服务体系建设，支持节能服务机构开展节能咨询、设计、评估、检测、审计、认证等服务，开展节能知识宣传和技术培训，提供节能信息、节能示范和其他公益性节能服务。节能服务机构应当依法从事节能服务活动，提高服务质量，保证提供的信息真实、准确。

鼓励节能服务机构通过与用能单位签订节能服务合同，为用能单位提供节能诊断、融资、改造等服务，并按照合同约定与用能单位分享节能收益。

第十九条　行业协会应当按照法律法规的规定，协助做好行业节能规划及节能标准制定、节能技术推广、能源消费统计、节能宣传培训和信息咨询等工作。

第二十条　县级以上人民政府节能行政主管部门应当会同有关部门建立节能公共服务平台，公布节能政策、节能标准、节能产品目录，发布节能产品信息和节能技术信息，为社会提供节能指导和服务。

省、市（州）人民政府节能行政主管部门设立节能咨询专家库，为节能决策提供智力支持，为节能实施提供服务。

第三章　合理使用和节约能源

第二十一条　用能单位应当加强用能管理，采取技术可行、经济合理的措施，降低能源消耗，科学利用能源，防止能源浪费。具体做好以下工作：

（一）建立节能目标责任制和节能奖惩制度；

（二）制定并实施节能计划和节能技术措施；

（三）建立月度能源消费统计台账和能源利用情况分析制度；

（四）定期开展节能教育和岗位节能培训。

第二十二条　煤、电力、煤气、天然气、石油等能源生产经营单位，不得向本单位职工或者其他用户无偿或低价提供能源，不得向本单位职工按照能源消费量给予补贴。

任何单位不得对能源消费实行包费制。

第二十三条　加强对重点用能单位的节能管理。年综合能源消费总量5000吨标准煤以上的用能单位，为重点用能单位。重点用能单位具体名单，由省人民政府节能行政主管部门会同统计部门定期向社会公布。

县级以上人民政府应当加强对本行政区域内重点用能单位节能情况的跟踪、指导和监督，定期公布重点用能单位能源利用状况。

第二十四条　重点用能单位应当制订年度节能计划，建立严格的节能管理制度和有效的激励机制，提高能源利用效率，并在每年3月底前向所在地的县级人民政府节能行政主管部门报送上年度能源利用状况报告。

重点用能单位应当设立能源管理岗位，按照国家规定的条件聘任能源管理负责人，并报所在地节能行政主管部门和有关部门备案。重点用能单位能源管理负责人应当接受节能培训。

第二十五条　县级以上人民政府节能行政主管部门应当对重点用能单位报送的能源利用状况报告进行审查。经审查，发现有下列情形之一的，应当进行调查处理，必要时委托节能服务机构实施用能设备能源效率检测，责令实施能源审计，并提出书面整改要求，限期整改：

（一）无正当理由，未完成上年度节能目标的；

（二）能源计量数据、统计数据有明显错误的；

（三）能源利用效率低于同行业平均水平的；

（四）节能管理制度不健全、节能措施不落实、能源利用效率低的其他情形。

第二十六条　有关重点用能单位或者其委托的节能服务机构按照国家有关的节能规范和标准开展能源审计，并向节能行政主管部门提交能源审计报告。能源审计主要包括下列内容：

（一）查阅用能系统、设备台账资料，检查节能设计标准的执行情况；

（二）核对能源消耗计量记录和财务账单，评估分类与分项的能耗；

（三）检查用能系统、设备的运行状况；

（四）审查能源计量器具的运行情况，检查能耗统计数据的真实性、准确性；

（五）审查能源消耗定额执行情况；

（六）查找存在节能潜力的用能环节，提出合理使用能源的建议。

第二十七条　年综合能源消费总量3000吨以上不满5000吨标准煤的用能单位，应当每年向所在地的县级人民政府节能行政主管部门报送能源利用状况报告。

第二十八条　县级以上人民政府应当推进能源资源优化开发利用和合理配置，加快经济发展方式转变和产业结构、用能结构调整，大力发展循环经济、低碳经济，实行有利于节能和环境保护的产业政策，优先发展现代服务业、先进制造业和战略性新兴产业，鼓励和支持发展低耗能、低排放、高科技、高附加值产业，限制发展高耗能、高污染产业。

县级以上人民政府工业行政主管部门应当加强工业节能监督管理，建立和完善行业准入标准，加快推进钢铁、有色、化工、建材等主要耗能行业结构调整和节能技术改造，关闭落后产能。

第二十九条　鼓励工业企业采用高效节能的电动机、锅炉、窑炉、风机、泵类等设备，采用热电联产、余热余压利用、洁净煤以及先进的用能监测和控制技术。

电网企业应当积极推进电力需求侧管理和节能发电调度管理，鼓励企业进行节能改造，降低能源消耗。对钢铁、建材、化工和其他主要耗能行业的企业实行差别电价政策，促进产业结构调整。

电网企业应当与取得行政许可或者报送备案的可再生能源发电企业签订并网协议和购电协议，优先全额收购其电网覆盖范围内可再生能源发电项目的上网电量，并为可再生能源发电企业提供接入、计量、结算等上网服务。

第三十条　县级以上人民政府建设行政主管部门应当加强建筑节能监督管理，制定、公布建筑节能新技术、新工艺、新设备、新产品及新材料推广目录，引导和扶持建筑节能材料的科研、开发、生产和推广应用。既有民用建筑不符合节能标准的，逐步实施节能改造。

第三十一条　县级以上人民政府交通运输行政主管部门应当加强交通运输节能监督管理，以满足交通出行需求和减少交通出行距离为目的，优先发展公共交通、轨道交通，推广大容量快速公交系统，科学规划调整公共交通线路布局，优化城市道路网络系统，发展城市自行车交通，减少交通能源消耗。

加快新型低能耗车船的研制、开发、推广运用，淘汰老旧机动车和船舶。新购公共交通运输工具，鼓励选用节能环保型交通运输工具。

第三十二条　县级以上人民政府管理机关事务工作的机构应当会同有关部门对本级公共机构实行能源消耗定额管理，加强公共机构节能监督管理。

公共机构应当厉行节约，杜绝浪费，带头使用节能产品、设备，加强能源消费计量和监测管理，提高能源利用效率。

取得节能产品认证证书的产品，应当优先列入节能产品、设备政府采购名录；公共机构采购用能产品、设备时，应当优先采购列入名录中的节能产品、设备。

公用设施、公共场所的照明和大型建筑物装饰性景观照明及其控制系统应当使用节电技术、节能产品和新能源，降低能耗。

第三十三条　县级以上人民政府农业行政主管部门应当加强农业和农村节能监督管理，加快淘汰和更新高耗能的农业机械设备和渔船装备，大力发展农村户用沼气和大中型畜禽养殖场沼气工程，推广省柴节煤灶和多功能生物质能炉具。

第三十四条　各级人民政府应当加强生活节能监督管理，提倡文明用能消费方式，引导和鼓励城乡居民采用节能产品，加强对耗能设备的维修管理，降低能源消耗。

居民委员会、村民委员会应当向社区居民和村民宣传节能理念和节能知识，增强节能意识，提高节能水平。

第四章　节能技术进步

第三十五条　省人民政府节能行政主管部门应当会同有关部门指导节能技术研究、开发和推广应用，制定并公布节能技术、节能产品的推广目录，组织实施重大节能科研项目、节能示范项目和重点节能工程。

第三十六条 县级以上人民政府应当把节能技术研究、开发及推广应用作为政府科技投入的重点领域,每年安排一定资金,支持科研机构、高等院校和企业开展节能技术应用研究,开发节能共性技术和关键技术,促进节能技术创新与成果的转化和低碳城市建设。

第三十七条 鼓励和支持企业、科研机构、高等院校开发利用生物质能、风能、太阳能、水能、地热能等可再生能源,开展节能信息和技术的交流合作。

鼓励企业采用新技术、新工艺、新设备、新材料,进行节能技术改造。

第五章 激励措施

第三十八条 省、设区的市人民政府设立节能专项资金,用于以下节能工作:

(一)节能技术研究开发、成果转化;

(二)可再生能源的推广,节能技术和产品的示范与推广,节能技术改造;

(三)重点节能工程的实施;

(四)节能宣传、培训、信息服务;

(五)节能统计、监测、考核与能源审计;

(六)节能表彰与奖励;

(七)其他节能工作。

各级人民政府应当加强节能专项资金的监督和审计,提高节能专项资金使用效益。

第三十九条 省人民政府通过财政补贴、价格调控、落实税收优惠政策、政府优先采购等方式,鼓励和支持以下节能措施:

(一)推广、使用节能照明器具等节能产品和新能源、节能环保交通运输工具;

(二)生产、使用高效节能的电动机、锅炉、窑炉、风机、泵类等用能设备和生产工艺;

(三)采用热电联产、利用余热余压、洁净煤以及先进的用能监测和控制技术;

(四)开发利用生物质能、风能、太阳能、水能、地热能等可再生资源;

(五)在新建、改建、扩建建筑工程和既有建筑节能改造中,使用节能建筑材料、技术和产品;

（六）对生产、生活中产生的废弃物进行综合利用；

（七）节能服务机构按照市场机制参与企业节能技术改造和用能管理；

（八）国家和省确定的其他节能措施。

第四十条　县级以上人民政府应当引导各类金融机构对节能项目提供信贷支持，对生产、使用列入《中华人民共和国节约能源法》第五十八条规定的推广目录的节能技术和节能产品的节能项目，金融机构予以贷款支持，财政部门安排相应资金予以贴息。

第四十一条　各级人民政府对在节能管理、节能技术研究和推广等工作中有显著成绩的单位和个人给予表彰和奖励。

用能单位对在节能工作中的做出贡献的集体、个人给予奖励。

第六章　法律责任

第四十二条　违反本办法规定，法律、法规有处罚规定的，从其规定。

第四十三条　用能单位阻碍或者拒绝接受节能监督检查的，由县级以上人民政府节能行政主管部门予以警告，责令限期改正；逾期不改正的，可处5000元以上1万元以下罚款。

第四十四条　用能单位超过单位产品能耗限额标准用能，情节严重，经限期治理逾期不治理或者没有达到治理要求的，可以由节能行政主管部门提出意见，报请本级人民政府按照规定的权限责令停业整顿或者关闭。

第四十五条　从事节能咨询、设计、评估、检测、审计、认证等服务的机构提供虚假信息的，由节能行政主管部门责令改正，没收违法所得，并处5万元以上10万元以下罚款，违法行为信息记入企业信用信息系统。

第四十六条　违反本办法第二十二条规定，能源生产经营单位有下列情形之一的，由节能行政主管部门责令限期改正；逾期不改正的，处5万元以上20万元以下罚款：

（一）无偿或者低价向本单位职工提供能源的；

（二）向本单位职工按照能源消费量给予补贴的；

（三）对能源消费实行包费制的。

第四十七条 有关用能单位未按照本办法第二十七条规定报送能源利用状况报告或者报告内容不实的,由节能行政主管部门责令限期改正;逾期不改正的,处 5000 元以上 3 万元以下罚款。

第四十八条 公共机构采购用能产品、设备,未优先采购列入节能产品、设备政府采购名录中的产品、设备的,由政府采购监督管理部门给予警告,可以并处罚款;对直接负责的主管人员和其他直接责任人员依法给予处分,并予通报。

第四十九条 节能行政主管部门和其他有关部门工作人员在节能监督管理工作中有下列行为之一的,依法给予行政处分;构成犯罪的,依法追究刑事责任:

(一)对不符合条件的节能评估报告予以审查通过的;

(二)对未经节能评估审查或者经审查未通过的项目予以批准、核准的;

(三)干扰监督检查对象的合法生产经营活动,向监督检查对象收取费用或者谋取其他非法利益的;

(四)其他滥用职权、玩忽职守、徇私舞弊的行为。

第七章 附 则

第五十条 本办法自 2011 年 6 月 1 日起施行。

5.《青海省实施〈中华人民共和国节约能源法〉办法》

(2002 年 3 月 29 日青海省第九届人民代表大会常务委员会第二十九次会议通过
2011 年 5 月 26 日青海省第十一届人民代表大会常务委员会第二十三次会议修订)

第一章　总　则

第一条　为了实施《中华人民共和国节约能源法》，结合本省实际，制定本办法。

第二条　本办法适用于本省行政区域内节约能源及其相关的管理活动。

第三条　节约能源（以下简称节能）坚持政府引导、企业为主、技术进步、政策激励、依法管理和全社会参与的原则。

第四条　县级以上人民政府负责本行政区域内节能工作的组织领导，将节能工作纳入本行政区域国民经济和社会发展规划、年度计划。

县级以上人民政府每年向本级人民代表大会或者其常务委员会报告节能工作。

第五条　本省实行有利于节能和环境保护的产业政策，合理调整产业结构、企业结构、产品结构和能源消费结构，限制发展高耗能、高污染行业，鼓励发展节能环保型产业，提高清洁能源消费比重，推动企业降低单位产品能耗，淘汰落后生产能力，提高能源利用效率。

鼓励、支持研究、开发和利用新能源、可再生能源。

第六条　本省实行节能目标责任制和节能考核评价制度。上一级人民政府将节能目标完成情况作为对下一级人民政府及其负责人考核评价的内容。

省、州级人民政府向下一级人民政府和用能单位分解落实节能目标。县级以上人民政府每年向上一级人民政府报告节能目标责任的履行情况。

第七条　省经济委员会是全省节能监督管理工作的主管部门，统筹协调全省节能监督管理工作，具体负责全省工业、公共机构节能工作。州、县级人民政府节能行政主管部门负责本行政区域内节能监督管理工作。

县级以上人民政府住房和城乡建设主管部门负责本行政区域建筑节能的监督管理工作。

县级以上人民政府交通运输主管部门负责本行政区域交通运输相关领域的节能监督管理工作。

县级以上人民政府有关部门在各自职责范围内负责节能监督管理工作，并接受同级节能主管部门的指导。

第八条　省节能主管部门所属的节能监察机构（以下简称省节能监察机构）负责全省节能日常监察工作，行使省节能主管部门依照法律、法规、规章实施的行政处罚。

第九条　县级以上人民政府及其有关部门应当加强节能宣传、教育和培训工作，普及节能科学知识，增强全民的节能意识，倡导节约型消费方式。鼓励单位、个人采用节能技术和使用节能产品。

第二章　节能管理

第十条　县级以上人民政府组织编制和实施节能中长期专项规划、年度节能计划。节能中长期专项规划和年度节能计划，应当包括工业、建筑、交通运输、公共机构等重点用能领域和重点用能单位的用能状况、节能目标、重点环节、实施主体等内容，并提出节能对策和落实措施。

第十一条　县级以上人民政府节能主管部门和有关部门应当在各自职责范围内，加强对节能法律、法规和节能标准执行情况的监督检查，依法查处违法用能行为。

第十二条　省节能监察机构负责下列节能监督和检查工作：

（一）监督检查能源生产、经营单位和用能单位、设计单位执行节能法律、法规、规章和节能标准、节能设计规范情况，依法查处和纠正能源利用违法行为；

（二）监督检查重点用能单位的能源利用状况；

（三）监督检查能源检验、测试、设计、评估等中介机构开展节能服务的情况；

（四）受理公民、法人和其他组织对违反节能法律、法规行为的举报、投诉；

（五）法律、法规、规章规定的其他监督和检查工作。

第十三条　公民、法人和其他组织应当配合节能主管部门或者省节能监察机构依法开展节能监督检查，不得阻碍或者拒绝接受节能监督检查。

第十四条　省质量监督主管部门应当会同省节能主管部门等有关部门，对尚无国家标准或者行业标准的用能产品和节能技术，制定地方节能标准，并报国务院有关部门备案。鼓励企业制定严于国家标准、行业标准、地方标准的企业节能标准。

企业应当依法执行节能的国家标准、行业标准、地方标准。不符合国家标准、行业标准或者地方标准的用能设备和生产工艺，企业应当限期更新、改造。

第十五条　省节能主管部门应当会同有关部门根据国家产业政策，制定本省高耗能设备及生产工艺淘汰目录和实施计划，报省人民政府批准后向社会公布，并指导、监督生产单位实施淘汰。

国家和本省明令淘汰的用能设备和生产工艺，应当在规定期限内淘汰。用能单位不得将淘汰的用能设备、生产工艺转让或者租借给他人使用。

第十六条　实行固定资产投资项目节能评估和审查制度，具体实施办法由省人民政府另行制定。

第十七条　省节能主管部门应当会同统计等有关部门对主要耗能行业的单位产品能耗建立预警调控制度，制定主要耗能行业单位产品能耗预警控制线。具体办法由省节能主管部门会同有关部门制定。

第十八条　省节能主管部门应当会同有关部门建立节能信息服务平台，完善节能统计、节能政策、节能标准等专业基础数据库，定期发布国内外行业主要耗能先进指标，节能新产品、新技术信息，为社会提供节能指导和服务。

第十九条　县级以上人民政府统计主管部门应当会同同级有关部门，建立健全能源统计制度，完善能源统计指标和监测体系，改进和规范能源统计方法，确保能源统计数据真实、完整。

省人民政府统计主管部门应当会同有关部门，定期向社会公布各州（地、市）以及主要耗能行业的能源消费和节能情况等信息。

第三章　合理使用与节约能源

第二十条　年综合能源消费总量5000吨标准煤以上的用能单位为重点用能单

位。重点用能单位名单由省节能主管部门确定，并向社会公布。

州、县级人民政府节能主管部门应当与本地区的重点用能单位签订年度节能目标责任书。

第二十一条 重点用能单位应当在每年的第一季度向省节能主管部门及省节能监察机构报送上年度能源利用状况报告。

省节能监察机构应当对重点用能单位报送的能源利用状况报告进行审查。对节能管理制度不健全、节能措施不落实、能源利用效率低的重点用能单位，应当开展现场调查，责令实施能源审计，并提出书面整改要求。

第二十二条 重点用能单位应当依法设立能源管理岗位，聘任能源管理负责人，并报省节能主管部门及省节能监察机构和有关部门备案。

重点用能单位能源管理负责人应当对本单位用能状况进行分析、评价，编写本单位能源利用状况报告，提出本单位节能工作的改进措施，并由本单位组织实施。

第二十三条 省节能主管部门及省节能监察机构应当定期对重点用能单位能源管理负责人开展专业节能培训。

重点用能单位应当建立主要用能设备操作人员的培训制度，制定专门的节能培训计划，保证相关人员接受专业化、系统化的节能培训。未经节能岗位培训的人员，不得在主要耗能设备操作岗位上工作。

第二十四条 用能单位应当加强能源计量管理，按照国家强制性标准的规定配备和使用经依法检定合格的能源计量器具。

用能单位应当建立能源消费统计和能源利用状况分析制度，对各类能源的消费实行分类计量和统计，并确保能源消费统计数据真实、完整。

第二十五条 工业园区、产业聚集区应当制定统一的节能规划和能源利用计划，鼓励园区内的用能单位采用集中供热、供电的能源供应模式。

第二十六条 县级以上人民政府住房和城乡建设主管部门应当制定相关具体措施，积极推广应用新技术、新工艺、新材料、新设备，鼓励新建建筑和既有建筑改造使用节能门窗和新型墙体材料等节能建筑材料；积极推广应用可再生能源建筑利用技术，鼓励单位、个人安装使用太阳能利用系统。

第二十七条 县级以上人民政府住房和城乡建设主管部门应当会同有关部门根

据建筑节能规划，组织制定既有建筑节能改造计划，明确节能改造的目标、范围和要求，报本级人民政府批准后实施。

第二十八条　县级以上人民政府住房和城乡建设主管部门应当对建筑工程的规划设计方案进行审查，不符合建筑节能强制性标准的，不得颁发建设工程规划许可证。

第二十九条　施工图审查机构在对施工图设计文件进行审查时，应当对建筑节能进行专项审查。对不符合建筑节能强制性标准的，不得出具审查合格书，住房和城乡建设主管部门不得颁发施工许可证。

第三十条　建设单位组织竣工验收时，应当对建筑节能工程进行专项检验，并在工程竣工验收报告中注明建筑节能的落实情况；对不符合建筑节能强制性标准的项目，不得出具竣工验收合格报告。

第三十一条　房地产开发企业在销售房屋时，应当按照国家规定在商品房买卖合同和住宅质量保证书、住宅使用说明书中载明所售房屋的能源消耗指标、节能措施、保温隔热工程保修期等信息，并对其真实性、准确性负责。

第三十二条　县级以上人民政府交通主管部门应当会同有关部门做好交通规划统筹工作，建设节能型综合交通运输体系，加强区域内外各种交通运输方式协调发展和有效衔接，优化交通运输结构，提高道路通行能力和运输效率。

县级以上人民政府应当优先发展公共交通，加大公共交通投入，降低公共交通消费成本，鼓励、引导公民选乘公共交通工具出行。

第三十三条　鼓励销售、使用节能环保型汽车和清洁能源汽车；鼓励新能源在城市公交、建设工程和环卫特种车辆等方面的应用和推广。

第三十四条　交通用能单位应当制定并实施节能计划、节能技术措施和能耗定额标准，根据运量、运力等因素变化情况及时调整计划，提高运输组织化程度、集约化水平和运输工具利用效率。

交通用能单位应当严格执行交通运输营运车船燃料消耗量限值国家标准，对符合报废、更新条件以及技术落后的老旧车船，提出报废、更新、改造计划，并接受县级以上人民政府交通主管部门对能源利用状况的审计和监督。

第三十五条　公共机构应当严格执行国家有关公共机构节能的法律、法规，建立健全本单位节能运行管理制度和用能系统操作规程，优先采购列入节能产品、设备政府采购名录中的产品、设备，制定节电、节油、节气等年度节能目标和实施方案，如实记录能源消费计量原始数据，建立统计台账。

县级以上人民政府主管公共机构节能工作的部门应当会同有关部门制定公共机构的能源消耗定额，财政部门根据相应定额制定能源消耗支出标准。

第四章　节能技术进步

第三十六条　省节能主管部门应当根据本省重点行业耗能状况，推动主要耗能行业节能技术改造，鼓励发展低污染、低能耗项目，培育节能环保产业，推进有利于节能的行业结构调整，优化用能结构和产业布局。

第三十七条　县级以上人民政府应当将节能技术研发应用作为科技投入的重点领域，支持科研单位和企业开展适用于高原特点的节能技术应用研究，开发节能共性和关键技术，促进节能技术创新与成果转化。

鼓励和支持科研机构、大专院校、企事业单位和个人研究开发新能源、可再生能源和清洁能源，多渠道开展国际、国内节能信息和技术交流。

第三十八条　省节能主管部门应当会同有关部门，定期发布全省推广、应用的先进节能技术产品名录。

县级以上人民政府节能主管部门应当会同有关部门做好节能项目工程的组织实施，节能新技术、新产品的推广示范，支持节能服务机构开展合同能源管理、节能咨询、评估、监测等服务活动，做好节能项目逐级申报工作。

第三十九条　鼓励支持节能服务机构以合同能源管理模式为用能单位提供诊断、融资、改造、管理等服务。

以合同能源管理模式为主要服务方式的节能服务机构应当向省节能主管部门申报备案，并由其向社会公布。

第四十条　县级以上人民政府应当按照因地制宜、多能互补、综合利用、讲求效益的原则，推进和加强农村牧区的节能工作，增加节能技术、节能产品推广应用的资金投入。

鼓励农村牧区住宅和公共设施采用节能材料、太阳能利用技术，推广风能、生物质能、地热资源等先进适用的新能源和可再生能源利用技术。开发农村牧区有机废弃物的气化利用技术，发展新型、高效的大中型沼气池。

第五章　激励措施

第四十一条　省、州级人民政府应当设立节能专项资金，县级人民政府可以根据本地区实际情况安排节能资金，主要用于：

（一）节能技术、产品的示范推广；

（二）节能技术改造和技术升级；

（三）重点节能工程的实施；

（四）节能宣传、培训和表彰奖励；

（五）支持开展合同能源管理；

（六）政府确定的支持节能工作的其他用途。

第四十二条　重点用能单位应当按照国家和本省有关规定，每年安排一定数额的资金，用于节能科研开发、节能技术改造和节能宣传、培训。

第四十三条　鼓励用能单位与县级以上人民政府签订节能自愿协议。超额完成自愿协议节能目标的，县级以上人民政府应当按照协议给予奖励。

第四十四条　县级以上人民政府应当通过财政补贴、税收优惠政策等方式，重点鼓励和支持下列节能活动：

（一）推广、使用节能照明器具等节能产品和新能源车辆；

（二）生产、使用高效节能的电动机、锅炉、窑炉、风机、泵类等用能设备和生产工艺；

（三）采用热电联产、余热余压利用、洁净煤以及先进的用能监测和控制等技术；

（四）开发利用生物质能、风能、太阳能、水能、地热能等可再生能源；

（五）在新建、改建、扩建建筑工程和既有建筑节能改造中，使用节能建筑材料、节能技术和产品；

（六）对生产、生活中产生的废弃物进行综合利用；

（七）节能服务机构按照市场机制参与企业节能技术改造和用能管理；

（八）国家和本省确定的其他节能活动。

第四十五条　支持企业开展节能产品认证。取得节能产品认证证书的产品、设备应当优先列入节能产品、设备政府采购名录，同等条件下优先采购。

第四十六条　科研机构、大专院校和节能技术服务机构以及其他企事业单位为用能单位提供节能咨询和节能新技术、新工艺、新材料、新设备（产品）等服务，所取得的技术性服务收入享受国家和本省有关优惠政策。

第四十七条　县级以上人民政府财政、审计部门应当对节能专项资金的使用情况和节能专项资金支持项目的执行情况进行监督检查和审计。

县级以上人民政府节能主管部门应当会同有关部门对享受财政补贴和税收优惠政策节能活动的节能情况进行定期监督检查，对节能项目完成情况进行评估验收。

第六章　法律责任

第四十八条　使用国家和本省明令淘汰的用能设备或者生产工艺的，由节能主管部门或者省节能监察机构责令停止使用，没收明令淘汰的用能设备；情节严重的，由节能主管部门或者省节能监察机构提出意见，报请本级人民政府按照国务院规定的权限责令停业整顿或者关闭。

转让或者租借国家和本省明令淘汰的用能设备、生产工艺给他人使用的，由节能主管部门或者省节能监察机构没收违法所得，并处以 1 万元以上 5 万元以下罚款。

第四十九条　重点用能单位未按规定报送能源利用状况报告的，由省节能主管部门或者省节能监察机构责令限期改正，逾期不改正的，处以 1 万元以上 2 万元以下罚款。

第五十条　重点用能单位未依法设立能源管理岗位的，由省节能主管部门或者省节能监察机构责令改正；拒不改正的，处以 1 万元以上 3 万元以下罚款。

重点用能单位未按规定聘任能源管理负责人或者未向省节能主管部门备案的，由省节能主管部门或者省节能监察机构责令改正；拒不改正的，处以 1 万元罚款。

第五十一条　重点用能单位能源管理负责人未经专业节能培训合格的，主要耗能设备操作岗位工作人员未经节能岗位培训的，由省节能主管部门或者省节能监察机构责令改正；拒不改正的，处以 1000 元以上 3000 元以下罚款。

第五十二条　阻碍或者拒绝接受节能监督检查，拒不说明情况、拒不提供相关材料的，由节能主管部门或者省节能监察机构予以警告，责令改正；拒不改正的，处以5000元以上1万元以下罚款；违反《中华人民共和国治安管理处罚法》的，由公安机关依法处理；构成犯罪的，依法追究刑事责任。

第五十三条　节能主管部门、有关部门以及省节能监察机构的工作人员，在履行节能工作职责中有下列行为之一的，对直接负责的主管人员和直接责任人员依法给予处分；构成犯罪的，依法追究刑事责任：

（一）对不符合条件的节能评估报告予以审查通过的；

（二）对未经节能评估审查或者经审查未通过的项目予以批准、核准或者备案的；

（三）违反规定使用节能专项资金的；

（四）违反规定权限实施行政处罚的；

（五）其他滥用职权、玩忽职守、徇私舞弊的行为。

第五十四条　违反本办法规定的其他行为，法律、行政法规有处罚规定的，从其规定。

第七章　附　则

第五十五条　本办法自2011年9月1日起施行。

第二部分

地方政府规章

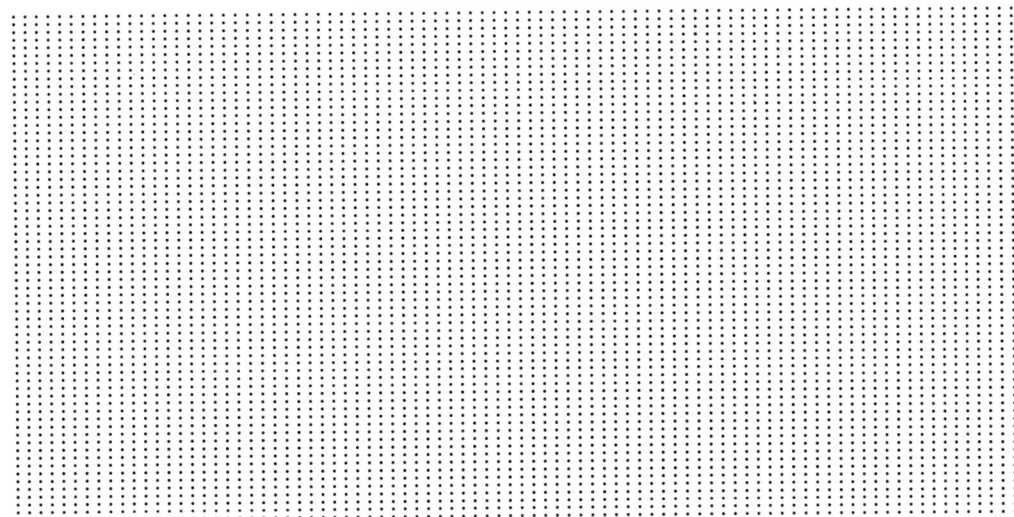

1.《山东省节能监察办法》

第一条 为保障《中华人民共和国节约能源法》和《山东省节约能源条例》等节能法律、法规的实施，规范节能监察行为，促进节约型社会建设，结合本省实际，制定本办法。

第二条 在本省行政区域内从事节能监察活动的，应当遵守本办法。

第三条 本办法所称节能监察，是指节能行政主管部门或者其依法委托的机构对能源生产、经营、使用单位以及其他有关单位（以下简称被监察单位）执行节能法律、法规、规章和节能技术标准的情况进行监督检查，督促、帮助被监察单位加强节能管理、提高能源利用效率，并对违法行为依法予以处理的活动。

第四条 县以上节能行政主管部门负责本行政区域内的节能监察工作，其他部门应当按照各自职责共同做好有关的节能监察工作。

设区的市以上节能行政主管部门可以依法委托其所属的能源利用监管机构具体实施日常的节能监察工作。

前两款规定的实施节能监察的节能行政主管部门或者其依法委托的能源利用监管机构，以下统称节能监察机构。

第五条 节能监察应当遵循公正、公开、效能和教育与处罚相结合的原则。

第六条 任何单位和个人对违反节能法律、法规、规章的行为，都有权向节能监察机构举报和投诉。

节能监察机构应当在接到举报和投诉后15日内组织处理，并将处理情况及时向举报人和投诉人反馈。

第七条 节能监察主要包括以下内容：

（一）用能项目和其他相关项目在设计、建设过程中执行节能设计规范和建成后合理用能的情况；

（二）淘汰或者限制使用落后的耗能过高的用能产品以及生产设备、设施、工艺和材料的情况；

（三）执行单位产品能耗限额的情况；

（四）供应能源的质量状况；

（五）耗能产品执行能效限值标准和有关能效标识、标志制度的情况；

（六）采用节能技术措施、制定和落实节能制度的情况；

（七）能源利用检验、测试、评估等机构开展节能服务的情况；

（八）节能法律、法规、规章规定的其他情况。

第八条　节能监察机构应当根据节能法律、法规、规章和本行政区域节能工作的实际情况，编制节能监察计划并组织实施。

节能监察计划及实施情况应当报上一级节能监察机构备案。

第九条　有下列情形之一的，节能监察机构应当实施现场监察：

（一）被监察单位因技术改造或者其他原因，致使其主要耗能设备、生产工艺或者能源消费结构发生影响节能的重大变化的；

（二）根据举报或者其他途径，发现被监察单位涉嫌违反节能法律、法规、规章和标准的；

（三）需要对被监察单位的能源利用状况进行现场监测的；

（四）需要现场确认被监察单位落实节能整改措施情况的；

（五）节能监察计划规定应当进行现场监察的；

（六）法律、法规、规章规定的其他情形。

第十条　除采取现场监察的方式以外，节能监察机构也可以采取书面监察或者其他合理的方式实施节能监察。

采取书面监察方式的，被监察单位应当按照节能监察机构规定的监察内容和时间要求如实报送能源利用状况报告或者其他相关资料。

第十一条　节能监察机构实施节能监察时，应当有两名以上节能监察人员共同进行，出示有效的行政执法证件，并将实施节能监察的内容、方式和具体要求告知被监察单位。

第十二条　节能监察机构实施现场监察时，应当制作现场监察笔录。监察笔录应当如实记录实施节能监察的时间、地点、内容、参加人员和现场监察的实际情况，并由节能监察人员和被监察单位负责人或者被监察单位负责人的委托人签字确认；拒绝签字的，节能监察人员应当在监察笔录中如实注明。

第十三条　节能监察人员实施节能监察时，可以采取下列措施：

（一）要求被监察单位提供与节能监察内容有关的技术文件和材料，并进行查阅或者复制；

（二）要求被监察单位就监察事项所涉及的问题如实做出解释和说明；

（三）经被监察单位同意，可以对有关设备、设施和工艺流程等进行录像或者拍照；

（四）根据需要对被监察单位的能源利用情况进行监测。

第十四条　被监察单位对节能监察机构出具的监测结论有异议的，可以要求复测。

被监察单位要求复测的，节能监察机构应当在 15 日内委托具有相应资格的能源利用监测机构重新进行监测。复测结论证明被监察单位的异议成立的，复测费用由节能监察机构承担；不成立的，复测费用由被监察单位承担。

第十五条　节能监察中发现被监察单位有违法行为或者有其他违反节能规定行为的，应当按照下列规定进行处理：

（一）被监察单位存在违反节能法律、法规、规章和有关强制性标准行为的，依法进行处罚并制作限期整改通知书，责令被监察单位限期改正；

（二）被监察单位存在明显不合理用能行为或者严重浪费能源行为，但尚未违反节能法律、法规、规章和强制性标准的，制作节能监察意见书，要求被监察单位采取措施进行改进；

（三）被监察单位存在其他不合理用能行为的，制作节能监察建议书，提出节能建议或者节能措施。

对限期整改通知书和节能监察意见书，节能监察机构应当进行跟踪检查并督促落实。

第十六条　节能监察机构发现被监察单位有违法行为，但无权进行处理的，应当移送有权处理的部门进行处理或者向有权处理的部门提出处理建议。

第十七条　节能监察结束后，节能监察机构应当形成节能监察报告。节能监察报告应当包括实施节能监察的时间、内容、方式、对违法行为的处理措施、整改或者改进意见的落实情况等。

第十八条　被监察单位应当配合节能监察人员依法实施节能监察，不得拒绝或者妨碍节能监察工作的正常进行。

对违法进行的节能监察，被监察单位有权拒绝，并可以向节能监察机构或者其他有关部门举报。

第十九条　节能监察机构和节能监察人员应当严格执行节能法律、法规、规章和其他有关规定，不得泄露被监察单位的技术秘密和商业秘密，不得利用职务之便谋取非法利益或者有其他影响公正执法的行为。

第二十条　节能监察人员与被监察单位有利害关系或者其他关系，可能影响公正监察的，应当回避。

被监察单位认为节能监察人员应当回避的，可以书面或者口头方式向节能监察机构提出。

节能监察人员的回避，由节能监察机构的主要负责人决定。

第二十一条　节能监察机构实施节能监察时，不得向被监察单位收取费用。

节能监察机构不得与被监察单位存在利益关系，不得从事影响节能执法工作的经营性活动。

第二十二条　被监察单位拒绝依法实施的节能监察的，由节能行政主管部门给予警告，责令限期改正；拒不改正的，可并处1000元以上5000元以下罚款；阻碍依法实施的节能监察、违反治安管理处罚规定的，由公安机关依法进行处罚；构成犯罪的，依法追究刑事责任。

第二十三条　节能监察机构及其工作人员有下列情形之一的，对直接负责的主管人员和其他直接责任人员依法给予行政处分；构成犯罪的，依法追究刑事责任：

（一）泄露被监察单位的技术秘密和商业秘密的；

（二）利用职务之便谋取非法利益的；

（三）违法向被监察单位收取费用的；

（四）与被监察单位存在利益关系或者从事影响节能执法工作的经营性活动的；

（五）有其他违法行为并造成较为严重后果的。

第二十四条　本办法自2005年11月1日起施行。

2.《武汉市节能监察办法》

（政府令第 223 号）

《武汉市节能监察办法》已经 2012 年 1 月 16 日市人民政府第 1 次常务会议审议通过，现予公布，自 2012 年 3 月 1 日起施行。

市　长

二〇一二年一月三十一日

第一条　为了规范节能监察工作，保障节能法律、法规、规章的实施，提高能源资源利用效率，推动资源节约型和环境友好型社会建设，依据《中华人民共和国节约能源法》和《湖北省实施〈中华人民共和国节约能源法〉办法》等法律、法规规定，结合本市实际，制定本办法。

第二条　在本市行政区域内实施节能监察适用本办法。法律、法规对节能监察另有规定的，从其规定。

第三条　本办法所称节能监察，是指节能行政主管部门对能源生产、经营、使用单位和其他有关单位（以下称被监察单位）执行节能法律、法规、规章和标准的情况进行监督检查，并依法查处违法违规行为的活动。

第四条　市、区发展改革部门是本行政区域节能行政主管部门，负责统一管理、监督和协调本行政区域节能监察工作。

工业、建设、交通、质监、农业、机关事务管理等部门在各自的职责范围内负责节能监督管理工作，并接受同级节能行政主管部门的指导。

节能行政主管部门和有关行政管理部门可以在其法定职责内，委托符合法定条件的事业组织实施节能监察工作。

第五条　年综合能源消费总量在 5000 吨标准煤及以上的用能单位为市重点用能

单位，由市节能行政主管部门实施节能监察。

年综合能源消费总量在 5000 吨标准煤以下的用能单位由区节能行政主管部门根据本地区实际确定区重点用能单位，由区节能行政主管部门实施节能监察，并将节能监察结果报市节能行政主管部门备案。

第六条　节能行政主管部门应当根据有关节能法律、法规、规章的规定，结合本地区节能工作实际，会同有关部门编制年度节能监察工作计划，并组织实施。

第七条　节能行政主管部门应当加强节能监察信息化建设，充分利用信息技术和手段，建立能源利用信息监控系统，为有效实施节能监察创造条件。

第八条　实施节能监察应当遵循公正、公开、教育与处罚相结合、监督与服务相结合的原则。

第九条　实施节能监察，不得向被监察单位收取任何费用。节能监察工作所需经费纳入同级财政预算。

第十条　市、区人民政府及其相关部门、新闻单位、学校等应当加强节能宣传教育，普及节能知识，增强全民的节能意识，营造全社会关注、支持和参与节能的良好氛围。

第十一条　对被监察单位实施节能监察的主要事项包括：

（一）执行节能法律、法规、规章和节能标准的情况；

（二）执行国家规定淘汰和限制使用的用能产品、设备和生产工艺的情况；

（三）建立和落实节能目标责任制和节能奖惩制度、设立能源管理岗位、建立能源管理制度、建立节能标准体系等情况；

（四）综合能耗、单位产品能耗、主要用能设备能效、能源计量管理、能源定额管理、节能技术措施应用、能源消费统计和能源利用状况分析制度的建立与执行等情况；

（五）固定资产投资项目开展节能评估和审查的情况，以及项目建成后用能的情况；

（六）开展节能宣传、能源管理人员和重点耗能设备操作人员接受节能教育和培训的情况；

（七）法律、法规、规章规定的其他节能监察事项。

第十二条　节能行政主管部门实施节能监察，应当提前 10 个工作日将实施监察的时间、事项和要求书面告知被监察单位。

实施节能监察，应当有 2 名以上（含 2 名）节能监察人员同时进行，并出示有效的行政执法证件。

第十三条　节能监察人员实施节能监察时，可以行使下列职权：

（一）要求被监察单位如实提供与监察事项有关的资料和样品，并查阅、复印或者抄录有关资料；

（二）就监察事项涉及的问题向被监察单位提出质询，要求其如实做出解释或者书面答复；

（三）对被监察单位与能源利用状况有关的生产设施、设备、工艺流程和生产经营场景等进行记录、拍照、录像；

（四）对被监察单位的用能设备和能源利用状况进行监测；

（五）法律、法规、规章规定的其他职权。

节能监察人员超越职权进行监察，被监察单位有权拒绝。

第十四条　节能监察人员与被监察单位有利害关系或者其他关系，可能影响公正监察的，应当回避。

被监察单位认为节能监察人员应当回避的，可以书面或者口头方式向实施监察的节能行政主管部门提出。

节能监察人员的回避，由所在单位主要负责人决定。

第十五条　被监察单位应当按照节能行政主管部门的要求，如实提供相关资料，积极配合节能监察，不得拒绝、阻碍节能监察或者隐匿、伪造、销毁、篡改相关资料和数据。

第十六条　节能行政主管部门可以采取现场、书面和其他合法方式实施节能监察。

对列入节能行政主管部门重点节能监察年度计划的以及有下列情形之一的单位，应当实施现场监察：

（一）被监察单位因技术改造或者其他原因，致使其主要用能设备、生产工艺或者能源消费结构发生重大变化的；

（二）通过受理举报或者其他途径，发现被监察单位涉嫌违反节能法律、法规、规章和标准用能的；

（三）法律、法规、规章规定应当进行现场监察的其他情形。

第十七条　实施现场节能监察，应当制作现场笔录。现场笔录应当如实记录实施节能监察的时间、地点、内容、参加人员和现场监察的实际情况，并由节能监察人员和被监察单位负责人或者其委托人签字确认；被监察单位有关人员拒绝签字的，节能监察人员应当在现场笔录中如实注明。

第十八条　节能行政主管部门在节能监察中发现被监察单位存在违反节能法律、法规、规章和标准行为，依法应当由其他行政管理部门处理的，交由该部门处理；属于本部门职权范围的，应当下达节能监察意见书。被监察单位应当根据节能监察意见书的要求及时采取措施予以整改。

节能行政主管部门对被下达节能监察意见书的被监察单位要进行重点监察，督促其按照要求整改。

第十九条　被监察单位对节能监察意见书有异议的，自收到节能监察意见书之日起10个工作日内，可以向节能行政主管部门申请复查；节能行政主管部门应当自收到复查申请之日起15个工作日内进行复查，并将复查结果书面告知被监察单位。

第二十条　节能监察人员实施节能监察时，应当维护被监察单位生产、经营和工作秩序，不得泄露被监察单位的技术和商业秘密，不得利用职务之便谋取不正当利益。

节能监察机构应当积极为被监察单位节能制度建设及日常用能管理提供技术指导和服务，并帮助被监察单位建立良好的用能秩序。

第二十一条　节能监察结束后，节能监察人员应当提出节能监察报告。

节能监察报告应当包括实施节能监察的对象、时间、内容、方式、对违法行为的处理意见、整改措施等情况。

第二十二条　节能行政主管部门应当定期向社会公布被监察单位的节能目标完成等情况。

第二十三条　公民、法人和其他组织均有权向节能行政主管部门举报或者投诉违法用能行为。

节能行政主管部门应当建立举报、投诉受理制度，向社会公布受理举报、投诉的途径；对依法属于本部门处理的事项，应当自受理之日起 15 个工作日内调查处理完毕，并将调查处理结果告知举报人或者投诉人；对依法属于其他部门处理的，应当及时移送。

第二十四条 被监察单位违反本办法规定，不如实提供相关资料，拒绝、阻碍节能监察或者隐匿、伪造、销毁、篡改相关资料和数据的，由节能行政主管部门予以警告，责令限期改正，逾期不改正的，处以 5000 元以上 10000 元以下罚款；违反治安管理法律的，由公安机关依法予以处罚；构成犯罪的，依法追究刑事责任。

违反本办法其他规定，由有关部门按照《中华人民共和国节约能源法》等有关法律、法规、规章的规定予以处理。

第二十五条 节能监察人员有下列情形之一的，由所在单位或者上级主管部门依法给予行政处分；给被监察单位造成损失的，依法承担赔偿责任；构成犯罪的，依法追究刑事责任。

（一）不依法履行节能监察职责的；

（二）泄露被监察单位技术和商业秘密的；

（三）利用职务之便谋取非法利益的；

（四）向被监察单位收取费用的；

（五）法律、法规、规章规定应当追究法律责任的其他情形。

第二十六条 武汉东湖新技术开发区、武汉经济技术开发区、市东湖生态旅游风景区、武汉化学工业区管理委员会按照市人民政府有关规定和本办法赋予区级节能行政主管部门的职责权限，负责本管理区域内的节能监察工作。

第二十七条 本办法自 2012 年 3 月 1 日起施行。

3. 《大连市节约能源监察和检测管理办法》

第一条　为进一步促进节能减排，推动全社会合理用能和节约能源，加强节约能源监察和检测管理工作，根据《中华人民共和国节约能源法》、《辽宁省节约能源条例》和《辽宁省节约能源监察办法》，结合我市实际情况，制定本办法。

第二条　本市行政区域内，对用能单位执行节约能源（以下简称节能）法律、法规、规章和标准的情况进行监察和接受节能监察主管部门委托实施的节能检测，适用本办法。

节能检测结果是节能监察的重要依据。

第三条　市经济和信息化委员会是本行政区内节能监察的主管部门（以下简称市节能监察主管部门），其所属的节能监察和检测机构依其职责，负责开展日常节能监察和检测工作。

市节能监察主管部门应与市发展改革、质量技术监督、建设、统计等有关行政部门，依据各自职责共同做好节能监察工作。

第四条　节能监察坚持公开、公正、效能和教育与处罚、监督与服务相结合的原则。

节能检测坚持科学与求实、指导与服务相结合的原则。

第五条　节能监察机构应具备实施监察所需的仪器、设备和工具，具有从事节能监察所需分析、化验和合理用能审查等能力。节能监察人员应当掌握节能法律、法规、规章和节能业务，经考核合格，取得合法有效的执法证件后方可上岗。

节能检测机构应当依法经过质量技术监督部门的计量认证。节能检测人员应当掌握国家、省、市有关技术标准和行业标准，具备从事节能检测工作所需的专业知识和技能。

第六条　节能监察机构主要履行以下职责：

（一）监督检查用能单位执行节能法律、法规、规章和标准的情况；

（二）开展节能法律、法规、规章和标准的宣传和培训；

（三）受理违反节能法律、法规、规章和标准的行为的举报和投诉；

（四）依法查处和纠正违反节能法律、法规、规章和标准的用能行为。

第七条 节能监察机构主要对用能单位的下列活动实施监察：

（一）建立和落实节能工作责任制、节能管理制度和相关措施的情况；

（二）固定资产投资工程项目节能评估和依法备案情况，以及在设计、建设过程中执行节能标准和设计规范要求的情况；

（三）执行国家和省、市明令淘汰或者限制使用的用能产品、设备、设施、工艺、材料目录的情况；

（四）执行国家和省、市制定的主要用能设备能效指标和单位产品能耗指标的情况；

（五）执行能源效率标识制度的情况；

（六）从事节能咨询、设计、评估、检测、审计、认证等机构开展节能服务的情况；

（七）节能法律、法规和规章规定的其他内容。

第八条 节能检测机构主要履行以下职责：

（一）实施市节能监察主管部门编制、下达的节能检测计划；

（二）整理、汇总、分析节能检测数据和资料；

（三）定期向市节能监察主管部门报告检测情况及用能现状，并组织检测技术交流；

（四）参与制定地方检测方法、标准、技术规范及组织有关培训等。

第九条 受市节能监察主管部门的委托，节能检测机构可以开展以下节能检测工作：

（一）对固定资产投资项目进行节能评估；

（二）检测、评价用能单位及其用能设备的能源利用状况及水平；

（三）对重点用能单位进行能源审计；

（四）对用能单位开展能量平衡工作；

（五）对资源节约与综合利用产品进行核查；

（六）检测、评价余能资源的回收利用情况；

（七）检查、审核企业清洁生产水平；

（八）推广应用高效节能产品及重大产业化节能技术。

节能检测机构可根据需要开展节能技术咨询和节能培训。

第十条　市节能监察主管部门应根据节能工作需要，编制年度节能监察和检测计划，由节能监察机构和节能检测机构组织实施。

第十一条　有下列情况之一的，应列入年度节能监察和检测计划：

（一）固定资产投资项目建成后需核实用能情况的；

（二）因技术改造或其他原因致使主要耗能设备、生产工艺、能源消费结构发生重大变化的；

（三）对重点用能单位上报的能源利用状况报告需要检测核实的；

（四）按周期需要对能源利用状况进行监察检测的；

（五）需要确认用能单位落实节能整改措施情况的；

（六）按照有关节能要求，应列入年度节能监察和检测计划的其他情况。

第十二条　节能监察分为现场监察和书面监察。

实施现场监察时，节能监察人员应制作现场监察笔录，由用能单位负责人签字确认；用能单位负责人拒绝签字的，节能监察人员应在监察笔录中如实注明。

采取书面监察方式时，用能单位应按要求如实报送能源利用状况报告或者其他相关资料。拒报或者虚报、瞒报的，由节能监察机构责令补报或重报，必要时可实施现场监察。

第十三条　节能检测分为单项检测与综合检测。单项检测是指对单项耗能设备、耗能系统或用能单位能源利用状况的部分内容的检测和评价；综合检测是指对用能单位能源利用状况的全部内容的检测和评价。

节能检测机构对列入年度节能检测计划的用能单位实施节能检测时，不得收取费用，所需经费由市财政统筹安排。

第十四条　用能单位应定期向市节能监察主管部门报送能源利用状况报告，重点用能单位每年报送一次，一般用能单位两年报送一次。

用能单位可以自行编制能源利用状况报告，也可以委托节能检测机构编制。

节能监察机构负责对能源利用状况报告进行监督、检查和核实。

第十五条　节能检测应严格执行有关技术规程、标准和制度，保证检测结果的科学性、准确性。

用能单位委托节能检测机构编制能源利用状况报告时，对检测结论有异议的，可以要求复测。

用能单位要求复测的，节能检测机构应当在 15 日内重新进行检测。复测结论证明用能单位的异议不成立的，复测费用由用能单位承担。

第十六条　用能单位应配合节能监察和检测工作，如实说明情况，提供相关资料、样品和必要的工作条件，不得隐瞒事实真相，不得伪造、隐匿、销毁、篡改有关证据。

第十七条　用能单位严格执行节能法律、法规、规章和标准，在节能工作中做出显著成绩的，由市政府或市节能监察主管部门给予奖励。

第十八条　用能单位违反有关节能法律、法规、规章和标准，不合理用能的，由市节能监察主管部门下达《节能监察意见书》限期整改，用能单位应当及时采取措施予以改进。

节能监察机构应对《节能监察意见书》的落实情况进行跟踪检查。

第十九条　用能单位有下列情形的，由市节能监察主管部门依据《辽宁省节约能源监察办法》的规定给予行政处罚：

（一）拒绝、阻碍节能监察工作，或者拒不提供相关资料、样品以及伪造、销毁、篡改证据的；

（二）在节能监察主管部门下达的限期整改通知书所规定的整改期限内，无正当理由拒不进行整改的。

第二十条　用能单位阻碍节能监察和检测工作，违反治安管理规定的，由公安机关依照《中华人民共和国治安管理处罚法》的有关规定予以处理。

第二十一条　节能监察机构及其工作人员在实施节能监察过程中有下列情形之一的，对直接负责的主管人员和其他直接责任人员依法给予行政处分；给用能单位造成损失的，依法予以赔偿；构成犯罪的，依法追究刑事责任：

（一）泄露用能单位技术秘密和商业秘密的；

（二）利用职务之便谋取非法利益的；

（三）违法向用能单位收取费用的；

（四）从事影响节能监察工作的经营性技术服务等活动的；

（五）实施其他违法行为并造成严重后果的。

第二十二条　节能检测机构及其工作人员在实施节能检测过程中，有玩忽职守、滥用职权、徇私舞弊行为的，由所在单位给予行政处分；构成犯罪的，依法追究其刑事责任。

第二十三条　本办法自 2011 年 1 月 1 日起施行。原《大连市节约能源监测管理暂行规定》（大政办发〔1991〕28 号）同时废止。

第三部分

其他规范性文件

I 办法、规定类

1. 《内蒙古自治区固定资产投资项目节能验收管理办法》

第一条 为从源头控制能源消耗，切实提高能源利用效率和综合利用水平，确保固定资产投资项目节能评估工作取得实效，根据《中华人民共和国节约能源法》、《内蒙古自治区固定资产投资项目节能评估和审查管理办法》等有关规定，结合自治区实际，制定本办法。

第二条 本办法适用于内蒙古自治区行政区域内通过节能评估审查批复并竣工投产的固定资产投资项目，凡正常生产运行三个月的固定资产投资项目，必须进行节能验收。

第三条 年综合能耗万吨标准煤及以上的固定资产投资项目由自治区经济和信息化委员会组织节能验收，年综合能耗万吨标准煤以下的固定资产投资项目由盟市经济和信息化委员会组织节能验收。

第四条 自治区和盟市节能监察（检测）机构受项目单位委托，按照第三条规定的节能验收管理权限，对项目能效指标和用能情况进行监测，并出具检测报告。

第五条 固定资产投资项目节能验收依据是自治区或盟市经济和信息化委员会对项目节能评估报告审查批复文件、终审的节能评估报告、节能验收检测报告。

第六条 固定资产投资项目节能验收包括以下内容：

1. 项目建设内容及建设规模、产品及产量、工艺技术、主要耗能设备及装置情况；

2. 能源消费总量（购入量）、综合能耗、工业增加值能耗、产品单位产量综合能耗等，并进行对标；

3. 主要工艺系统、装置及耗能设备的能效（包括供配电）情况；

4. 单项工程运行及能耗指标；

5. 节能措施落实情况及其效果；

6. 节能评估报告提出建议的落实情况。

第七条　固定资产投资项目正常生产运行三个月后，项目建设单位要组织预验收，并委托节能监察（检测）机构进行检测，按照第五条内容自行编制《固定资产投资项目节能验收报告》，并填写《固定资产投资项目节能验收登记表》。

预验收完成后，项目建设单位向项目所在地盟市经济和信息化委员会提出验收申请，同时提交《固定资产投资项目节能验收报告》和《固定资产投资项目节能验收登记表》。

属自治区验收的项目，由盟市经济和信息化委员会初审后报自治区经济和信息化委员会，由自治区经济和信息化委员会组织相关部门和专家进行实地节能验收。

属盟市验收的项目，盟市经济和信息化委员会组织相关部门和专家进行实地节能验收。

第八条　节能验收合格的固定资产投资项目，由自治区或盟市节能验收主管部门在《固定资产投资项目节能验收登记表》签章同意；验收不合格的固定资产投资项目，由节能验收主管部门下达整改通知书。

项目建设单位完成整改后，应再次向节能验收主管部门提出验收申请，重新履行节能验收程序。

第九条　未经节能验收主管部门验收的固定资产投资项目，将依据《中华人民共和国节约能源法》第六十八条规定，采取相应处罚措施。

2. 辽宁省关于印发《省经济和信息化委行政处罚自由裁量权指导标准和有关制度的通知》

（辽经信综法〔2010〕306 号）

委内有关处室、直属单位：

为贯彻落实国务院《全面推进依法行政实施纲要》和《辽宁省行政执法监督规定》，切实做好省经济和信息化委行政处罚自由裁量权工作，根据省政府公布的省经济和信息化委职能，我委对执行的法律法规和规章进行了认真梳理，全委涉及行政处罚自由裁量权的法律规定 16 部。按照过罚相当的原则，对其中具有自由裁量幅度的 50 条处罚条款进行了分解细化，划分出 206 个处罚档次，制定了《省经济和信息化委行政处罚自由裁量权指导标准》（简称《指导标准》）。《指导标准》中明确了实施行政处罚的法律、法规及规章的名称、处罚条款及规定内容、处罚的适用条件及对应的裁量幅度、执法机构及执法类别。目前，全委涉及行政处罚自由裁量权的工作是电力、节能、监控化学品、新型墙体材料开发应用、无线电、民用爆炸物品、盐业和化工建设工程质量八个方面的管理工作。

为规范行政处罚自由裁量权工作，根据省政府规范行政处罚自由裁量权的工作要求，我委制定了实施行政处罚的有关制度，内容包括行政处罚依据、原则、基准制度、"先例"制度、说明制度。现将《省经济和信息化委行政处罚自由裁量权指导标准》和《省经济和信息化委行政处罚有关制度》印发给你们，请高度重视，认真执行。执行中认真总结经验，及时反映问题。我委将根据相关法律、法规和规章的变化及行政执法实际情况适时进行必要的调整和修订。

辽宁省经济和信息化委员会

二〇一〇年十一月二日

附表

辽宁省经济和信息化委行政处罚自由裁量权指导标准

序号	法律法规规章名称	条款及规定内容		档次	适用条件（处罚层级分类）	裁量幅度		执法机构	执法类别
		条款	规定内容						
44	《中华人民共和国节约能源法》	第76条	从事节能咨询、设计、评估、检测、审计、认证等服务的机构提供虚假信息的，由管理节能工作的部门责令改正，没收违法所得，并处5万元以上10万元以下罚款	1	违法行为轻微并及时纠正，没有造成危害后果的		告诫，登记违法行为，不予罚款	省节能监察中心	委托执法
				2	①主动消除或者减轻违法行为危害后果的 ②配合执法人员查处其他违法行为有立功表现的		并处5万元以上6万元以下罚款		
				3	①不听劝阻，立案前多次实施违法行为的 ②在执法人员对违法行为进行调查取证过程中，故意隐瞒事实，隐匿、销毁违法行为证据，企图逃避检查的	责令改正，没收违法所得	并处6万元以上8万元以下罚款		
				4	①危及国家安全、公共安全、人身健康和生命财产安全，并造成严重后果的违法行为 ②有妨碍公务、暴力抗法行为的 ③对检举人、举报人或者对执法人员实施打击报复的		并处8万元以上10万元以下罚款		

序号	法律法规规章名称	条款	规定内容	档次	适用条件（处罚层级分类）	裁量幅度	执法机构	执法类别
45	《中华人民共和国节约能源法》	第77条	违反本法规定，无偿向本单位职工提供能源或者对能源消费实行包费制的，由管理节能工作的部门责令限期改正；逾期不改正的，处5万元以上20万元以下罚款	1	违法行为轻微并及时纠正，没有造成危害后果的	告诫，登记违法行为，不予罚款	省节能监察中心	委托执法
				2	逾期不改正；但是，立案前，能够主动消除或者减轻违法行为危害后果的，或者配合执法人员查处其他违法行为有立功表现的	责令限期改正 处5万元以上10万元以下罚款		
				3	逾期不改正，多次实施违法行为的，不听劝阻，或者在执法人员对违法行为进行调查取证过程中，故意隐瞒事实，隐匿、销毁违法行为证据，企图逃避检查的	处10万元以上15万元以下罚款		
				4	逾期不改正；并且，立案前，有妨碍公务，暴力抗法行为，或者对检举人、举报人实施打击报复的	处15万元以上20万元以下罚款		

续表

序号	法律法规规章名称	条款及规定内容		档次	适用条件（处罚层级分类）	裁量幅度		执法机构	执法类别
		条款	规定内容						
46	《中华人民共和国节约能源法》	第82条	重点用能单位未按照本法规定报送能源利用状况报告或者报告内容不实的，由管理节能工作的部门责令限期改正；逾期不改正的，处1万元以上5万元以下罚款	1	违法行为轻微并及时纠正，没有造成危害后果的	告诫，登记违法行为，不予罚款			
				2	逾期不改正，但是，立案前，能够主动消除或者减轻违法行为危害后果的，或者配合执法人员查处其他违法行为有立功表现的	责令限期改正	处1万元以上2万元以下罚款	省节能监察中心	委托执法
				3	逾期不改正，并且，立案前，不听劝阻，多次实施违法行为的，或者在执法过程中对违法行为进行调查取证过程中，故意隐瞒事实，隐匿、销毁违法行为证据，企图逃避检查的		处2万元以上4万元以下罚款		
				4	逾期不改正，并且，立案前，有妨碍公务、暴力抗法行为，或者对检举人、举报人或者对执法人员实施打击报复的		处4万元以上5万元以下罚款		

续表

序号	法律法规规章名称	条款及规定内容		档次	适用条件（处罚层级分类）	裁量幅度	执法机构	执法类别
		条款	规定内容					
47	《中华人民共和国节约能源法》	第83条	重点用能单位无正当理由拒不落实本法第五十四条（管理节能工作的部门应当对重点用能单位报送的能源利用状况报告进行审查。对节能管理制度不健全，节能措施不落实，能源利用效率低的重点用能单位，管理节能工作的部门应当开展现场调查，组织实施用能设备能源效率检测，责令实施能源审计，并提出书面整改要求，限期整改）规定的整改要求或者整改没有达到要求的，由管理节能工作的部门处10万元以上30万元以下罚款	1	违法行为轻微并及时纠正，没有造成危害后果的	告诫、登记违法行为，不予罚款	省节能监察中心	委托执法
				2	①主动消除或者减轻违法行为危害后果的 ②配合执法人员查处其他违法行为有立功表现的	处10万元以上15万元以下罚款		
				3	①不听劝阻、立案前、整改要求后落实的 ②在执法人员对违法行为进行调查取证过程中，故意隐瞒事实，隐匿、销毁违法行为证据，企图逃避检查的	处15万元以上25万元以下罚款		
				4	①危及国家安全、公共安全、人身健康和生命财产安全，并造成严重后果的违法行为 ②有妨碍公务，暴力抗法行为的 ③对检举人、举报人或者对执法人员实施打击报复的	处25万元以上30万元以下罚款		

续表

序号	法律法规规章名称	条款及规定内容		档次	适用条件（处罚层级分类）	裁量幅度		执法机构	执法类别
		条款	规定内容						
48	《中华人民共和国节约能源法》	第84条	重点用能单位未按照本法规定设立能源管理岗位，聘任能源管理负责人，并报管理节能工作的部门和有关部门备案的，由管理节能工作的部门责令改正；拒不改正的，处1万元以上3万元以下罚款	1	违法行为轻微并及时纠正，没有造成危害后果的	告诫、登记违法行为，不予罚款	责令改正	省节能监察中心	委托执法
				2	拒不改正；但是，立案前，能够主动消除或者减轻违法行为危害后果的，或者配合执法人员调查处其他违法行为有立功表现的	处1万元以上2万元以下罚款			
				3	拒不改正；并且，立案前，不听劝阻，多次实施违法行为的，或者在执法人员对违法行为进行调查取证过程中，故意隐瞒事实，隐匿、销毁违法行为证据，企图逃避检查的	处2万元以上3万元以下罚款			
				4	拒不改正；并且，立案前，有妨碍公务、暴力抗法行为，或者对检举人、举报人或者对执法人员实施打击报复的	处3万元罚款			

续表

序号	法律法规规章名称	条款	规定内容	档次	适用条件（处罚层级分类）	裁量幅度	执法机构	执法类别
49	《辽宁省节约能源监察办法》	第26条	用能单位违反本办法第十八条（用能单位应当配合节能监察工作，如实说明有关情况，提供相关资料、样品等。不得拒绝或者阻碍节能监察，不得伪造、销毁、篡改有关证据）规定，拒绝、阻碍节能监察工作，或者拒不提供相关资料、样品以及伪造、销毁、篡改证据的，由节能监察主管部门给予警告，并处1000元以上5000元以下罚款；违反治安管理处罚规定的，由公安机关依法进行处罚，构成犯罪的，移交司法机关依法追究刑事责任	1	违法行为轻微并及时纠正，没有造成危害后果的	告诫、登记违法行为，不予罚款	省节能监察中心	委托执法
				2	①主动消除或者减轻违法行为危害后果的 ②配合执法人员查处其他违法行为有立功表现的	处1000元以上2000元以下罚款		
				3	①不听劝阻，立案前多次实施违法行为的 ②在执法人员对违法行为进行调查取证过程中，故意隐瞒事实，隐匿、销毁违法行为证据，企图逃避检查的	给予警告 处2000元以上4000元以下罚款		
				4	①危及国家安全、公共安全、人身健康和生命财产安全，并造成严重后果的违法行为 ②有妨碍公务、暴力抗法的违法行为的 ③对检举人、举报人或者对执法人员实施打击报复的	处4000元以上5000元以下罚款		
				5	违反治安管理处罚规定的	由公安机关依法进行处罚		
				6	构成犯罪的	移交司法机关依法追究刑事责任		

续表

序号	法律法规规章名称	条款及规定内容		档次	适用条件（处罚层级分类）	裁量幅度	执法机构	执法类别
		条款	规定内容					
50	《辽宁省节约能源监察办法》	第27条	用能单位违反本办法第二十二条（用能单位经经监察不合格的，由节能监察主管部门下达限期整改通知书，责令限期整改。整改期限不得超过6个月。确需延长整改期限的，用能单位应当在期限届满前15日内提出延期申请。节能监察主管部门应当在收到延期申请之日起5日内做出决定。延期不得超过6个月）规定，在节能监察主管部门下达的限期整改期限内，无正当理由拒不进行整改的，除法律、法规另有规定外，由节能监察主管部门给予警告，并处1000元以上5000元以下罚款	1	违法行为轻微并及时纠正，没有造成危害后果的	告诫，登记违法行为，不予罚款	省节能监察中心	委托执法
				2	①主动消除或者减轻违法行为危害后果的 ②配合执法人员查处其他违法行为有立功表现的	处1000元以上2000元以下罚款		
				3	①不听劝阻，立案前多次实施违法行为的 ②在执法人员对违法行为进行调查取证过程中，故意隐瞒事实，隐匿、销毁违法行为证据，企图逃避检查的	处2000元以上4000元以下罚款		
				4	①危及国家安全、公共安全、人身健康和生命财产安全，并造成严重后果的违法行为 ②有妨碍公务，暴力抗拒执法行为的 ③对检举人、举报人或者执法人员实施打击报复的	处4000元以上5000元以下罚款		

附件

辽宁省经济和信息化委行政处罚有关制度

一、行政处罚依据

省经济和信息化委在履行社会管理职能时，对行政管理相对人的违法行为按照以下执法依据实施行政处罚自由裁量权。

1. 《中华人民共和国电力法》（法律）

2. 《电力设施保护条例》（国务院行政法规）

3. 《辽宁省反窃电条例》（地方法规）

4. 《监控化学品管理条例实施细则》（部委规章）

5. 《辽宁省新型墙体材料开发应用管理规定》（省政府规章）

6. 《无线电管理条例》（国务院行政法规）

7. 《民用爆炸物品安全管理条例》（国务院行政法规）

8. 《民用爆炸物品安全生产许可实施办法》（部委规章）

9. 《民用爆炸物品销售许可实施办法》（部委规章）

10. 《盐业管理条例》（国务院行政法规）

11. 《食盐加碘消除碘缺乏危害管理条例》（国务院行政法规）

12. 《食盐专营办法》（国务院行政法规）

13. 《辽宁省盐业管理条例》（地方法规）

14. 《中华人民共和国节约能源法》（法律）

15. 《辽宁省节约能源监察办法》（省政府规章）

16. 《辽宁省建设工程质量条例》（地方法规）

二、行政处罚原则

实施行政处罚时，各执法机构和执法单位应按照以下原则实施处罚。

1. 合法原则。行政处罚自由裁量权必须在现行有效的法律、法规、规章和《指导标准》规定的行政处罚种类、范围、幅度内进行，不得违法另行设定行政处罚。

2. 合理原则。行政处罚结果要与当事人的违法行为（包括事实、性质、情节、社会危害程度和当事人主观过错）相一致，不得处罚失当；在同一案件中，不同当事人的违法行为相同或相似的，应给予同等或基本同等的行政处罚，不得区别对待；在不同案件中，当事人的违法行为相同或相似的，行政处罚应当前后一致或基本一致，不得畸轻畸重。

3. 公开原则。行政执法依据、程序以及行政处罚的结果应当公开。行政机关实施行政处罚时，除告知当事人行政处罚的事实、理由、依据外，还应当就从轻、减轻、从重等自由裁量的理由和依据做出说明。

4. 教育先行原则。纠正违法行为时，应当立足于教育引导公民、法人或者其他组织自觉守法，不应简单给予行政处罚，不得把加大罚没额度、增加罚没收入作为行政执法目的。

5. 罚缴分离、收支两条线原则。实施行政处罚时，必须实行罚缴分离、收支两条线制度。所有罚款、没收非法所得及没收违法财物拍卖所得款项，应当全额上缴财政。不得在执法过程中当场收取罚款或将罚没收入作为本单位经费来源。

三、行政处罚基准制度

各执法机构和执法单位在实施行政处罚时，对违反法律、法规、规章的行为在法定行政处罚权限范围内，根据违法行为的阶次不同，确定是否给予行政处罚、给予何种行政处罚和给予何种幅度行政处罚的自主决定权，不得违法自行设定行政处罚标准，应按照下列裁量基准实施处罚。

1. 一般基准：在法定的行政处罚幅度内，根据违法行为阶次的不同按比例确定不同的行政处罚基准。当事人的违法行为轻微并及时纠正，没有造成危害后果的，属特别轻微违法行为，予以告诫，登记违法行为，不予行政处罚。

2. 当事人有下列情形之一的，可降低一个阶次进行行政处罚：

（1）主动消除或者减轻违法行为危害后果的；

（2）受他人胁迫实施违法行为的；

（3）配合行政执法机关查处违法行为有立功表现的；

（4）已满 14 周岁不满 18 周岁的人实施违法行为的；

（5）其他依照法律、法规、规章规定从轻或者减轻处罚的。

3. 当事人有下列情形之一的，可以提升一个阶次进行行政处罚：

（1）不听劝阻，多次实施违法行为；或者在违法行为被处罚后继续实施同一违法行为，屡教不改的；

（2）在行政执法机关对违法行为进行调查取证过程中，故意隐瞒事实，弄虚作假的；

（3）隐匿、销毁违法行为证据的；

（4）胁迫、诱骗、教唆他人实施违法行为的；

（5）两人以上结伙实施违法行为，在其中起主要作用的；

（6）其他法定的应当从重处罚的情节。

4. 当事人有下列情形之一的，按最高阶次进行行政处罚：

（1）危及国家安全、公共安全、人身健康和生命财产安全并造成严重后果的违法行为；

（2）抗拒检查，有妨碍公务、暴力抗法等尚未构成犯罪的；

（3）对检举人、举报人或者行政执法人员实施打击报复，经查证属实的。

5. 当事人有下列情形之一的，依法不予行政处罚：

（1）不满 14 周岁的人有违法行为的；

（2）精神病人在不能辨认或者不能控制自己行为时有违法行为的；

（3）违法行为在两年内未被发现的，但法律另有规定的除外；

（4）其他法定不予行政处罚的。

四、行政处罚"先例"制度

为规范行政处罚行为，保障公民、法人和其他组织的合法权益，对行政管理相对人的违法行为做出的行政处罚决定案件，应当遵循行政处罚"先例"制度。

1. 行政处罚"先例"制度是指行政执法机关对行政管理相对人（包括公民、法人和其他组织）同一类违法行为先期做出的行政处罚决定，应当作为近一段时期本行政机关对同类违法行为进行行政处罚的先例的一项制度。

2. 适用"先例"制度的对象，应当是事实、性质、情节、社会危害程度和行政管理相对人主观过错相当的违法行为。

3. 在不同案件中，违法主体的违法行为相同或相似的，行政处罚应当前后一致或基本一致。按相同的违法行为阶次对应的裁量标准进行行政处罚，不得畸轻畸重。

4. 行政处罚"先例"制度确定后，执法机构要认真执行，按"先例"制度执行处罚，以保持行政执法公平、公正、合理的原则。

5. 参照先例，执法机构在说明特殊理由的前提下，可以做出例外的裁量，但必须就违法主体违法事实、性质、情节、社会危害程度和违法主体主观过错做出详尽说明。

五、行政处罚说明制度

为确保公民、法人或其他组织的知情权，体现公开、公平、公正地行使行政自由裁量权，有效地预防和减少行政违法行为的发生，行政执法人员在实施行政处罚时，要进行必要的说明。

1. 行政处罚说明制度是指行政执法人员对行政相对人违法行为实施处罚时，应当就当事人违法行为的事实、性质、情节、社会危害程度和当事人主观过错等因素及最终选择的处罚种类、幅度等情况做出详细说明。

2. 在进行说明时，理由应当充分，应当与行政处罚结果相关联。

3. 采取简易处罚程序当场做出行政处罚决定的，应当向当事人当面做出口头说明，认真听取当事人的陈述和申辩，并据实记录在案，由当事人签字或者盖章。

4. 采取一般程序做出行政处罚决定的，应当向当事人做出书面说明，填写统一格式的文书，并收入行政处罚案卷。

3. 《辽宁省经济和信息化委员会节能监察行政处罚专用章的使用说明》

一、根据省经信委节能监察计划开展重点用能单位节能重点监察；根据投诉、举报或者日常节能监察工作的需要开展日常的节能监察工作。

二、依据《中华人民共和国行政处罚法》、《中华人民共和国节约能源法》、《辽宁省节约能源条例》、《辽宁省节约能源监察办法》、《省经信委行政处罚自由裁量权指导标准和有关制度》和省经信委《行政处罚委托书》委托的执法依据、范围、事项及权限进行行政处罚。

三、《辽宁省经济和信息化委员会节能监察行政处罚专用章》在省经信委法规处的监督使用下，随时接受法规处的监督检查，接受省经信委资源处的业务监督。严格按照立案、备案等相关规定执行。在实施较大数额处罚时，先向省经信委汇报，在取得共识时，再实施处罚。

二〇一〇年十二月九日

4. 印发《广东省经济和信息化委员会关于节能监察管理的办法》的通知

（粤经信法规函〔2011〕3427号）

各地级以上市经济和信息化主管部门，顺德区经济促进局，各有关单位：

为进一步规范全省节能监察工作，规范节能监察行为，推动全社会节约能源，提高能源利用效率，促进节约型社会建设，经省法制办审查同意，现将《广东省经济和信息化委员会关于节能监察管理的办法》印发给你们，请遵照执行。

广东省经济和信息化委员会

二〇一一年十一月十日

《广东省经济和信息化委员会关于节能监察管理的办法》

第一条　为了加强全省节能监督管理，规范节能监察行为，推动全社会节约能源，提高能源利用效率，促进节约型社会建设，根据《中华人民共和国节约能源法》、《广东省节约能源条例》和有关法律、法规，结合本省实际，制定本办法。

第二条　本办法适用于本省行政区域内节能主管部门及其节能监察中心的节能监察活动。

第三条　省经济和信息化委是省级节能主管部门，负责指导、协调和监督全省开展节能监察工作。省节能监察中心配合省经济和信息化委做好节能监察工作，并依法负责全省节能监察日常工作。各级经济和信息化主管部门及节能监察机构（下文统称"节能监察机构"）依法负责本行政区域内的节能监察工作。

第四条　节能监察机构履行监察职责时，应当遵循公开、公平、公正以及教育与处罚相结合的原则，做到职权法定、事实清楚、证据确凿、程序合法。

第五条　节能监察机构依法履行下列职责：

（一）监督检查能源生产、经营单位和用能单位、设计单位、节能服务机构执行节能法律、法规、规章情况，依法查处和纠正违法行为；

（二）监督检查重点用能单位的能源利用状况；

（三）监督检查项目建设单位固定资产投资项目节能评估和审查制度落实情况；

（四）受理能源利用违法、违规案件的举报、投诉，接受其他行政执法单位移送或政府部门交办的违法用能案件；

（五）开展节能法律、法规、规章和标准宣传培训；

（六）法律、法规及规章规定的其他日常监察工作。

第六条　各级节能监察机构应当配备必要的节能监察人员和装备，保证节能监察工作的正常开展。节能监察机构实施节能监察时，不得以任何形式收取费用，节能监察经费由各级财政按规定安排。

第七条　节能监察机构应当加强对节能监察人员的培训、管理和监督。节能监察人员应当熟悉相关法律、法规、规章和标准，具备相应的专业知识，并取得行政执法资格。

省节能监察机构组织专项节能监察时，节能监察执法人员可跨行政区域开展节能监察工作。

第八条　对重点用能单位的节能监察包括以下内容：

（一）建立健全节能管理制度，设立能源管理岗位、聘任能源管理负责人及向有关部门备案的情况；

（二）开展能源审计，编制节能规划、计划情况；

（三）能源利用状况报告报送情况；

（四）落实能源消费统计制度的情况；

（五）单位产品能耗限额标准和能耗限额执行情况；

（六）淘汰落后用能产品、设备和生产工艺的情况；

（七）用能单位能源计量管理执行相关规定、标准的情况和能源计量器具配备及检定校准情况；

（八）制定主要耗能设备的合理用能管理制度及执行情况，并依据节能标准评价设备合理用能状况的情况；

（九）参加和开展节能教育和培训的情况。

第九条　对公共机构节能监察的内容包括优先采购列入节能产品、设备政府采购名录中的产品、设备的情况。

第十条　对能源生产、经营单位的节能监察包括以下内容：

（一）能源产品遵守相关标准的情况；

（二）向本单位职工无偿提供能源，或对能源消费实行包费制的情况；

（三）节能发电调度管理制度的执行情况。

第十一条　对从事节能咨询、设计、评估、检测、审计、认证等服务的节能服务机构的节能监察包括以下内容：

（一）节能服务机构是否提供虚假信息情况；

（二）节能服务机构参与技改项目或财政奖励合同能源管理项目的实施情况、节能效果及统计监测情况。

第十二条　对用能产品、设备的生产和流通过程中的节能监察包括以下内容：

（一）生产、进口、销售的用能产品、设备执行国家和省明令淘汰目录或者强制性能源效率标准的情况；

（二）能源效率标识的执行情况。

第十三条　对固定资产投资项目的节能监察包括是否按规定进行节能评估和审查等。

第十四条　对节能专项等财政资金支持项目的节能监察包括以下内容：

（一）项目按规定实施的情况；

（二）项目按规定建立节能量监测体系的情况；

（三）项目实际节能量。

第十五条　对法律、法规、规章等规定的其他应实施节能监察的事项，由节能监察机构按照相应规定实施。

第十六条　节能监察可以采用现场监察、书面监察和其他监察等方式。

实施节能监察时，应当书面通知被监察单位。办理案件、举报投诉和应当以抽查方式实施的节能监察除外。

第十七条　节能监察人员依法实施节能监察时，有权进入被监察单位的工作场所进行检查、现场取证，可以采取下列措施：

（一）查阅或复制与监察事项有关的文件、资料、财务账目及其他有关的材料；

（二）调查、询问有关人员，要求被监察单位在规定期限内就有关问题如实做出解释和说明；

（三）对能源、产品、设备、设施及工艺流程等进行检查、监测、录像或者拍照；

（四）法律、法规、规章等规定的其他措施。

第十八条　现场监察时，应有两名以上节能监察人员在场，并出示有效的行政执法证，告知监察的依据、内容、要求，制作现场检查笔录，并由被监察单位法定代表人或现场负责人签名。被监察单位拒绝签名的，应由两名以上节能监察人员如实注明。

第十九条　被监察单位应当如实说明情况，提供相关资料，不得阻碍节能监察，不得隐瞒事实真相，不得伪造、隐匿、销毁、篡改有关证据。

第二十条　必要时节能监察机构可以委托有资质的检验测试机构依据法律、法规、标准和规程规定的检测方法和评价指标，对用能产品、设备和工艺的能源消耗指标进行检测、评价。

第二十一条　鼓励单位和个人向节能监察机构投诉举报违反节能法律、法规、规章和标准的行为。节能监察机构应当设立并公布受理投诉举报电话、电子邮箱和网站，并为举报人保密。

对举报属实，为查处严重违反节能法律、法规、规章和标准的行为提供重要线索和证据的举报人，应当予以奖励。

第二十二条　节能监察人员与被监察单位有利害关系，可能影响公正执法的，应当自行回避，被监察单位亦有权以口头或者书面方式申请其回避。

节能监察机构对被监察单位提出的回避申请，应当在申请提出之日起 3 个工作日内做出决定。在回避决定做出之前，被申请回避的节能监察人员应当暂停参加与申请回避事项有关的工作。

第二十三条　被监察单位经查实有违反节能法律、法规、规章等行为的，节能监察机构应当责令限期改正，被监察单位应当按期实施整改。

第二十四条　被监察单位无正当理由逾期未整改或整改未达到要求的，由节能监察机构或有关部门依据相关法律、法规进行处罚。

第二十五条　节能监察机构在监察过程中，发现法律、法规和规章明确规定应由其他政府部门处理的违法事实，应当依法移交相关部门予以处理。

第二十六条　被监察单位对节能监察结果有异议的，可以自收到节能监察结果之日起15日内向本级或上级节能监察机构提出书面复核申请。节能监察机构应当自收到相关资料之日起15日内做出答复。

第二十七条　节能监察机构应该定期向社会公布节能监察情况。

第二十八条　重点用能单位未依法设立能源管理岗位、聘任能源管理负责人，并报节能监察机构和有关部门备案的，由节能监察机构责令改正；拒不改正的，根据《广东省节约能源条例》的规定，处1万元以上3万元以下罚款。

第二十九条　重点用能单位未按照规定报送能源利用状况报告或者报告内容不实的，节能监察机构责令限期改正，逾期不改的，根据《中华人民共和国节约能源法》的规定，处1万元以上5万元以下罚款。

第三十条　用能单位超过单位产品能耗限额标准或省能耗限额的，由省价格主管部门会同省经济和信息化委等部门，对该用能单位实行惩罚性电价，并由节能监察机构责令限期改正；逾期不治理，或者在限期内经治理仍达不到要求的，根据《广东省节约能源条例》的规定，由节能监察机构处3万元以上5万元以下的罚款。情节严重的，根据《中华人民共和国节约能源法》的规定，由节能行政主管部门报请同级人民政府按照国务院规定的权限责令停业整顿或者关闭。

第三十一条　固定资产投资项目未经节能评估、审查的，根据《固定资产投资项目节能评估和审查暂行办法》（国家发改委令第6号），由节能监察机构提请节能审查机关责令停止建设或者停止生产、使用，限期改造，并依法追究有关责任人的责任。

第三十二条　本办法由省经济和信息化委负责解释。

第三十三条　本办法自2011年12月10日起施行。

5. 贵州省经济和信息化委员会关于印发
《贵州省工业和信息化节能监察办法》的通知

（黔经信办〔2010〕880 号）

各市（州、地）经信委（工信委、工能委），有关企业（集团公司）：

　　为加强工业和信息化领域节能监督管理，规范节能监察行为，保障节能法律、法规、规章和相关标准的实施，根据《中华人民共和国节约能源法》和《贵州省节约能源条例》，结合我省实际，贵州省经济和信息化委员会制定了《贵州省工业和信息化节能监察办法》，现印发给你们，请遵照执行。

二〇一〇年十二月十五日

《贵州省工业和信息化节能监察办法》

第一章　总　　则

　　第一条　为加强工业和信息化领域节能监督管理，规范节能监察行为，保障节能法律、法规、规章和相关标准的实施，根据《中华人民共和国节约能源法》和《贵州省节约能源条例》，结合本省实际，制定本办法。

　　第二条　本办法适用于本省行政区域内工业和信息化领域的节能监察活动。

　　第三条　本办法所称节能监察，是指各级工业和信息化节能监察机构对本辖区内工业和信息化领域的用能单位（以下称被监察对象）执行节能法律、法规、规章和相关标准的情况进行监督检查，督促其加强节能管理，提高能源利用效率，并依法纠正和查处违法用能行为的活动。

　　第四条　贵州省经济和信息化委员会负责统一管理、指导和协调全省工业和信息化领域节能监察工作。

县级以上地方各级工业和信息化管理部门负责本辖区内工业和信息化领域节能监察工作。

第五条　节能监察应当遵循公开、公正的原则，坚持教育与处罚相结合。节能行政执法应做到事实清楚、证据确凿、程序合法。

第二章　节能监察职责

第六条　节能监察机构应当履行下列职责：

（一）检查、督促被监察对象执行节能法律、法规、规章和相关标准，依法纠正和查处违法用能行为；

（二）受理工业和信息化领域违反节能法律、法规、规章和相关标准用能行为的举报和投诉；

（三）开展节能法律、法规、规章和相关标准的宣传与培训；

（四）履行节能法律、法规及规章等赋予的其他职责。

第三章　节能监察内容

第七条　工业和信息化领域节能监察内容包括：

（一）执行落后的耗能过高的用能产品、设备和生产工艺淘汰制度的情况；

（二）执行单位产品能耗限额标准的情况；

（三）制定和落实节能计划、节能技术措施、节能目标责任制及奖惩制度的情况；

（四）参加和开展节能教育、岗位节能培训的情况；

（五）禁止向本单位职工无偿提供能源或对能源消费实行包费制的执行情况；

（六）重点用能单位按照有关规定开展能源审计及执行能源利用状况报告制度的情况；

（七）重点用能单位设立能源管理岗位、聘任能源管理负责人及向工业和信息化管理部门备案的情况；

（八）固定资产投资项目节能评估审查制度执行情况及在设计、建设过程中落实节能措施的情况；

（九）节能法律、法规、规章等规定的其他应实施节能监察的事项。

第四章 节能监察实施

第八条 节能监察分为书面监察和现场监察。

实施书面监察时，应当书面通知被监察对象。被监察对象须按通知要求如实报送书面和电子文档材料。

实施现场监察时，应当提前将实施监察的内容、时间、依据及相关要求以书面形式通知被监察对象，办理案件、受理举报、投诉以及应当以抽查方式实施的节能监察除外。

第九条 节能监察人员必须熟悉节能法律、法规、规章以及相关标准，具备相应的业务能力，并按规定取得行政执法资格。

第十条 现场监察时，应有两名以上节能监察人员在场，并出示有效的行政执法证，告知检查的依据、内容、要求和方法，制作现场检查笔录，并由被监察对象法定代表人或其委托人签名。被监察对象拒绝签名的，应由两名以上节能监察人员如实签字注明，不影响现场检查笔录的法律效力。

第十一条 节能监察人员依法实施节能监察时，可以进入被监察对象的工作场所进行现场检查，查阅和复制与监察事项有关的文件、设备台账、财务账目及其他资料；要求被监察对象在规定期限内，就询问的有关问题如实做出书面答复。

第十二条 被监察对象应当配合节能监察人员依法实施节能监察，如实说明情况，提供相关资料，不得隐瞒事实真相，不得伪造、隐匿、销毁、篡改有关证据。

第十三条 节能监察机构实施节能监察时，应当维护被监察对象的生产、经营和工作秩序。不得泄露被监察单位的技术秘密和商业秘密，不得利用工作之便谋取不正当利益。

第十四条 现场监察结束后，实施监察的节能监察机构应在 15 个工作日内形成节能监察报告，并告知被监察对象。

第十五条 节能监察机构可以委托有资质的检验测试机构对被监察对象的用能产品、设备和工艺的能源消耗指标进行检测、评价。委托检测、评价的费用由节能监察机构承担。

被监察对象对检测、评价结论有异议的，可以在接到检测、评价报告7个工作日内向工业和信息化节能监察机构申请鉴定。经重新鉴定，确认未改变原检测、评价结论的，发生的鉴定费用由被监察对象承担；改变原检测、评价结论的，发生的鉴定费用由节能监察机构承担。

第十六条　节能监察机构在节能监察中发现被监察对象存在违反节能法律、法规、规章和节能强制性标准的，由工业和信息化管理部门下达《责令整改通知书》，责令限期整改；对情节严重的违法行为，责令改正，并依法进行相应处罚。

发现被监察对象存在明显不合理用能行为，但尚未违反节能法律、法规、规章和节能强制性标准的，由工业和信息化管理部门下达《节能监察意见书》，要求被监察对象采取措施予以改进。

节能监察机构应对《责令整改通知书》和《节能监察意见书》的落实情况进行跟踪检查，并督促落实。

第十七条　被监察对象对《责令整改通知书》或《节能监察意见书》有异议的，可以自收到《责令整改通知书》或《节能监察意见书》之日起7个工作日内，向工业和信息化管理部门申请复查。工业和信息化管理部门应当自收到复查申请之日起15个工作日内完成复查工作，并以书面形式将复查结论告知被监察对象。

第十八条　节能监察人员与被监察对象有利害关系或者有其他关系可能影响监察公正性的，应当回避。

被监察对象认为节能监察人员应当回避的，可以书面或者口头方式向节能监察机构提出。

节能监察人员的回避，由工业和信息化管理部门决定。

第十九条　被监察对象对行政处罚有异议要求听证的，工业和信息化管理部门应当根据有关法律规定组织听证。

第二十条　任何单位和个人有权举报违反节能法律、法规、规章和相关标准的行为，节能监察机构接到举报后应当及时依法处理，并为举报人保密。

节能监察机构应当向社会公布受理举报、投诉的电话、传真、电子邮箱和通讯地址。

第二十一条　节能监察机构实施节能监察时，不得以任何形式收取费用或将检查费用转嫁给被监察对象。

第二十二条　工业和信息化管理部门定期向社会公布被监察对象受到处罚情况的信息。

第五章　法律责任

第二十三条　被监察对象存在违反节能法律、法规、规章和节能强制性标准的，按照节能法律、法规、规章的有关规定对其进行处罚。

第二十四条　节能监察机构及其工作人员在实施节能监察过程中有下列情形之一的，对直接负责人和其他直接责任人依法给予行政处分；构成犯罪的，移交司法机关。

（一）违法向被监察对象收取费用的；

（二）泄露被监察对象技术秘密和商业秘密的；

（三）利用工作之便谋取不正当利益的；

（四）节能监察人员玩忽职守，不依法履行节能监察职责的；

（五）实施其他违法行为并造成严重后果的。

第六章　附　则

第二十五条　本办法由贵州省经济和信息化委员会负责解释。

第二十六条　本办法自公布之日起施行。

6. 《甘肃省工业和信息化产业固定资产投资项目节能评估和审查管理暂行办法》

第一章　总则

第一条　为加强工业和信息化产业固定资产投资项目节能管理，把好能耗准入关，从源头控制能源浪费，促进科学合理利用能源，依据《中华人民共和国节约能源法》、《国务院关于加强节能工作的决定》（国发〔2006〕28号）、工业和信息化部《关于加强工业固定资产投资项目节能评估和审查工作的通知》（工信部节〔2010〕135号）和《甘肃省实施〈中华人民共和国节约能源法〉办法》等有关节能法律法规和政策的规定，并结合甘肃省实际，制定本办法。

第二条　本办法适用于甘肃省审批、核准或备案权限内的所有工业和信息化产业固定资产投资项目（含新建、改建、扩建项目，以下简称固定资产投资项目）。

第三条　固定资产项目投资单位应依据本规定向甘肃省工业和信息化委员会报送节能分析文件，申请节能审查和验收。

第四条　甘肃省工业和信息化委员会依据本规定，对固定资产投资项目进行节能审查和节能验收。

第五条　甘肃省工业和信息化委员会负责甘肃省工业和信息化产业固定资产投资项目节能评估和审查管理办法的建立和组织实施。

县级以上地方人民政府工业和信息化主管部门负责本行政区域内审批、核准或备案的工业和信息化产业固定资产投资项目节能评估和审查工作。

第二章　节能分析文件编制

第六条　固定资产投资项目节能分析文件及其审查意见，是项目核准或批准开工建设的必备和前置条件,是项目设计、施工及竣工验收的依据。

第七条　固定资产项目投资单位应按照本办法要求,依据节能法律法规、规划、政策、标准等,对固定资产投资项目的能源利用是否科学合理进行节能分析,并编制节能分析文件(分析报告书、节能分析报告表或节能登记表)。

第八条　固定资产投资项目节能分析文件按照耗能量分类编制。

(一)年综合能源消费量 3000 吨标准煤以上(含本数,当量值,下同)的固定资产投资项目,应当编制独立的节能分析报告书。

(二)年综合能源消费量 3000 吨以下 1000 吨标准煤以上的固定资产投资项目,应当编制独立的节能分析报告表。

(三)1000 吨标准煤以下的固定资产投资项目应当填报节能登记表。

第九条　固定资产投资项目节能分析报告书应当包括下列内容:

(一)分析评价依据;

(二)项目概况;

(三)项目所在地能源资源条件以及项目对所在地能源供应情况的影响;

(四)项目用能方案、用能工艺和用能设备;

(五)项目能源消耗量、能源消费结构、能源效率水平及能源管理情况;

(六)节能措施分析评价;

(七)节能措施建议;

(八)结论。

固定资产投资项目节能分析文件的内容及格式要求见附件 1、附件 2、附件 3。

第十条　年综合能耗 3000 吨标煤以上固定资产投资项目的节能分析报告书须委托节能评估机构编制。年综合能耗 3000 吨标煤以下固定资产投资项目节能登记表、节能分析报告表编制单位不作具体要求。

第十一条　项目投资单位及受委托的节能咨询评估机构应对节能分析文件内容的真实性负责。

第十二条　除国家规定需要保密的情形外,能源消耗巨大、对当地能源供应造成明显影响的固定资产投资项目,投资单位应采取听证或其他形式,征求有关单位、专家和公众的意见。节能分析文件中应附具对各方意见采纳情况说明。

第三章　节能审查

第十三条　固定资产投资项目投资单位在办理项目审批、核准、备案手续前，应向甘肃省工业和信息化委员会申请节能审查。

第十四条　甘肃省工业和信息化委员会依据节能法律法规、规划、政策、标准等，对固定资产投资项目节能分析文件进行审查，形成审查意见。

第十五条　固定资产投资项目节能审查实行分级管理。

甘肃省工业和信息化委员会负责审查年综合能源消费量 3000 吨标准煤以上（含）的固定资产投资项目；

市（州）工业和信息化委员会初审年综合能源消费量 3000 吨标准煤以上的项目，并负责审查年综合能源消费量 3000 吨标准煤以下的固定资产投资项目。

第十六条　甘肃省工信委定期召开节能评审会，对年综合能源消费量 3000 吨标准煤以上的项目进行评审。特殊情况下可尽快安排评审会。

由市（州）工业和信息化委员会负责的年综合能源消费量 3000 吨标准煤以上项目的初审意见应在省工信委召开节能评审会 5 个工作日前上报省工信委；年综合能源消费量 1000～3000 吨标准煤以上项目 10 日内做出审查意见；年综合能源消费量 1000 吨标准煤以下项目 5 日内做出审查意见。

第十七条　项目投资单位申请节能审查时应提交以下材料：

（一）节能审查申请书；

（二）节能分析文件（节能评估报告、节能分析报告表或节能登记表）；

（三）项目可研报告；

（四）企业法人营业执照副本复印件；

（五）甘肃省工业和信息化委员会认为有必要补充的其他材料。

第十八条　节能审查遵循公开、公平、公正原则。审查结果分为合格、基本合格和不合格。

第十九条　对未依照本办法有关规定，有下列情况之一的固定资产投资项目，节能审查不予通过。

（一）项目不符合有关节能法律、法规、规章和产业政策，或选用国家和省上已公布淘汰的用能设备以及国家和省产业政策限制内的产业序列和规模容量或行业已公布限制（或禁止）的工艺；

（二）项目用能总量及用能品种不合理；

（三）项目能耗指标超过国家和地方规定的产品定额指标；

（四）项目不符合国家、地方和行业节能设计规范、标准，主要工艺流程未采用节能新技术；

（五）单项节能工程项目能耗指标不符合国家和地方有关标准等。

第二十条 有以下情形的，应重新编制节能分析文件和申请节能审查。

（一）固定资产投资项目经节能审查批准，项目地点、建设规模、用能结构、用能工艺等发生重大变化，或者年能源消费量超过原定水平10%以上的；

（二）超过固定资产投资项目节能审查意见两年有效期，逾期未开工建设的。

第二十一条 项目投资单位以拆分项目、提供虚假材料等不正当手段取得节能审查意见的，由甘肃省工业和信息化委员会撤销节能审查意见。

第四章 节能验收

第二十二条 甘肃省工业和信息化委员会应会同有关部门对施工中的固定资产投资项目落实节能分析文件和节能审查意见情况进行监督检查。

第二十三条 固定资产投资项目竣工后，项目投资单位应向甘肃省工业和信息化委员会提交节能验收申请表。节能验收工作由甘肃省工业和信息化委员会组织实施（节能验收申请表格式见附件4）。

第二十四条 未按节能标准和节能设计规范施工或达不到节能标准的固定资产投资项目，节能验收不予通过。

第五章 监督和管理

第二十五条 受委托节能评估机构及其人员在节能评估工作中不负责任或弄虚作假，导致节能评估结果严重失实的，由甘肃省工业和信息化委员会给予通报批评，3 年内不得参与节能评估工作；构成犯罪的，依法追究相应刑事责任。

第二十六条 负责组织节能审查、验收的工作人员徇私舞弊、滥用职权、玩忽职守，违规通过节能审查，或者违规通过节能验收，依法给予行政处分；构成犯罪的，依法追究刑事责任。

第二十七条　固定资产投资项目未进行节能审查或节能审查未获批准，负责项目审批、核准或备案工作的部门擅自审批或核准，对直接负责的主管人员和其他直接责任人员，依法追究行政责任。

第二十八条　固定资产投资项目未通过节能验收投入使用的，由甘肃省工业和信息化委员会责令停止使用，限期整改。不能改造或者逾期不改造的项目，由甘肃省工业和信息化委员会报请省政府按照国务院规定的权限责令关闭。情节严重的，依法追究有关责任人的责任。

第六章　附则

第二十九条　本办法由甘肃省工业和信息化委员会负责解释。

第三十条　本办法自 2010 年 12 月 1 日起施行。

7. 甘肃省人民政府办公厅《关于加强全省工业节能监察体系建设的意见》

（甘政办发［2012］7 号）

各市、自治州人民政府，省政府有关部门：

为进一步健全完善全省工业节能监察体系建设，有效促进工业节能，经省政府同意，现提出以下意见。

一、重要意义

（一）加强工业节能监察体系建设是落实有关法律法规的必然要求。加强全省工业节能监察体系建设，是实施《中华人民共和国节约能源法》、《甘肃省实施〈中华人民共和国节约能源法〉办法》、《甘肃省资源综合利用条例》等法律法规的重要措施；是督促用能企业加强节能管理，降低能源消耗和污染物排放，提高能源利用效率，转变发展方式的重要手段，对进一步推动我省节能降耗工作，确保完成节能降耗目标任务具有非常重要的意义。

（二）加强工业节能监察体系建设是完成我省节能目标的迫切要求。目前，我省"两高一资"企业占全部工业企业的85%左右，工业行业耗能总量约占全社会耗能总量的75%。"十二五"主导工业发展的若干重大项目也大多属于耗能高、排放大的产业。随着新建项目的陆续建成投产，工业用能总量将进一步增加，工业节能形势十分严峻。要完成"十二五"节能降耗目标任务，必须进一步加强工业节能监察体系建设，着力强化工业节能监察执法。

（三）加强工业节能监察体系建设是提升全省节能监察能力的基础保障。近年来，我省各级工业节能监察机构认真开展节能执法，强化能源审计，加强资源综合利用监察，实施节能量核查等工作，有效促进了节能减排工作。但是，我们也清醒认识到，我省现有工业节能监察机构普遍存在工作人员不足、专业技术不强、装备水平不高等问题，必须进一步加强工业节能监察体系建设，有效提升节能监察执法能力和水平。

二、总体要求

坚持以科学发展观为指导，在巩固"十一五"全省工业节能监察体系建设成果基础上，积极探索并建立工业节能监察与节能评估、能源审计、能效评价、能源监测等帮促服务相结合的执法机制，建设一支业务素质高、工作能力强的工业节能监察执法队伍，建成覆盖省、市、县三级的工业节能监察体系，确保《中华人民共和国节约能源法》等有关法律法规和标准落到实处。

三、重点任务

（一）进一步健全工业节能监察组织体系。各地政府要高度重视并加强本辖区工业节能监察体系建设，未建立工业节能监察机构的地区要尽快建立机构，配备工作人员，保障节能监察工作顺利开展。省级工业节能监察机构要加强对市、县工业节能监察机构的业务指导，逐步形成目标统一、职责清晰的节能监察组织体系，不断提高工业节能监察工作能力和水平。

（二）加快建设工业能源物联网平台。为合理配置能源资源，提高能源利用效率，规范用能单位合理用能，及时为政府部门提供决策依据，要在省级节能监察机构现有重点耗能企业统计平台基础上，加快建设全省工业企业能源物联网平台。在对重点用能企业的重点用能设备能源利用情况实施在线监控和能效评定的基础上，实现能源资源利用效益最大化。

（三）加强专业技术业务培训。要针对工业节能监察执法工作涉及面广、专业性强的特点，采取长期与短期结合、系统与专项结合、国内与国外结合等方式，加强对各级工业节能监察机构人员进行专业培训和节能法律法规标准及有关专业知识的教育，提高节能监察人员业务能力和执法水平。

四、保障措施

（一）加强组织领导。省工信委负责组织、指导和推进全省工业节能监察工作，会同有关部门制订年度监察计划和工作方案，并组织实施；要全面开展并指导各市州和县市区扎实开展工业节能监察执法工作。省质监局会同省工信委等有关部门加快制定或修订主要用能产品和设备能效标准、高耗能产品能耗限额标准，使工业节能监察更加有法可依，更加具有可操作性。

（二）保证经费支持。各市州政府要按照国家有关要求，积极筹集配套资金，支持工业节能监察能力建设，为争取国家对市级城市节能监察机构能力建设支持资金创造有利条件。省工信委要会同有关部门全力做好项目申请和资金分配工作，同时，认真做好省节能监察中心能力建设项目申报工作。各级财政部门要加大对工业节能监察能力建设和工业节能监察工作的支持力度，节能执法监察所需经费从执法专项资金中列支，没有设立专项资金的列入同级财政预算。各级节能监察机构开展节能监察执法，不得向监管对象收取费用。

（三）强化宣传教育。各级工业节能主管部门和工业节能监察机构要充分利用各类新闻媒体，采取多种方式，加强节能法律、法规、规章和节能标准的宣传，引导企业和群众依法用能、合理用能。要建立举报、投诉渠道，鼓励单位和个人对违法用能和浪费能源行为进行投诉、举报。要认真总结工业节能监察工作的好经验、好做法并加以推广，在全社会营造依法用能、合理用能的良好氛围。

甘肃省人民政府办公厅

二〇一二年一月十六日

8.《宁波市节能监察执法工作规程》

一、宁波市节能监察中心职责

根据宁波市机构编制委员会文件（甬编〔2009〕29 号）规定，宁波市节能监察中心的主要工作职责如下：

1. 依法承担对用能单位执行国家、省及本市颁布的节能（能源）法律、法规、规章情况进行执法监督检查，受理违法、违规用能案件举报，依法查处违法、违规用能行为；

2. 负责节能产品与节能服务的市场监管和能源品质监督检查工作，对全市重点用能单位的能源利用状况进行监察；

3. 负责汇集发布全市能源消费状况及节能技术产品有关信息，定期开展全市重点用能单位能源利用状况的统计分析；

4. 承担受理、协调处理能源流通领域能源品质争议案件；

5. 承担全市能源监察执法和监测工作的指导与协调，负责全市能源监察执法人员的教育培训工作；

6. 受节能行政主管部门委托，开展相关节能监管工作。

二、宁波市节能监察中心受委托执法职能

根据宁波市经济委员会甬经资源〔2009〕276 号文件规定，宁波市经济委员会委托宁波市节能监察中心按下列要求行使节能行政执法权。

（一）委托执法范围

协助宁波市经济委员会开展宁波市行政区域内日常监督管理工作，直接查处违反节能法律法规行为。

（二）委托执法权限及法律依据

受委托单位在委托权限范围内以宁波市经济委员会的名义对节能违法行为行使下列监督管理职权。

1. 行政处罚权

序号	项目名称	法律依据	备 注
1	重点用能单位的监察工作	1.《中华人民共和国节约能源法》第八十三条、第八十四条 2. 浙江省实施《中华人民共和国节约能源法》办法第三十一条 3.《宁波市节约能源条例》第十九条、第二十一条、第四十二条	
2	重点用能单位报送能源利用状况报告	1.《中华人民共和国节约能源法》第八十二条 2. 浙江省实施《中华人民共和国节约能源法》办法第三十二条、第三十六条	
3	开展淘汰设备和落后产能的专项监察	1.《中华人民共和国节约能源法》第七十一条 2. 浙江省实施《中华人民共和国节约能源法》办法第九条、第三十三条、	
4	能耗限额标准执行情况专项监察	1.《中华人民共和国节约能源法》第十六条、第七十二条 2. 浙江省实施《中华人民共和国节约能源法》办法第十条、第三十条 3.《宁波市节约能源条例》第十四条	
5	空调温度设置情况	1.《宁波市节约能源条例》第四十六	
6	有序用电及电力需求侧管理的监督检查	1.《中华人民共和国电力法》第六十五条 2.《电力供应与使用条例》第四十条	
7	执行能源有偿消费的情况	《中华人民共和国节约能源法》第七十七条	
8	对节能服务机构的监察	《中华人民共和国节约能源法》第七十六条	
9	执行固定资产投资项目制度的情况	《中华人民共和国节约能源法》第六十八条	
10	擅自新建生产性供热锅炉	《浙江省实施〈中华人民共和国节约能源法〉办法》第二十八条、第三十四条	

2. 其他行政监管权

序号	项目名称	法律依据	备 注
1	能效标识检查	1.《中华人民共和国节约能源法》第十八条、第十九条 2.《能源效率标识管理办法》第二十三条、第二十四条 3.《宁波市节约能源条例》第十二条	
2	落实节能管理制度、节能措施及能效对标的情况	1.《中华人民共和国节约能源法》第十二条、第五十四条 2.《宁波市节约能源条例》第二十条	
3	重点用能单位能源管理人员备案	1.《中华人民共和国节约能源法》第五十五条 2.《宁波市重点用能单位节能管理办法》第二十条	
4	专业能源管理人员业务培训和考核	1.《浙江省实施〈中华人民共和国节约能源法〉办法》第十七条 2.《宁波市重点用能单位节能管理办法》第八条	
5	固定资产投资合理用能专题论证的审查	1.《中华人民共和国节约能源法》第十五条 2.《浙江省实施〈中华人民共和国节约能源法〉办法》第八条、第九条	

三、宁波市节能监察执法行政处罚流程图

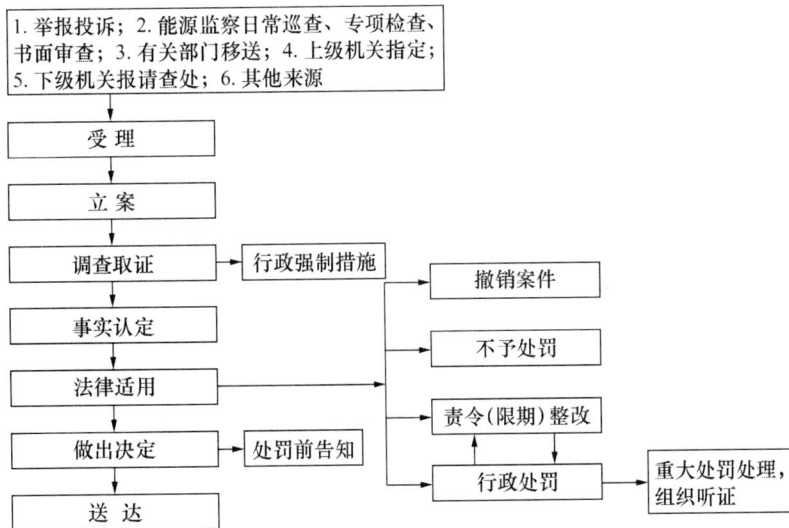

四、宁波市节能监察中心行政执法工作程序

节能监察行政处罚工作流程主要包括受理、立案、调查取证、事实认定、法律适用、做出决定及送达七个阶段。

（一）受理阶段

1. 案件来源

案件来源主要分为以下六方面：

（1）举报投诉；

（2）能源监察日常巡查、专项检查、书面审查；

（3）有关部门移送；

（4）上级机关指定；

（5）下级机关报请查处；

（6）其他来源。

2. 受理认定标准

对于6类案件来源，符合以下三个基本标准的，即可受理：

（1）经过对材料、相关线索的初步审查，认为属于违反节能相关法律法规的行为；

（2）违法行为是应受行政处罚的行为；

（3）属于本机关职权范围及管辖范围。

3. 受理要求

（1）对于举报，都应及时接受，但对于明显不属于本机关管辖的案件，及时告知举报人。对于口头举报，接待的工作人员应认真做好笔录，经宣读无误后由举报人签名或盖章；如果举报人是机关、团体、企事业单位的，应由该组织的负责人签名或盖章。对于举报信函，应逐件登记。对于匿名举报的，应尽量查清该材料的来源，在确实无法查清其来源的情况下，如果认为举报的违法事实确有可能存在，也应接受。

（2）对于有关部门移送或上级机关指定的案件，本机关均应接受，并不得自行移送其他机关处理；如果认为自己确无管辖权时，可报上级机关决定。

（3）决定受理的案件，本机关填写受理决定单，并视情况将处理结果采取电

话、书面或面谈等形式反馈举报人。

（二）立案阶段

经启动受理程序后，构成立案条件的，中心承办人在 5 个工作日内填制《立案审批表》，在"承办人意见"栏填写"拟提请立案"的意见并签名后，附带初期受理审核的有关材料，经综合科初审后，报中心负责人审核批准。办案部门指定 2 名以上办案人员负责调查。立案后无合法理由，不得终止调查。

（三）调查取证阶段

1. 工作程序

调查取证的工作包括专门调查工作和有关的行政强制措施。

（1）专门调查工作指通过询问当事人和证人、勘验、检查、鉴定及提取其他证据等形式，根据实际情况形成书证、物证、证人证言、视听资料、当事人陈述、鉴定结论、勘验笔录和现场检查笔录七类证据。

（2）行政强制措施是为确保专门调查工作顺利进行而采取的一些特殊性措施，在证据有灭失的可能或者以后难以取得的情况下，依法可以采取先行登记封存等强制措施。采取行政强制措施，必须填写相关审批表并经过相关审批。紧急情况下可以征得批准人口头同意后先行采取行政强制措施，但必须在 3 日内补办审批文书。解除行政强制措施或先行登记封存设备，必须经过相关审核。

2. 工作要求

（1）办案人员调查案件不得少于 2 人，进行检查时必须出示执法证件，并在 60 个工作日内依法收集整理完毕证据材料，特殊情况经案审小组讨论后，报市经委同意后，可以适当再延长 1~2 月。

（2）当事人提出回避申请的，应于当日报告。办案人员的回避由中心负责人决定，中心负责人的回避，由市经委决定。

（3）调查人员收集、调取的七大类证据必须查证属实，相互印证，程序合法，手续完备，才能作为认定事实的依据。对当事人及证人的询问笔录应当交当事人、证人核对签章，没有阅读能力的应当向其宣读。笔录如有错漏，应当予以更正或补充。当事人、证人拒绝签章的，应当在笔录中注明。对当事人、证人提供的书证，应由出证人签字或盖章。复印件应注明"与原件核对无误"。

（4）调查终结后，调查人员应制作《证据清单》，并编写调查终结报告，其内容包括：案源、当事人的基本情况、违法事实、从重从轻情节、案件性质、处罚依据、处罚建议、疑难争议等，上报中心案审小组审核。

（四）事实认定阶段

办案人员对案件来源、违法事实、案情概况、危害结果、前期受理核查情况、调查取证结果和初步处理建议向中心案审小组做具体汇报。中心案审小组对案件的初步处理意见进行集体评议，对调查认定的违法事实、证据、程序、法规适用进行评议，形成中心处理意见，证据不全的违法事实，退回补充调查取证。

（五）法律适用阶段

1. 法律适用结果

根据案审小组决定，对案件形成三种处理结果：

（1）撤销案件。对符合下列条件的案件，应撤销立案，并填写《撤销案件审批表》，报中心负责人审批后反馈当事人。

①当事人实际上不存在违法行为；

②违法事实不成立或无法认定的；

③所认定的违法事实虽然存在，但不是该当事人所为的；

④违法行为应由其他有管辖权的机关处理的。

（2）予以处罚。对于事实清楚、证据确凿、适用法律、行政法规正确的案件，依法做出行政处罚决定。根据相关节能法律法规规定，可以先行做出（限期）整改的，责令（限期）整改。违法主体没有按期整改或整改结果没有达到要求的，决定予以处罚。

（3）不予处罚。违法行为轻微并及时纠正，没有造成危害后果的，不予行政处罚。

对于予以处罚和不予处罚的案件按法定程序报市经委批准，对撤销案件及责令（限期）整改案件由中心负责人批准后实施。

2. 法律适用中听证程序

拟对当事人做出下列行政处罚决定之一的，应当告知当事人有要求举行听证的权利，并依法组织听证。（详见附件2：听证规程）

（1）责令停产停业。

（2）吊销许可证或者执照。

（3）对法人处以 5 万元以上罚款。

（六）做出决定阶段

1. 处罚前告知

（1）根据《中华人民共和国行政处罚法》第 31、32 条规定，应事先告知行政处罚对象做出行政处罚决定的事实、理由及依据，并告知其享有陈述、申辩和听证等权利，由办案机构在下达处罚前 3 日内履行告知程序，视案件处罚种类和处罚幅度送达《行政处罚事先告知书》或《听证告知书》。

（2）告知当事人权利后，当事人如有陈述、申辩的，办案机构应认真听取，并做好陈述、申辩笔录。当事人依法要求举行听证的，办案机构应及时组织听证。

2. 做出决定

相关审批程序完成及需要听证程序结束后，通过中心案审小组评议，拟对当事人做出责令（限期）整改、行政处罚（或不予处罚）决定的，由承办部门承办人填写《责令（限期）整改、行政处罚（不予处罚）决定审批表》，并制作《案件调查终结报告》。如有依法应当从重、从轻、减轻或者不予行政处罚的情形的，应用相关证据证明并详细阐明理由。

（七）送达阶段

做出处罚决定后，承办部门承办人向行政相对人送达《责令（限期）整改通知书》、《行政处罚决定书》或《不予行政处罚通知书》。中心应当在宣告后当场交付当事人；当事人不在场的，应当在 7 日内，按照民事诉讼法的有关规定送达当事人。

五、宁波市节能监察行政执法内部职责分工

（一）综调处职责

1. 负责对处罚建议的法制审核并报委领导审批；

2. 参与对市节能监察中心重大处罚案件的协调、指导；

3. 提出是否符合法律程序的意见；

4. 负责行政复议、诉讼案件的处理。

（二）市节能监察中心职责

1. 根据市经济委员会的委托，负责全市节能监察执法工作；

2. 负责节能监察行政执法案件的立案、调查取证；

3. 提出予以处罚的建议；

4. 负责提出需要采取先行登记封存证据等强制措施的建议及具体执行；

5. 负责市政府以及市经委做出的法律文书的送达；

6. 负责罚款的收缴及向人民法院申请强制执行；

7. 负责重大处罚事项听证会的组织；

8. 负责涉嫌犯罪案件转移的前期资料准备工作；

9. 负责案卷的存档和保管。

六、参考文书样式

见附件 3～25。

附件 1

证 据 规 程

一、证据一般要求

1. 证据的收集、调取、审核、认定必须合法、真实和关联。证据必须充分、确凿。

2. 案件调查人员收集证据基本要求

（1）具有执法资格。

（2）不少于两人。

（3）出示执法证件。

（4）一般情况下应按规定着装。

（5）符合法定程序。

3. 证据类别

（1）书证。

（2）物证。

（3）证人证言。

（4）视听资料。

（5）当事人陈述。

（6）鉴定结论。

（7）勘验笔录和现场检查笔录。

4. 收集、调取证据方法

（1）依法检查。

（2）询问当事人和证人。

（3）依法采取扣留、封存等强制措施。

（4）先行登记封存证据。

（5）抽样取证。

（6）收集、调取原始凭证或复印、复制有关材料。

（7）摄影、录音、录像、下载有关网络资料。

5. 证据反映的内容

（1）当事人及相关人员、组织的身份，包括营业执照、身份证复印件等身份证明材料以及必要的反映工作关系的证明材料。

（2）当事人行为是否违法以及属于哪一类违法行为，是否符合该类违法行为的构成要件（包括主体、主观、客观等方面）。

（3）违法行为的时间、地点、手段、后果以及其他情节。

（4）违法行为是否已经超越了法律规定的追诉期限。

（5）当事人应承担的法律责任，有无法定从重、从轻、减轻或不予处罚的情节。

（6）与违法行为有关的其他事实。

6. 书证要求

（1）应收集书证的原件、正本和副本。收集原件确有困难的，可收集与原件核对无误的复印件、照片、节录本等复印件，但应注明"经核对与原件无误"等类似字样，注明日期后，由出具人签名或盖章（当事人是单位的，加盖公章），多页的骑页盖章。出具人拒绝签名或盖章的，在材料上加以注明。

（2）收集报表、图纸、会计账册、耗能设备产品购置发票、专业技术资料、科技文献或当事人记载与案件有关的相关材料等书证的，必要时应附有说明材料。与违法事实有关的数据应要求提供人就相对应的事项做出说明。

（3）收集由有关部门保管的书证原件的复印件、影印件或抄录件的，应注明出处，经该部门核对无异后加盖其印章。

（4）外文书证，应附有由具有翻译资质的机构翻译的或者其他翻译的准确的中文译本，由翻译机构盖章或者翻译人员签名。

当事人提供的由当事人记载或运用的外文书证，也可由当事人译注，并由当事人签名或盖章。

7. 物证要求

（1）应收集原物证据。收集原物确有困难或不适当的，可以制作与原物核对无误的复制件或者证明该物证的照片、录像等其他证据。原物为数量较多的种类物的，提供其中的一部分。

（2）以物证作为证据的，应有当事人在场并当场封样，在封条上注明封样日期，由当事人和经办人签名。

8. 视听资料要求

（1）应收集有关资料的原始载体。收集原始载体确有困难的，可以制作复印件，并注明制作方法、制作时间、制作人和证明对象。声音资料还应附有该声音内容的文字记录。

（2）上述证据用上述方法不足以固定的，可以复制两份，其中一份封样，由当事人、调查人员签名或盖章。

9. 法律、法规、规章对证据的制作形式另有规定的，从其规定。

10. 需要由当事人提供证据的，应书面告知或当面告知并如实记载要求其提供证据的期限。

二、证据的收集、调取具体要求

1. 询问当事人

（1）调查人员出示证件，表明身份。

（2）两名以上调查人员实施，一人可以兼为记录人。询问应个别进行，分别制作询问笔录。

（3）笔录首页按填空要求填写完整。

（4）确认被询问人的身份。

①查验、复印留存居民身份证或核实身份证明材料。

②当事人是单位的，可要求被询问人在指定期限内提供相应的工作关系证明材料并确认其职务，并在笔录中注明。

（5）询问笔录主要内容。

①违法行为的重要情节包括时间、地点、人员、目的、手段、过程、结果及涉案违法用能设备或行为的名称、数量等情况。

②当事人是否具有法定从重、从轻、减轻或不予处罚的情节。

（6）被询问人对询问表示沉默的，在笔录中逐一记载。

（7）充分听取并如实记载对方的陈述和申辩。需要让其提供证据的，当场告知其提供证据期限并在笔录中注明。

（8）询问结束前，允许对方做最后的补充陈述并如实记录；对方放弃最后陈述的，在笔录中注明。

（9）询问完毕，将笔录交被询问人阅读；阅读有困难的，应向被询问人宣读，如实记录有关情况。

（10）笔录需更正或补充的，在修改发生的地方由被询问人用手印或盖章确认。经核对无误后，由被询问人在笔录末页表明"以上记录属实"等类似确定性字样，签名或盖章并注明日期。

（11）由被询问人在笔录每一页紧跟笔录末行签名确认并注明日期。被询问人拒绝签名或者盖章的，应在笔录中注明。

2. 询问证人

（1）写明证人的姓名、年龄、性别、职业、住址等基本情况，查验、复印证人居民身份证复印件等证明证人身份的材料。

（2）说明证人与当事人的关系，必要时还可以要求提供相关的证明材料。

（3）如实记录证人陈述的其亲历的具体事实，不得记载证人根据其经历所做的判断、推测或者评论。

（4）由证人对笔录内容进行签名确认并注明日期。不能签名的，以手印或盖章等方式代替，并注明原因。

3. 现场检查

（1）检查人员表明身份，出示证件，在"检查情况"一栏中记录。

（2）两名以上检查人员实施。

（3）准确填写检查起始时间、地点、检查人员、记录人员姓名和人数。

（4）检查笔录主要内容：

①现场检查的全过程和结果。主要包括检查的内容、方式、方法、实施步骤、检查人员组成和分工情况、检查结果等。

②有关人员情况及其重要的动作、语言和重要的供述等。主要包括查验和记载在场相关人员的身份、职务及所负责的工作以及陪同检查的证人、被检查方人员参与检查过程的情况等。

③涉案设备的有关情况，包括设备的安装场所、方式、铭牌等。

④其他可以印证事实的相关证据、活动、文书制作等情况。

（5）需取证或封存设备的，应按照规定实施并在笔录中如实记载有关情况。

（6）当场制作笔录，交当事人阅读或向其宣读，由在场当事人在笔录上注明"记录情况属实"等类似字样、签名或用手印确认并注明日期。当事人拒不签名或不能签名的，注明原因。有其他人在场的，可由其他人做证明人签名确认并注明日期。

（7）拍摄现场照片的，由当事人或证人对照片内容加以确认，对照片内容进行必要的说明，并在照片上骑页签名盖印，注明日期。经办人员须注明照片拍摄的时间和地点。

4. 封存设备

（1）封存设备必须是与违法行为有直接关系的设备。

（2）当场清点设备，开具清单。

①当事人在场。

②核对实际数量，记录精确到个位。清单填写最后一行以下空白处应划掉。

③当事人和调查人员在清单上签名确认，并对封存设备加封封条，必要时拍照予以固定。

（3）当场交付封存通知书，写明所依据的法律、法规、规章的名称及具体条款并做好送达回证。

（4）设备由当事人自己保管的，应当由当事人出具保证书。

5. 调取异地证据

可以书面委托证据所在地的节能监察机关调取。

6. 收集域外或港、澳、台形成证据

根据法律法规的有关规定执行。

附件2

听证程序规程

一、听证范围

拟对当事人做出下列行政处罚决定之一的，应当告知当事人有要求举行听证的权利：

（一）责令停产停业。

（二）吊销许可证或者执照。

（三）对法人处以 5 万元以上罚款。

二、听证告知

听证告知必须以书面形式告知。

三、听证申请

（一）申请期限

当事人要求听证的，应当自接到听证告知书之日起 3 日内提出。自当事人签收之日起 3 日内，或者市节能监察中心挂号寄出之日起 15 日内，或者自公告之日起 15 日内当事人不提出听证的，视为放弃听证的权利。

因不可抗力或者其他特殊情况耽误法定期限的，当事人在障碍消除后 10 日内，可以申请延长期限。对当事人的申请，经核实后，应当准许。

（二）申请形式

当事人提出听证申请可以书面或者口头形式。

1. 书面形式

书面申请可由当事人当面递交，也可邮寄或传真的形式提交。

2. 口头形式

口头形式提出的，办案机构应制作听证申请记录，其内容包括当事人的姓名或名称，提出听证的时间和方式。

四、听证受理

当事人要求听证的，市节能监察中心组织听证，同时应立即将当事人要求听证的书面申请或听证申请记录等有关材料报市经委。

五、听证准备

（一）确定听证主持人

听证主持人应于接到听证申请之日起 3 日内确定。听证主持人由市节能监察中心主任或者科长担任。听证主持人可以由 1～3 人担任，2 人以上共同主持听证的，确定其中一人为首席听证主持人。

案件调查人员不得担任听证主持人。

（二）听证主持人的回避

1. 听证主持人有下列情形之一时，应当回避：

（1）是案件的当事人或者当事人的近亲属。

（2）与案件有利害关系。

（3）与案件当事人有其他关系，可能影响对案件的公正听证的。

2. 听证主持人回避的处理：

（1）听证主持人认为自己有上述所列情形之一的，应当申请回避。

当事人认为听证主持人有上述所列情形之一的，有权以口头或者书面形式申请其回避。

（2）当事人或听证主持人提出回避申请的，听证主持人应当于当日报本中心负责人，由本中心负责人决定是否回避。

（三）听证主持人听证前的准备

1. 调取案卷、阅卷及制作听证提纲

听证主持人应在确定听证主持人之日起 3 日内，调取案卷阅卷，准备听证提纲。

2. 确定听证的时间、地点和方式

听证主持人应当自调取案卷之日起 5 日内确定听证的时间、地点和方式。

举行听证的场所应符合举行听证需要，除涉及国家秘密、商业秘密或者个人隐私外，听证应当公开举行。

公开举行听证的，应在听证举行 7 日前通过本中心设置的公告栏公告当事人姓名或者名称，案由以及举行听证的时间、地点等有关事项。

3. 送达听证通知书

听证主持人应当于举行听证 7 日前向当事人送达听证通知书，通知当事人举行听证的时间、地点等有关事项，由当事人在送达回证上签名或者盖章。

4. 通知办案机构

听证主持人应当于举行听证 7 日前将举行听证的时间、地点通知案件调查人员，并退回案卷。

（四）指定记录员

听证记录员由听证主持人指定，具体承担听证准备和听证记录工作。

（五）确定听证参加人

听证参加人包括听证当事人、案件调查人员、第三人。

1. 听证当事人

要求举行听证的公民、法人或其他组织是听证的当事人。

2. 第三人

与所听证的案件有利害关系的其他公民、法人或者其他组织，可以作为第三人向听证主持人书面提出申请参加听证，或由听证主持人通知其参加听证。

3. 案件调查人员

4. 委托代理人

当事人、第三人可以委托 1～2 个代理人代为参加听证。

委托他人代为参加听证的，应当向市节能监察中心提交由法定代表人签名或者盖章的授权委托书以及委托代理人的身份证明文件。

授权委托书应当载明委托事项及权限。委托代理人代为放弃行使陈述权、申辩权和质证权的，必须有委托人的明确授权。

六、听证

（一）听证开始前准备

听证开始前，记录员应当查明听证参加人是否到场，宣布听证纪律，然后向听证主持人报告听证准备工作就绪。

（二）听证程序

1. 核实听证参加人

听证主持人核对听证参加人，宣布案由，宣布听证主持人、记录员或翻译人员名单，告知听证参加人在听证中的权利、义务，询问当事人是否提出回避申请。

当事人申请回避的，听证主持人宣布暂停听证，按本规程有关规定办理回避。记录员、翻译人员的回避，由听证主持人决定。

2. 听证调查

（1）听证参加人陈述意见：

①案件调查人员提出当事人违法的事实、证据、法律法规依据以及行政处罚建议。

②当事人及其委托代理人进行陈述和申辩。

③第三人及其委托代理人进行陈述。

（2）质证

当事人和案件调查人员经听证主持人容许，可以就有关证据进行质问，也可以向到场的证人、鉴定人、勘验人发问。

当事人可以当场提出证明自己主张的证据，不能当场提供的，听证主持人可要求当事人在限定的期限内提供。

（3）听证主持人调查总结

听证主持人根据听证参加人的陈述意见，对争议的事实依据和法律依据进行归纳，进入辩论阶段。

3. 听证辩论

当事人和案件调查人员就争议的事实和法律依据互相辩论。

上述听证调查和听证辩论也可同时进行。

4. 最后陈述意见

听证主持人按照第三人、案件调查人员、当事人的先后顺序征询各方最后意见。

5. 听证主持人可以根据情况做出延期、中止听证的决定：

（1）有下列情形之一的，可以延期举行听证：

①当事人因不可抗拒的事由无法到场的。

②当事人临时提出回避申请的。

③其他应当延期的情形。

（2）有下列情形之一的，可以中止听证：

①需要通知新的证人到场或者需要重新鉴定、勘验的。

②当事人因不可抗拒的事由，无法继续参加听证的。

③其他应当中止听证的情形。

延期、中止听证的情形消失后，由听证主持人决定恢复听证的时间、地点，并通知听证参加人。

6. 宣布听证结束

各方最后陈述意见后，由听证主持人宣布本次听证结束。

7. 听证笔录的确认

记录员应当将听证的全部活动记入笔录，听证笔录应当经听证参加人审核无误或者补正后，由听证参加人当场签名或者盖章，然后由听证主持人和记录员签名。听证参加人拒绝签名或者盖章的，由听证主持人记明情况，在听证笔录中予以载明。

七、听证报告

听证结束后，听证主持人应当对本案听证情况进行分析，并写出听证报告，连同听证笔录一同上报本中心负责人。

听证报告应当包括以下内容：

（一）听证案由。

（二）听证主持人、记录员、听证参加人及其他参加人的基本情况。

（三）听证的时间、地点。

（四）听证的简单经过，包括当事人与案件调查人员对事实、证据的认定和对处罚建议的主要分歧。

（五）案件事实。

（六）听证主持人的处理意见和建议。

附件 3

案件受理决定单

_____：

你（单位）_____，

我中心于_____年_____月_____日收悉。根据《中华人民共和国节约能源法》、

《浙江省实施〈中华人民共和国节约能源法〉办法》和《宁波市节约能源条例》的规定，我中心

予以受理。

特此通知。

注：受理序号为　　　　号。

宁波市节能监察中心

年　　月　　日

附件4

案件移送单

_____罚移送字 〔   〕第   号

_____:

本机关于_____年_____月_____日对_____

_____

一案立案调查，在调查中发现，(应当移送的理由)_____

_____

_____

_____

_____

_____

_____，此案超出本机关管辖范围。

依照_____规定，现将该案移送你单位处理。

附：

1. 案件有关材料_____件：

（1）……

（2）……

2. 移送案件涉案物品清单

宁波市经济委员会

年   月   日

联系人：_____

电 话：_____

附件 5

立案审批表

案由								案件来源		
当事人	单位名称					法定代表人（负责人）			职务	
	姓　名			性别		职业		身份证号码		
	工作单位							电话		
	住　址（住所）							邮编		
案件简要情况										
承办人意见					签字：　　　　　年　月　日					
承办机构审核意见					签字：　　　　　年　月　日					
行政机关负责人审批意见					签字：　　　　　年　月　日					
备注										

附件6

调查（询问）笔录

案　　由：_____

调查（询问）时间：_____年_____月_____日_____时_____分至_____时_____分

调查（询问）地点：_____

被调查（询问）人：_____　性别：_____　民族：_____

身份证号码_____　电话：_____

工作单位：_____　职务或职业：_____

住　　址：_____　邮编：_____　与本案关系：_____

调查（询问）人：_____、_____　记录人：_____

工作单位：_____

调查（询问）人：我们是宁波市节能监察中心的行政执法人员，已向你出示了我们的执法证件。现根据《中华人民共和国行政处罚法》第三十七条第一款的规定依法向你调查（询问）了解有关情况，你应当如实回答询问、协助调查。同时，在接受调查询问前，如果你认为办案人员与本案有直接利害关系，你有申请办案人员回避的权利，请问你是否听清楚？是否申请回避？

_____

_____

询问内容：_____

_____

_____

_____

_____

被调查（询问）人：本调查（询问）笔录已经本人逐一核对（已向本人宣读），记录属实。

被调查（询问）人（签名或者盖章）：_____　　年　　月　　日

调查（询问）人（签名或者盖章）：_____　　年　　月　　日

记录人签字：_____　　年　　月　　日

附件7

现场检查（勘验）笔录

检查（勘验）时间：＿＿＿＿＿＿年＿＿＿月＿＿＿日＿＿＿时＿＿＿分至＿＿＿时＿＿＿分

检查（勘验）地点：＿＿＿＿＿＿＿＿＿＿＿＿＿＿＿＿＿＿＿＿＿＿＿＿＿＿＿＿＿＿＿＿

被检查（勘验）人名称：＿＿＿＿＿＿＿＿＿＿＿　法定代表人（负责人）：＿＿＿＿＿＿＿

被检查（勘验）人姓名：＿＿＿＿＿＿＿＿＿　性别：＿＿＿＿＿　民族：＿＿＿＿＿

身份证（其他有效证件）号码：＿＿＿＿＿＿＿＿＿＿＿＿＿＿＿＿＿＿＿＿＿＿＿＿＿

工作单位：＿＿＿＿＿＿＿＿＿　职务或职业：＿＿＿＿＿　电话：＿＿＿＿＿＿＿＿＿

住　　址：＿＿＿＿＿＿＿＿＿＿＿＿＿＿＿＿＿＿＿　邮编：＿＿＿＿＿＿＿

现场负责人：＿＿＿＿　职务：＿＿＿＿　身份证号：＿＿＿＿＿＿＿＿＿　本案关系：＿＿＿

其他见证人：＿＿＿＿＿＿＿　单位或住址：＿＿＿＿＿＿＿＿＿＿＿＿＿＿＿＿＿

检查（勘验）人及执法证号码：＿＿＿＿＿＿＿＿＿＿＿＿、＿＿＿＿＿＿＿＿＿＿＿＿

记录人：＿＿＿＿＿＿＿　工作单位：＿＿＿＿＿＿＿＿＿＿＿＿＿＿＿＿＿＿＿

告知事项：＿＿＿＿＿＿＿＿＿＿＿＿＿＿＿＿＿＿＿＿＿＿＿＿＿＿＿＿＿＿＿＿＿

＿＿＿＿＿＿＿＿＿＿＿＿＿＿＿＿＿＿＿＿＿＿＿＿＿＿＿＿＿＿＿＿＿＿＿＿＿＿＿

＿＿＿＿＿＿＿＿＿＿＿＿＿＿＿＿＿＿＿＿＿＿＿＿＿＿＿＿＿＿＿＿＿＿＿＿＿＿＿

＿＿＿＿＿＿＿＿＿＿＿＿＿＿＿＿＿＿＿＿＿＿＿＿＿＿＿＿＿＿＿＿＿＿＿＿＿＿＿

现场情况：＿＿＿＿＿＿＿＿＿＿＿＿＿＿＿＿＿＿＿＿＿＿＿＿＿＿＿＿＿＿＿＿＿

＿＿＿＿＿＿＿＿＿＿＿＿＿＿＿＿＿＿＿＿＿＿＿＿＿＿＿＿＿＿＿＿＿＿＿＿＿＿＿

＿＿＿＿＿＿＿＿＿＿＿＿＿＿＿＿＿＿＿＿＿＿＿＿＿＿＿＿＿＿＿＿＿＿＿＿＿＿＿

＿＿＿＿＿＿＿＿＿＿＿＿＿＿＿＿＿＿＿＿＿＿＿＿＿＿＿＿＿＿＿＿＿＿＿＿＿＿＿

被检查（勘验）人：本被检查（勘验）笔录已经本人逐一核对（已向本人宣读），记录属实。

当事人（签名或者盖章）：＿＿＿＿＿＿＿＿＿＿＿＿＿＿＿＿　年　　月　　日

见证人（签名或者盖章）：＿＿＿＿＿＿＿＿＿＿＿＿＿＿＿＿　年　　月　　日

检查人员（签名或者盖章）：＿＿＿＿＿＿＿＿＿＿＿＿＿＿＿　年　　月　　日

记录人签字：＿＿＿＿＿＿＿＿＿＿＿＿＿＿＿＿＿　年　　月　　日

附件 8

证 据 清 单

序　号	证据材料名称	证据来源	证明对象或者内容	页　码	备　注

附件9

先行登记封存证据审批表

当事人						
案件性质		立案时间		年	月	日
当事人涉嫌违法的主要事实及先行登记封存证据	办案人员：＿＿＿＿＿＿＿、＿＿＿＿＿＿＿					
办案部门复核意见						
办案机构负责人复核意见	年 月 日					
机关负责人意见	年 月 日					
备 注						

附件 10

先行登记封存证据通知书

_____罚登存通字 ［   ］ 第   号

_____ :

    因你（单位）_____（案由）_____

_____

_____

的行为，涉嫌违反了_____《×××法》第××条、第×款_____的规定，(为防止证据灭失或以后难以取得)，依照《中华人民共和国行政处罚法》第三十七条第二款的规定，本中心决定对下列物品予以先行登记封存证据。先行登记封存证据物品自_____年_____月_____日至_____年_____月_____日，以_____方式，存放于_____。在此期间，当事人或者有关人员不得销毁或转移证据。

附：先行登记封存证据物品清单

名　称	数　量	品　级	规　格	型　号	形　态	备　注

被先行登记封存证据人：_____ 年　月　日

行政执法人员：_____、_____ 年　月　日

宁波市节能监察中心

年　月　日

附件 11

案件集体讨论记录

案件名称：_____ 案号：_____

时　　间：_____年_____月_____日_____时_____分至_____时_____分

地　　点：_____

集体讨论原因：_____

_____

_____

主持人：_____ 职务：_____ 记录人：_____ 职务：_____

参加人员：_____

_____

列席人员：_____

_____

案件承办人汇报案件情况：_____

_____

_____

听证主持人汇报听证情况：_____

_____

_____

参加讨论人员意见和理由：_____

_____

_____

结论性意见：_____

_____

出席人员签名：_____

_____年　　月　　日

附件 12

行政处罚事先告知书

_____罚先告字〔   〕第   号

_____:

　　根据_____，本机关于_____年____月_____日对你（单位）_____

_____的行为予以立案调查。现已查明，你（单位）____（陈述违法事实。载明

违法行为发生的时间、地点、情节、构成要件、危害后果等内容）____。本机关认为你（单位）的

上述行为违反了____《×××法》第×条第×款第×项关于"……"____的规定，已构成违法。具体

有____（列举证据形式，阐述证据所要证明的内容）____等证据为凭。____（如有从重、从轻、减

轻或者其他有裁量幅度的处罚等情形的，应进行描述并阐述理由和依据）____。现依据《××法》

第×条第×款的规定，拟对你（单位）做出如下行政处罚：

　　1. × × ×

　　2. × × ×（其中为罚款处罚的，罚款数额应大写）

　　根据《中华人民共和国行政处罚法》第三十一条、第三十二条的规定，如你（单位）对本机

关上述认定的违法事实、处罚依据及处罚内容等有异议的，可在_____年_____月_____日前提

出书面陈述、申辩意见，或到_____进行陈述、申辩。〔其中对你（单位）拟做出

____（符合听证条件的处罚种类、幅度）____的行政处罚，符合听证条件，根据《中华人民共和国行

政处罚法》第四十二条规定，你（单位）有要求举行听证的权利。如你（单位）要求举行听证，

应当在收到本告知后 3 日内提出，逾期视为放弃听证权利〕逾期不提供陈述、申辩意见，〔又不

要求举行听证〕本机关将依法做出行政处罚决定。

　　单位地址：_____　　邮政编码：_____

　　联 系 人：_____　　联系电话：_____

宁波市经济委员会

年　　月　　日

附件 13

行政处罚听证通知书

_____罚听通字〔　　　〕第　　号

_____:

根据你（单位）_____年_____月_____日就_____（具体案由）_____ 一案提出的听证要求，本机关决定于_____年_____月_____日_____时_____分在 __（听证地点）_____举行公开听证。本次听证由___（单位、职务、姓名）为听证主持人，_____为听证员，_____为记录人。请你（单位）或者委托代理人持本通知准时出席。

如你（单位）认为主持人或者听证员与本案有直接利害关系的，有权申请回避。申请主持人或者听证员回避，可在听证举行前（_____月_____日前）向本机关提出申请并说明理由。

因特殊原因需申请延期举行的，应当在_____年_____月_____日前向本机关提出，由本机关决定是否延期。若无正当理由不按时参加听证，又不事先说明理由的，视为放弃听证权利，本机关将终止听证。

参加听证前，请你（单位）注意下列事项：

1. 当事人可亲自参加听证，也可以委托 1～2 名代理人参加听证。委托代理人参加听证的，应在听证举行前提交由当事人或当事人的法定代表人签署的授权委托书，载明委托的事项、权限和期限。

2. 参加听证时应携带当事人或委托代理人的身份证明原件及其复印件和有关证据材料。

3. 当事人有证人出席作证的，应通知有关证人出席作证，并事先告知本机关联系人。

联系人：_____　　联系电话：_____

地　址：_____　　邮政编码：_____

宁波市节能监察中心

年　月　日

附件 14

行政处罚听证会笔录

案件名称：_____ 案号：_____

听证时间：_____年_____月_____日_____时_____分至_____时_____分

听证地点：_____ 听证方式：_____

听证申请人：_____ 法定代表人（负责人）：_____

工作单位：_____

职务或职业：_____ 身份证号：_____

住址（住所）：_____ 邮　编：_____ 电话：_____

委托代理人：_____ 性　别：_____ 身份证号：_____

工作单位：_____ 职　务：_____ 电话：_____

委托代理人：_____ 性　别：_____ 身份证号：_____

工作单位：_____ 职　务：_____ 电话：_____

其他参加人：_____

案件调查人：_____ 工作单位及职务：_____

案件调查人：_____ 工作单位及职务：_____

听证主持人：_____ 听证员：_____ 记录人：_____

工作单位：_____

听证笔录（正文）：_____

_____

_____

_____

_____

_____

_____

_____

_____

_____

_____

_____

_____

_____

_____

_____

_____

_____

_____

_____

_____

_____

_____

_____

_____

_____

_____

_____

_____

_____

_____

尾页: 在有关参加人对听证笔录审阅后,应注明"上述听证笔录内容已阅,记录属实"。

听证申请人(签名或盖章): _____ 年 月 日

委托代理人(签名或盖章): _____ 年 月 日

其他参加人(签名或盖章): _____ 年 月 日

案件调查人(签名或盖章): _____ 年 月 日

听证主持人(签名或盖章): _____ 年 月 日

听证员(签名或盖章): _____ 年 月 日

记录人(签名或盖章): _____ 年 月 日

附件 15

听 证 报 告

案件名称：_____ 案号：_____

听证时间：_____年_____月_____日_____时_____分至_____时_____分

听证地点：_____ 听证方式：_____

听证主持人：_____ 听证员：_____ 记录人：_____

听证申请人：_____ 法定代表人（负责人）：_____

委托代理人：_____、_____

案件调查人：_____、_____ 工作单位：_____

听证会基本情况：_____

_____

_____

_____

_____

案件事实：_____

_____

_____

_____

处理意见及建议：_____

_____

_____

_____

听证主持人：_____

听 证 员：_____

年 月 日

附件 16

行政处罚决定审批表

当事人					
案件性质		立案时间	年　　月　　日		
当事人涉嫌违法的主要事实、建议做出行政处罚决定的理由、依据及内容	办案人员：＿＿＿＿＿＿＿、＿＿＿＿＿＿＿				
当事人陈述申辩或者听证中提出的主要意见					
办案机构复核意见或者听证主持人听证意见	年　　月　　日				
拟做出行政处罚的内容	办案机构负责人： 年　　月　　日				
机关负责人意见	年　　月　　日				
备　　注					

附件 17

案件调查终结报告

附件 18

行政处罚决定书

_____罚决字 〔   〕第   号

当事人基本情况：___（根据当事人情况确定。如当事人为法人或其他组织的，应写明该当事人的法定名称、法定代表人或负责人姓名、职务、营业执照证号、地址等内容；如当事人为公民的，应写明当事人的姓名、性别、身份证号码、职业、住址或住所、工作单位等内容）。

根据_____，本机关于_____年_____月_____日对你（单位）_____的行为予以立案调查。现已查明，你（单位）__（陈述违法事实。载明违法行为发生的时间、地点、情节、构成要件、危害后果等内容）。本机关认为你（单位）的上述行为违反了《×××法》第×条第×款第×项关于"……"的规定，已构成违法。具体有___（列举证据形式，阐述证据所要证明的内容）等证据为凭。（阐述陈述、申辩和听证意见及采纳或不采纳的理由；如有从轻或减轻处罚等情形的，应进行描述并阐述理由）现依据《×××法》第×条第×款的规定，决定对你（单位）做出如下行政处罚：

1. ×××

2. ×××（其中为罚款处罚的，罚款数额应大写）

（行政处罚履行方式和期限）如：限你（单位）自收到本处罚决定书之日起 15 日内，将罚款缴至中国工商银行宁波江东支行营业部（地址：中山东路 304 号）。逾期不缴纳罚款，依据《中华人民共和国行政处罚法》第五十一条第一项规定每日按罚款数额的 3% 加处罚款。

你（单位）如不服本处罚决定，可在收到本处罚决定书之日起 60 日内向（同级人民政府名称）或者（上一级行政机关名称）申请行政复议，也可以在 3 个月内（如法律有特别规定的，应按法律规定的期限确定）直接向（×××）人民法院起诉。

逾期不申请行政复议，也不提起行政诉讼，又不履行行政处罚决定的，本机关将依法申请人民法院强制执行。

宁波市经济委员会

年   月   日

附件 19

不予行政处罚决定审批表

当事人	个人	姓名		身份证（其他有效证件）号码	
	单位	名称			
		证照编号		法定代表人（负责人）	
		联系电话		邮政编码	
		住所（住址）			
案发地					
案件来源					
案源登记时间					
核查情况及不予行政处罚理由		办案人员：_____、_____ 年 月 日			
办案部门负责人意见		年 月 日			
办案机构负责人意见		年 月 日			
机关负责人意见		年 月 日			
备 注					

附件 20

不予行政处罚决定书

_____不罚决字〔　　〕第　　号

当事人基本情况：（根据当事人情况确定。如当事人为法人或其他组织的，应写明该当事人的法定名称、法定代表人或负责人姓名、职务、营业执照证号、地址等内容；如当事人为公民的，应写明当事人的姓名、性别、身份证号码、职业、住址或住所、工作单位等内容）。

根据_____，本机关于_____年____月____日对你（单位）_____的行为予以立案调查。现已查明，你（单位）（陈述违法事实。载明违法行为发生的时间、地点、情节、构成要件、危害后果等内容）。本机关认为你（单位）的上述行为违反了《×××法》第×条第×款第×项关于"……"的规定，本可予以行政处罚。具体有（列举证据形式，阐述证据所要证明的内容）等证据为凭。鉴于（当事人）_____违法行为轻微并及时纠正，根据《中华人民共和国行政处罚法》第三十八条第一款第（二）项的规定，现决定不予行政处罚。

你（单位）如不服本决定，可在收到本决定书之日起 60 日内向（同级人民政府名称）或者（上一级行政机关名称）申请行政复议，也可以在 3 个月内（如法律有特别规定的，应按法律规定的期限确定）直接向（×××）人民法院起诉。

宁波市经济委员会

年　　月　　日

附件 21

责令（限期）整改案件审批表

<table>
<tr><td rowspan="5">当事人</td><td>个人</td><td>姓名</td><td></td><td colspan="2">身份证（其他有效证件）号码</td><td></td></tr>
<tr><td rowspan="2">单位</td><td>名称</td><td colspan="4"></td></tr>
<tr><td>证照编号</td><td></td><td colspan="2">法定代表人（负责人）</td><td></td></tr>
<tr><td colspan="2">联系电话</td><td></td><td colspan="2">邮政编码</td><td></td></tr>
<tr><td colspan="2">住所（住址）</td><td colspan="4"></td></tr>
<tr><td colspan="3">案发地</td><td colspan="4"></td></tr>
<tr><td colspan="3">案件来源</td><td colspan="4"></td></tr>
<tr><td colspan="3">案源登记时间</td><td colspan="4"></td></tr>
<tr><td colspan="3">核查情况及责令（限期）整改案件理由</td><td colspan="4">办案人员：_____、_____

年　　月　　日</td></tr>
<tr><td colspan="3">办案部门负责人意见</td><td colspan="4">

年　　月　　日</td></tr>
<tr><td colspan="3">中心负责人意见</td><td colspan="4">

年　　月　　日</td></tr>
<tr><td colspan="3">备　注</td><td colspan="4"></td></tr>
</table>

附件 22

责令（限期）整改通知书

　　　　罚责改通字〔　　　〕第　　号

_____:

　　根据(法律依据名称及条、款、项内容)_____的有关规定，

本中心于_____年___月___日对你单位（你）_____进行了检查，发现存在以下

问题：

_____

_____

_____

_____

_____

_____

　　依据《中华人民共和国行政处罚法》第二十三条和_____

(相关法律依据名称及条、款、项内容)，现责令你单位（你）对以上问题立即改正/在_____月

_____日_____时前限期改正，并于_____年_____月_____日前将整改情况书面报告

本中心。(逾期不改正的，本中心将依据《×××法》第×条第×款第×项的规定，依法给予行

政处罚)

　　联系人：_____

　　电　话：_____

　　地　址：_____

宁波市节能监察中心

年　　月　　日

附件 23

执法文书送达回证

_____罚回证字〔   〕第   号

送达机关名称（盖章）：_____

送达文书 名称及文号	
受送达人 名称或姓名	
送达日期	
送达地点	
送达方式	
收件人签字 （或盖章） 及收件日期	（与受送达人的关系： ） 年 月 日
送达人（签字）	年 月 日
备　注	

附件 24

撤销案件审批表

<table>
<tr><td rowspan="5">当事人</td><td>个人</td><td>姓名</td><td></td><td colspan="2">身份证（其他有效证件）号码</td><td></td></tr>
<tr><td rowspan="3">单位</td><td>名称</td><td colspan="4"></td></tr>
<tr><td rowspan="2">证照编号</td><td></td><td colspan="2">法定代表人（负责人）</td><td></td></tr>
<tr><td></td><td colspan="2"></td><td></td></tr>
<tr><td colspan="2">联系电话</td><td></td><td colspan="2">邮政编码</td><td></td></tr>
<tr><td colspan="3">住所（住址）</td><td colspan="4"></td></tr>
<tr><td colspan="3">案发地</td><td colspan="4"></td></tr>
<tr><td colspan="3">案件来源</td><td colspan="4"></td></tr>
<tr><td colspan="3">案源登记时间</td><td colspan="4"></td></tr>
<tr><td colspan="3">核查情况及撤销案件理由</td><td colspan="4">办案人员：_____、_____

　　　　　　　　　年　　月　　日</td></tr>
<tr><td colspan="3">办案部门负责人意见</td><td colspan="4">

　　　　　　　　　年　　月　　日</td></tr>
<tr><td colspan="3">中心负责人意见</td><td colspan="4">

　　　　　　　　　年　　月　　日</td></tr>
<tr><td colspan="3">备　注</td><td colspan="4"></td></tr>
</table>

附件25

案卷封面

类　　别：＿＿＿＿＿＿＿＿＿＿＿＿＿＿＿＿＿＿＿＿＿＿＿＿＿＿

案　　号：＿＿＿＿＿＿＿＿＿＿＿＿＿＿＿＿＿＿＿＿＿＿＿＿＿＿

案　　由：＿＿＿＿＿＿＿＿＿＿＿＿＿＿＿＿＿＿＿＿＿＿＿＿＿＿

当事人姓名或名称：＿＿＿＿＿＿＿＿＿＿＿＿＿＿＿＿＿＿＿＿＿＿

立案时间：＿＿＿＿＿＿＿＿＿＿＿＿＿＿＿＿＿＿＿＿＿＿＿＿＿＿

处罚内容：＿＿＿＿＿＿＿＿＿＿＿＿＿＿＿＿＿＿＿＿＿＿＿＿＿＿

＿＿＿＿＿＿＿＿＿＿＿＿＿＿＿＿＿＿＿＿＿＿＿＿＿＿＿＿＿＿＿

＿＿＿＿＿＿＿＿＿＿＿＿＿＿＿＿＿＿＿＿＿＿＿＿＿＿＿＿＿＿＿

＿＿＿＿＿＿＿＿＿＿＿＿＿＿＿＿＿＿＿＿＿＿＿＿＿＿＿＿＿＿＿

结案时间：＿＿＿＿＿＿＿＿＿＿＿＿＿＿＿＿＿＿＿＿＿＿＿＿＿＿

办理结果：＿＿＿＿＿＿＿＿＿＿＿＿＿＿＿＿＿＿＿＿＿＿＿＿＿＿

＿＿＿＿＿＿＿＿＿＿＿＿＿＿＿＿＿＿＿＿＿＿＿＿＿＿＿＿＿＿＿

＿＿＿＿＿＿＿＿＿＿＿＿＿＿＿＿＿＿＿＿＿＿＿＿＿＿＿＿＿＿＿

＿＿＿＿＿＿＿＿＿＿＿＿＿＿＿＿＿＿＿＿＿＿＿＿＿＿＿＿＿＿＿

＿＿＿＿＿＿＿＿＿＿＿＿＿＿＿＿＿＿＿＿＿＿＿＿＿＿＿＿＿＿＿

执法单位：＿＿＿＿＿＿＿＿＿＿＿＿＿＿＿＿＿＿＿＿＿＿＿＿＿＿

承 办 人：＿＿＿＿＿＿＿＿＿＿＿＿＿＿＿＿＿＿＿＿＿＿＿＿＿＿

卷内共有＿＿＿＿＿＿＿＿＿＿＿页

归档时间＿＿＿＿＿＿＿＿＿＿＿年＿＿＿＿月＿＿＿＿日

归档人姓名＿＿＿＿＿＿＿＿＿＿＿＿＿＿＿＿＿＿

保存期限＿＿＿＿＿＿＿＿＿＿＿＿＿＿＿＿＿＿＿＿年

9. 《宁波市节能监察中心行政处罚
自由裁量权细化规定》

本规定根据《中华人民共和国节约能源法》及《浙江省实施〈中华人民共和国节约能源法〉办法》、《中华人民共和国电力法》、《电力供应与使用条例》、《宁波市节约能源条例》制定。

一、重点用能单位无正当理由拒不落实本法第五十四条规定的整改要求或者整改没有达到要求的

（一）处罚依据：《中华人民共和国节约能源法》第八十三条。

（二）法律责任：由管理节能工作的部门处 10 万元以上 30 万元以下罚款。

（三）自由裁量权细化规定：

1. 一般违法情节：整改没有达到要求的，但有切实可行的整改计划、措施；
裁量幅度：处 10 万元罚款。

2. 较重违法情节：整改没有达到要求，又没有切实可行的整改计划、措施；
裁量幅度：处 10 万元以上 20 万元以下罚款。

3. 严重违法情节：无正当理由拒不落实整改要求；
裁量幅度：处 20 万元以上 30 万元以下罚款。

二、重点用能单位未按照本法规定设立能源管理岗位、聘任能源管理负责人，并报管理节能工作部门和有关部门备案的

（一）处罚依据：《中华人民共和国节约能源法》第八十四条。

（二）法律责任：由管理节能工作的部门责令改正；拒不改正的，处 1 万元以上 3 万元以下罚款。

（三）自由裁量权细化规定：

1. 违法情节：重点用能单位未按照规定设立能源管理岗位或未聘任能源管理负

责人或按照规定设立能源管理岗位并聘任能源管理负责人，但未报管理节能工作部门和有关部门备案的；

裁量幅度：处 1 万元罚款。

2. 违法情节：重点用能单位未按照规定设立能源管理岗位，未聘任能源管理负责人；

裁量幅度：处 2 万元罚款。

3. 违法情节：重点用能单位未按照规定设立能源管理岗位，未聘任能源管理负责人，也未报管理节能工作部门和有关部门备案的。

裁量幅度：处 3 万元罚款。

三、重点用能单位拒不配合实施能源审计、电平衡测试或热效率测试的

（一）处罚依据：《宁波市节约能源条例》第四十二条。

（二）法律责任：由节能行政主管部门责令其限期改正；逾期不改正的，处 2000 元以上 2 万元以下罚款。

（三）自由裁量权细化规定：

1. 违法情节：首次出现不配合实施能源审计、电平衡测试或热效率测试的；

裁量幅度：由节能行政主管部门责令其限期改正。

2. 违法情节：逾期不改正的，但有切实可行的整改计划、措施；

裁量幅度：处 2000 元罚款。

3. 违法情节：逾期不改正的，又没有切实可行的整改计划、措施；

裁量幅度：处 2000 元以上 1 万元以下罚款。

4. 违法情节：无正当理由拒不落实整改要求；

裁量幅度：处 1 万元以上 2 万元以下罚款。

四、重点用能单位未按照本法规定报送能源利用状况报告或者报告内容不实的

（一）处罚依据：《中华人民共和国节约能源法》第八十二条。

（二）法律责任：由管理节能工作的部门责令限期改正；逾期不改正的，处 1 万元以上 5 万元以下罚款。

（三）自由裁量权细化规定：

1. 违法情节：首次逾期不改正的；

裁量幅度：处 1 万元以上 3 万元以下罚款。

2. 违法情节：两次以上逾期不改正的；

裁量幅度：处 3 万元以上 5 万元以下罚款。

五、使用国家明令淘汰的用能设备或者生产工艺的

（一）处罚依据：《中华人民共和国节约能源法》第七十一条。

（二）法律责任：由管理节能工作的部门责令停止使用，没收国家明令淘汰的用能设备；情节严重的，可以由管理节能工作的部门提出意见，报请本级人民政府按照国务院规定的权限责令停业整顿或者关闭。

（三）自由裁量权细化规定：

1. 违法情节：首次发现使用国家明令淘汰的用能设备或者生产工艺的；

裁量幅度：由管理节能工作的部门责令停止使用。

2. 违法情节：首次发现使用国家明令淘汰的用能设备或者生产工艺，经管理节能工作的部门责令停止使用后仍未改正的；

裁量幅度：由管理节能工作的部门责令限期停止使用。

3. 违法情节：经责令限期整改没有达到整改要求；

裁量幅度：由管理节能工作的部门没收国家明令淘汰的用能设备。

4. 违法情节：发现使用国家明令淘汰的用能设备或者生产工艺，情节严重，造成严重能源浪费的；

裁量幅度：报请市人民政府按照国务院规定的权限责令停业整顿。

5. 违法情节：发现使用国家明令淘汰的用能设备或者生产工艺，情节严重，造成严重能源浪费的，并由于客观原因无法整改的；

裁量幅度：报请市人民政府按照国务院规定的权限责令关闭。

六、生产单位超过单位产品能耗限额标准用能的

（一）处罚依据：《中华人民共和国节约能源法》第七十二条。

（二）法律责任：针对情节严重行为，经限期治理逾期不治理或者没有达到治理要求的，可以由管理节能工作的部门提出意见，报请本级人民政府按照国务院规

定的权限责令停业整顿或者关闭。

（三）自由裁量权细化规定：

1. 违法情节：生产单位超过单位产品能耗限额标准用能的，经限期治理逾期不治理或者没有达到治理要求的；

裁量幅度：报请市人民政府按照国务院规定的权限责令停业整顿。

2. 违法情节：生产单位超过单位产品能耗限额标准用能的，经限期治理逾期不治理或者没有达到治理要求的，但因为客观原因无法治理的；

裁量幅度：报请市人民政府按照国务院规定的权限责令关闭。

七、违反有序用电及电力需求侧管理的

（一）处罚依据：《中华人民共和国电力法》第六十五条、《电力供应与使用条例》第四十条。

（二）法律责任：危害供电、用电安全或者扰乱供电、用电秩序的，由电力管理部门责令改正，给予警告；情节严重或者拒绝改正的，可以中止供电，并处5万元以下的罚款。

（三）自由裁量权细化规定：

1. 违法情节：首次发现危害供电、用电安全或者扰乱供电、用电秩序的；

裁量幅度：由电力管理部门责令改正，给予警告。

2. 违法情节：两次以上发现危害供电、用电安全或者扰乱供电、用电秩序并且拒绝改正的；

裁量幅度：中止供电 1~2 天，并处 5000 元以上 3 万元以下罚款。

3. 违法情节：三次以上发现危害供电、用电安全或者扰乱供电、用电秩序并且拒绝改正的；

裁量幅度：中止供电 3~4 天，并处 3 万元以上 5 万元以下罚款。

八、无偿向本单位职工提供能源或者对能源消费实行包费制的

（一）处罚依据：《中华人民共和国节约能源法》第七十七条。

（二）法律责任：由管理节能工作的部门责令限期改正；逾期不改正的，处5万元以上20万元以下罚款。

（三）自由裁量权细化规定：

1. 一般违法情节：逾期不改正，且造成损失较轻的；

裁量幅度：处 5 万元以上 10 万元以下罚款。

2. 较重违法情节：逾期不改正，且造成损失较严重的；

裁量幅度：处 10 万元以上 15 万元以下罚款。

3. 严重违法情节：逾期不改正，且造成损失严重的；

裁量幅度：处 15 万元以上 20 万元以下罚款。

九、从事节能咨询、设计、评估、检测、审计、认证等服务的机构提供虚假信息的

（一）处罚依据：《中华人民共和国节约能源法》第七十六条。

（二）法律责任：由管理节能工作的部门责令改正，没收违法所得，并处 5 万元以上 10 万元以下罚款。

（三）自由裁量权细化规定：

1. 一般违法情节：提供一次虚假信息，且后果不太严重的；

裁量幅度：责令改正，没收违法所得，并处 5 万元以上 6 万元以下罚款。

2. 较重违法情节：提供二次虚假信息，或后果较为严重的；

裁量幅度：责令改正，没收违法所得，并处 6 万元以上 8 万元以下罚款。

3. 严重违法情节：提供三次以上虚假信息，或后果非常严重的；

裁量幅度：责令改正，没收违法所得，并处 8 万元以上 10 万元以下罚款。

十、固定资产投资项目建设单位开工建设不符合强制性节能标准的项目或者将该项目投入生产、使用的

（一）处罚依据：《中华人民共和国节约能源法》第六十八条。

（二）法律责任：由管理节能工作的部门责令停止建设或者停止生产、使用，限期改造；不能改造或者逾期不改造的生产性项目，由管理节能工作的部门报请本级人民政府按照国务院规定的权限责令关闭。

（三）自由裁量权细化规定：

1. 违法情节：固定资产投资项目建设单位开工建设不符合强制性节能标准的项目或者将该项目投入生产、使用的；

裁量幅度：由管理节能工作的部门责令停止建设或者停止生产、使用，并限期改造。

2. 违法情节：属于不能改造或者逾期不改造的生产性项目的；

裁量幅度：由管理节能工作的部门报请本级人民政府按照国务院规定的权限责令关闭。

10. 关于印发《长春市节能监察实施意见》的通知

（长节减字〔2009〕12号）

各县（市）区政府、开发区管委会，市直相关部门，相关重点企业、科研院所、学校等公共机构：

为进一步推动全市能源节约工作，提高各行业依法节能意识，现将《长春市节能监察实施意见》印发给你们，请认真贯彻执行。

二〇〇九年十月二十七日

《长春市节能监察实施意见》

一、为规范节能监察工作，促进全市节能降耗目标顺利完成，根据《中华人民共和国节约能源法》、《吉林省节约能源条例》、《长春市节约能源条例》等法律、法规，结合本市实际，制定本实施意见。

二、本实施意见所称节能监察，是指各级人民政府节能监察主管部门及节能监察机构依法对能源生产、使用、经营单位以及其他相关单位执行节能法律、法规、规章和标准的情况进行监督检查。督促其加强节能管理和提高能源利用效率，并对违法行为予以制止和处理的活动。

三、本意见适用于本市行政区域内的节能监察及与节能监察相关的活动。

四、市工业和信息化局是本市节能监察行政主管部门。

五、节能监察应当遵循公开、公正以及监督与服务、教育与处罚相结合的原则。

六、节能监察行政主管部门及节能监察机构依法对能源生产、经营、使用单位实施下列监察：

（一）用能项目和其他相关项目在设计、建设过程中执行节能设计规范、进行节能评估审查和建成后合理用能的情况；

（二）淘汰或者限制使用国家明令淘汰的用能产品以及生产设备、设施、工艺和材料，设计单位在设计中禁止使用国家明令淘汰的用能产品和设备的情况；

（三）执行国家、行业或地方单位产品能耗限额、能效标准和有关能效标识、标志制度的情况；

（四）供应能源的质量状况；

（五）重点用能单位设立能源管理专门机构和专职人员，开展节能宣传。重点耗能设备操作人员定期接受节能教育、培训情况。

（六）采用节能技术措施、制定和落实节能目标责任及奖惩制度的情况；

（七）用能单位建立能源计量管理、能源定额管理、能源消费统计和能源利用状况分析制度情况；

（八）公共设施和大型建筑物装饰性景观照明能耗情况；

（九）办公、经营场所实行温度控制制度及节能灯具使用情况；

（十）节能法律、法规、规章等规定的其他应当实施节能监察的事项。

七、节能监察采取现场监察和书面监察两种形式。

八、有下列情形之一的，应当实施现场监察：

（一）用能单位因技术改造或者其他原因，致使其主要用能设备、生产工艺或者能源消费结构发生重大变化的；

（二）通过举报或者其他途径，发现用能单位涉嫌违反法律、法规、规章、相关标准以及国家和省、市人民政府有关节能规定用能的；

（三）需要现场确认用能单位落实节能整改措施情况的；

（四）按照节能监察工作计划要求，应当进行现场监察的；

（五）法律、法规、规章规定应当实施现场监察的其他情形。

九、实施现场监察的，应当事先将实施节能监察的时间、内容、方式和具体要求，提前 15 个工作日告知用能单位。进入现场应当通知被监察单位相关人员到场，其相关人员不到场的，不影响节能监察正常进行；实施现场节能监察应当由两名以上取得节能监察执法资格的人员共同进行，出示合法有效的行政执法证件，并告知用能单位节能监察的依据、要求和方法。

十、采取书面监察的，用能单位应当按照节能监察行政主管部门和节能监察机构规定的监察内容和时间要求如实报送相关资料。

十一、节能监察人员实施节能监察时，可以采取下列措施：

（一）询问有关人员，要求用能单位就监察事项所涉及的问题做出解释和说明；

（二）查阅、复印或者抄录有关资料；

（三）根据需要对有关产品、设备、资料、场景等进行录像、拍照；

（四）对有关产品、设备、场所等进行检查、监测；

（五）法律、法规、规章规定可以采取的其他措施。

十二、用能单位应当配合节能监察工作，如实说明情况，提供相关资料、样品，不得阻碍节能监察，不得隐瞒事实真相，不得伪造、隐匿、销毁、篡改有关证据。

十三、节能监察人员应当熟悉与节能有关的法律、法规、规章、相关标准以及国家和省、市人民政府有关节能规定，具备相应的业务能力，并按规定取得行政执法资格；全面、客观、公正地调查收集有关证据；维护被监察单位生产、经营和工作秩序；不得泄露被监察单位的技术和商业秘密；不得利用职务之便谋取不正当利益；不得向被监察单位收取任何费用。制作现场监察笔录，如实记录实施节能监察的时间、地点、内容、参加人员和现场监察的实际情况，并由节能监察人员和用能单位有关负责人签字或者盖章；用能单位负责人拒绝签字或者盖章的，由两名以上节能监察人员在监察笔录中如实注明。

十四、节能监察机构要结合监察工作逐步完善重点用能单位能源管理和能耗数据库工作，规范完善节能监察文书和执法流程。

十五、节能监察中发现被监察单位有违法行为或者有其他违反节能规定行为的，应当按照下列规定进行处理：

（一）被监察单位存在违反节能法律、法规、规章和有关强制性标准行为的，依法进行处罚并制作限期整改通知书，责令被监察单位限期改正；

（二）被监察单位存在明显不合理用能行为或者严重浪费能源行为，但尚未违反节能法律、法规、规章和强制性标准的，制作节能监察意见书，要求被监察单位采取措施进行改进；

（三）节能主管部门或者节能监察机构应当在节能监察结束后 15 日内，做出节能监察意见书或限期整改通知书，送交被监察单位；

（四）被监察单位在接到节能监察意见书或限期整改通知书后，在 20 个工作日内，以正式文件形式出具改进措施和计划。节能监察机构进行跟踪检查并督促落实。

十六、节能监察机构应当在本次监察结束后的 20 个工作日内，形成节能监察报告，报市政府节能行政主管部门。节能监察报告应当包括实施节能监察的依据、时间、方式、检查结果、对违法行为的处理措施、整改或者改进意见等。节能行政主管部门不定期在全市范围内通报节能监察情况。

十七、监察结论及所认定的数据纳入全市节能降耗考核内容。

十八、节能监察行政主管部门和节能监察机构设立并公布举报、投诉电话或者电子邮箱、网址等联系方式，单位和个人均有权向节能监察行政主管部门举报或投诉违法用能行为；受理举报的，应当为举报人保密。

十九、为查处重大违法用能行为提供重要线索和证据，经查属实的，节能监察行政主管部门对举报人应当给予适当奖励。

二十、本实施意见执行中的具体问题由市工业和信息化局解释。

二○○九年十月二十七日

Ⅱ　委托通知、委托书

1.《湖北省发展改革委关于委托省节能监察中心行使节能行政执法的通知》

(鄂发改环资〔2011〕1201号)

省节能监察中心：

　　根据《中华人民共和国节约能源法》和《湖北省实施〈中华人民共和国节约能源法〉办法》的有关规定以及我省节能监察工作的实际，经研究，决定依法委托你中心行使节能监察管理和行政处罚权。请你中心严格按照法律法规的规定和我委委托书的委托权限认真履行职责，秉公执法。

　　附件：《湖北省发展改革委行政执法委托书》

二〇一一年八月十七日

附件

《湖北省发展改革委行政执法委托书》

委 托 机 关：湖北省发展改革委
受委托机关：湖北省节能监察中心

为进一步加强节能监察工作，根据《中华人民共和国节约能源法》、《中华人民共和国行政处罚法》、《湖北省实施〈中华人民共和国节约能源法〉办法》的有关规定，现决定委托湖北省节能监察中心行使节能监察管理和行政处罚权。

一、委托事项

（一）协助省节能行政主管部门湖北省发展改革委（委托方）对用能单位履行国家及本省颁布的节能（能源）法律、法规、规章情况进行监督、检查。

（二）依法对全省省、市重点用能单位、商业和社会用能的用能状况进行监督检查。

（三）对固定资产投资项目建设单位开工建设的项目是否符合强制性节能标准、是否使用国家明令淘汰的用能设备或者生产工艺、生产单位是否超过单位产品能耗限额标准用能等情况进行检查，对用能单位的能源利用状况依法实行监测。

（四）检查能源生产经营单位是否存在无偿或者低价向本单位职工提供能源，或向本单位职工按照能源消费量给予补贴，或对能源消费实行包费制等情况。

（五）负责全省节能监察日常工作，指导市、县节能监察（测）机构开展节能执法活动及组织业务技能培训考核。

（六）受理全省能源利用违法、违规案件的举报、投诉，依法行使《中华人民共和国节约能源法》、《湖北省实施〈中华人民共和国节约能源法〉办法》规定由节能行政主管部门行使的行政处罚权，查处严重浪费能源及其他违法、违规用能行为。

二、委托执法范围

湖北省行政区域内。

三、法律责任

（一）委托行政机关对受委托组织在委托权限范围内实施的行政处罚行为所产生的法律后果承担法律责任。

（二）受委托单位必须以委托的行政机关名义，在委托的权限内实施行政处罚，如果以自己的名义或超出委托的权限的范围执法，或将行政机关委托的行政执法权再委托给其他组织或个人行使，所产生的法律后果皆由自己承担。

（三）对违法实施行政处罚严重的受委托组织，委托的行政机关可以解除委托或依法给予行政、经济处分；构成犯罪的，由司法机关依法追究刑事责任。

四、委托相关事项

受委托单位应当严格按照上述委托权限认真履行职责，秉公执法。收缴的罚款应严格按照国家的有关规定执行。

五、委托执法期限

自 2011 年 9 月 1 日起至 2015 年 12 月 31 日止。

委托机关：湖北省发展改革委（盖章）

受委托机关：湖北省节能监察中心（盖章）

二〇一一年八月十七日

2.《大连市行政处罚委托书》

委 托 方：大连市经济和信息化委员会

住　　所：大连市西岗区人民广场 1 号

受委托方：大连市节能监察支队

住　　所：大连市中山区白云街 29 号

　　为保证节能、电力、煤炭行政执法和日常节能管理的及时、有效性，根据《中华人民共和国行政处罚法》、《中华人民共和国节约能源法》、《中华人民共和国电力法》、《中华人民共和国煤炭法》的有关规定，经协商，委托方将部分行政处罚职权委托给受委托方代为行使，具体事宜如下：

一、委托范围及权限

1. 负责大连地区用能单位能源利用状况的监督检查。

2. 对违法事实确凿并有法定处罚依据的依法进行处罚。

3. 对违法事实确凿、罚款额在 10 万元以上的案件提出处罚意见，报上级主管机关审批。

4. 对不符合强制性节能标准、使用国家明令淘汰的用能设备或者生产工艺，责令停止使用，没收用能设备；情节严重的，提出意见，报请本级人民政府按照国务院规定的权限责令停业整顿或者关闭。

5. 负责对大连地区电力、煤炭法律、法规和规章的执行情况进行监督检查。

6. 对大连地区违反电力、煤炭法律、法规和规章的行为调查取证。

7. 根据事实和法律，直接实施电力、煤炭行政处罚或做出行政决定并强制执行。

8. 电力、煤炭法律、法规和规章规定的其他行政执法内容。

二、执法依据

1.《中华人民共和国节约能源法》

2.《辽宁省节约能源条例》

3.《辽宁省节约能源监察办法》

4.《中华人民共和国电力法》

5.《中华人民共和国煤炭法》

6.《辽宁省反窃电条例》

7.《煤炭行政处罚办法》

三、委托责任

1. 受委托组织必须在委托权限范围内，以委托方的名义实施行政处罚；受委托组织不得在委托其他任何组织或个人实施行政处罚。

2. 委托方对委托组织的行政处罚权行使监督并对该行为的后果承担法律责任，因受委托组织违法行为导致的行政赔偿，委托方有追偿权。

3. 委托组织如有违法执法行为，委托方将追究受委托组织和责任人的行政责任。

四、委托期限

2010 年 2 月 3 日至 2013 年 2 月 2 日。

五、其他事项

此委托书一式三份，双方签字盖章后生效。

委托方：大连市经济和信息化委员会 　　　　（公章）

法定代表： 　　　　　　　　　　　　　　　（印章）职务：

受委托方：大连市节能监察支队 　　　　　　（公章）

法定代表人： 　　　　　　　　　　　　　　（印章）职务：

2010 年 2 月 3 日

Ⅲ　编办批复

1. 中共福建省委机构编制委员会关于印发《福建省节能监察（监测）中心（福建省经济技术服务中心）主要职责内设机构和人员编制规定》的通知

（闽委编［2011］5 号）

省经贸委：

现将《福建省节能监察（监测）中心（福建省经济技术服务中心）主要职责内设机构和人员编制规定》印发给你委，请认真组织实施。

中共福建省委机构编制委员会

2011 年 6 月 10 日

《福建省节能监察（监测）中心（福建省经济技术服务中心）主要职责内设机构和人员编制规定》

福建省节能监察（监测）中心（福建省经济技术服务中心）为省经济贸易委员会管理的事业单位，机构规格相当于副厅级。

一、主要职责

（一）承担开展节能监察（监测）的技术性、辅助性工作，提供实施政府节能主管部门下达的节能监察（监测）计划的辅助性、服务性工作。

（二）承担有关固定资产投资项目节能的技术审查、用能单位能源审计、节能规划评审和清洁能源生产审核等技术性工作。

（三）负责建立和完善能源利用、清洁生产数据库，提供制定节能技术规范相关数据，开展节能技术服务工作。

（四）组织开展企业新技术推广、科技成果推介，承担企业技术创新项目咨询、评价服务工作。

（五）组织开展节能技术宣传和业务培训，开展节能监察（监测）的技术和学术交流活动。

（六）承担履行所核定职责和事项的相应责任。

二、内设机构

根据以上职责，省节能监察（监测）中心（福建省经济技术服务中心）设6个内设机构，机构规格相当于副处级。

（一）办公室

负责中心日常行政事务，组织安排重要活动；负责文秘、档案、劳动人事工作；负责财务管理；建立健全内部管理规章制度；承办涉法事务相关工作。

（二）节能监察（监测）部

依法开展节能监察（监测）工作；具体实施政府节能主管部门下达的节能监察（监测）计划，承办用能单位能源利用状况评估、汇总、分析。

（三）节能评审部

承担有关固定资产投资项目节能的技术审查、用能单位能源审计、节能规划评审和清洁能源生产审核等技术性工作。

（四）节能技术部

参与制定节能技术规范，负责建立和完善能源利用、清洁生产数据库和节能专家库等相关数据库，开展节能技术服务工作。

（五）推广部

组织开展企业新技术收集、整理和推广，科技成果推介，企业技术创新项目咨询、服务和评价工作，承担企业投资项目经济效益评价工作。

（六）宣传培训部

组织实施企业新技术，开展节能技术宣传和业务培训；开展节能监察（监测）的技术和学术交流活动。

三、人员编制

省节能监察（监测）中心（福建省经济技术服务中心）事业编制 72 名（行政管理人员 16 名、专业技术人员 51 名、工勤人员 5 名）。其中：主任（副厅级）1 名，副主任（正处级）3 名；内设机构正职领导职数（副处级）6 名，副职领导职数（正科级）6 名。

四、经费渠道

省节能监察（监测）中心（福建省经济技术服务中心）经费渠道为财政核拨。

五、附则

本规定由中共福建省委机构编制委员会办公室负责解释，其调整由中共福建省委机构编制委员会办公室按规定程序办理。

2. 湖北省机构编制委员会办公室
《关于省节能监测中心更名的批复》

（鄂编办发〔2009〕5号）

省发展和改革委员会：

鄂发改文〔2008〕212号文收悉。根据《省长办公会议纪要（151）》精神，经研究，同意将省节能监测中心更名为省节能监察中心，负责全省节能监察执法工作，其他事项维持不变。

湖北省机构编制委员会办公室

二〇〇九年一月十九日

3. 关于印发《贵州省经济和信息化委员会

（中共贵州省委国防工业工作委员会）主要

职责内设机构和人员编制规定》的通知

（黔委厅字〔2010〕3 号）

各市（自治州）、县（市、区、特区）党委和人民政府，各地区党委和行署，省委
各部委，省级国家机关各部门，省军区、省武警总队党委，各人民团体：

《贵州省经济和信息化委员会（中共贵州省委国防工业工作委员会）主要职责
内设机构和人员编制规定》已经省委、省政府批准，现予印发。

中共贵州省委办公厅

贵州省人民政府办公厅

2010 年 1 月 24 日

《贵州省经济和信息化委员会（中共贵州省委国防工

业工作委员会）主要职责内设机构和人员编制规定》

根据《中共中央办公厅、国务院办公厅关于印发〈贵州省人民政府机构改革方
案〉的通知》（厅字〔2009〕12 号）和《中共贵州省委、贵州省人民政府关于省人
民政府机构改革的实施意见》（黔党发〔2009〕7 号），设立省经济和信息化委员
会，为省人民政府组成部门。中共贵州省委国防工业工作委员会，与省经济和信息
化委员会合署办公。

一、职责调整

（一）将发展和改革委员会的工业管理和信息化有关职责划入经济和信息化委员会。具体包括：研究提出全省工业和信息化发展战略，拟订全省工业、信息化行业规划和产业政策并组织实施；按省政府规定权限，审批、核准规划内和年度计划规模内工业、信息化固定资产投资项目；统筹推进全省工业经济与信息化建设；拟订高新技术产业中涉及生物医药、新材料研发等项目的规划、政策和标准并组织实施；负责盐业行政管理工作。

（二）将原经济贸易委员会工业管理、煤电油运调度及协调保障、指导和协调企业改革、工业和信息化能源节约与资源综合利用、药品储备管理、散装水泥生产的管理职责和信息产业厅、国防科技工业办公室、中小企业局（非公有制经济办公室）、城镇集体工业联社及乡镇企业局除农产品加工以外的职责整合，划入经济和信息化委员会。

二、主要职责

（一）省经济和信息化委员会主要职责。

1. 承担调节全省近期经济运行，推进新型工业化、信息化建设和管理的职责；拟订新型工业化发展战略和政策，研究并协调解决新型工业化进程中的重大问题，拟订工业和信息化的发展规划并组织实施，推进产业结构调整和优化升级，推进信息化和工业化融合，推进高新技术与传统工业改造结合，推进军民结合、寓军于民的武器装备科研生产体系建设。

2. 拟订工业、信息化行业规划、计划和产业政策并组织实施，提出优化产业布局、结构的政策建议，起草相关地方性法规、规章草案，拟订地方性行业技术规范和标准并组织实施。

3. 监测分析经济运行态势并发布有关信息，进行预测预警和信息引导；编制近期经济运行调控目标和措施并组织实施，协调解决经济运行中的重大问题并提出政策建议；承担煤、电、油、运调度和协调保障工作；承担工业用煤、成品油的协调和紧急调运工作；协调电力调度，推进电力需求侧管理工作；参与协调交通综合运输，负责铁路运输综合协调工作；负责工业应急管理、产业安全和国防动员有关工作，综合协调应急状态下重要工业品的供应保障工作；负责信息化应急协调、无线电应急处置工作，参与产业损害调查工作。

4. 负责提出工业、信息化固定资产投资规模及方向（含利用外资和境外投资）、中央财政性建设资金安排的建议，按照规定权限审批、备案和核准固定资产投资项目；承担全省技术改造管理和资金安排工作；负责部门预算内的政府信息化项目的审核工作；承担工业、信息化企业固定资产投资减免税审核工作，指导工业和信息化领域投资项目机电设备招标工作。

5. 拟订高技术产业中涉及航空航天、生物医药、新材料、信息产业等的规划、政策和标准并组织实施，组织开展国家和省重大技术攻关项目及有关国家科技重大专项与工业、信息化新产品、新技术鉴定工作；拟订省级财政技术创新资金年度计划并组织实施；指导行业技术创新和技术进步，促进科研成果产业化，推动软件业、信息服务业和新兴产业发展与传统产业的技术进步；推进产学研结合，推动企业技术创新体系建设，指导企业技术中心的建设工作。

6. 负责工业、信息化行业管理；负责全省民用航空产业、通用飞机发展的协调和推进工作；推进生产性服务业、船舶和汽车制造业的发展；指导行业质量管理和品牌建设工作；指导相关行业加强安全生产管理；组织拟订工业园区发展规划及政策措施，推进工业园区建设，负责工业园区规划布局；承担振兴装备制造业组织协调的职责，推进重大技术装备国产化，指导引进重大技术装备的消化创新；负责盐业行业管理工作并指导协调烟草工业和专卖管理工作；管理药品储备；负责软件企业认定、软件产品登记、系统集成认证、信息系统工程监理资质认证工作。

7. 承担武器装备科研生产的质量、计量、标准化、国防专利和安全生产的监督管理工作；承担军工核心能力建设和武器装备科研生产重大事项、重点专项任务的实施及相关保障服务工作；负责民爆器材行业生产、销售管理和安全生产监管；负责全省国防科技工业的国家安全、保密、保卫工作，承担从事军品科研生产单位保密资格审查认证工作；负责国防科技工业技术引进和消化创新；指导和协调国防工业外事工作；负责地方单位武器装备动员工作。

8. 指导民口军品配套工作，实施军民两用技术双向转移和产业化，加快对外协作交流，推动与地方经济的结合；负责地方军工电子单位和地方企事业单位军工固定资产投资项目的审核、论证、申报、验收等工作。

9. 拟订企业改革工作规划，指导和协调企业改革工作；配合有关部门做好企业下岗人员再就业工作；指导企业建立现代企业制度；帮助并指导拟上市企业做好相关协调工作；指导工业和信息化领域行业协会工作；承担全省企业法律顾问执业指导工作；组织和指导经济干部、企业经营管理者的教育培训工作。

10. 负责中小企业、非公有制经济和城镇集体经济的指导、综合协调工作，会同有关部门拟订促进中小企业发展、非公有制经济发展和城镇集体经济发展的相关政策和措施，协调解决重大问题；管理国家和省财政下拨的中小企业发展资金和信用担保、小额贷款行业。

11. 贯彻实施节约能源和促进清洁生产、循环经济的法律法规，拟订并实施工业和信息化能源节约、资源综合利用（含再生资源回收利用）、清洁生产促进规划和政策，组织开展相关行业和重点用能单位的节能管理及节能监察执法工作；指导并监督管理相关行业资源综合利用及认定工作；组织实施相关行业节能改造项目、示范工程和节能新产品、新技术、新设备的推广应用工作；拟订省级财政用于工业、信息化节能专项资金年度计划并组织实施；协调散装水泥生产发展和推广应用工作。

12. 拟订信息化规划和政策，统筹推进信息化工作；协调信息化建设中的重大问题，促进通信、广播电视和计算机网络融合；指导协调信息资源的开发利用、企业信息化发展、电子商务推广和信息化应用推进工作；推动跨行业、跨部门的互联互通和重要信息资源的开发利用、共享；拟订省级财政信息化专项资金年度计划并组织实施。

13. 指导协调通信业发展；负责信息基础设施建设的规划、协调和管理；指导相关部门拟订通信管线、公共通信网、专用信息网的规划；牵头协调电信市场涉及社会公共利益的重大事宜；监督管理全省网络和信息服务市场；联系并协调在黔电信运营企业相关工作，协调指导党政专用通信工作。

14. 统一配置和管理无线电频谱资源；监督管理无线电台（站），协调处理军地间无线电管理有关事宜；负责无线电监测、检测、干扰查处，协调处理电磁干扰事宜；维护空中电波秩序，依法组织实施无线电管制。

15. 承担网络安全及相关信息安全管理的职责；指导监督政府部门、重点行业的重要信息系统与基础信息网络的安全保障工作；协调处理网络与信息安全的重大事件。

16. 开展工业和信息化对外合作与交流；指导相关企业开展区域化合作、国际化经营；承担中央驻黔企业的服务和协调工作。

17. 承办省人民政府交办的其他事项。

（二）中共贵州省委国防工业工作委员会主要职责。

1. 指导国防科技工业贯彻落实党中央和省委关于加强党的建设的方针政策。

2. 指导国防科技工业企事业单位党的建设、精神文明、思想政治、统一战线和群团工作，指导国防科技工业人才队伍和军工文化建设。

3. 领导省国防工业工会工作委员会的工作。

4. 协助管理国防科技工业企事业单位及中央在黔军工企事业单位领导班子。

5. 承办省委交办的其他事项。

三、内设机构

根据上述职责，省经济和信息化委员会设 28 个内设机构。

（一）办公室（省委国防工委办公室）。

负责机关文电、信息、档案、督查、信访、安全保卫、保密等工作；承担政务公开、新闻发布、机关目标绩效管理和后勤服务等工作；负责重要文稿的起草工作。

（二）政策法规处（省政府减轻企业负担办公室）。

起草工业、信息化的地方性法规、规章草案；承担机关规范性文件的合法性审核工作；监督管理国家和省财政性专项资金使用及相关项目建设；承担全省企业法律顾问执业指导工作；承担行政复议、行政应诉工作；承担省政府减轻企业负担联席会议的日常工作。

（三）经济运行协调处（应急管理办公室）。

监测分析经济运行态势，进行预测预警，并发布相关信息；协调解决经济运行中的有关问题并提出建议；承担全省煤、电、油、运要素平衡和协调工作；承担煤炭生产运输协调，保证重点行业、企业用煤需求；协调电力调度工作；承担铁路运输协调的工作；承担工业用煤的协调和紧急调运工作；承担成品油的运行调度；综合协调应急状态下重要工业品的供应保障工作，参与重要物资的应急调度。

（四）规划与投资处。

拟订工业、信息化发展规划；提出重点行业生产力布局、重点产品结构的调整方案；提出工业、信息化固定资产投资规模和方向（含利用外资和境外投资）、中央财政性建设资金安排的建议；指导企业技术改造工作，管理省级财政用于企业技术改造的资金，拟订省级财政技术改造资金年度计划并组织实施，按照国家和省规定的权限，承担全省工业、信息化固定资产投资项目的审批、备案和核准工作，承担工业、信息化企业固定资产投资减免税审核工作；指导工业和信息化领域投资项目机电设备招标工作。

（五）产业政策处。

贯彻落实国家产业政策；拟订工业、信息化产业政策并监督执行，提出推进产业结构调整、工业与相关产业融合发展及管理创新的政策建议；指导产业布局和产业转移；拟订和修订产业结构调整目录；拟订相关行业准入条件并组织实施；提出生产性服务业发展的政策措施并组织实施；参与产业损害调查的有关工作。

（六）技术创新与质量处。

拟订并实施高技术产业中涉及生物医药、新材料、航空航天、信息产业等的规划、政策；组织拟订行业技术规范和标准；推进产学研结合，推动企业技术创新体系建设，指导企业技术中心建设工作；组织实施国家科技重大专项和全省工业、信息化新产品开发、新技术推广、产学研结合、重大技术装备、高新技术成果转化等项目；组织实施工业、信息化新产品、新技术鉴定工作；拟订省级财政技术创新资金年度计划并组织实施；负责行业质量管理和品牌建设工作。

（七）工业园区处。

拟订工业园区发展规划并组织实施；负责工业园区的综合协调，监测分析工业园区发展情况，协调解决工业园区发展中的重大问题并提出政策建议；推进工业园区产业聚集、企业集群发展；指导地方拟订工业园区发展规划；指导推进工业园区产业定位和发展评价等工作；指导工业园区软环境建设和招商引资工作。

（八）财务处。

编报本部门预算、决算，组织实施内部审计，负责机关及所属单位的财务会计制度建设、资金（资产）管理与监督以及绩效评价工作；承担所属单位资本收益收缴及支出管理工作；管理所属单位国有产权交易和对外投资工作。

（九）企业改革与发展处（上市协调办公室）。

拟订企业改革工作规划，指导和协调企业改革工作；配合有关部门做好企业下岗人员再就业工作；指导企业建立现代企业制度；承担拟上市企业的培育、指导和协调工作。

（十）电力协调处。

参与拟订并组织实施电力工业发展规划和经济技术政策，落实国家电力相关政策措施；编制工业、信息化年度用电计划并组织实施；指导协调电力监测预测和运行调度；推进电力需求侧管理工作；协调处理工业、信息化电力运行中的重大问题；参与电热价格制定和电力运行重大安全事故处理。

（十一）原材料工业处（履行《禁止化学武器公约》工作办公室）。

承担冶金、化工（不含煤制燃料和燃料乙醇）、有色、建材、黄金、石化（不含炼油）、钢铁等行业管理工作；研究省内外原材料市场情况并提出建议；提出相关行业规划和固定资产投资项目行业建议；承担新材料的研发指导和发展工作；承办履行《禁止化学武器公约》的有关工作；会同有关部门管理农药准入事项；承担农业化学物质行政保护工作。

（十二）装备工业处。

承担通用机械、汽车、民用船舶、轨道交通机械制造业的行业管理工作；提出重大技术装备发展和自主创新规划、政策建议并组织实施；提出相关行业规划和固定资产投资项目行业建议；依托国家重点工程建设协调有关重大专项的实施，推进重大技术装备国产化；指导重大技术装备的技术引进和消化创新；承担振兴装备制造业组织协调的责任；会同有关部门管理汽车的准入事项。

（十三）消费品工业处。

承担食品、医药、轻纺、家电等行业管理工作；提出相关行业规划和固定资产投资项目行业建议；承担盐业行政管理、中药材生产扶持项目管理、药品储备管理工作；指导盐务行政执法；指导和协调烟草工业生产和专卖管理。

（十四）对外交流合作处。

指导工业和信息化领域相关企业开展对外交流合作事项；组织和指导相关企业开展区域化合作、国际化经营；承办工业和信息化展销活动；联系中央在黔企业，建立相关制度和工作机制；协调对口帮扶贵州的外省（区、市）和外国政府贷款工业、信息化项目的申报、实施与监督工作；指导相关社会中介组织为工业和信息化领域相关企业提供服务；指导工业和信息化领域行业协会工作。

（十五）节约能源处。

拟订工业、信息化年度节能计划并组织实施；组织实施相关行业、重点用能单位节能监督管理和节能目标评价考核工作；承担相关行业固定资产投资项目的节能审查工作；组织实施相关行业节能改造项目、示范工程和节能新产品、新技术、新设备的推广应用工作；拟订省级财政用于工业、信息化节能专项资金年度计划并组织实施；指导相关节能服务产业发展。

（十六）资源综合利用处（散装水泥办公室）。

拟订并实施工业、信息化资源综合利用和清洁生产的规划；承担发展循环经济、低碳经济的职责，推动用循环经济改造传统产业和工业企业；指导协调相关行业资源综合利用工作；指导并监督相关行业资源综合利用及认定工作；组织实施相关行业资源综合利用、清洁生产和循环经济重点项目、示范工程及重点技术的推广应用；组织协调散装水泥发展和推广应用工作；参与协调发展新型墙体材料和环保产业相关工作。

（十七）中小企业办公室（非公有制经济办公室）。

承担全省中小企业、非公有制经济、城镇集体经济的指导、综合协调；会同有关部门拟订促进中小企业、非公有制经济和城镇集体经济发展的政策与措施，协调解决有关重大问题；管理省中小企业发展专项资金和信用担保、小额贷款行业；建立健全全省中小企业、非公有制经济、城镇集体经济服务体系；指导全省中小企业开展对外交流合作；负责省非公有制经济投诉相关工作；承担全省推动非公有制经济、中小企业发展工作联席会议办公室的日常工作。下设中小企业处、非公有制经济处。

（十八）电子信息处。

承担电子信息产品制造的行业管理工作；参与组织实施国家电子信息发展基金和国家科技重大专项中的电子信息产品项目；提出相关行业规划和固定资产投资项目行业建议；协调重大系统装备、微电子等基础产品的开发与生产；协调推进重大工程项目所需配套元器件、仪器和材料的国产化工作；促进电子信息技术推广应用工作，推进信息化和工业化融合工作。

（十九）软件服务业处。

指导软件和信息服务业发展；实施国家有关软件、系统集成及信息服务的技术规范和标准；推动软件、信息服务业公共服务体系和动漫等产业及相关基地园区建设发展；指导协调软件和信息服务业的技术开发及服务外包工作；承担软件企业认定、软件产品登记、系统集成认证、信息系统工程监理资质认证工作。

（二十）通信发展与保障处。

指导协调通信业发展，促进网络资源共建共享；对网络和信息服务市场进行管理；组织协调通信业重大示范工程和新技术、新产品的开发利用；参与拟订通信业的技术规范和标准；负责联系与协调在黔电信运营企业相关工作；协调推进信息基础设施建设中的重大问题和重大工程；协调电信市场涉及社会公共利益的重大事宜；协调指导党政专用通信工作。

（二十一）信息化推进处。

推进信息化工作，协调信息化建设中的重大问题；承担推进工业化与信息化融合的工作；协调企业信息化、电子政务和电子商务发展，推动跨行业、跨部门的互联互通；推动重要信息资源的开发利用和经济社会各领域的信息化建设与应用；促进通信、广播电视和计算机网络的融合；拟订省级财政信息化专项资金年度计划并组织实施；承担省信息化领导小组的日常工作。

（二十二）网络与信息安全处。

指导协调信息安全保障体系、数字认证工作；承担信息安全等级保护等基础性工作；指导监督政府部门、重点行业的重要信息系统与基础信息网络的安全保障工作；承担网络和信息安全应急协调工作，协调处理信息安全重大事件；承担省网络与信息安全领导小组的日常工作。

（二十三）军工处。

承担国家在我省实施的军工核心能力建设、武器装备科研生产重大项目、重大专项的协调工作；承担武器装备科研生产许可和质量、计量、标准化、国防专利的管理工作；承担地方军工电子单位和地方企事业单位军工固定资产投资项目的审核、论证、申报、验收等工作；承担军工行业综合统计、运行分析及民用企业参加武器装备科研生产的管理工作；承担地方单位武器装备动员工作。

（二十四）军民结合推进处。

拟订军民结合相关政策并组织实施；编制军民结合产业发展规划，拟订军民结合重点项目并组织实施；提出相关行业规划和固定资产投资项目行业建议；承担军民两用技术双向转移、军民兼容科技基础条件平台建设和科技成果转化与技术创新交流工作；协调军地资源整合，推进体制机制改革；承担省军民结合产业发展协调领导小组办公室的日常工作。

（二十五）军工安全保密处。

负责全省国防科技工业的国家安全、保密、保卫工作；承担从事军品科研生产单位保密资格审查认证工作；负责指导和监察涉及军工企事业单位的国家安全与保密工作，参与涉密事件的调查处理；组织开展全省国防科技工业国家安全、保密教育培训；承担省军工保密资格审查认证委员会办公室的日常工作。

（二十六）民用航空产业处。

承担民用航空产业、通用飞机发展的协调工作；协调国产大型客机新支线飞机配套工作；承担航空转包生产和民用航空产业国际合作工作；承担民用飞机适航认证的协调工作；协调实施民用航空产业国家高技术产业基地民用航空产业项目；提出相关行业规划和固定资产投资项目行业建议；承担省民用飞机发展协调领导小组办公室、安顺市民用航空产业国家高技术产业基地规划建设工作领导小组办公室的日常工作。

（二十七）安全生产与民爆器材管理处。

配合有关部门指导工业和信息化领域相关企业的安全生产工作；参与重、特大安全生产事故的调查处理；负责全省民用爆破器材行业的生产和销售的管理及生产许可、安全许可工作；承担新建项目、改扩建项目申请和年度生产计划的受理、申报工作；承担民爆器材进出口许可申请的受理、申报工作；承担民爆器材销售许可申请的受理、审查和《民用爆炸物品销售许可证》颁发及日常监督管理；负责民爆器材销售企业仓储设施建设项目的审批和验收工作；负责民爆器材生产、销售的安全生产监督管理；承担民爆器材产品质量监督和科研项目管理。

（二十八）人事教育处。

承担机关和所属单位的机构编制、人事管理、干部队伍建设和教育培训等工作；承办机关和所属单位人员出国审查工作；组织和指导全省经济干部和经营管理者的教育培训工作；参与指导企业引进国外智力工作；联系所属院校业务工作。

机关党委　负责机关和所属单位的党群工作。设置机关党委办公室。

省委国防工业工作委员会与省经济和信息化委员会机关合署办公。省委国防工业工作委员会内设国防工委办公室、组织处、宣传处。

省委国防工业工作委员会办公室与省经济和信息化委员会办公室合署办公。

组织处　承担国防科技工业企事业单位党的基层组织建设、干部队伍建设和党员队伍建设工作；协助省委组织部、中央军工集团公司做好中央在黔军工企事业单位领导班子的调整、配备和管理；指导协调国防科技工业企事业单位干部教育培训工作；承担工委党费管理和党内有关情况的统计工作；承担全省国防科技工业企事业单位领导干部出国（境）政审工作；指导国防科技工业企事业单位的统一战线、党建扶贫和群团工作。

宣传处　承担国防科技工业企事业单位的宣传思想工作和精神文明建设及对外宣传报道工作；拟订并组织实施干部理论教育规划；承担法制宣传教育和国防教育工作。

纪检监察机构　省纪委派驻经济和信息化委员会纪检组、省监察厅派驻经济和信息化委员会监察室。派驻纪检组、监察室与省国防纪工委合署办公。省国防纪工委下设纪检监察室（与派驻监察室合署办公）、案件审理室。行政编制 8 名。其中，纪检组长（省国防纪工委书记）1 名，纪检组副组长（省国防纪工委副书记）1 名，监察室主任 1 名，案件审理室主任 1 名。

四、人员编制

省经济和信息化委员会（省委国防工委）机关行政编制 160 名。其中，主任 1 名（国防工委书记），副主任 4 名，国防工委专职副书记 1 名，总经济师 1 名，总工程师 1 名，机关党委书记 1 名；处级领导职数 48 名。

机关工勤人员编制 25 名，由财政全额预算管理。撤销原经济贸易委员会机关后勤服务中心、原信息产业厅机关服务中心、原国防科学技术工业办公室机关服务中心。

五、其他事项

（一）中小企业办公室（非公有制经济办公室）主任由省经济和信息化委员会分管领导兼任，不另算职数。

（二）保留贵州省食品工业办公室，为省经济和信息化委员会所属正县级事业单位。事业编制 6 名，均为管理人员，由财政金额预算管理。其中，主任 1 名，副主任 1 名。

主要职责：拟订食品行业发展规划、技术标准和经济技术政策；会同有关部门审定食品行业重大技术改造、新技术的推广应用、产品开发项目、产业布局和新成果鉴定；会同有关部门管理食品工业产品质量和有关资质的审批；监督检查食品行业产业政策、法律法规的执行情况，实施行业管理。

（三）保留贵州省包装工业办公室，为省经济和信息化委员会所属正县级事业单位。事业编制 5 名，由财政全额预算管理。其中，管理人员 2 名，专业技术人员 3 名；主任 1 名，副主任 1 名。

主要职责：归口管理全省包装工业，协调包装工业发展中的重大问题；提出行业发展规划和建议，拟订包装行业管理条例、规定和办法；会同有关部门做好包装行业技术改造、技术引进、科技开发项目的承办、认证、审批及包装改进工作；负责全省包装产品质量监督管理工作。

（四）保留贵州省人民政府驻成都铁路局办事处（省铁路运输办公室），为省经济和信息化委员会管理的正县级事业单位。事业编制 5 名，均为管理人员，由财政全额预算管理。其中，主任 1 名，副主任 1 名。

主要职责：负责联系铁路部门，建立健全相关工作机制，协调铁路运输方面的重大问题；监测分析铁路运输态势，提出我省重点企业（物资）铁路运输计划安排意见和保障措施；会同铁路部门共同管理地方铁路专线和专用铁路的共用工作；参与指导推进涉及铁路运输的现代物流工作；承担省铁路运输办公室的日常工作；办理省政府与省经济和信息化委员会交办的其他工作。

（五）设立贵州省工业和信息化节能监察总队，为省经济和信息化委员会管理的正县级事业单位。事业编制 10 名，均为管理人员，由财政全额预算管理。其中，总队长 1 名，副总队长 2 名。

主要职责：贯彻实施国家和省有关节能、资源综合利用、清洁生产和发展循环经济的法律、法规和规章，拟订工业、信息化节能监察标准及计划并组织实施，指导工业和信息化领域节能监察和执法工作。

（六）将原经济贸易委员会、信息产业厅、国防科学技术工业办公室、城镇集体工业联社的离退休干部工作职责整合，组建经济和信息化委员会离退休干部工作办公室，为副厅级机构，其机构编制事项另行规定。

（七）省无线电管理局（省无线电办公室）的机构编制事项另行规定。

六、附则

本规定由省机构编制委员会办公室负责解释，其调整由省机构编制委员会办公室按规定程序办理。

4.《关于青海省节能技术中心
挂青海省节能监察总队牌子的批复》

（青编办事发〔2010〕42 号）

省经济委员会：

《关于省节能监察办公室（省节能技术中心）更名并增加事业编制的请示》（青经人〔2010〕330 号）悉。为进一步加强我省节能监管工作，经研究，同意在省节能技术中心挂青海省节能监察总队牌子。

新增的主要职责：

依据《中华人民共和国节约能源法》和《青海省实施〈中华人民共和国节约能源法〉办法》，负责全省节能监察工作；指导和协调各地节能监察工作。

2010 年 9 月 30 日

5. 《关于新疆维吾尔自治区节能监察中心更名的批复》

（新机编办〔2010〕93 号）

自治区经济和信息化委员会：

《关于自治区节能监察中心申请更名的报告》（新经信人事〔2010〕10 号）收悉。经研究，同意自治区节能监察中心更名为自治区节能监察总队。其他事项仍按新机编办〔2007〕28 号文件执行。

二〇一〇年六月三日

6. 《关于加挂"成都市节能监察中心"牌子的通知》

（成机编办〔2007〕23号）

市经委：

你委成经〔2007〕36收悉。根据《中华人民共和国节约能源法》、《国务院关于加强节能工作的决定》（国发〔2006〕28号）和《四川省〈中华人民共和国节约能源法〉实施办法》精神，经研究，同意你委下属成都市节能技术服务中心加挂"成都市节能监察中心"牌子。

受市经委委托，成都市节能监察中心的主要职责是：在本市行政区域内对用能单位履行国家、省有关节能（能源）法律、法规、规章情况进行监督、检查；根据国家、省节能（能源）法律、法规、规章及技术标准，对用能单位的能源利用状况进行监测；依法行使《中华人民共和国节约能源法》、《四川省〈中华人民共和国节约能源法〉实施办法》规定由节能行政主管部门行使的行政处罚权；对全市重点用能单位进行用能监测和能源审计工作；组织对节能产品的认证工作；负责对固定资产投资项目的节能评估和审查。

特此通知

成都市机构编制委员会办公室

二〇〇七年二月十二日

7.《关于同意成立长春市节能监察支队等
有关事宜的批复》

（长编〔2008〕7号　　签发人：崔杰）

市经委：

你委《关于长春市节能技术服务中心（长春市能源利用监测中心）更名为长春市节能监察中心的请求》（长经综字〔2007〕60号）收悉。

为进一步加强我市节能监察工作，经研究，同意成立长春市节能监察支队，为你委所属事业单位，其主要职责是：依据节约能源相关法律、法规，具体负责全市节能方面的日常监督检查工作。市节能监察支队按相当于正处级规格待遇，核定单位领导干部职数2名（1正1副）；核定事业编制18名，从长春市节能技术服务中心划转，不另新增；所需人员从市节能技术服务中心在编人员中选调；所需经费实行财政全额拨款。同时撤销长春市节能技术服务中心加挂的长春市能源利用监测中心、长春市技术改造工程咨询事务所两块牌子；市节能技术服务中心内设机构重新调整设置为办公室、节能检测科（化验室）、技术服务科、能源统计科，相应核减市节能技术服务中心中层干部职数2名。

请你委认真组织做好人员定岗、选聘及有关资产划转、业务资料交接等工作。

今后，市节能技术服务中心事业编制20名，中层干部职数5名。

二〇〇八年二月十四日

8. 《关于长春市及辖区事业单位参照
公务员法管理的批复》

（吉公局发〔2010〕68号）

长春市人力资源和社会保障局：

你局报来的《关于长春市政府系统事业单位申报参照公务员法管理的请示》收悉。经研究，批准你市及辖区81家单位列入参照《中华人民共和国公务员法》管理范围进行管理（以下简称参照管理）。

实行参照管理的单位，要参照公务员法及其配套政策法规的规定，全面实施录用、考核、职务任免、职务升降、奖励惩戒、培训、交流与回避、工资福利保险、辞职辞退、退休、申诉控告等各项公务员管理制度。请你局按照《吉林省实施中华人民共和国公务员法工作方案》（吉发〔2006〕22号），省委组织部、省人力资源和社会保障厅、省公务员局《关于市州以下参照公务员法管理单位工作人员登记有关问题的通知》（吉公局联发〔2010〕83号），抓紧做好工作人员登记、职务与级别确定、工资套改等项工作。

参照管理单位参照公务员法管理时间从批准之月起执行。

二〇一〇年十月二十九日

9. 黑龙江省机构编制委员会《关于节能监察和节能技术服务机构设置的通知》

（黑编〔2011〕89号）

省发展和改革委员会、省工业和信息化委员会：

计阅〔2011〕359号文和黑工信节函〔2011〕520号文收悉。现就节能监察和节能技术服务机构设置通知如下。

一、节能监察机构

全省节能监察行政职能由省发展和改革委员会承担，并在其内设机构资源节约与环境保护处挂黑龙江省节能监察局牌子，所需人员编制在省发展和改革委员会内部调剂解决。其主要职责是：监督检查《中华人民共和国节约能源法》等法律法规和规章的执行情况；组织查处重大节能违法案件；指导省直有关部门和市（地）、县（市）查处节能违法案件。

其他各相关部门的节能职责分工不变。

二、节能技术服务机构

黑龙江省节能技术服务中心（省能源研究所、省节能监测中心）为全省节能技术支撑机构，在管理上实行双重管理，仍隶属省工业和信息化委员会，业务上接受省发展和改革委员会指导，人员编制维持现状不变。其职责任务是：承担全省能源资源节约、综合利用等技术服务工作；承担能源资源节约分析、监测、研究及相关信息服务工作。

二〇一一年十二月二十九日

10. 西安市机构编制委员会《关于同意成立市节能监察监测中心的批复》

（市编发〔2008〕11号）

市经委：

你委报来《西安市经济委员会关于西安节能监测中心更名为西安节能监察监测中心的函》（市经函〔2007〕5号）收悉。为了贯彻落实《国务院关于加强节能工作的决定》（国发〔2006〕28号）精神，进一步做好我市节能监察监测工作，经研究，同意将西安市节能技术服务中心加挂的"西安节能监测中心"牌子更名为"西安市节能监察监测中心"。更名后，西安市节能技术服务中心（西安市节能监察监测中心）机构规格（相当于县处级）、人员编制（37名）、处级领导职数（3名）、经费来源（财政全额拨款）均维持不变。

请按有关规定办理事业单位法人登记变更手续。

此复。

二〇〇八年四月二十一日

11.《关于成立大连市节能监察支队的批复》

（大编发〔2008〕66 号）

市经委：

你委《关于尽快成立节能监察机构的请示》（请示 66 号）收悉。经研究，同意成立大连市节能监察支队，为你委所属事业单位，处级建制，经费由财政补助，取得的所有收入（含罚没收入）全额上缴市财政。大连市节能监察支队实行全市垂直管理体制，其主要职责、内设机构、人员编制和领导职数规定如下。

一、主要职责

依据法律法规授权，负责对全市重点耗能单位的耗能状况进行重点监察，对全市用能单位的用能行为进行日常监察。

二、内设机构、人员编制和领导职数

市节能监察支队内设综合办公室、法制科，下设项目监察大队、电力煤炭监察大队、节能监察一大队（负责市内四区节能监察工作）、节能监察二大队（负责先导区节能监察工作）、节能监察三大队（负责旅顺口区、金州区节能监察工作）、节能监察四大队（负责瓦房店市、普兰店市、庄河市和长海县节能监察工作）。核定人员编制 40 名（其中新增 20 名，从市工贸职业技术学校划拨 20 名），处级领导职数 2 名，科级领导职数 8 名。调整后，市工贸职业技术学校人员编制为 82 名。

市节能监察支队内设机构、人员编制和领导职数详见附件。

二〇〇八年七月二十二日

附件

大连市节能监察支队内设机构、
人员编制、领导职数表

机构名称	编制数	领导职数
支队领导	2	2
综合办公室	4	1
法制科	4	1
项目监察大队	5	1
电力煤炭监察大队	5	1
节能监察一大队	5	1
节能监察二大队	5	1
节能监察三大队	5	1
节能监察四大队	5	1
合 计	40	10

Ⅳ 年度监察计划、方案

1. 山西省经济和信息化委员会关于印发
《2010 年山西省节能监察工作实施方案》和
《2010 年山西省节能监测工作计划》的通知

（晋经信节能字〔2010〕284 号）

各市经信委、节能监察机构：

为加强和完善节能日常监察和专项监察工作，促进节能监察工作规范化、制度化，加大节能监察力度，推进用能单位提高能源利用效率，省节能监察总队《2010年山西省节能监察工作实施方案》和《2010 年山西省节能监测工作计划》已经省经信委同意，现印发给你们，请认真贯彻执行。

附件：1.《2010 年山西省节能监察工作实施方案》
　　　2.《2010 年山西省节能监测工作计划》

二〇一〇年四月二十八日

附件 1

《2010 年山西省节能监察工作实施方案》

2010 年是完成"十一五"节能目标决战之年,节能任务仍然十分艰巨。为加强和完善节能监察工作,加大节能监察力度,逐步形成省市联动的工作格局,强力推进用能单位提高能源利用效率,制定《2010 年山西省节能监察工作实施方案》。

一、节能监察主要工作

(一)工业企业日常节能监察

1. 监察范围

省节能监察总队主要负责国家千家企业日常监察及省千家企业与其他用能企业的抽查;各市节能监察机构负责省千家企业和其他用能企业的监察。

2. 监察内容

(1)依据山西省节约能源工作领导组办公室《关于下达 2009 年、2010 年全省重点节能改造项目推进计划的通知》(晋节能办字〔2009〕12 号),监察企业重点节能改造项目推进计划的落实与实施进度情况。

(2)依据国家发改委《关于印发重点用能单位能源利用状况报告制度实施方案的通知》(发改环资〔2008〕1390 号),监察企业的能源利用状况报告情况。

(3)依据国家发改委《产业机构调整目录》(2005 年)、工信部《高耗能落后机电设备(产品)淘汰目录(第一批)》,监察企业使用的产品、设备和生产工艺。

(4)依据国家标准委《用能单位能源计量器具配备和管理通则》(GB/17167—2006),监察企业能源计量器具配备率及使用情况。

(5)依据省经信委下达的 2010 年"淘汰落后产能计划",监察企业淘汰落后生产能力情况。

(6)依据国家标准委 22 项高耗能产品能耗限额标准,监察企业能耗限额执行情况。

（二）固定资产投资项目节能评估和审查执行情况专项监察

依据省节约能源工作领导组《关于组织开展全省固定资产投资项目节能评估和审查执行情况专项检查的通知》（晋节能字〔2010〕1号），对固定资产投资项目节能评估和审查执行情况专项监察。

1. 监察范围

2008年以来，全省范围内年综合能耗在1000tce及以上的新建、改建、扩建和迁建固定资产投资项目。总队负责年综合能耗大于3000tce的固定资产投资项目监察，各市节能监察机构负责年综合能耗1000～3000tce的固定资产投资项目监察。4～5月由项目单位进行自查自纠，省节能监察总队6月开始进行专项监察。

2. 监察内容

对项目的节能评估机构、建设、施工和监理部门是否遵守节能法律法规、节能标准、能耗限额进行监察；对已完工项目节能措施和能耗指标落实情况进行监察。

（三）公共机构及公共建筑专项节能执法监察

依据省节约能源工作领导组《关于组织开展公共机构及公共建筑省市联合专项节能执法监察的通知》（晋节能办字〔2010〕3号），各市节能领导组办公室、经信委、发改委、建设局、机关事务管理局、节能监察机构负责本辖区内的公共机构及公共建筑用能单位监察工作的组织协调，省节能监察总队落实，各市节能监察机构参加，相关媒体参与。

1. 监察范围

国家机关、社会团体、企事业单位、宾馆、酒店、写字楼、大型超市、商场等公共场所。

2. 监察内容

对公共建筑及公共机构空调温度控制执行情况、产品采购使用情况进行监察；对公共机构能源管理运行情况及用能产品、设备限制运行情况进行监察。

其中新建建筑：

（1）建设、设计、施工、监理单位要执行符合施工图设计文件要求的墙体材料、保温材料、门窗、采暖制冷系统和照明设备，不使用列入禁止使用目录的技术、工艺、材料、设备；

（2）房地产开发企业销售商品房时，必须向购买人明示所售商品房的能耗指标、节能措施和保护要求、保温工程保修期等信息，建设单位应当在施工现场的显著位置公示民用建筑节能相关信息；

（3）实行集中供热的建筑应当安装供热系统调控装置、分户用热计量装置和室内温度调控装置，公共建筑应当安装用电分项计量装置。

（四）能效标识专项监察

1. 监察范围

依据《能源效率标识管理办法》，对大型超市、商场、市场、专卖店等商业部门进行监察。总队牵头联合质检等部门组织开展监察，各市节能监察机构负责本辖区内的监察，总队要适时抽查部分市的监察情况。

2. 监察内容

对使用的能效标识是否按规定进行了备案、产品能效标识与实际能效是否一致进行监察；对伪造、冒用、标称不实能效标识的情况要坚决取缔。

二、时间安排

2010 年 4～5 月：

1. 公共机构及公共建筑专项节能专项执法监察

2. 固定资产投资项目节能评估和审查执行情况企业自查自纠

2010 年 6～8 月：

1. 固定资产投资项目节能评估和审查情况专项监察

2. 公共机构和公共建筑专项执法监察

3. 联合质检部门开展能效标识专项监察

2010 年 8～11 月：

国家千家和省千家企业日常节能监察

三、监察要求

（一）各市节能监察机构要在同级节能主管部门的组织领导和上级节能监察机构的业务指导下开展节能监察工作，要定期汇报节能监察工作的实施情况，及时提出意见与建议，切实做好节能监察工作。

（二）各市节能监察机构要认真组织制定节能监察实施方案，明确组织分工，落实工作要求，确保节能监察质量和效果。对监察中发现的问题，要提出有针对性和可操作性的节能降耗措施。依法处理违法用能行为，督促用能单位认真整改。省总队将根据实际情况，在适当的时间安排各市节能监察机构进行交叉监察，并对各市开展节能监察情况进行抽查。

（三）要创新节能监察思路，把节能监察工作作为调查研究、掌握情况、探索规律的过程。在节能监察中要不断发现问题，分析原因，找出规律，预测趋势，研究并提出政策建议。

（四）在实施节能监察中，要规范执法程序，保证执法结果的公正性和规范性。年底总队将在全省组织开展节能监察工作总结评选活动，表彰先进，推广经验，推动全省节能监察工作再上新台阶。

附件2

《2010 年山西省节能监测工作计划》

为认真贯彻落实《中华人民共和国节约能源法》和《山西省节约能源条例》，推动全省重点耗能行业企业提高能源利用效率，加快金属镁、焦化行业地方性能耗限额标准制定，根据《关于严格执行重点耗能行业产品能耗限额标准的通知》（晋经资源字〔2008〕308 号）、《关于印发 2010 年全省节能工作要点的通知》（晋节能办字〔2010〕6 号）文件精神和相关标准，制定《2010 年山西省节能监测工作计划》如下。

一、节能监测的依据

《中华人民共和国节约能源法》

《山西省节约能源条例》

《节能监测技术通则》（GB 15316—2009）

《综合能耗计算通则》（GB/T 2589—2008）

《用能单位能源计量器具配备和管理通则》（GB/T 17167—2006）

《焦炭单位产品能源消耗限额》（GB 21342—2008）

《镁冶炼企业单位产品能源消耗限额》（GB 21347—2008）

《山西省焦炭产品能耗监测方法》（试行稿）

《山西省镁冶炼企业产品能耗监测方法》（试行稿）

二、节能监测的主要内容

1. 焦炭产品能耗
2. 镁冶炼企业产品能耗

三、节能监测范围及组织实施

节能监测由省节能监察总队组织，各市节能监察机构和其他节能检测机构配合共同开展。

1. 对全省焦化企业进行能耗监测

根据焦化企业炉型及生产工艺的不同，重点选择4.3米（顶装、侧装）、6米、7.63米、热回收焦炉和半焦炭化炉等类型共20座装备进行监测。

2. 对全省镁冶炼及镁合金企业进行能耗监测

根据镁冶炼企业生产工艺和能源种类的不同，重点选择还原炉横排、竖排、一步法冶炼镁合金等类型共20座装备进行监测。

对其余焦化、镁冶炼企业的监测，在总队指导下，由各市节能监察机构和其他节能检测机构开展。

四、监测方法

1. 核查企业能耗限额执行情况

按照国家相关能耗标准的技术要求、统计范围与计算方法采集并核实企业近三年的能耗数据，核算其单位产品能耗。

2. 现场检测

按照两行业能耗监测方法（试行稿）进行。数据的采集应在生产系统正常、连续和稳定情况下进行，检测用的仪表、量具，其精度和量程应符合相关标准要求。

五、工作要求

1. 各相关企业应当依法接受监督检查，不得以任何理由拒绝能耗监测，并及时提供能源统计报表、生产报表和台账等相关资料，同时应加强组织领导，确定专人配合能耗监测工作。

2. 省及各市节能监察机构要组织相关人员认真学习能耗监测方法，严格按照有关要求开展能耗监测工作，监测工作结束后要及时总结，同时依据监测结果对超能耗限额生产单位提出责令整改建议。

2. 内蒙古自治区关于做好 2011 年 重点用能企业节能管理工作的通知

各盟市经信委（经委），满洲里市经信局、二连浩特市经信局：

为了进一步强化政府对重点用能企业节能的监督管理，促进企业加快技术进步，合理利用能源，提高能源利用效率，逐步完善工业节能管理制度和运行机制，经研究，我委将重点开展以下几方面的工作。

一、进一步加大节能监察力度。我委将委托自治区节能监察中心对年耗能 10 万吨标煤以上重点用能企业进行督察。其主要内容为能耗限额标准执行情况、能效对标情况和节能目标完成情况。届时各盟市节能监察中心共同配合督察。

二、继续组织开展重点用能行业能耗定额、限额标准执行情况的监督检查。对不达标的企业，将依据《节能法》有关条款给予惩处。

三、大力推进能效对标。企业要把能效水平对标活动作为一项常态化的重要工作，今年先在建材、有色金属行业开展试点工作。

四、建立重点用能企业能源信息报送制度。充分利用自治区节能监察中心的能源统计信息平台，对 10 万吨标煤以上重点用能企业能源消费情况每月直报制度，其统计信息将与盟市分享。

五、建立工业企业能源管理师制度。为了建立健全重点用能企业能源管理负责人制度，提升企业能源管理水平，将开展重点用能企业能源管理师岗位培训。

各盟市要结合我委的工作安排，抓好以下相关工作。

一是按照属地管理原则，各盟市把年耗能 3000 吨标煤以上的重点用能企业（见附件）纳入各级节能监管体系中。

二是各盟市要根据本地区实际与年耗能 10 万吨标煤以上的重点用能企业签订节能目标责任书，6 月底前报我委备案。

　　三是各盟市要对年耗能 5000 吨标煤以上的重点用能企业，建立能源消费情况月报制度，及时掌握企业能源消费情况，为工业节能工作的决策提供数据支撑。

　　附件：年耗能 3000 吨标煤以上的重点用能企业（略）

二○一一年四月十九日

3. 辽宁省关于下达《2010 年度省级节能监察计划》的通知

(辽经信资源〔2010〕64 号)

各市经信委，有关重点用能企业：

根据《辽宁省节约能源监察办法》及 2010 年度全省节能监察工作总体安排，决定对沈阳沈海热电有限公司等 26 家重点用能单位实施监察。主要检查《中华人民共和国节约能源法》、《辽宁省节约能源条例》、《辽宁省节约能源监察办法》的落实情况；国家以及省有关节能管理、制度、规范、标准等执行情况；主要设备和重点产品能耗情况等。

监察任务由辽宁省节能监察中心负责。根据监察对象实际情况，按照监察程序、内容、方法执行，于 2010 年底完成监察计划，并于 2011 年 1 月 20 日前提交全部监察报告。监察过程中如遇到问题，请及时报省经信委。

附件：监察企业名单

二〇一〇年三月十八日

附件

监察企业名单

1. 沈阳沈海热电有限公司
2. 沈阳惠天热电股份有限公司
3. 沈阳化工股份有限公司
4. 沈阳石蜡化工有限公司
5. 东北制药集团有限责任公司
6. 大连西太平洋石油化工有限公司
7. 大化集团有限责任公司
8. 大连水泥集团有限公司
9. 东北特殊钢集团大连特殊钢有限责任公司
10. 鞍山宝得轧钢有限公司
11. 海城市后英经贸集团有限公司
12. 海城市西洋镁矿有限公司
13. 海城市华宇镁砂有限公司
14. 抚顺铝业有限公司
15. 抚顺热电有限公司
16. 本溪北营钢铁集团有限公司
17. 辽宁工源水泥集团有限公司
18. 华能国际电力股份有限公司丹东电厂
19. 中国石油天然气股份有限公司锦州石化分公司
20. 华润电力（锦州）有限公司
21. 华能国际电力股份有限公司营口电厂
22. 辽阳钢铁有限公司
23. 中国石油天然气股份有限公司辽河石化分公司
24. 盘锦北方沥青股份有限公司
25. 华锦化工集团有限公司
26. 锦西天然气化工有限公司

4. 辽宁省关于下达《2011 年度省级节能监察计划》的通知

（辽经信资源〔2011〕102 号）

各市经信委，有关重点用能企业：

根据《辽宁省节约能源监察办法》及 2011 年度全省节能监察工作总体安排，决定对中国石油天然气股份有限公司大连石化分公司等 30 家重点用能单位实施监察。主要检查《中华人民共和国节约能源法》、《辽宁省节约能源条例》、《辽宁省节约能源监察办法》的落实情况；国家以及省有关节能管理、制度、规范、标准等执行情况；主要设备和重点产品能耗情况等。

监察任务由辽宁省节能监察中心负责，根据监察对象实际情况，按照监察程序、内容、方法执行，于 2011 年完成监察计划，并于 2011 年 12 月 20 日前提交全部监察报告。监察过程中如遇到问题，请及时报省经信委。

附件：监察企业名单

二〇一一年四月十二日

附件

监察企业名单

1. 中国石油天然气股份有限公司大连石化分公司

2. 国电电力大连庄河发电有限责任公司

3. 大连小野田水泥有限公司

4. 大连金山水泥制造有限公司

5. 大连山水水泥有限公司

6. 鞍山市北美新热电环保有限公司

7. 鞍山鑫利能源有限公司

8. 中橡（鞍山）化学工业有限公司

9. 鞍山轮胎厂

10. 后英集团海城钢铁有限公司大屯分公司

11. 海城市恒盛铸业有限公司

12. 海城镁矿耐火材料总厂

13. 中国石油天然气股份有限公司抚顺润滑油厂

14. 本溪北方铁业有限公司

15. 辽宁凤辉实业集团有限公司

16. 中信锦州铁合金股份有限公司

17. 锦州市供暖管理处

18. 锦州元成生化科技有限公司

19. 鞍钢股份有限公司鲅鱼圈钢铁分公司

20. 阜新金山煤矸石热电有限公司

21. 阜新市太克液压机械有限公司

22. 阜新市大鹰水泥制造有限公司

23. 辽阳天瑞水泥有限公司

24. 辽宁辽东水泥集团山河有限公司

25. 辽宁清河发电有限责任公司

26. 辽宁调兵山煤矸石发电有限责任公司

27. 中国石油天然气股份公司辽河油田分公司

28. 中国石油天然气股份公司辽河石化分公司

29. 中油长城钻探工程公司（辽河部分）

30. 绥中发电有限责任公司

5. 关于印发《吉林省 2010 年节能监察
情况通报》的通知

各市（州）人民政府、长白山管委会，省直有关部门，相关单位：

根据《吉林省节能减排综合性工作方案》要求，2010 年，省节能监察中心对全省重点用能企业、公共机构进行了节能监察，现将《吉林省 2010 年节能监察情况通报》印发给你们，请有关单位按通报要求，强化措施，狠抓落实，确保节能工作的顺利进行。

二〇一一年三月十五日

《吉林省 2010 年节能监察情况通报》

按照省应对气候变化及节能减排领导小组的统一部署，省节能监察中心组织各市（州）节能监察（监测）机构组成节能监察组，在全省范围内开展了 2010 年节能监察工作，现将有关情况通报如下。

一、基本情况

（一）节能监察情况

2010 年，对全省 9 个地区 90 家单位进行了现场监察，其中公共机构 25 家（机关 9 家，院校 8 家，医院 5 家，宾馆 3 家），重点耗能企业 65 家，提出整改意见 239 项；对 80 家企业进行了能源审计，提出节能技改和节能管理建议 620 项；对 15 家"国家千家重点用能企业"能源利用状况报告进行审核；完成监测（鉴定）项目

212 项；完成国家"单位产品能耗限额标准执行情况"专项监察企业 50 家；完成国家"淘汰落后机电产品设备核查"专项核查企业 19 家。全年培训节能管理人员 240 人次。

（二）组织落实情况

各市（州）节能主管部门均转发了节能监察方案，并积极部署本地区工作。长春、吉林、松原、通化、白山、白城等市工信局参加了本地区节能监察工作。

（三）目标完成情况

被监察 90 家单位中，有 81 家完成"十一五"节能目标，占被监察单位的 90％，其中，中国石油天然气股份有限公司吉林油田分公司、中国石油天然气股份公司吉林石化分公司、中国第一汽车集团公司等 17 家超额完成节能目标 15％ 以上。

（四）节能管理情况

被监察 90 家单位中，占 97.8％ 的单位按照《中华人民共和国节约能源法》的要求设立节能管理岗位，并在本单位节能领导小组的领导下开展节能管理工作。

（五）"千家企业"情况

被监察的 10 家国家重点耗能企业（千家企业），能源管理机制健全，能源管理岗位职责明确，能源计量管理基本达到国家标准要求，均按时报送能源利用状况报告。其中，70％ 企业超额完成（15％ 以上）"十一五"节能目标。

二、存在问题

（一）市（州）节能监察机构能力建设问题

已经建立省级节能监察中心 1 个。全省 9 个市（州）已建立市级中心 8 个、县级中心 1 个（长岭县）。吉林市中心经费仍属自筹状况，不符合节能监察执法要求。白城市中心处于筹建状况。市级中心装备、基础设施等能力普遍弱势。

（二）能源利用（消费）状况问题

被监察的 90 家单位中，有 36 家工业企业未按期报送能源利用状况报告，占 55.4％；有 13 家公共机构未报送能源消费状况报告，占 52％；有 44 家工业企业未按期（3 年周期）开展水、电、热能等节能测试，占 67.7％；有 45 家工业企业能源消耗统计、分析不规范，占 69.2％；有 20 家公共机构能源消耗统计、分析不规范，占 80%。在全省近 600 家重点耗能企业中，已对 80 家重点耗能企业进行了能源审计，对 15 家千家企业能源利用状况报告进行了审核，约占 20%。被监察单位普遍存在能源利用状况分析基础薄弱，缺少能源监测数据支撑的问题。

（三）节能目标考核标准不统一问题

政府部门、行业系统、用能单位节能目标标准不统一，各级节能主管部门对全部工业企业未下达明确的节能目标，考核判定不科学。

（四）能源计量器具管理问题

被监察的 90 家单位中，能源统计量值存在分摊、倒推等问题。其中，有 39 家工业企业进出用能系统、主要用能设备的计量器具配备、受检未达到标准要求，占 60%；有 16 家非工业单位用能系统分项、分单元计量配备不足，占 64%。

（五）国家明令淘汰的高耗能设备问题

被监察的 90 家单位中，有 26 家工业企业的 200 多台（套）应淘汰的高耗能设备仍在运行，占 40%。建厂历史久的企业较为普遍。

（六）执行能耗限额标准问题

"国家单位产品能耗限额标准执行情况"专项监察企业 50 家中，达标 34 家，占 68%。达标企业多为电力企业内部对标，其他企业由于能源管理不到位（如能源消费台账不规范、能源计量器具不达标）等，普遍存在无法对标问题。

（七）节能岗位教育培训问题

被监察的 90 家单位中，有 26 家节能管理人员未经岗位培训，占 29%，其中，工业企业 19 家，非工业单位 7 家。在省政府部门举办的年度全省能源管理负责人培训班期间，延边地区没有人员参加培训。

三、整改要求

（一）加强节能监察（监测）机构能力建设

各市（州）要切实加强节能监察（监测）机构能力建设，形成完整和执法有力的节能监察（监测）体系。各市（州）要明确机构编制，完善职能，强化专业和技术培训，配置必要的技术装备，人员和节能监察（监测）经费列入同级财政预算。未设立节能监察（监测）机构的市（州），2011 年必须完成机构设置。

（二）加强能源审计、节能监测、能源利用（消费）状况报告制度管理

省、市（州）节能主管部门应加强能源审计、节能监测、能源利用（消费）状况报告制度管理，制定年度能源审计、监测计划，切实落实《重点用能单位能源利用状况报告制度实施方案》（发改环资〔2008〕1390号）。各用能单位要切实加强能源利用（消费）情况基础数据的统计及报送。对本次监察中未按要求进行能源审计、节能监测，未报送能源利用（消费）状况报告逾期及未完成整改的单位，将依据《中华人民共和国节约能源法》第八十二条中"重点用能单位未按照本法规定报送能源利用状况报告或者报告内容不实的，由管理节能工作的部门责令限期改正；逾期不改正的，处1万元以上5万元以下罚款"的规定，给予相应处罚。

（三）统一节能目标考核标准

各市（州）政府部门应对用能单位下达统一的节能目标要求，便于同一标准考核。

（四）认真执行计量相关法律、法规和标准

各用能单位应严格执行《中华人民共和国计量法》、《用能单位能源计量器具配备与管理通则》等法律、法规和标准，能源计量器具配备和受检应达到规定要求。对本次监察中不符合计量相关法律、法规和标准要求逾期未完成整改的单位，将依据《中华人民共和国节约能源法》第七十四条中"用能单位未按照规定配备、使用能源计量器具的，由产品质量监督部门责令限期改正；逾期不改正的，处1万元以上5万元以下罚款"的规定，给予相应处罚。

（五）做好国家明令淘汰的高耗能设备工作

省、市（州）要积极创造条件，落实好国家明令淘汰的高耗能设备使用情况的调查工作。可利用合同能源管理形式，积极推进节能技术改造。对本次监察中仍在使用国家明令淘汰的高耗能设备逾期未完成整改的单位，将依据《中华人民共和国节约能源法》第七十一条中"使用国家明令淘汰的用能设备或者生产工艺的，由管理节能工作的部门责令停止使用，没收国家明令淘汰的用能设备；情节严重的，可以由管理节能工作的部门提出意见，报请本级人民政府按照国务院规定的权限责令停业整顿或者关闭"的规定，给予相应处罚。

（六）加强重点产品能效对标工作

目前国家和省里共出台了 22 项单位产品能耗限额的国家标准和 2 个地方标准，适用吉林省的只有 9 个。没有国家及地方产品能耗限额标准的企业应制定本企业产品能耗限额并落实考核。各级相关部门积极组织尽快出台适用于本省企业的重点产品能耗限额标准，加强重点产品能耗限额对标工作。在专项监察中，对产品超出限额标准，逾期不治理或没有达到治理要求的单位将依据《中华人民共和国节约能源法》第七十二条中"生产单位超过单位产品能耗限额标准用能，情节严重，经限期治理逾期不治理或者没有达到治理要求的，可以由管理节能工作的部门提出意见，报请本级人民政府按照国务院规定的权限责令停业整顿或者关闭"的规定，进行相应处罚。

（七）加强节能教育和培训

省、市（州）应加强能源管理岗位审查和培训工作，积极组织本地区用能单位负责人和能源管理人员参加省政府节能主管部门举办的节能培训。各用能单位应完成能源管理负责人资格审查、培训和备案，制定能源管理负责人和主要设备操作人员年度节能培训计划。本次监察中不符合相关法规要求，逾期未完成改正的单位，将依据《中华人民共和国节约能源法》第八十四条中"重点用能单位未按照规定设立能源管理岗位，聘任能源管理负责人，并报管理节能工作的部门和有关部门备案的，由管理节能工作的部门责令改正；拒不改正的，处 1 万元以上 3 万元以下罚款"的规定，进行相应处罚。

附件：1. 2010 年全省节能监察情况汇总表

2. 2010 年全省节能监察考核评价汇总表（工业企业）

3. 2010 年全省节能监察考核评价汇总表（公共机构）

附件 1

2010 年全省节能监察情况汇总表

项 目\地 区	监察情况					能源审计情况（户）	能源利用状况报告审核（户）	能耗限额执行情况（户）	培训情况（人次）
	工业企业（户）	机关（户）	院校（户）	医院（户）	宾馆（户）				
长春地区	17	6	3	2	1	28	1	6	16
吉林地区	4	3	1			26	7	10	10
四平地区					8	4	1	8	5
辽源地区	4		1	1		2	1	4	10
通化地区	10		1	1	1	1	1	4	65
白山地区	11		1		1	15	1	10	8
松原地区	5		1		2	3	3	71	
白城地区	3		1			1		2	2
延边地区	3					1		3	
节能监察（监测）机构									53
合 计	65	9	8	5	3	80	15	50	240
备 注	共提出整改意见 239 项					共提出节能技改和节能管理意见 620 项			

附件 2

2010 年全省节能监察考核评价汇总表（工业企业）

序号	单 位	考核情况
1	中国石油天然气股份有限公司吉林油田分公司	优秀 （32 家）
	吉林油田公司扶余采油厂	
	吉林油田公司新木采油厂	
	中国石油天然气股份公司吉林石化分公司	
	浑江发电公司	
	大唐长山热电厂	
	通化化工股份有限公司	
	中国第一汽车集团公司	
	吉林吉长电力有限公司四平热电分司	
	中钢集团吉林铁合金股份有限公司	
	洮南市热电有限责任公司	
	吉林德大有限公司	
	大唐长春第二热电有限责任公司	
	中化吉林长山化工有限公司	
	吉林亚泰明城水泥有限公司	
	延边晨鸣纸业有限公司	
	吉林东光集团有限公司	
	黄龙食品工业有限公司	
	国电双辽发电有限公司	
	四平金士百啤酒股份有限公司	
	中粮生化能源（榆树）有限公司	
	大唐珲春发电厂	
	三为企业有限责任公司	
	吉林省华金纸业有限公司	
	吉林东圣焦化有限公司	
	通钢集团板石矿业有限责任公司	
	四平昊华化工有限公司	

续表

序号	单　　　位	考核情况
	长春轨道客车股份有限公司	
	通化二道江发电公司	
	金刚集团（白山）水泥有限公司	
	临江市东锋有色金属股份有限公司	
	长春轨道客车装备有限责任公司	
2	吉森三岔子刨花板分公司	合格（22家）
	通化嘉成耐火材料有限公司	
	长春冰峰啤酒有限责任公司	
	亚泰集团通化水泥股份有限公司	
	东丰铁合金有限责任公司	
	辽源市金龙硅厂	
	梅河口阜康酒精有限责任公司	
	国电吉林龙华蛟河热电厂	
	梅河口阜康热电有限责任公司	
	修正药业集团股份有限公司	
	吉林新兴玻璃有限公司	
	通化钢铁集团股份有限公司	
	国电吉林龙华长春热电一厂	
	通钢集团四平钢铁制品有限公司	
	福耀集团双辽有限公司	
	农夫山泉吉林长白山有限公司	
	长春生物制品研究所	
	长春燃气股份有限公司	
	吉林德全水泥集团汪清有限公司	
	四平石岭水泥有限公司	
	辽源泵业有限责任公司	
	德惠市鑫雨水泥有限责任公司	
3	辽河纺织有限责任公司	基本合格（1家）
4	长春皓月清真肉业股份有限公司	不合格（1家）注：未完成节能目标

附件 3

2010 年全省节能监察考核评价汇总表（公共机构）

序号	单 位	考核情况
1	亿佳合大饭店有限公司	优秀 （4 家）
	东北师范大学	
	吉林大学	
	一汽总医院	
2	通化师范学院	合格 （17 家）
	通化宾馆	
	蛟河市人民政府	
	松原市中心医院	
	榆树市人民政府	
	白城医学高等专科学校	
	长春市绿园区人民政府	
	长春市二道区人民政府	
	长白山职业技术学院	
	吉林省宾馆	
	通化市中心医院	
	磐石市人民政府	
	长春市双阳区人民政府	
	辽源市中心医院	
	辽源职业技术学院	
	吉林省人民医院	
	长春市宽城区人民政府	
3	农安县人民政府	基本合格 （1 家）
4	长春大学	不合格（1 家） 注：未完成节能目标

6. 关于印发《吉林省 2011 年节能监察实施方案》的通知

各市（州）人民政府、长白山管委会，省直有关部门，相关单位：

为全面推进 2011 年我省节能工作，切实做好全省重点用能单位、公共机构的节能监察，现将《吉林省 2011 年节能监察实施方案》印发给你们，请认真贯彻执行。

二〇一一年三月十四日

《吉林省 2011 年节能监察实施方案》

为全面推进 2011 年我省节能工作，切实做好重点用能单位、公共机构（大型公共建筑）的节能监察，达到科学使用能源，降低能源消耗的目标，特制定本方案。

一、组织领导

由省应对气候变化及节能减排领导小组办公室负责组织领导全省节能监察工作。省工信厅、省统计局、国资委、机关事务局、质监局、住建厅、交通运输厅、水利厅、人社厅、教育厅、卫生厅在各自职责范围内对全省节能监察工作予以配合支持。省节能监察中心具体负责开展全省节能监察工作。

二、监察范围

全省重点耗能企业，公共机构（含大型公共建筑），吉林省（咨询、设计）机构。

三、监察内容及方式步骤

（一）监察内容

1. 节能目标完成情况。

2. 用能单位建立节能管理制度情况，组织结构情况，制定节能计划，节能宣传、培训情况，是否向本单位职工无偿提供能源或发放能源补贴。

3. 能源利用状况情况，包括：能源统计、能源利用状况分析、节能措施、能源监测、能源审计、定期报送能源利用（消费）状况报告的情况。

4. 执行国家和地方产品能耗限额、设备能效定额标准情况，开展对标活动。

5. 淘汰或者限制使用落后的、耗能过高的用能产品以及生产设备、设施、工艺和材料情况。

6. 能源计量器具配备情况。

7. 工业企业固定资产投资项目节能效果评价。

8. 咨询、设计机构节能监察评价，包括：可研节能专篇、能评报告书（表）、初步设计节能专篇，以及新建或改扩建的工程在设计、建设过程中，执行节能设计规范、节能量评估审查情况，建成后依法用能、合理用能情况。

9. 家电产品能源效率标识的标注、室内温度控制情况。

10. 公共机构（含大型公共建筑）基本情况。

（二）方式步骤

1. 节能监察采用初查和现场监察两种形式。

初查阶段。被监察单位要在规定的时间内填报附表（1~17），各市（州）节能监察（监测）机构负责初查。

现场监察。省节能监察中心根据初查结果确定现场监察名单。2010 年列为复查的单位，在 2011 年全部列为现场监察单位。

2. 节能监察采用分项评价打分的方式，分为优秀（≥90 分）、良好（≥80~＜90 分）、较好（≥70~＜80 分）及格（≥60~＜70 分）、不及格（＜60 分）五个等级。

3. 对超额完成节能目标的单位按比例给予加分鼓励，完成节能目标低于 50% 的单位，既使其他项目评价分数及格，仍列为节能监察不及格。

四、监察时间

（一）初查阶段

2011 年 7 月 31 日前为初查阶段，凡列入本实施方案名单的单位，由各市（州）节能监察（监测）机构负责初查，组织被监察单位填报相关材料并汇总（含电子版）。

（二）现场监察阶段

2011 年 8 月至 12 月，开展现场监察。

五、监察结果运用

节能监察结束后，由省应对气候变化及节能减排领导小组办公室向全省通报节能监察结果，并作为各市（州）节能减排评价考核的重要依据。对弄虚作假、拒绝或妨碍节能监察工作正常开展，违反国家及省节能法律、法规及标准情况的，视情节轻重，将依据司法程序分别下达《节能监察意见书》、《责令改正通知书》，限期整改。对下达责令整改逾期未完成改正的单位，将下达《行政处罚决定书》给予相应处罚，并通过媒体向社会公布。

六、联系方式

吉林省应对气候变化及节能减排领导小组办公室

联系电话：0431－88905345

吉林省工业和信息化厅资源处

联系电话：0431－88914475

吉林省统计局能源交通处

联系电话：0431－82701165

吉林省节能监察中心

联系电话：0431－85920733

电子信箱：jlsjnjc@163.com

附表（1~17）请到中国节能监察信息网 – 吉林省分站下载。（网址 http：//ji-lin. cecs. gov. cn/）

附件：1. 吉林省重点耗能企业节能监察评价表（附表 1~16）

2. 吉林省公共机构（含大型公共建筑）节能监察评价表（附表 17）

3. 吉林省（咨询、设计）机构节能监察评价表

4. 2011 年吉林省重点耗能企业节能监察名单（772 家）

5. 2011 年吉林省公共机构（含大型公共建筑）、（咨询、设计）机构节能监察名单（73 家）

附件 1

吉林省重点耗能企业节能监察评价表

单位名称：　　　　　　　　　　　　　　　　　　　　　综合得分：

序号	考核项	考核内容	评分标准	分值	得分
1	节能目标	节能量	1. 完成节能目标得 30 分；超额完成节能目标每增加 1 个百分点，加 0.3 分；最高加 6 分 2. 未完成节能目标每减少一个百分点，减 0.3 分，完成节能目标低于 50% 的，不得分	30	
2	管理节能	组织机构	1. 领导小组（2 分） 　　1.1　建立由单位负责人为组长的节能工作领导小组得 1 分 　　1.2　定期研究部署、落实节能工作得 1 分 2. 机构设立：按要求设立或指定专门的节能管理机构得 1 分 3. 管理岗位、人员（3 分） 　　3.1　设立能源管理岗得 1 分 　　3.2　能源管理负责人具备中级以上技术职称得 1 分 　　3.3　经相关部门培训持证上岗得 1 分	6	
		管理制度	1. 能源消费统计制度得 1 分 2. 能源利用状况分析制度得 1 分 3. 能源计量管理制度得 1 分 4. 用能设备运行管理制度得 1 分 5. 宣传、培训制度得 1 分 6. 奖惩制度得 1 分 7. 主要用能设备操作人员管理制度得 1 分	7	
		建立节能目标责任制情况	1. 节能目标（2 分） 　　1.1　制定计划期节能目标得 1 分 　　1.2　分解到车间、班组得 1 分 2. 岗位职责（3 分） 　　2.1　落实到单位领导得 1 分 　　2.2　落实到车间得 1 分 　　2.3　落实到班组和有关职工得 1 分 3. 对节能目标落实情况按月考评得 1 分 4. 对节能工作取得成绩的集体或个人给予荣誉或物质奖励，企业内部得 0.5 分，行业得 1 分，省得 1.5 分，国家得 2.0 分（此考核项不重复得分）	8	

序号	考核项	考核内容	评分标准	分值	得分
2	管理节能	开展岗位节能培训和教育	1. 培训（4分） 　1.1 列有培训计划得1分 　1.2 参加节能主管部门的节能培训并取得合格证书得2分 　1.3 组织落实本单位节能培训得1分 2. 定期举办节能宣传教育活动得1分	5	
		能源消费包费制情况	未向本单位职工无偿提供能源和实行包费制得1分	1	
3	技术节能	能源利用状况情况	1. 定期向上级节能主管部门报送能源利用状况报告得1分 2. 能源消费统计分析（8分） 　2.1 能源原始记录完整，能源统计台账适合企业能源管理体系要求得1分 　2.2 对外统计报表与企业内部统计报表一致，与原始记录、能源统计台账相符得1分 　2.3 根据行业特点，定期对企业能源利用状况进行分析得1分；对主要用能工序、主要耗能设备进行能源利用状况分析，得1分 　2.4 能源消耗定额得4分 3. 节能测试（6分） 　3.1 水平衡测试得2分 　3.2 电平衡测试得2分 　3.3 主要用能设备测试得1分 　3.4 测试技术指标符合相关标准或规定得1分 4. 节能技改（6分） 　4.1 制订年度节能技改计划得1分 　4.2 安排节能专项资金得1分 　4.3 落实节能专项资金得1分 　4.4 项目按期完成，得1分 　4.5 项目完成后，经测试节能效果和经济效益符合项目设计得2分 5. 开展能源审计（2分） 　5.1 企业3年内进行了能源审计，并提供报告得1分 　5.2 企业制定了能源审计计划得1分	23	

续表

序号	考核项	考核内容	评分标准	分值	得分
3	技术节能	执行能耗限额标准情况	1. 开展产品能耗限额及能耗对标工作得1分 2. 掌握国家、地方、行业相关标准要求得2分 3. 产品能耗达到限额标准规定得1分 4. 主要用能设备台账清晰、完整得2分 5. 主要用能设备运行效率达到国家或地方限额标准得1分	7	
		用能产品、设备和生产工艺的淘汰情况	1. 没有国家明令淘汰的生产工艺得1分 2. 没有国家明令淘汰的设备在运行（包括备用）得1分 3. 对落后的耗能过高的用能产品、设备和生产工艺有限期淘汰更新计划得1分	3	
		计量器具	1. 能源计量人员管理得1分 2. 能源计量器具管理（6分） 　2.1 档案管理得1分 　2.2 配备率得3.5分 　2.3 受检率得1分 　2.4 完好率0.5分	7	
		固定资产投资项目节能效果实施评价	1. 项目符合国家有关政策得1分 2. 项目实施后有节能效果得1分 3. 项目实施有一定的经济效益或环境效益或社会效益得1分	3	

说明：本评分表满分为100分。节能量超额完成最高增加值为6分。

填表人：　　　　　　　　　　　　　　　负责人签字：

附表 1
企业名称：

"十一五"节能目标情况调查表

年 度：

项 目		2006 年		2007 年		2008 年		2009 年		2010 年		合计
		制定	完成	制定	完成	制定	完成	制定	完成	制定	完成	
节能量目标（吨标准煤）												
单位产品综合能耗实际完成节能量（吨标准煤）	当量值											
	等价值											
工业总产值能耗实际完成节能量（吨标准煤）	当量值											
	等价值											
单位产品综合能耗节能量完成率（%）	按当量值计算											
	按等价值计算											
工业总产值能耗节能量完成率（%）	按当量值计算											
	按等价值计算											
2010 年节能减排目标完成情况附件说明												

填报人： 填报日期：

填报负责人：

说明：1. 本表节能目标指企业与政府签订的"十一五"节能目标。如企业未与政府签订节能目标，则该表填写企业自行制定节能目标。
2. 实际完成节能量指当年环比节能量。
3. 节能量完成率：本年度实际完成节能量/本年度节能减排分解目标×100%。

附表 2

企业名称：

"十二五"节能目标制定情况

年 度：

项 目		2011 年		2012 年		2013 年		2014 年		2015 年		合计
		制定	完成	制定	完成	制定	完成	制定	完成	制定	完成	
节能量目标（吨标准煤）												
单位产品综合能耗实际完成节能量（吨标准煤）	当量值											
	等价值											
工业总产值能耗实际完成节能量（吨标准煤）	当量值											
	等价值											
单位产品综合能耗节能量完成率（%）	按当量值计算											
	按等价值计算											
工业总产值能耗节能量完成率（%）	按当量值计算											
	按等价值计算											

填报人： 填报日期：

填报负责人：

说明：1. 本表节能目标指企业与政府签订的"十二五"节能目标，如企业未与政府签订节能目标，则该表填写企业自行制定节能目标。

2. 实际完成节能量指当年环比节能量。

3. 节能量完成率：本年度实际完成节能量/本年度节能减排分解目标×100%。

附表 3

企业基本情况调查表

单位详细名称		单位类型	
行业		法人单位代码	
单位注册日期		单位注册资本（万元）	
法定代表人姓名		联系电话（区号）	
单位地址			
行政区划代码		邮政编码	
单位主管节能领导姓名	职务	联系电话（区号）	
能源管理机构名称		传真（区号）	
能源管理负责人姓名	培训证号	联系电话（区号）	
能源管理人员姓名	培训证号	联系电话（区号）	
电子邮箱			

指标名称		本期值	上年同值
工业总产值（万元）按可比价计算			
销售收入			
综合能源消费量（吨标准煤）	当量值		
	等价值		
能源消费成本（万元）			
能源消费占成本比例（%）			
单位工业总产值能耗（吨标准煤/万元）	当量值		
	等价值		

填报负责人：　　　　填报人：　　　　填报日期：

说明：单位工业总产值能耗＝综合能源消费量（吨标准煤）／工业总产值。

附表 4　　　　　　　　　　　能源实物平衡调查表

企业名称：　　　　　　　　　　　　　　　　　年　度：

项　目		企业购入能源品种			企业产出能源品种		工艺产出能源品种	
能源品种		原煤	汽油	……	焦炭	……	焦炉煤气	……
计量单位		吨	吨	……	吨	……	万立方米	……
企业期初库存								
企业期内购入								
企业期内输出								
企业期末库存								
期内企业净消费量								
折标系数	当量							
	等价							
企业能源单价								
企业净消费标准煤量	当量值							
	等价值							
企业能源成本								
能源转换系统								
炼焦								
……								
能源转换实物消耗合计								
产品生产系统								
一车间								
工序 1								
……								
小计：								
二车间								
……								
小计：								
产品生产实物消耗合计								
辅助生产系统								

续表

项　　目	企业购入能源品种			企业产出能源品种			工艺产出能源品种		
机修车间									
……									
辅助生产实物消耗合计									
非工业生产实物消耗合计									
能源损耗									

填报负责人：　　　　　　　　　填报人：　　　　　　　　　填报日期：

附表 5 　　　　　　　影响产品（产值）能耗变化因素的说明

企业名称：　　　　　　　　　　　年　度：

与上年度比较能耗指标下降的说明

指标代码	指标名称	变化率（%）	说　明

与上年度比较能耗指标上升的说明

指标代码	指标名称	变化率（%）	说　明

与上年度比较产值能耗指标上升（下降）的说明

指标代码	指标名称	变化率（%）	说　明

填报责任人：　　　　　　　填报人：　　　　　　　填报日期：

说明：1. 本表是对能耗指标和产值能耗变化情况的解释说明。

2. 如果上升或下降的能耗指标多余 5 种，则只需填写上升或下降幅度在前 5 位的指标。

附表 6

规划期节能技术改造项目列表

企业名称：　　　　　　　　　　　　　　　　　　　　　年　度：

项目类别	项目编号	项目名称	改造措施	投资金额（万元）	项目时间安排	预期节能效果（节能量，吨标准煤/年）

填报人：　　　　　　　　填报人：　　　　　　　　项目负责人：　　　　　　　　填报日期：

说明：1. 从填报年度开始的 3 年为一个规划期（如 2008 年度报表，则规划期为 2008～2010 年）。

2. 项目类别：燃煤工业锅炉（窑炉）改造、发电（供热）机组、区域热电联产、余热余压利用、节约和替代石油、电机系统节能、能量系统优化、建筑节能、绿色照明。

附表 7

与上年相比节能项目变更情况调查表

企业名称：

年　度：

项目分类	项目编号	项目名称	改造措施	投资金额 （万元）	项目时间安排	预期节能效果 （节能量，吨标准煤/年）	变更原因

填报负责人：　　　　　　　　　填报人：　　　　　　　　　填报日期：

说明：1. 从填报年度开始的 3 年为一个规划期，则规划期为 2008～2010 年）。

　　　2. 项目类别：燃煤工业锅炉（窑炉）改造、发电（供热）机组、区域热电联产、余热余压利用、节约和替代石油、电机系统节能、能量系统优化、建筑节能、绿色照明。

附表 8   **企业能源审计情况调查表**

企业名称：   年　度：

序号	能源审计时间	能源审计编制单位	审计内容	审计结论	备　注

填报负责人：   填报人：   填报日期：

附表9

企业用能、用水监测情况调查表

单位: (公章) 填表时间: 年 月 日

序号	监测项目	测试单位	测试时间	报告完成时间	结 论	备 注

附表 10

填报单位（公章）：

执行单位产品能耗限额及对标情况调查表
（2010 年度）

序号	主要产品	生产规模及工艺	合格产品产量	能源消耗量					相关标准限定值（准入值）	相关标准及标准号	是否达标	对标情况	
				实物量	实物单耗	折标系数	折标煤量	折标单耗				标准相关技术指标	
												上年度	本年度
				煤（t）									
				低位发热量									
				电（kW·h）									
				油（t）									
				燃气（m³）									
				…									
				工序能耗			单位产品综合能耗						
				综合能耗 tce									
				煤（t）									
				低位发热量									
				电（kW·h）									
				油（t）									
				燃气（m³）									
				…									
				工序能耗			单位产品综合能耗						
				综合能耗 tce									

注：相关标准指国家制定强制执行的单位产品能源消耗限额标准，国家未制定能源消耗限额标准的行业，应依据行业、地方标准，如行业、地方没有标准，则依据企业历年制定的能耗定额标准进行比对。

填表人： 主管领导： 填表日期：

附表 11

国家明令淘汰的用能产品、设备、生产工艺调查表

填报单位（公章）：

序号	名　称	型号规格	安装位置	设备使用状态	（计划）淘汰日期	现场核查情况	备注

注：1. 要求企业实事求是地填报表内的相关内容，如现场核查时发现企业虚报或瞒报，加倍扣分。

　　2. 企业自查时可参照国家工业和信息化部颁布的《高耗能落后机电设备（产品）淘汰目录》。

主管领导：　　　　　　　　　填表人：　　　　　　　　　填表日期：

附表 12

企业能源计量器具管理配备情况调查表

单位：

填表时间：　　　年　月　日

（公章）

能源种类		进出用能单位				进出主要次级用能单位				主要用能设备			
		应装数 台	实装数 台	配备率 %	受检率 %	精度 等级	应装数 台	实装数 台	配备率 %	受检率 %	精度 等级	应装数 台	实装数 台	配备率 %	受检率 %	精度 等级
电 力														
固态能源	煤 炭													
	焦 碳													
液态能源	原 油													
	成品油													
	重 油													
	渣 油													
气态能源	天然气													
	液化气													
	煤 气													
载能工质	蒸 汽													
	水													
可回收利用的余能														

注：请企业根据企业具体情况修改并如实填报此表；精度等级也可在"企业能源计量器具"一览表中具体体现。

附表 13

企业能源计量器具调查表

单位：

（公章）

填表时间：　　　年　　月　　日

序号	管理编码	器具名称	型号规格	精度等级	测量范围	生产厂家	出厂编号	安装使用地点	状态

注：状态指计量器具合格、准用、停用等状态。

附表 14

企业主要次级用能单位能源计量器具调查表

单位：

（公章）

填表时间：   年   月   日

序号	管理编码	器具名称	型号规格	精度等级	测量范围	生产厂家	出厂编号	安装使用地点	状态

注：状态指计量器具合格、准用、停用等状态。

企业主要用能设备能源计量器具调查表

附表 15

单位：　　　　　　　　　　　　　　　　　　　　　　　（公章）　　　　　　　　　　　　　　　填表时间：　　　年　　　月　　　日

序号	管理编码	器具名称	型号规格	精度等级	测量范围	生产厂家	出厂编号	安装使用地点	状态

注：状态指计量器具合格、准用、停用等状态。

附表 16 　　　　　　　　　**工业企业固定资产投资项目调查表**

填报单位（公章）：

项目名称			
能评报告 编制单位			
企业节能方 案提供部门			
监察组成员			
监察日期	年　　　月　　　日		
监察目的	评价项目实施前能源利用情况和预期节能量 评价项目实施后实际节能量		
技术指标	名　称	项目实施前	项目实施后
	综合能耗		
	产品产量		
	单位产品能耗		
	项目年节能量		
监察结论	受监察方提出项目实施前（后）的能源消耗为_____吨标准煤，预期（实际）节能量为_____吨标准煤。 　　经监察，_____项目实施前（后）的能源消耗为_____吨标准煤，预期（实际）节能量为_____吨标准煤。 项目预期目标与实际效果之间产生差距的原因是： 受监察方：（公章）　　　　　　　　　监察单位：（公章） 受监察方签字：　　　　　　　　　　　监察人员：		

附件2

吉林省公共机构（含大型公共建筑）节能监察评价表

单位名称：　　　　　　　　　　　　　　　　　综合得分：

序号	考核内容	评分标准	分值	得分
1	节能目标	1. 完成节能目标得30分；超额完成节能目标每增加1个百分点，加0.3分；最高加6分 2. 未完成节能目标每减少一个百分点，减0.3分；完成节能目标低于50%的，不得分；若没有按照国务院和省政府的要求制定年度节能目标的，不得分	30	
2	节能规划	1. 结合本单位用能特点和上一年度用能状况，按国家有关要求制定年度节能目标实施方案得1分，有针对性地采取节能管理或者节能改造措施得1分 2. 将年度节能目标和实施方案报本级人民政府管理机关事务工作的机构备案得1分	3	
3	节能管理	1. 建立节能领导小组得0.5分，机构主要负责人任组长得0.5分，开展节能活动的得1分 2. 建立、健全本单位节能管理的规章制度，具有可操作性：节水得1分，节电得1分，供热节能得1分，节煤（油、气）得1分 3. 积极开展节能宣传得1分；每年至少开展一次节能教育和培训，得2分 4. 对在节能工作中做出显著成绩的单位和个人依法予以奖励得1分 5. 实行能源消费计量制度得1分，指定专人负责计量工作得1分，水、电、煤、油系统实行能源消费分户计量的各得1分，能源计量器具周期检定符合规定要求的得2分 6. 建立统计台账得1分，统计包含全部能源品种得1分，进行能耗分析得2分 7. 按规定期限，向本级人民政府管理机关事务的机构报送上一年度能源消费状况报告得2分，报告内容真实完整得2分 8. 制定能源消耗定额得1分，财务部门根据能源消耗定额制定能源消耗支出标准得2分 9. 按照国家有关强制采购或者优先采购的规定，制定节能采购制度的得1分，实施节能采购得2分 10. 新建、改建项目符合国家有关节能规定和标准得1分 11. 出售标注能源效率标识产品的得2分 12. 依法开展能源审计的得1分；内容符合规范要求得3分 13. 使用空调采暖、制冷的公共建筑实行室内温度控制制度的得1分	39	

续表

序号	考核内容	评分标准	分值	得分
4	节能措施	1. 建立、健全本单位节能运行管理制度和用能系统操作规程得 1 分；加强用能系统和设备运行调节，维护保养，巡视检查，推行低成本、无成本节能措施的得 3 分 2. 设置能源管理岗位得 0.5 分，实行能源管理岗位责任制得 1 分；重点用能系统、设备的操作岗位配备专业技术人员得 1 分 3. 对现有建筑和运行设备，委托节能服务机构进行节能诊断、设计、融资、改造或运行管理得 3 分 4. 实施节能改造，进行投资收益分析，明确节能目标得 1 分；在节能改造前后采用测试方式对节能指标进行考核和综合评价得 2 分 5. 按规定科学合理制定空调系统的运行管理制度，定期考核得 2 分 6. 按规定科学合理制定采暖系统的运行管理制度，定期考核得 2 分 7. 按规定科学合理制定照明系统的运行管理制度，定期考核，办公建筑使用高效节能照明灯具得 2 分 8. 按规定科学合理制定电梯、计算机、复印机等用电设备的运行管理制度得 0.5 分，落实考核得 2 分；对网络机房、食堂、开水间、锅炉房等部位的用能情况实行重点监测得 2 分，采取有效措施降低能耗得 2 分 9. 公务用车配备优先选用低能耗、低污染、使用清洁能源的车辆得 1 分；推行单车能耗核算措施得 2 分	28	

说明：本评分表满分为 100 分。节能量超额完成最高增加值即 6 分。

填表人：　　　　　　　　　　　　　　负责人签字：

附表17　　**公共机构（含大型公共建筑）基本情况登记表**

单位名称				单位性质	
通讯地址		邮　编		电子信箱	
法人代表		固定电话		移动电话	
建筑面积		始建年份			
自查登记内容					
序号	项　目		文字或数字说明		
1	采暖供热		集中供热□，自备热源：煤炉□、油炉□、电炉□		
2	采暖平均负荷		设计值_____ w/m²，实际值_____ w/m²		
3	年采暖热量或费用		_____万元		
4	中央空调电机容量		合计_____台，共_____kW		
5	室用独立空调安装台数及总功率		合计_____台，总功率_____kW		
6	白炽灯总容量		合计_____kW		
7	日光灯总容量		合计_____kW		
8	节能灯总容量		合计_____kW		
9	年用电量		总用电量_____kW·h 其中动力_____kW·h，照明_____kW·h		
10	年用新水总量		_____m³		
11	水源情况		自备深井□_____市政水□		
12	年外购商品煤量		_____t		
13	商品煤来源		政府采购□_____自行采购□		
14	水计量总表及分表		总表_____台，分表_____台，受检率____%		
15	电计量总表及分表		总表_____台，分表_____台，受检率____%		
16	车辆及用油		总台数_____台，共用油____L		
上报单位公章及法人签字 年　　月　　日			检查部门意见及公章 年　　月　　日		

注：本表内容应在调查基础上如实填写。

附件 3

吉林省（咨询、设计）机构节能监察评价表

单位名称：   综合得分：

序号	考核项	考核内容	分值	得分
1	可研节能专篇	1. 项目概况完整得 10 分 ·建设单位基本情况（2 分） ·项目基本情况（建设规模、投资、主要经济技术指标）（3 分） ·项目建设方案（工艺，技术选择，布局合理性，主要用能系统与设备的初选，能源消耗种类、数量，能源使用颁布情况）（5 分） 2. 项目所在地能源供应条件分析完整得 10 分 ·项目使用能源品种选择原则（5 分） ·项目所在地能源供应条件（5 分） 3. 合理用能标准和节能设计规范正确得 15 分 ·相关法律、法规、规划和产业政策（7 分） ·相关标准及规范（8 分） 4. 项目能源消耗种类，数量及能源使用分布情况阐述完整得 15 分 5. 项目节能措施及效果分析完整得 35 分 ·节能技术措施（工艺、余能资源利用、公用工程、资源综合利用）（10 分） ·节能管理措施（机构、人员、计量器具配备、培训）（5 分） ·能耗指标（综合能耗、产品单耗、产值能耗）（10 分） ·效果分析（对标、水平）（10 分） 6. 管理节能 15 分 ·机构、人员（4 分） ·计量器具（7 分） ·培训（4 分）	100	
2	能评报告书（表）	1. 评估依据完整得 2 分 2. 项目概况 8 分 ·建设单位基本情况叙述完整得（1 分） ·项目基本情况叙述完整得（3 分） ·项目用能概况叙述完整得（4 分）		

序号	考核项	考核内容	分值	得分
2	能评报告书（表）	3. 能源供应情况分析全面得10分 · 项目所在地能源供应条件及消费情况（5分） · 项目能源消费对当地能源消费的影响（5分） 4. 项目建设方案节能评估完整得22分 · 项目选址、总平面布置对能源消费影响分析（4分） · 项目工艺流程、技术方案对能源消费的影响分析（6分） · 主要用能工艺和工序及其能耗指标和能效水平（6分） · 辅助生产和附属生产设施及其能耗指标和能效水平分析（6分） 5. 项目能源消耗及能效水平评估正确得20分 · 能量平衡表（6分） · 能效水平分析（产品单耗、可比能耗、主要工序单耗、单位建筑面积分品种实物能耗）（8分） · 主要耗能设备明细表（6分） 6. 节能措施评估正确、完整得20分 · 节能技术措施（生产工艺、公用工程）（12分） · 节能管理措施（制度，机构、人员配备，能源统计，计量仪器配置）（8分） 7. 节能措施效果评估完整得10分 8. 节能措施经济性评价正确得8分	100	
3	初步设计节能专篇	1. 项目能源消耗种类、数量分析10分 2. 设计依据、标准、规范正确10分 3. 工艺节能18分 · 主要工艺流程应采取节能新技术、新工艺（3分） · 工艺过程的控制方法和手段做到优化系统系数，安全平稳生产和节约能源（3分） · 可替代能源的利用（3分） · 余能资源的利用（3分） · 采用先进的节水技术和设施（3分） · 设置能源计量仪表和器具（3分） 4. 供电系统及电气设备节能18分 · 供电系统无功补偿合理布局，功率因数达到规定值（4分） · 选用高效节能变压器，确保安全、经济运行（4分） · 供配电系统内电线、电缆选择（4分） · 照明按相关标准设计（3分） · 电机选用高效节能产品，且在最佳负载下运行（3分） 5. 机械设备节能18分	100	

序号	考核项	考核内容	分值	得分
3	初步设计节能专篇	· 风机、水泵和变压器等设备，应按实际生产运行合理配备或加装变频调速装置（12 分） · 其他机械设备节能（6 分） 6. 建筑节能 20 分 7. 节能管理措施 6 分 · 建立、保持和完善能源管理系统（2 分） · 制定企业能源消耗定额，并定期考核（2 分） · 定期节能培训（2 分）		

说明：1. 本评价表满分 100 分。

2. 计算方法：

（1）三个单项各 100 分。

（2）被审单位有一项，则直接按实际得总分。

（3）被审单位有二项，则二项分数各除 2 后相加得总分。

（4）被审单位有三项，则三项分数各除 3 后相加得总分。

填表人： 负责人签字：

附件4

2011 年吉林省重点耗能企业节能监察名单（772 家）

长春市（79 家）

序号	单位名称	单位性质	年综合能耗	备注
1	吉林龙华热电股份有限公司	企业	1848936.06	千家
2	吉林亚泰（集团）股份有限公司	企业	1705371.75	千家
3	长春大成实业集团有限公司	企业	920696.64	
4	中国第一汽车集团公司	企业	794237.82	
5	吉林吉长能源有限公司	企业	753984.84	
6	长春热电发展有限公司	企业	597482.95	
7	大唐长春第三热电厂	企业	458321.72	
8	大唐长春第二热电有限责任公司	企业	433715.15	
9	中粮生化能源（榆树）有限公司	企业	208441.56	
10	长春新大石油集团农安石油化工有限公司	企业	131564.51	
11	长春燃气股份有限公司	企业	130596.65	
12	长春吉粮天裕生物工程有限公司	企业	128975.18	
13	长春净月潭供热有限公司	企业	85524.28	
14	吉林德大有限公司	企业	80248.13	
15	长春亚泰热力有限责任公司	企业	78680.87	
16	吉林吉恩镍业股份有限公司长春高新热电分公司	企业	76229.34	
17	长春轨道客车股份有限公司	企业	65598.53	
18	长春市供热公司	企业	57779.86	
19	长春大合生物技术开发有限公司	企业	50259.41	
20	长春市热力（集团）有限责任公司	企业	46521.25	
21	长春市自来水公司	企业	37200.13	
22	德惠市鑫雨水泥有限责任公司	企业	34442.52	
23	吉林省新大石油化工有限公司	企业	33840.75	
24	中国北车集团长春市客车厂	企业	30057.22	

序号	单位名称	单位性质	年综合能耗	备注
25	吉林省富阳热力有限公司	企业	29099.72	
26	吉林省鑫祥有限责任公司	企业	27984.33	
27	长春市房产委托管理总公司	企业	26550.09	
28	长春市房屋供暖总公司	企业	25120.41	
29	吉林东光集团有限公司	企业	23972.29	
30	榆树市冰峰啤酒厂	企业	22082.43	
31	吉林省长春皓月清真肉业股份有限公司	企业	21895.2	
32	农安县电联热力有限责任公司	企业	19815.81	
33	吉林达利食品有限公司	企业	17769.89	
34	长春市泡子沿淀粉厂	企业	17564.61	
35	长春大成发酵发展有限公司	企业	15890.63	
36	长春市德瑞霖燃料清化公司	企业	14360.04	
37	哈尔滨啤酒（长春银瀑）有限公司	企业	13599.4	
38	华润雪花啤酒长春有限公司	企业	13481.91	
39	长春市合众玻璃有限责任公司	企业	13027.45	
40	长春龙泰供热物业有限责任公司	企业	12935.09	
41	长春力得汽车工程塑料制品有限公司	企业	12670.28	
42	一汽巴勒特锻造（长春）有限公司	企业	12472.68	
43	长春东北输送设备制造有限公司	企业	12386.64	
44	福耀集团长春有限公司	企业	11823.94	
45	长春经济技术开发区热力有限责任公司	企业	10904.13	
46	长春市成泰热力有限责任公司	企业	10449.96	
47	长春生物制品研究所	企业	10137.42	
48	富奥汽车零部件股份有限公司	企业	8766.46	
49	长春玉成淀粉糖有限公司	企业	8598.08	
50	吉林挚友科技有限公司	企业	7839.28	
51	榆树市供热工程公司	企业	7744.3	
52	长春市物业管理总公司	企业	7552.2	
53	长春金锣肉制品有限公司	企业	7402.1	
54	长春市双阳区碳酸钙厂	企业	7198.87	
55	吉林天泽纳米材料有限公司	企业	6964.1	

续表

序号	单位名称	单位性质	年综合能耗	备注
56	长春市双阳区九午白灰厂	企业	6816.17	
57	吉林省龙家堡矿业有限公司	企业	6566.46	
58	榆树市锦丰实业东北有限公司	企业	6083.71	
59	长春市双阳区白灰厂	企业	5994.96	
60	长春建工集团新欧吉达建筑材料有限公司	企业	5919.39	
61	凯世曼东方铸造（长春）有限公司	企业	5509.69	
62	德惠市永丰纸业有限公司	企业	5228.17	
63	长铃集团有限公司	企业	5069.29	
64	吉林省农电有限公司	企业	4860.7	
65	长春净月包装有限公司	企业	4527.08	
66	长春市双长碳酸钙有限公司	企业	4498.97	
67	吉林省绿邦肉业科技有限公司	企业	4169.14	
68	吉林省通用机械有限责任公司	企业	4051.85	
69	吉林一心药业有限公司	企业	3862.55	
60	长春华涛汽车塑料饰件有限公司	企业	3839.91	
71	铁岭曙光农业发展集团农安牧业有限公司	企业	3722.96	
72	长春羊草煤业股份有限公司	企业	3716.12	
73	长春正兴管桩有限责任公司	企业	3656.22	
74	吉林成达食品有限公司	企业	3639.17	
75	吉林省宇光能源股份有限公司九台营城矿业分公司	企业	3561.03	
76	今麦郎饮品（长春）有限公司	企业	3511.5	
77	杜邦高性能涂料（长春）有限公司	企业	3279.93	
78	吉林省天景食品有限公司土们岭基地	企业	3257.46	
79	榆树市宏元水泥有限公司	企业	3244.64	

吉林市（100 家）

序号	单位名称	单位性质	年综合能耗	备注
1	吉林吉尔吉药业有限公司	企业		
2	吉林华微电子股份有限公司	企业		
3	东北虎药业股份有限公司	企业		
4	吉林市卓怡康纳制药有限公司	企业		
5	吉林科伦康乃尔制药有限公司	企业		

序号	单位名称	单位性质	年综合能耗	备注
6	吉林明阳大通风电技术有限公司	企业		
7	吉林中信化工有限公司	企业		
8	吉林大通集团有限公司	企业		
9	吉林永大集团股份有限公司	企业		
10	吉林市吴太感康药业有限公司	企业		
11	吉林市高科特种炭素材料有限责任公司	企业		
12	一汽吉林汽车有限公司	企业		
13	吉林康乃尔药业有限公司	企业		
14	吉林市博大生化有限公司	企业		
15	吉林燃料乙醇有限责任公司	企业		千家
16	吉林市方顺化工有限公司	企业		
17	吉林松花江热电有限公司	企业		
18	吉林市娃哈哈启力饮料有限公司	企业		
19	吉林康乃尔化学工业有限公司	企业		
20	吉林正业生物制品有限责任公司	企业		
21	吉林化纤集团有限责任公司	企业		千家
22	吉林怡达化工有限公司	企业		
23	吉林娃哈哈食品有限公司	企业		
24	吉林晨鸣纸业有限责任公司	企业		
25	吉林铁合金有限责任公司	企业		
26	吉林市热力有限公司（吉林市热力总公司）	企业		
27	冀东水泥吉林有限责任公司	企业		
28	吉林市银狮工贸有限责任公司	企业		
29	中钢集团吉林炭素股份有限公司	企业		千家
30	吉林市双嘉环保能源利用有限公司	企业		
31	吉林市东方电力有限责任公司	企业		
32	吉林航空维修有限责任公司	企业		
33	吉林市源源热电有限责任公司	企业		
34	吉林市水务集团有限公司	企业		
35	吉林市亨昌炭素有限责任公司	企业		
36	吉林省昊宇石化电力设备制造有限公司	企业		

续表

序号	单位名称	单位性质	年综合能耗	备注
37	吉化集团吉林市龙山化工厂	企业		
38	吉化集团吉林市锦江油化厂	企业		
39	沈阳铁路局吉林水泥轨枕厂	企业		
40	吉林龙潭水泥有限公司	企业		
41	中国国电集团公司吉林热电厂	企业		
42	吉林江北制造有限责任公司	企业		
43	吉林市宏林陶瓷有限责任公司	企业		
44	吉林市成信炭素有限责任公司	企业		
45	中钢集团吉林机电设备有限公司	企业		
46	吉林市万林炭素有限公司	企业		
47	吉化集团公司	企业		千家
48	国电吉林龙华吉林热电厂	企业		
49	华润雪花啤酒吉林有限公司	企业		
50	中国石油股份有限公司吉林石化分公司	企业		千家
51	吉林亚泰明城水泥有限公司	企业		
52	磐石恒旭炭素有限公司	企业		
53	冀东水泥磐石有限责任公司	企业		
54	吉林英联生物技术有限公司	企业		
55	磐石市安泰新型墙体建筑材料有限公司	企业		
56	磐石市昌隆冶金材料有限公司	企业		
57	磐石市烟筒山龙宝硅质页岩矿	企业		
58	吉林昊融有色金属集团有限公司	企业		
59	吉林建龙钢铁有限责任公司	企业		千家
60	吉林市东晟冶金渣综合利用有限公司	企业		
61	磐石市闽星炭素有限责任公司	企业		
62	磐石市东林炭素有限责任公司	企业		
63	磐石市建成建筑材料有限公司	企业		
64	磐石市明达石灰石有限公司	企业		
65	吉林华晟源酒业有限公司	企业		
66	吉林英联生物技术有限公司	企业		
67	磐石市广丰矿业有限公司	企业		

续表

序号	单位名称	单位性质	年综合能耗	备注
68	磐石市彦旗米业有限公司	企业		
69	磐石市全盛塑料制品有限公司	企业		
70	吉林顺达镍业机械有限公司	企业		
71	磐石吉阳恒基新能源有限公司	企业		
72	吉林中旺食品有限公司	企业		
73	磐石市益民物业管理有限公司	企业		
74	磐石市农电有限公司	企业		
75	磐石市吉华钢管制造有限公司	企业		
76	通化钢铁集团磐石无缝钢管有限责任公司	企业		
77	吉林金秋农药有限公司	企业		
78	舒兰矿业（集团）有限责任公司	企业		
79	吉林省舒兰合成药业有限股份公司	企业		
80	吉林市东浩纺织工业有限公司	企业		
81	吉林汇源食品饮料有限公司	企业		
82	吉林大黑山钼业有限公司	企业		
83	吉林森林工业股份有限公司红石林业分公司	企业		
84	桦甸市洪诚陶瓷有限公司	企业		
85	中国黄金集团夹皮沟矿业有限公司	企业		
86	吉林圆方机械集团有限公司	企业		
87	桦甸市丰泰油页岩综合开发有限公司	企业		
88	通钢桦甸矿业公司	企业		
89	桦甸市松源水泥有限公司	企业		
90	桦甸市洪义陶瓷有限公司	企业		
91	桦甸市日晖页岩油有限责任公司	企业		
92	吉林市天福肥业科技有限公司	企业		
93	吉林省白石山林业局	企业		
94	蛟河市天岗开发区投资管理有限公司第二石矿	企业		
95	吉林省长白山酒业集团有限公司	企业		
96	吉林龙华热电股份有限公司蛟河热电厂	企业		
97	蛟河市阳光供热有限公司	企业		
98	长白山制药股份有限公司	企业		

序号	单位名称	单位性质	年综合能耗	备注
99	吉林省蛟河煤机制造有限责任公司	企业		
100	蛟河金刚水泥有限公司	企业		

四平市（58家）

序号	单位名称	单位性质	年综合能耗	备注
1	吉林省新天龙酒业有限公司	企业	1269144	
2	国电双辽发电厂	企业	1258766	千家
3	吉林吉长电力有限公司四平热电分公司	企业	386822	
4	四平现代钢铁	企业	300552	
5	黄龙食品工业有限公司	企业	185068.1	
6	中粮生化能源（公主岭）有限公司	企业	174027.7	
7	四平昊华化工有限公司	企业	128375	
8	亚泰集团伊通水泥有限公司	企业	113424.5	
9	吉林省石岭水泥有限责任公司	企业	64696	
10	福耀集团长春有限公司双辽分公司	企业	54180	
11	伊通满族自治县天源热力有限公司	企业	50502	
12	双辽阳光供热有限公司	企业	35881	
13	四平天信水泥有限责任公司	企业	27356	
14	四平红嘴油脂有限公司	企业	26401	
15	四平金士百啤酒股份有限公司	企业	26016.5	
16	吉林省天意水泥有限责任公司	企业	23470	
17	吉林省凯麒水泥有限公司	企业	18148.06	
18	河南省正龙食品有限公司吉林分公司	企业	18033.05	
19	梨树县天成油脂有限责任公司	企业	17883.23	
20	通化钢铁集团四平新型钢绞线有限公司	企业	10518	
21	四平市建新漆业有限公司	企业	9619.26	
22	公主岭市宏达热力有限责任公司	企业	9383	
23	四平市精细化学品有限公司	企业	9309.4	
24	双辽惠丰有限公司	企业	8438.51	
25	公主岭轴承厂	企业	7448.69	
26	双辽市惠丰油业有限公司	企业	6886.95	
27	四平市达兴化学材料有限公司	企业	6711.35	

序号	单位名称	单位性质	年综合能耗	备注
28	双辽市双平化工有限责任公司	企业	6644	
29	四平市北方纸业有限公司	企业	6374.07	
30	吉林省四平市城东集团总公司	企业	6139.49	
31	双辽市博来德工贸有限公司	企业	6118.97	
32	四平巨能药业有限公司	企业	5380	
33	四平线路器材厂	企业	4546	
34	四平辽河农垦管理区博海化工有限公司	企业	4327.24	
35	吉林省梨树铁塔制造有限公司	企业	4072.221	
36	吉林吉春制药有限公司	企业	4030	
37	吉林省生达玻璃制品有限公司	企业	3900	
38	四平立白日化有限公司	企业	3700	
39	四平市顺泰金属制品有限公司	企业	3500	
40	四平昊融银业有限公司	企业	3012.94	
41	四平市热力总公司	企业		
42	四平市宏宝莱饮品有限公司	企业		
43	四平刘房子矿业有限公司	企业		
44	四平索钠克生物科技有限公司	企业		
45	四平金隅水泥有限公司	企业		
46	四平市华兴纺织有限公司	企业		
47	吉林省松辽水泥有限公司	企业		
48	公主岭市玛钢有限责任公司	企业		
49	吉林科利佳冶金设备高新技术股份有限公司	企业		
50	四平红嘴水泥有限公司	企业		
51	吉林帝达淀粉生化有限公司	企业		
52	四平市山门园区工贸企业发展有限公司	企业		
53	吉林省天缘水泥有限公司	企业		
54	四平德科电子有限公司	企业		
55	天成玉米开发有限公司	企业		
56	公主岭市光大纸业有限责任公司	企业		
57	公主岭铸铭汽车零部件有限公司	企业		
58	吉林省兴达牧业有限公司	企业		

辽源市（51家）

序号	单位名称	单位性质	年综合能耗	备注
1	大唐辽源热电有限责任公司	企业	642052.73	千家
2	辽源渭津金刚水泥有限公司	企业	637582.5	
3	吉林鑫达铸造有限公司	企业	228676.95	
4	吉林鑫达钢铁有限公司	企业	148062.63	
5	辽源矿业（集团）公司	企业	117612.88	
6	辽源市巨峰生化科技有限责任公司	企业	91976.84	
7	辽源市集中供热建设管理局	企业	74222.12	
8	辽源市金刚水泥厂	企业	55823.97	
9	吉林省东丰县铁合金有限责任公司	企业	26709.41	
10	东丰县宏宇供热有限公司	企业	25145.17	
11	辽源市兴东水泥有限责任公司	企业	23517.65	
12	辽源市利源铝业集团有限公司	企业	15656.9	
13	辽源富迪有限公司	企业	11110.68	
14	辽源市金龙硅厂	企业	9188.39	
15	辽源市红嘴粮油工业有限公司	企业	8865.85	
16	辽源市真雨实业有限责任公司	企业	8378.84	
17	辽源辽河纺织有限责任公司	企业	7856.93	
18	东丰县华粮生化有限公司	企业	7675.93	
19	东辽县兴源供热有限责任公司	企业	7626.97	
20	吉林麦达斯铝业有限公司	企业	7231.64	
21	辽源市迪康药业有限责任公司	企业	6857	
22	吉化辽源化工有限责任公司	企业	6359.39	
23	东辽县宇升二期供热有限公司	企业	6321.82	
24	吉林省福德木业有限公司	企业	6260.43	
25	辽源市民营经济开发区江山铸造厂	企业	6230.83	
26	辽源市选矿建材机械厂	企业	6191.38	
27	辽源市经济开发区友谊热源有限公司	企业	6156.91	
28	嘉利达（辽源）明胶有限公司	企业	5891.49	
29	吉林省夏兴有机生态生物高科集团有限公司	企业	5871.39	
30	辽源市利通重型机器有限责任公司	企业	5385.17	
31	吉林省中志玉米开发有限公司	企业	4863.75	

序号	单位名称	单位性质	年综合能耗	备注
32	辽源金昌企业集团公司	企业	4848.35	
33	辽源市龙山区森广木业制品厂	企业	4844	
34	吉林省东北袜业纺织工业园发展有限公司	企业	4795.17	
35	辽源市龙山区福滨木业制品厂	企业	4698.38	
36	辽源市清春木业制品厂	企业	4471.26	
37	辽源市东艺木业制品厂	企业	4438.36	
38	东丰县金源铸造厂	企业	4436.04	
39	辽源方大锻造有限公司	企业	4396.44	
40	辽源市百康药业有限责任公司	企业	4262.11	
41	辽源市东岳工矿设备有限责任公司	企业	4243.15	
42	富奥汽车零部件有限公司制泵分公司	企业	3993.97	
43	辽源市新欣碳素制品有限公司	企业	3841.85	
44	辽源市大拇指食品有限责任公司	企业	3677.6	
45	辽源市西安区机械一厂	企业	3629.72	
46	辽源市德春米业公司	企业	3616.35	
47	辽源市西安区灯塔综合公司	企业	3546.9	
48	辽源市洋总厂	企业	3401.94	
49	辽源市天马松鹤集团有限责任公司	企业	3216.7	
50	辽源市天人牧业	企业	3136.23	
51	吉林省五禾牧业发展有限公司	企业	3024.88	

通化市（139家）

序号	单位名称	单位性质	年综合能耗	备注
1	通化钢铁股份有限公司	企业	3451343.96	千家
2	通化热电有限责任公司	企业	392077.32	
3	梅河口市阜康酒精有限责任公司	企业	269293.77	
4	吉林电力股份有限公司二道江发电公司	企业	223651.2	
5	梅河口市阜康热电有限责任公司	企业	200538.89	
6	通化化工股份有限公司	企业	141405.12	千家
7	亚泰集团通化水泥股份有限公司	企业	115005.36	
8	通化县汇源洗煤厂	企业	103670.43	
9	梅河口市阜康化肥有限公司	企业	92142.17	

续表

序号	单位名称	单位性质	年综合能耗	备注
10	通化市宏源建材有限公司	企业	91157.95	
11	通化铁厂选煤有限责任公司	企业	64903.01	
12	通化县大安灰石总厂	企业	47284.32	
13	通化双龙集团有限公司	企业	41034.27	
14	吉林金泉宝山药业集团股份有限公司	企业	37726.79	
15	辽源矿务局梅河煤矿	企业	35085.16	
16	通化市赢泽选煤有限公司	企业	34952.09	
17	修正药业集团股份有限公司	企业	33221.13	
18	通化嘉成耐火材料有限公司	企业	30785	
19	辉南轧钢有限责任公司	企业	30030.14	
20	通化市宏远选煤有限公司	企业	28757.55	
21	集安市集中供热有限责任公司	企业	28224.54	
22	通化宏源冶金炉料有限公司	企业	26969.21	
23	梅河口市海山纸业有限责任公司	企业	25532.32	
24	国能梅河口生物发电有限公司	企业	24472.53	
25	通化三联安岭石灰有限公司	企业	24359.06	
26	梅河口市跃兴砂轮特耐有限责任公司	企业	22929.19	
27	通化铭邦工贸有限责任公司	企业	22802.81	
28	吉林万通药业集团梅河药业股份有限公司	企业	22627.15	
29	通化宏信研磨材有限责任公司	企业	21273.96	
30	通化市万铭煤业有限公司	企业	21030.76	
31	吉林通钢鑫源气体有限公司	企业	19660.94	
32	梅河口市啤酒有限公司	企业	18775.07	
33	吉林省梅河酒业有限公司	企业	18432.41	
34	通化市嘉威煤炭加工有限公司	企业	18243.89	
35	梅河口市润东胶业有限公司	企业	15811.85	
36	通化市丰源热力有限责任公司	企业	14955.22	
37	通化市双龙化工有限公司	企业	14909.46	
38	梅河口市腾达铸管有限公司	企业	14673.99	
39	通化万通药业股份有限公司	企业	14648.4	
40	集安经济开发区鸿源硼业有限公司	企业	14209.48	

序号	单位名称	单位性质	年综合能耗	备注
41	通化市红星洗煤有限公司	企业	13774.39	
42	多布瑞菲医药有限公司	企业	13108.61	
43	柳河县项家白灰制造有限公司	企业	13088.45	
44	通化市鹏龙烧结有限公司	企业	12573.45	
45	通化县供热管理处	企业	11938.75	
46	吉林天龙食品有限公司	企业	11374.18	
47	梅河口市弘业无缝钢管有限公司	企业	11371.61	
48	通化金马药业集团股份有限公司	企业	11006.03	
49	通化吉恩镍业有限公司	企业	10075.72	
50	辉南县恒源热力有限公司	企业	9967.47	
51	吉林省集安益盛药业股份有限公司	企业	9901.33	
52	通化经济开发区恒源热力有限公司	企业	9871.86	
53	通化金刚冶金渣综合利用有限公司	企业	9868.67	
54	通化茂祥制药有限公司	企业	9849.14	
55	辉南县宏鑫热力有限责任公司	企业	9780.66	
56	集安市得利硼业有限责任公司	企业	9730.99	
57	通化金山化工有限公司	企业	9588.28	
58	修正药业集团儿童制药有限公司	企业	9562.73	
59	辉南县辉发城造纸厂	企业	9495.47	
60	云峰发电厂	企业	9470.34	
61	吉林正方农牧股份有限公司	企业	9431.53	
62	吉林大喜玻璃制品有限公司	企业	9425.53	
63	辉南辉发制药股份有限公司	企业	8948.97	
64	梅河口市天龙硅业有限责任公司	企业	8037.78	
65	通化爱心药业有限责任公司	企业	8021.13	
66	通化东宝药业股份有限公司	企业	7929.29	
67	中国航空工业第一集团公司第五七一一厂	企业	7744.6	
68	柳河县万源灰窑有限公司	企业	7251.67	
69	通化博祥药业股份有限公司	企业	6976.1	
70	集安市工业硅厂	企业	6759.74	
71	柳河鑫鼎化工有限公司	企业	6351.13	

续表

序号	单位名称	单位性质	年综合能耗	备注
72	吉林省辉南长龙药业股份有限公司	企业	6244.38	
73	通化利民药业有限责任公司	企业	6021.57	
74	吉林省杉松岗矿业集团	企业	5954.62	
75	柳河县诚信白灰制造有限公司	企业	5923.48	
76	吉林辉南天泰药业股份有限公司	企业	5846.53	
77	柳河县铁刹山酒业公司	企业	5698.35	
78	集安市特种水泥厂	企业	5620.49	
79	柳河佳兴轻钢彩板有限责任公司	企业	5600.09	
80	通化东圣药业股份有限公司	企业	5598.89	
81	通化县东财烧结有限公司	企业	5592.94	
82	通化金汇药业股份有限公司	企业	5535.2	
83	梅河口贵成水泥制造有限责任公司	企业	5444.69	
84	柳河兴浩活性炭加工有限责任公司	企业	5391.45	
85	通化天池葡萄酒有限责任公司	企业	5302.13	
86	吉林省大俊药业股份有限公司	企业	5168.6	
87	柳河县康华牧业有限责任公司	企业	4999.88	
88	通化润实药业股份有限公司	企业	4962.95	
89	通化葡萄酒股份有限公司	企业	4761.72	
90	柳河县柳俐粮油有限公司	企业	4751.43	
91	梅河口市新泰电化铝公司	企业	4654.74	
92	吉林省宏久生物科技有限公司	企业	4644.49	
93	柳河县南华木业有限公司	企业	4578.79	
94	梅河口市德有玻璃制品有限公司	企业	4487.71	
95	通化盛和药业股份有限公司	企业	4462.85	
96	吉林省俊宏药业有限公司	企业	4453.68	
97	通化长青药业股份有限公司	企业	4354.47	
98	通化华诚工业气体有限责任公司	企业	4336.25	
99	通化华夏药业有限公司	企业	4274.67	
100	通化巨源金属制品有限公司	企业	4252.18	
101	茂祥集团吉林制药有限公司	企业	4193.8	
102	吉林康乐光源科技有限公司	企业	4083.26	

序号	单位名称	单位性质	年综合能耗	备注
103	吉林金宝药业股份有限公司	企业	4047.82	
104	通化市耀云精密钢球制造有限公司	企业	4005.07	
105	吉林卓越实业股份有限公司	企业	3985.74	
106	通化通久葡萄酒有限公司	企业	3984.87	
107	柳河县中森汽车铸件有限公司	企业	3984.29	
108	柳河县新天地乙醇有限公司	企业	3970.69	
109	吉林省通化振国药业有限公司	企业	3871.13	
110	柳河县城达铁矿有限公司	企业	3865.18	
111	吉林森工通化胶粘剂分公司	企业	3856.24	
112	吉林省通化天强药业有限公司	企业	3811.13	
113	柳河县巨森源木业有限公司	企业	3788.5	
114	通化市启辉不锈钢加工有限责任公司	企业	3773.94	
115	梅河口市兴业精密钢管厂	企业	3769.48	
116	通化阳光高效砼材料制造有限责任公司	企业	3696.56	
117	通化县四方山铁矿	企业	3695.05	
118	通化博森木业有限公司	企业	3693.04	
119	通化市金鑫有色金属加工有限公司	企业	3638.42	
120	通化天源绿色饮品有限责任公司	企业	3612.78	
121	吉林省清木园山葡萄技术开发有限公司	企业	3606.77	
122	吉林省辉南天宇药业股份有限公司	企业	3512.98	
123	通化圣大葡萄酒股份有限公司	企业	3409.38	
124	通化裕丰酿酒有限公司	企业	3397	
125	梅河口市红梅畜禽屠宰有限公司	企业	3392.36	
126	吉林省华兴粉末冶金科技有限公司	企业	3358.2	
127	集安市佳信通用机械制造有限公司	企业	3336.2	
128	吉林省鹿通酒业有限公司	企业	3269.23	
129	吉林省绿家族实业有限公司	企业	3184.55	
130	通化永仓药业有限公司	企业	3109.29	
131	通化市力发冶金炉料厂	企业	3087.24	
132	梅河口市永和丰保温材料有限责任公司	企业	3078.7	
133	梅河口市绿农有机复合肥有限公司	企业	3075.1	

续表

序号	单位名称	单位性质	年综合能耗	备注
134	通化玉圣药业股份有限公司	企业	3047.41	
135	辉南县汇丰煤炭生产有限公司	企业	3042.51	
136	梅河口市吉顺发牧业有限公司	企业	3030.46	
137	吉林紫鑫药业股份有限公司	企业	3015.51	
138	辉南县双岭矿业有限责任公司	企业		
139	集安市利源黄金有限责任公司	企业		

白山市（125家）

序号	单位名称	单位性质	年综合能耗	备注
1	通化矿业集团有限责任公司	企业	1212035.38	
2	吉林电力股份有限公司浑江发电公司	企业	911331.29	千家
3	正基卓岳集团有限公司	企业	276930.26	
4	通化矿业集团道清选煤有限公司	企业	224436.04	
5	通化钢铁集团大栗子矿业有限责任公司	企业	202485.19	
6	吉林东圣焦化有限公司	企业	195997.28	
7	白山市八道江区胜利煤业有限公司	企业	175578.98	
8	白山嘉晨选煤有限公司	企业	134560.78	
9	金刚集团白山水泥有限公司	企业	129691.72	
10	白山市江源区嘉丰洗煤厂	企业	127158.11	
11	吉林八宝煤业有限责任公司	企业	124874.23	
12	江源区兴发煤业开发有限责任公司	企业	122412.85	
13	吉林省曙光工贸有限公司	企业	118868.15	
14	白山市万源洗煤厂	企业	112560.02	
15	白山市江源区胜阳煤业有限公司	企业	93958.38	
16	白山市江源区盛达煤业有限公司	企业	91210.76	
17	吉林省杉松岗矿业集团靖宇天宇海绵铁有限公司	企业	88600.76	
18	白山市连生煤业有限公司	企业	82169.83	
19	抚松县中密度板厂	企业	81709.45	
20	江源区金盛煤业生产经营处	企业	77788.22	
21	临江市东锋有色金属有限公司	企业	76573.21	
22	白山市生源煤业有限责任公司	企业	71768.18	
23	抚松千秋木业有限公司	企业	62131.74	

续表

序号	单位名称	单位性质	年综合能耗	备注
24	白山市久宏煤业有限公司	企业	60517	
25	白山市江源区屹祥选煤有限公司	企业	60381.86	
26	江源区长虹选煤有限责任公司	企业	56094.25	
27	江源区神威焦化厂	企业	53405.61	
28	白山市银盈洗煤厂	企业	52172.67	
29	白山市弘瑞煤业有限责任公司	企业	44831.96	
30	江源区江山硅业有限责任公司	企业	42668.42	
31	靖宇县三利硅业有限公司	企业	40265.09	
32	白山市苇塘水泥有限责任公司	企业	39525.13	
33	江源区宏力焦化厂	企业	38691.93	
34	抚松金秋木业有限公司	企业	31493.28	
35	吉林省临江市北方有色金属有限公司	企业	30938.21	
36	江源区合缘焦化煤炭有限责任公司	企业	29828.55	
37	抚松县峰塬热力有限公司	企业	28669.16	
38	白山华枫木业有限公司	企业	27602.13	
39	临江嘉合康宁硅业有限公司	企业	27205.84	
40	白山市琦祥纸业有限公司	企业	25563.27	
41	抚松县松江河云龙木业有限公司	企业	24823.34	
42	抚松县鑫鼎林产工业集团有限责任公司	企业	23566.37	
43	长白县同鑫热力有限公司	企业	22493	
44	吉林省天禹水泥有限责任公司	企业	21599.34	
45	抚松华松木业有限公司	企业	20858.46	
46	吉林森林工业股份有限公司露水河刨花板分公司	企业	19428.69	
47	临江市利临供热公司	企业	18110.67	
48	通化钢铁集团板石矿业有限责任公司	企业	17971.68	
49	吉林省临江市天元催化剂有限公司	企业	16559.44	
50	抚松金隆木业集团有限公司	企业	16511.19	
51	白山市吉源矿业有限公司	企业	15869.59	
52	靖宇县元丰煤业有限公司	企业	15381.16	
53	临江市圣迈硅藻土功能材料有限公司	企业	15219.23	
54	白山金枫木业有限公司	企业	13535.91	

续表

序号	单位名称	单位性质	年综合能耗	备注
55	江源区盛源新型建筑材料有限责任公司	企业	13242.84	
56	白山北华水泥有限公司	企业	13187.06	
57	抚松银丰水泥厂	企业	12428.71	
58	通化矿业（集团）有限责任公司永安煤矿	企业	12013.47	
59	靖宇县华宇洗煤有限责任公司	企业	10834.43	
60	抚松县大自然生物工程有限公司	企业	9988.24	
61	临江市兴华硅藻土精细产品有限公司	企业	9903.85	
62	临江市林源铅锌选矿有限公司	企业	9903.4	
63	吉林森林工业股份有限公司临江刨花板分公司	企业	9895.24	
64	吉林森林工业股份有限公司三岔子刨花板分公司	企业	9834.89	
65	抚松中药有限责任公司	企业	9779.5	
66	吉林省临江市业柱化工有限公司	企业	9663.35	
67	临江市绿江助滤剂有限公司	企业	9570.16	
68	吉林省临江市硅业精制有限责任公司	企业	9504.86	
69	吉林森工天成人造板有限责任公司	企业	9492.26	
70	临江禄林木业有限责任公司	企业	9463.65	
71	临江市宏大药业有限公司	企业	9415.58	
72	临江市亨泰助滤剂有限公司	企业	9368.62	
73	康师傅（吉林）长白山饮品有限公司	企业	9362.48	
74	吉林省临江市大华硅藻土产品有限公司	企业	8999.83	
75	白山市八道江区跃鹏玻璃制品厂	企业	8947.49	
76	吉林省长白山化工有限公司	企业	8838.87	
77	吉林省临江市催化剂厂	企业	8679.06	
78	临江市长白山助滤剂有限公司	企业	8558.62	
79	白山市腾诚木业商贸有限公司	企业	8123.75	
80	临江市祥泰有色金属有限公司	企业	7919.17	
81	长白县鼎元木业有限公司	企业	7875.08	
82	白山市能源金刚砂有限责任公司	企业	7696.31	
83	抚松县宏久参业有限公司	企业	7508.03	
84	金桥木业有限公司惠林分公司	企业	7330.68	
85	靖宇县宏业供热有限公司	企业	7137.09	

序号	单位名称	单位性质	年综合能耗	备注
86	白山市喜丰塑业有限公司	企业	7133.27	
87	抚松天赐参业有限公司	企业	7053.6	
88	农夫山泉吉林长白山有限公司	企业	7003.39	
89	临江市大华矿业有限公司	企业	6691.4	
90	白山娃哈哈饮料有限公司	企业	6524.7	
91	临江市杉松源铜钴镍矿业公司	企业	6232.6	
92	临江市兴辉助滤剂有限公司	企业	6212.74	
93	吉林丽美坚木业股份有限公司	企业	6009.09	
94	临江市炬升纸业有限责任公司	企业	5977.48	
95	白山市福源太阳能材料有限公司	企业	5958.19	
96	中食集团临江春达酒庄有限公司	企业	5856.96	
97	吉林省利生源生物制品有限公司	企业	5818.87	
98	长白朝鲜族自治县长白硅藻土有限责任公司	企业	5753.6	
99	吉林省板庙子矿业有限公司	企业	5631.28	
100	吉林森工集团泉阳泉饮品有限公司	企业	5202.01	
101	江源县汇源工业有限责任公司	企业	5158.47	
102	吉林省健今药业股份有限公司	企业	5148.62	
103	抚松县露水河鲲鹏酒业有限公司	企业	5147.16	
104	长白赛力特硅藻土有限公司	企业	4972.03	
105	抚松县晟安生态人参有限公司	企业	4749.94	
106	临江市华通硅藻土制品有限公司	企业	4727.47	
107	长白县峰洁硅藻土有限公司	企业	4605.1	
108	白山市天达玻璃有限公司	企业	4505.96	
109	抚松县金江保健食品有限公司	企业	4358.32	
110	白山虹桥纸业有限公司	企业	4144.24	
111	抚松县吉昌供热有限公司	企业	4132.16	
112	江源区滕泰焦化科技开发有限公司	企业	4128.4	
113	长白县大华硅藻土有限公司	企业	4082.06	
114	通化尊正实业有限公司抚松县大方铁矿	企业	3973.35	
115	靖宇县鑫源铁选有限责任公司	企业	3699.27	
116	长白县丰润硅藻土制品有限公司	企业	3671.48	

续表

序号	单位名称	单位性质	年综合能耗	备注
117	抚松县天合热力有限公司	企业	3401.96	
118	吉林鸿源瓷业有限公司	企业	3365.08	
119	江源县宝利木业有限责任公司	企业	3312.1	
120	靖宇宏达工贸有限公司	企业	3259.07	
121	吉林省杉松岗矿业集团靖宇龙马煤矿	企业	3241.02	
122	白山市江源区浩森木业有限责任公司	企业	3117.58	
123	江源区宏远建材有限责任公司	企业	3106.19	
124	白山市江源区傲峰煤业有限公司	企业	3032.08	
125	临江市桦龙硅藻土填料制品有限公司	企业	3001.58	

延边州（65 家）

序号	单位名称	单位性质	年综合能耗	备注
1	大唐珲春发电厂	企业	660351.75	
2	延吉市集中供热有限责任公司	企业	305953.69	
3	吉林德全水泥集团汪清有限责任公	企业	263829.14	
4	延边石岘白麓纸业股份有限公司	企业	142967.77	千家
5	延边晨鸣纸业有限公司	企业	94819.37	千家
6	汪清县恒瑞供热有限公司	企业	85191.59	
7	延吉铁南集中供热有限公司	企业	77125.71	
8	延吉市东晨环能供热有限公司	企业	74307.84	
9	吉林延边林业集团敦化林业有限公	企业	65265.46	
10	敦化振发热力有限责任公司	企业	50879.33	
11	珲春矿业（集团）有限责任公司	企业	45437.30	
12	吉林天池矿业有限公司	企业	41219.84	
13	延边荣祥热力有限公司	企业	37982.37	
14	延边大学供热有限公司	企业	35501.03	
15	吉林德全水泥股份有限公司	企业	35243.81	
16	龙井市热力公司	企业	33457.45	
17	敦化市龙华供热有限责任公司	企业	30888.03	
18	珲春紫金矿业有限公司	企业	25525.88	
19	图们市恒发供热有限责任公司	企业	25494.07	
20	吉林福敦木业有限公司	企业	21909.12	

序号	单位名称	单位性质	年综合能耗	备注
21	吉林特来纺织有限公司	企业	21095.38	
22	汪清县庙岭白灰厂	企业	16181.43	
23	延吉市热力公司	企业	15920.84	
24	延边利安石化有限公司	企业	15513.73	
25	延吉大恒玻海有限公司	企业	15423.28	
26	吉林三三零五机械厂	企业	13330.64	
27	哈尔滨啤酒（延吉）有限公司	企业	11548.81	
28	延边春雷生物药业有限公司	企业	10561.80	
29	和龙人造板有限公司	企业	10491.01	
30	吉林敖东延边药业股份有限公司	企业	9767.26	
31	吉林延边林业集团有限公司汪清林	企业	9365.28	
32	汪清县龙腾能源开发有限公司	企业	8947.49	
33	吉林森工白河刨花板有限责任公司	企业	8910.43	
34	吉林烟草工业有限责任公司	企业	8585.04	
35	汪清县东方化工冶金有限公司	企业	7806.92	
36	珲春宝力通讯有限公司	企业	7415.84	
37	延边林业集团汪清林源木业有限公	企业	6648.46	
38	敦化市中联木业有限公司	企业	6579.16	
39	大京延吉纺织有限公司	企业	6517.33	
40	长白山保护开发区兴润供水供热有	企业	6163.48	
41	龙井三宝大精化学工业有限公司	企业	5871.71	
42	安图明安商贸有限公司	企业	5737.41	
43	吉林海沟黄金矿业有限责任公司	企业	5541.71	
44	和龙市庆兴煤业有限责任公司	企业	5468.46	
45	吉林丰正大豆食品有限公司	企业	5223.85	
46	图们市前进福利化工有限公司	企业	4692.28	
47	吉林延边林业集团大石头林业有限	企业	4276.42	
48	汪清县兴达新型墙体材料厂	企业	4045.00	
49	图们龙吉民族陶瓷厂	企业	3855.70	
50	吉林敖东药业集团延吉股份有限公	企业	3815.19	
51	吉林森林王木业有限公司	企业	3676.36	

序号	单位名称	单位性质	年综合能耗	备注
52	龙井瀚丰矿业有限公司	企业	3540.75	
53	延边光宇电池有限责任公司	企业	3420.87	
54	延边亚光胶合板有限公司	企业	3368.54	
55	图们市华威友邦化工有限公司	企业	3357.92	
56	吉林省金龙经贸有限公司	企业	3305.96	
57	珲春兴业胶合板有限责任公司	企业	3301.09	
58	吉林德全水泥集团敦化有限责任公	企业	3286.88	
59	敦化吉祥木业有限公司	企业	3280.98	
60	敦化市金瑞农产品加工有限责任公	企业	3262.50	
61	延边蓝仁新型墙体材料建材有限公	企业	3256.00	
62	吉林华康药业股份有限公司	企业	3204.59	
63	吉林延边林业集团大兴沟有限公司	企业	3145.31	
64	敦化市金海木业有限公司	企业	3109.76	
65	汪清县隆盛啤酒有限公司	企业	3030.74	

松原市（65家）

序号	单位名称	单位性质	年综合能耗	备注
1	中国石油天然气股份有限公司吉林分公司	企业	925243.7	千家
2	中化吉林长山化工有限公司	企业	531723.24	千家
3	吉林石油集团有限责任公司	企业	473778.88	千家
4	大唐长山热电厂	企业	472746.33	千家
5	松原吉安生化有限公司	企业	286802.90	
6	吉安生化乾安酒精有限责任公司	企业	236492.60	
7	华润赛力事达玉米工业有限公司	企业	217140.52	
8	吉林省松原石油化工股份有限公司	企业	86956.10	
9	大庆钻探工程公司	企业	82299.26	
10	吉林长鸿化工有限公司	企业	41495.58	
11	吉林不二蛋白有限公司	企业	38908.48	
12	大成生化科技松原有限公司	企业	29259.62	
13	长岭县金汇化工厂	企业	29176.01	
14	MI 能源公司	企业	27603.48	
15	松原市东响玻璃纤维有限公司	企业	26225.99	

序号	单位名称	单位性质	年综合能耗	备注
16	松原市天新化工股份有限公司	企业	17644.29	
17	前郭县供热管理处	企业	16488.76	
18	长岭集源化工有限责任公司	企业	16350.16	
19	长岭县天合工艺品有限公司	企业	15625.13	
20	长岭吉隆玉米开发有限公司	企业	13443.12	
21	松原市供热公司	企业	12568.45	
22	吉林云天化云升农业发展有限公司	企业	12463.85	
23	吉林石油天然气开发有限责任公司	企业	10696.14	
24	吉林省金涛纸业有限责任公司	企业	9972.18	
25	扶余县供热有限责任公司	企业	9854.84	
26	吉林鹏鸿木业有限公司	企业	9777.25	
27	乾安县长信经贸有限责任公司	企业	9481.82	
28	乾安县红梅水泥有限责任公司	企业	8570.61	
29	吉林宏原实木制品有限公司	企业	7200.54	
30	万通集团乾安石油天然气开发有限	企业	7200.54	
31	乾安县双军实业有限责任公司	企业	6403.32	
32	扶余县蔡家沟大众石棉瓦厂	企业	6028.27	
33	吉林省润禾食品有限公司	企业	6002.23	
34	扶余县隆源瓦业有限公司	企业	5787.78	
35	乾安中油管道防腐有限公司	企业	5751.21	
36	吉林京源石油开发有限责任公司	企业	5741.19	
37	长岭县长平化工有限公司	企业	5603.55	
38	松原市合众玻璃有限公司	企业	5305.62	
39	扶余县隆成砌块有限责任公司	企业	5109.94	
40	吉林泰宇木业有限公司	企业	5077.81	
41	吉林金龙化工有限责任公司	企业	5070.86	
42	长岭县昊威葵花加工有限责任公司	企业	4999.84	
43	吉林湖雪食品有限公司	企业	4966.75	
44	松原市森源木业有限公司	企业	4846.14	
45	吉林正望油脂有限公司	企业	4791.06	
46	松原市昊正木业有限公司	企业	4535.26	

续表

序号	单位名称	单位性质	年综合能耗	备注
47	吉粮集团嘉实油脂有限公司	企业	4011.73	
48	吉粮集团嘉实油脂有限公司	企业	4011.73	
49	扶余县伟博木业	企业	3922.26	
50	吉林海新木业有限公司	企业	3769.43	
51	乾安县绿色粮液酒业有限公司	企业	3716.23	
52	吉林省兴源复合肥有限公司	企业	3697.30	
53	扶余县天福木业	企业	3632.44	
54	扶余县汇海酒业有限责任公司	企业	3620.83	
55	吉林百兴牧业有限公司	企业	3549.41	
56	冀东水泥扶余有限责任公司	企业	3452.03	
57	扶余县金城木业有限责任公司	企业	3445.54	
58	前郭县天富天然气销售有限公司	企业	3445.27	
59	海升木业	企业	3330.37	
60	扶余县陶赖昭大鹏木材加工厂	企业	3326.50	
61	松原市鹏程木业有限公司	企业	3222.08	
62	天龙兴达木业	企业	3213.59	
63	扶余县天龙木业	企业	3149.46	
64	扶余县宏福木业	企业	3120.17	
65	长春金源淀粉厂	企业	3037.30	

白城市（90家）

序号	单位名称	单位性质	年综合能耗	备注
1	镇赉新盛纸业有限公司	企业		
2	通榆县宏宇供热有限责任公司	企业		
3	洮南市热电有限责任公司	企业		
4	吉林新兴玻璃有限公司	企业		
5	白城市中兴热力有限公司	企业		
6	镇赉县荣祥热力有限公司	企业		
7	洮南市金升冶金产品有限公司	企业		
8	吉林省华金纸业有限公司	企业		
9	罗赛洛（大安）明胶有限公司	企业		
10	洮南市北方供热有限责任公司	企业		

序号	单位名称	单位性质	年综合能耗	备注
11	洮南市恒盛毛纺织有限公司	企业		
12	白城市鹤城热力有限责任公司	企业		
13	洮南市万宝矿业电力有限公司	企业		
14	洮南市兴和毛纺织有限责任公司	企业		
15	洮南市北方毛纺织有限责任公司	企业		
16	大安市宏达供热有限责任公司	企业		
17	洮南市葵中宝植物油有限公司	企业		
18	白城市热力总公司	企业		
19	洮南市三力毛纺织有限责任公司	企业		
20	洮南市百群食品科技有限公司	企业		
21	洮南虎王酒业有限责任公司	企业		
22	洮南市红日毛纺有限公司	企业		
23	吉林省洮安皮革有限责任公司	企业		
24	镇赉县海神工艺玻璃制品有限责任公司	企业		
25	大安两家创业珍珠岩厂	企业		
26	吉林省新天成水泥有限公司	企业		
27	大安市沃达铝业有限公司	企业		
28	大安市红岗化工防腐有限责任公司	企业		
29	大安市融新保温材料厂	企业		
30	大安睿丰绿色生态农业开发有限公司	企业		
31	洮南市文英制砖厂	企业		
32	吉林省大安市恒泰食品有限责任公司	企业		
33	镇赉金鹤乳业有限公司	企业		
34	通榆县益发合大豆制品有限责任公司	企业		
35	大安市月亮湖米业有限公司	企业		
36	吉林敖东洮南药业股份有限公司	企业		
37	白城金升镍业有限公司	企业		
38	大安市龙源化工燃料有限公司	企业		
39	大安市信达石油机械配件有限责任公司	企业		
40	吉林龙源同发风力发电厂	企业		
41	吉林省金谷膨化饲料有限公司	企业		

续表

序号	单位名称	单位性质	年综合能耗	备注
42	通榆县鸿瑞食品加工有限公司	企业		
43	通榆县明业浆纸制品有限责任公司	企业		
44	洮南市洮南香酒业有限公司	企业		
45	通榆县胜利畜禽养殖有限责任公司	企业		
46	通榆县丰庆食品有限责任公司	企业		
47	大安市石油机械制造有限公司	企业		
48	大安市春光玻璃工艺制品有限责任公司	企业		
49	大安市庆源玻璃棉有限公司	企业		
50	大安市经济开发区化工燃料有限公司	企业		
51	吉林省耀业粮油有限公司	企业		
52	白城市宏德农副产品有限公司	企业		
53	白城市德盛热力有限公司	企业		
54	吉林省天光药业有限公司	企业		
55	大安市吉祥米业有限责任公司	企业		
56	大安市东兴锅炉制造有限责任公司	企业		
57	大安市罐头厂	企业		
58	大安市汽车靠背有限责任公司	企业		
59	通榆县天麒粮油加工贸易有限公司	企业		
60	大唐向阳风电有限公司	企业		
61	洮南市农工具厂	企业		
62	通榆县百花村食品有限责任公司	企业		
63	吉林省鹤元合食品有限责任公司	企业		
64	大安市安广镇永兴米业	企业		
65	白城福佳机械制造有限公司	企业		
66	镇赉木材防腐厂	企业		
67	大安市油田钻采机械厂	企业		
68	吉林省银诺克药业有限公司	企业		
69	镇赉县坦途镇砖厂	企业		
70	白城市安邦热力有限责任公司	企业		
71	洮南市北方金塔有限责任公司	企业		
72	洮南市金塔生物油制造有限公司	企业		

序号	单位名称	单位性质	年综合能耗	备注
73	大安市制衣有限责任公司	企业		
74	大安市鸿雁服装有限责任公司	企业		
75	洮南市金豆饲料有限责任公司	企业		
76	通榆县三一风电装配技术有限责任公司	企业		
77	大安市腾龙粮油米业有限公司	企业		
78	通榆东宝风电塔筒有限公司	企业		
79	吉林风力发电股份有限公司通榆县风力发电厂	企业		
80	镇赉县绿禾有机食品有限公司	企业		
81	通榆县中兴粮油贸易有限责任公司	企业		
82	通榆县金峰农产品经贸有限责任公司	企业		
83	白城市青山镇成军制砖有限公司	企业		
84	大安市吉发汽车零部件有限公司	企业		
85	大安市石油配件厂	企业		
86	大安市德丰粮食加工有限责任公司	企业		
87	吉林省沃源食品有限责任公司	企业		
88	德尔福派克电气系统有限公司白城分公司	企业		
89	白城天福粮油食品集团有限公司	企业		
90	大安裕兰服饰有限责任公司	企业		

附件5

2011 年吉林省公共机构（含大型公共建筑）、（咨询、设计）机构节能监察名单（73 家）

长春市（8 家）

序号	单位名称	单位性质	年综合能耗	备注
1	吉林大学第一医院	事业单位		
2	吉林医学高等专科学校	事业单位		
3	吉林大学	事业单位		
4	东北师范大学	事业单位		
5	长春市公交集团	企业		
6	长春宾馆	企业		
7	名人饭店	企业		
8	吉林省建筑设计研究院	企业		

吉林市（18 家）

序号	单位名称	单位性质	年综合能耗	备注
1	北华大学附属医院	事业单位	4762.65（2009）	
2	吉林市中心医院	事业单位	3081.87（2008）	
3	吉林农业科技学院	事业单位		
4	吉林省吉林中西医结合医院	事业单位		
5	吉林市第二人民医院	事业单位		
6	吉林市第二中心医院	事业单位		
7	吉林市第六人民医院	事业单位		
8	吉林东方商厦股份有限公司	企业		
9	吉林国贸购物中心	企业		
10	吉林市时代购物广场有限责任公司	企业		
11	吉林市世纪饭店	企业		
12	吉林雾凇宾馆	企业		
13	大商集团吉林百货大楼有限公司	企业		

续表

序号	单位名称	单位性质	年综合能耗	备注
14	吉林市技监局能源所	事业单位		
15	吉林市工程节能评价事务所	事业单位		
16	吉林市江南设计院	企业		
17	吉林市轻工设计院	企业		
18	吉化东北设计院	企业		

四平市（3家）

序号	单位名称	单位性质	年综合能耗	备注
1	四平宾馆	事业单位		
2	四平吉平宾馆	事业单位		
3	四平市中心医院	事业单位		

辽源市（2家）

序号	单位名称	单位性质	年综合能耗	备注
1	辽源宾馆	事业单位		
2	辽源市中心医院	事业单位		

通化市（19家）

序号	单位名称	单位性质	年综合能耗	备注
1	通化义乌商贸城			
2	通化欧亚商都			
3	通化百货大楼			
4	通化铁路商贸城			
5	通化凯威大厦			
6	通化云峰大酒店			
7	通化人大宾馆			
8	通化宾馆			
9	通化汇丰大酒店			
10	通化万通大酒店			
11	通化东山宾馆			
12	通钢宾馆			
13	通化博利超市			
14	通化凯玛超市			

续表

序号	单位名称	单位性质	年综合能耗	备注
15	通化好运超市			
16	通化市中心医院			
17	通化市人民医院			
18	通化集贸中心			
19·	通化东方假日酒店			

白山市（4家）

序号	单位名称	单位性质	年综合能耗	备注
1	长白山职业技术学院	事业单位		
2	白山市宾馆	事业单位		
3	白山市中心医院	事业单位		
4	白山市工程咨询服务中心			

延边州（12家）

序号	单位名称	单位性质	年综合能耗	备注
1	延边二中	事业		
2	延边一中	事业		
3	延边工业学校	事业		
4	延边医院	事业		
5	延吉市医院	事业		
6	延边百货大楼	服务业		
7	延边国贸大厦	服务业		
8	延边西市场	服务业		
9	延边白山宾馆	服务业		
10	延边国际大厦	服务业		
11	延边州宾馆	服务业		
12	延边共信节能服务有限公司	有限公司		

松原市（5家）

序号	单位名称	单位性质	年综合能耗	备注
1	松原市中心医院	事业单位		
2	油田总医院	事业单位		
3	松原市宾馆	事业单位		

序号	单位名称	单位性质	年综合能耗	备注
4	石油大厦宾馆	事业单位		
5	前郭县宾馆	事业单位		

白城市（2 家）

序号	单位名称	单位性质	年综合能耗	备注
1	白城市宾馆	事业单位		
2	白城市医院	事业单位		

7. 浙江省经济和信息化委员会关于下达《2011 年全省能源监察计划》的通知

（浙经信资源〔2011〕105 号）

各市经委（经贸委）、省能源监察总队：

为有效开展能源监察工作，进一步推进重点用能单位节能降耗，根据《中华人民共和国节约能源法》和《国务院批转节能减排统计监测及考核实施方案和办法的通知》（国发〔2007〕36 号）以及《浙江省人民政府批转节能减排统计监测及考核实施方案和办法的通知》（浙政发〔2008〕42 号）精神，现将 2011 年全省能源监察计划下达给你们，并就有关事项通知如下。

一、2011 年能源监察计划安排

2011 年全省安排能源监察计划 1000 家，其中，重点用能企业 750 家，大型公共建筑 250 家（详见附件）。此项工作纳入对各市年度节能工作目标责任制考核内容。

二、2011 年能源监察工作重点

（一）重点用能单位"十一五"节能目标完成情况、节能降耗措施落实情况及能耗限额标准执行情况；

（二）查处用能单位违法使用国家和省明令禁止、淘汰的工艺、设备行为；

（三）重点用能单位能源利用状况报告报送情况；

（四）重点用能单位节能基础管理、能源管理岗位设立等情况；

（五）大型公共建筑（大型商场、宾馆饭店、医院、学校及政府机关办公楼）用能定额（限额）和空调采暖（制冷）、照明等标准及规定的执行情况；

（六）2010 年监察中已通知需要限期整改企业的整改措施落实情况。

三、按照省政府 143 号令精神，各级能源监察机构能源监察工作经费由同级财政统筹安排。

四、省能源监察总队要做好各市计划任务的衔接落实工作，并加强对各市、县（市、区）能源监察机构的业务指导和工作督查。

五、各市节能主管部门要抓紧制定落实工作计划和工作措施，确保完成全年监察任务。各级能源监察（测）机构要严格按照《中华人民共和国节约能源法》、《浙江省实施〈节能法〉办法》等有关规定，认真履行能源监察职责，努力提高工作质量，进一步规范能源监察行为，依法强化对违法用能行为和案件的查处，推动全省节能执法工作深入开展。

附件：2011 年浙江省能源监察计划一览表

二○一一年三月八日

附件

2011 年浙江省能源监察计划一览表

市、县（区、市）		2011 年监察计划（家）			监察经费（万元）
		监察企业	监察公共建筑	合　计	
杭州市		185	55	240	445
其中	市　级	67	18	85	170
	萧山区	40	10	50	90
	余杭区	20	5	25	45
	富阳市	20	5	25	45
	临安市	20	5	25	45
	桐庐县	3	2	5	10
	建德市	15	5	20	35
	淳安县		5	5	5
宁波市		70	20	90	180
其中	市　级	30	20	50	100
	余姚市	5		5	10
	慈溪市	5		5	10
	奉化市	5		5	10
	宁海县	5		5	10
	象山县	5		5	10
	鄞州区	5		5	10
	镇海区	5		5	10
	北仑区	5		5	10
温州市		103	27	130	235
其中	市　级	50	20	70	120
	瑞安市	10	5	15	25
	乐清市	5		5	10
	龙湾区	5		5	10

市、县（区、市）		2011 年监察计划（家）			监察经费（万元）
		监察企业	监察公共建筑	合　计	
	苍南县	8	2	10	20
	平阳县	5		5	10
	永嘉县	5		5	10
	瓯海区	5		5	10
	开发区	5		5	10
	鹿城区	5		5	10
绍兴市		60	30	90	150
其中	市　级	35	25	60	95
	绍兴县	25	5	30	55
湖州市		70	20	90	165
其中	市　级	9	3	12	20
	长兴县	19	6	25	45
	德清县	20	5	25	45
	吴兴区	10	3	13	25
	南浔区	12	3	15	30
嘉兴市		50	20	70	135
其中	市级（含经济开发区、港区）	6	6	12	30
	南湖区	5	1	6	10
	秀洲区	6	1	7	15
	嘉善县	5	2	7	15
	海盐县	5	2	7	10
	海宁市	10	3	13	25
	平湖市	5	2	7	10
	桐乡市	8	3	11	20
金华市		65	20	85	150
其中	市　级	30	10	40	70
	义乌市	20	5	25	45
	兰溪市	15	5	20	35

市、县（区、市）		2011 年监察计划（家）			监察经费
		监察企业	监察公共建筑	合　计	（万元）
衢州市		20	10	30	50
其中	市　级	7	5	12	20
	常山县	5	2	7	10
	开化县	2		2	5
	江山市	2	1	3	5
	衢江区	2	1	3	5
	柯城区	2	1	3	5
台州市		33	12	45	95
其中	市　级	9	6	15	25
	临海市	6	1	7	15
	温岭市	6	1	7	15
	玉环县	3	1	4	10
	天台县	3	1	4	10
	仙居县	3	1	4	10
	三门县	3	1	4	10
舟山市		15	5	20	40
丽水市		15	5	20	40
省总队		64	26	90	
合　计		750	250	1000	1685

8. 江西省关于组织开展 2010 年全省重点耗能企业节能监察监测执法活动的通知

（赣工信节能字〔2010〕81 号）

各设区市工信委（经贸委），节能监察中心，各有关企业：

为认真贯彻落实资源节约和环境保护的基本国策，大力节约能源资源，进一步加大对全省重点耗能企业节能监管力度，确保全面完成 2010 年度节能目标任务，根据《节能法》等有关法律法规规定和省工信委的统一部署，经研究决定在全省范围内组织开展 2010 年全省重点耗能企业节能监察监测执法活动，现将有关事项通知如下。

一、节能监察监测执法活动对象

此次节能监察监测执法活动对象为与省、市政府签订了节能目标责任书的重点耗能企业及最新调整的重点耗能企业。全省计划开展节能监察监测企业 300 家，其中，省节能监察总队负责节能监察监测重点耗能企业 100 家（具体名单详见附件），设区市负责 200 家重点耗能企业节能监察监测。各设区市节能监察监测重点企业数由各设区市按照省节能监察总队在该设区市节能监察监测重点企业数的1∶2比例配套确定。

二、节能监察监测执法活动重点内容

2010 年节能监察监测工作围绕新修订的《节能法》相关要求，以确保全面完成"十一五"节能目标任务而展开。工作内容为：

（一）对"十一五"期间国家明令淘汰的用能设备进行监察。2010 年主要对国家《产业结构调整指导目录（2005 年本）》及工信部颁布的《高耗能落后机电设备（产品）淘汰目录（第一批）》公告实施抽监。

（二）对 2009 年度重点用能单位的能源利用状况报告执行情况进行监察。主要

监察：是否按照《节能法》规定报送能源利用状况报告；报告包含的内容是否真实；是否落实《节能法》规定的整改要求，或者整改是否达到要求等。

（三）对重点用能单位能源计量器具配备和管理情况进行抽监。主要监察：是否符合《用能单位能源计量器具配备和管理通则》要求。

（四）对 2009 年限期整改的用能单位落实情况进行抽查。

（五）对已公布的单位产品能耗限额标准执行情况进行抽监。主要监察：是否按照《节能法》规定执行能耗限额；是否定期报送能耗限额季度报表。

（六）按十三项节能监察标准要求重点抽查监测 4 吨/时以上工业锅炉、热力输送系统、三相异步电机经济运行等。

三、时间安排

（一）省级节能监察监测时间安排如下：

4 月：九江市 10 家、景德镇市 9 家；

5 月：上饶市 9 家、萍乡市 9 家；

6 月：宜春市 10 家、抚州市 10 家；

7 月：鹰潭市 3 家；

9 月：新余市 10 家；

10 月：吉安市 7 家、赣州市 7 家、南昌市 16 家（4～11 月）；

12 月：汇总分析。

（二）各设区市节能监察监测重点企业的计划及具体名单和时间安排由各设区市自行确定，并报省节能监察总队备案。

（三）11 月底前各设区市工信委（经贸委）节能监察中心应将 2010 年节能监察监测报告（原始报告）及汇总材料报省节能监察总队。

四、工作要求

（一）各设区市工信委（经贸委）应根据本通知的要求，加强对此项工作的组织领导。各节能监察机构要严格按照有关法律、法规要求开展工作，自觉接受省节能监察总队的业务指导，定期汇报节能监察工作的实施情况，及时提出做好节能监察工作的意见与建议，切实做好节能监察工作。

（二）要认真组织制定节能监察实施细则，排出节能监察进度表，明确组织分工，落实工作责任，确保节能监察质量和效果。

（三）在实施节能监察中，要认真履行职责，严格执法行为，统一执法依据，统一监察标准，统一监察程序。

（四）对监察中发现的问题，要提出有针对性和可操作性的节能降耗措施。依法处理监察中发现的节能违法行为，督促用能单位认真整改。

（五）各有关企业要认真准备，落实责任部门和专人填报相应的报表，配合节能监察做好工作。对节能工作做得好，超额完成节能目标，报表准确、及时的企业，监察机构可采用适当的书面形式实施节能监察。

（六）节能监察监测是一项政府行为，依据《江西省实施〈中华人民共和国节约能源法〉办法》和《江西省人民政府关于加强节能工作的实施意见》的有关规定，节能监察监测执法所需费用由本级政府财政安排解决，不得向企业收费。

五、法律依据

《中华人民共和国节约能源法》、《江西省实施〈中华人民共和国节约能源法〉办法》、《国务院关于加强节能工作的决定》、《江西省人民政府关于加强节能工作的实施意见》、《重点用能单位节能管理办法》、《节约用电管理办法》、《产业结构调整指导目录》、《高耗能落后机电设备（产品）淘汰目录（第一批)》、《国家及省单位产品能耗限额》、《固定资产投资项目节能评估和审核指南》、《节能监测技术通则》等十三项国家节能监测标准和《江西省环境和资源综合利用行政执法暂行规定》等。

联系人：赖华文　杨　晨

电　话：0791 - 6227352 - 8004（8013）

邮　箱：jxjianceke@yahoo.com.cn

附件：江西省节能监察总队节能监察监测重点企业名单（100 家）

二〇一〇年二月二十六日

附件

江西省节能监察总队节能监察监测
重点企业名单（100家）

一、南昌市（16家）

南昌方大特钢科技股份有限公司、江西晨鸣纸业有限责任公司、江西新昌发电厂、江西昌九生物化工股份有限公司江氨分公司、江铃汽车股份有限公司、江西洪都钢厂、江西汇仁药业有限公司、南昌宏狄氯碱有限公司、中粮（江西）米业有限公司、北际医用塑胶业（南昌）有限公司、江西晶安高科技股份有限公司、江西洪都航空工业集团有限责任公司、江西华源江纺有限公司、江西省江铜—耶兹铜箔有限公司、南昌亚东水泥有限公司、雪津啤酒（南昌）有限公司。

二、九江市（10家）

国电九江发电厂、江西亚东水泥有限公司、中国石化股份九江分公司、蓝星星火有机硅厂、九江海扬纺织有限公司、九江鑫山水泥有限责任公司、江西三环水泥有限公司、江西湖口蓝天药用玻璃厂、赛得利（江西）化纤有限公司、江西萍钢实业股份有限公司九江钢厂。

三、景德镇市（9家）

江西化纤化工有限责任公司、景德镇市焦化工业集团有限责任公司、江西东风药业股份有限责任公司、江西世龙实业有限公司、江西锦溪水泥有限公司、江西景德镇发电有限责任公司、昌河飞机工业（集团）有限责任公司、景德镇华意压缩机股份公司、江西昌河汽车股份有限公司。

四、宜春市（10家）

江西丰城发电有限公司、丰城矿务局、江西兰丰水泥集团有限公司、江西英岗岭煤业有限公司（原英岗岭矿务局）、高安红狮水泥有限公司、江西英岭水泥有限公司、江西华厦建材集团有限公司、江西晶昊盐化有限公司（原江西盐矿）、江西赣中氯碱制造有限公司、樟树顺达水泥有限公司。

五、抚州市（10家）

江西大亚木业有限公司、江西添光化工有限公司、黎川县环球陶瓷公司、黎川县康舒陶瓷公司、黎川县嘉顺陶瓷公司、黎川县永华陶瓷公司、江西东乡高信化工有限公司、江西万泰铝业有限公司、江铜集团（东乡）铸造有限公司、东乡县正大焦电有限公司。

六、赣州市（7家）

江西瑞金万年青水泥有限责任公司、江西省宝华山实业有限公司、江西万基水泥有限公司、江西省圣塔实业集团有限公司、江西南方万年青国兴水泥有限公司、赣州市百丰建材有限责任公司、华能瑞金电厂。

七、新余市（10家）

新余钢铁有限责任公司、江西大唐国际新余发电有限责任公司、江西分宜发电有限责任公司、分宜海螺水泥有限责任公司、新余市良山钢管有限责任公司、江西赛维 LDK 太阳能科技有限公司、新余远东纺织有限公司、新余欧里水泥有限责任公司、江西双强化工有限责任公司、江锂新材料科技有限责任公司。

八、鹰潭市（3家）

江西省铜业集团公司、江西贵溪化肥有限责任公司、江西贵溪新世纪水泥有限公司。

九、萍乡市（9家）

江西萍钢实业股份有限公司萍乡钢厂、萍乡矿业集团有限责任公司、江西赣能股份公司萍乡发电厂、江西正大水泥有限公司、江西省日江水泥制造有限公司、萍乡市博宏实业有限公司、萍乡泓源煤化工有限公司、江西惠金有限公司萍乡市昌盛水泥厂、江西省青峰水泥有限公司。

十、上饶市（9家）

国电黄金埠发电有限公司、江西万年青水泥股份有限公司万年水泥厂、江西万年青水泥股份有限公司玉山水泥厂、江西鸡山水泥有限公司、江西岩鹰水泥有限公司、江西虎山鸡山水泥有限公司、江西三清水泥有限公司、德兴市百勤异 VC 钠有限公司、弋阳海螺水泥。

十一、吉安市（7家）

华能井冈山电厂、江西安福南方水泥有限公司、中盐新干盐化有限公司、泰和玉华水泥有限公司、江西庐陵水泥有限公司、江西箐山建材有限公司、江西新赣江药业公司。

9.《山东省 2011～2013 年节能监察规划》

节能监察是节能监察机构依法履行节能监管职责，督促、帮助用能单位加强节能管理、提高能源利用效率，并对违法行为依法予以处理的具体执法行为。加强节能监察，有利于增强全民节能意识，促进依法用能、合理用能，保障节能法律、法规、规章和标准的贯彻落实，推动完成节能目标，构建资源节约型、环境友好型社会。根据国家和我省关于节能工作的总体部署，结合全省实际，编制本规划。

一、背景

（一）工作回顾

"十一五"以来，全省节能监察机构按照国家和省的决策部署，上下联动，积极作为，扎实工作，认真履行职责，开拓创新，全省节能监察工作取得了明显成效。

——省和 17 个设区的市、73 个县（市、区）成立了节能监察机构，全省节能监察组织体系基本建立。

——每年开展专项执法监察，形成了日常监察与专项监察相结合，省、市、县（市、区）上下联动，节能监察机构与建设、质监、机关事务管理等部门横向联合的执法机制。

——800 余名省、市、县（市、区）节能监察人员参加了节能执法培训，全省执法人员业务素质、工作水平不断提高，保障了节能监察工作的顺利开展。

——"十一五"期间全省节能监察机构依法监察企业 5445 家，对 1905 家单位下达了限期整改通知书，对 3405 家单位下达了节能监察意见书、建议书，提出整改意见和建议 17000 余条，对 131 家违法用能单位实施了节能行政处罚，淘汰高耗能设备 22947 台（套），拆除明令禁止使用的生产线 193 条，年可节能 1795 万吨标准煤。

全省"十一五"节能监察工作有效地促进了企业节能技术进步，督促企业加强了节能管理，特别是强化了企业依法用能、合理用能的法律意识，对全省完成"十一五"节能目标起到了积极作用，节能监察工作多次得到省委、省政府领导的充分肯定。同时，还积累了节能监察必须围绕节能目标积极作为、必须突出工作重点和找准切入点、必须坚持开拓创新、必须求真务实、必须坚持节能监察与帮促服务相结合等经验，为我省进一步搞好"十二五"节能监察工作提供了宝贵财富。

（二）形势分析

从当前全省节能监察工作所面临的形势看，既有积极因素和有利条件，也面临着严峻的挑战。

积极因素和有利条件：

一是当前世界经济正处于大变革、大调整之中，发展绿色经济、循环经济、低碳经济，已经成为国际上的一个重要趋势。在这种背景下加强节能监察，有利于督促、帮助用能单位提高能源利用效率，促进我省经济向着绿色、低碳方向发展，使我省在新一轮经济调整中赢得先机、争取主动。

二是中央及省委省政府要求"十二五"期间，把转变经济发展方式作为推动科学发展的主线和必由之路，继续把万元GDP能耗作为一项重要的约束性指标，把建设资源节约型、环境友好型社会作为加快转变经济发展方式的重要着力点。加强节能监察，有利于节能监察机构综合运用法律手段和技术手段，控制高耗能行业过快增长，转变经济发展方式，制止违法用能、不合理用能行为，完成"十二五"节能目标。

三是国家高度重视节能监察机构能力建设，要求按照节能管理、监督、服务"三位一体"和节能统计、监测、考核"三体系"，研究制定能力建设规范。进一步完善地方节能监察组织体系建设，着力加强市、县级节能监察机构能力建设，推动全国地市级人民政府全部建立节能监察机构，县级人民政府基本建立节能监察机构，并配备相应的人员和装备。

四是"十一五"全省节能监察机构积累了宝贵的节能监察经验，节能监察组织体系逐步健全，信息化手段不断完善，能力建设不断加强，能源管理师制度逐步深化，为做好"十二五"乃至今后一个时期的节能监察工作奠定了良好工作基础。

面临的严峻挑战：

一是由于"十一五"末期，全省针对"两高"行业采取了严格的控制政策，一些新建项目产能未能得到完全释放，随着部分高耗能产品市场需求旺盛，这些项目产能将集中释放，带来能源消耗的急剧增长，给节能监察工作带来很大压力。

二是财税、法律等方面能够持续稳定长效发挥作用的激励和约束机制尚不健全，企业节能内生动力不足，个别地方和企业节能基础能力建设滞后，节能的自觉性不高，仍然存在重增长、轻节能的观念，大部分用能单位缺少一支专业化、高素质、稳定的节能管理队伍，违法用能、不合理用能的现象时有发生，给节能监察工作带来巨大挑战。

三是"十一五"以来，全省节能监察机构紧紧围绕全省节能目标，加大节能监察力度，先后对全省用能设备、生产工艺、能耗限额、固定资产投资项目以及全社会用电等进行专项监察，投入了大量人力、物力和财力，但是由于多数市节能监察机构没有专门执法经费，给后续节能监察工作带来很大影响。

四是各市节能监察机构普遍存在着监察设备仪器老化、信息化水平低、人员知识结构不合理等问题，加之多数市的县（市、区）节能监察体系不健全，基层执法能力较弱，严重制约了全省节能监察工作的进一步开展。

从"十二五"节能趋势分析，节能工作将呈现6个显著特征：

一是节能更加制度化。"十二五"期间，随着节能工作深入开展，要求我们必须进一步完善节能工作制度，充分发挥长效机制对节能工作的保障作用。

二是节能更加产业化。"十二五"期间，节能技术装备产业和节能服务产业面临巨大的发展机遇。

三是节能更加技术化。"十二五"期间，信息化技术将进一步升级，新材料、新能源、碳捕获利用技术、生物技术、空间技术等将有新的突破，为低碳经济发展带来支撑。技术进步对节能的贡献率会越来越大。

四是节能更加市场化。"十二五"期间，碳交易、节能量交易等市场机制促进节能的作用会越来越大，发挥市场作用会更加有效和必要。

五是节能更加社会化。"十二五"期间，应全面抓好工业、建筑、交通、生活、公共等领域节能，实现全社会的立体节能。

六是节能更加国际化。全球化、国际化的加深，低碳经济理念和相应规则的制定，二氧化碳减排的承诺，与国际交流的进一步拓宽、加深，使得节能不再是国内和企业自身的事情，节能工作必须与国际接轨，各级政府和企业应从国际化视角定位节能、开展节能。

全省节能监察机构应充分认清当前形势，把握未来趋势，增强抓好节能监察工作的使命感、紧迫感和责任感，准确把握工作定位，充分利用有利条件，积极消除不利因素，明确目标，加大措施，积极推进，尽职尽责把工作做深入、做扎实，在全省"调结构、转方式"这一重大战略任务中充分发挥应有的作用。

二、指导思想

以科学发展观为指导，以提高全省能源利用效率为目标，按照省委、省政府"调结构、转方式"等决策部署，以重点领域、重点行业和年综合能耗 5000 吨标准煤以上重点用能单位为重点，以进一步加大节能监察力度、完善节能监察体系、加强节能监察能力建设、建立和完善节能监察长效机制、加强节能信息系统建设、推进能源管理师制度建设为着力点，认真履行职责，开拓创新，帮促用能单位依法用能、合理用能、科学用能，保障节能法律、法规、标准的贯彻落实，为全省完成"十二五"节能目标打下坚实的基础。

三、基本原则

实施节能监察，必须坚持有法必依、执法必严、违法必究，确保节能法律法规的贯彻执行，维护公共利益、经济社会秩序和节能法律法规的尊严；必须严格依照法定权限和程序行使权力、履行职责，确保执法主体合法、程序合法；必须公平执法，平等对待被监察单位，同样情形同等处理；必须坚持节能监察与帮促相结合、处置与疏导相结合，把节能监察与帮促服务、宣传教育紧密结合起来，实现法律效果与社会效果的统一。

四、主要目标

经过 3 年的努力，全社会违法用能、不合理用能行为明显减少，全省节能监察组织体系基本健全，节能监察能力明显增强，长效节能监察机制基本形成，能源管理师队伍基本建立，全省节能监察工作处于全国先进水平。

（一）节能监察工作目标

通过节能监察，工业领域高耗能项目得到有效控制，高耗能产品单耗明显降低，节能技术进步步伐明显加快，能源利用效率显著提高；重点领域、高耗能行业和重点用能单位依法用能、合理用能意识明显增强，节能管理水平进一步提高，全社会遵法守法用能环境和合理用能风尚初步形成。

（二）节能监察组织体系建设目标

省、市两级节能监察组织体系健全完善，县（市、区）节能监察组织体系基本健全，部门协调配合机制建立健全，节能监察网络完善，在全省形成一个目标统一、步调一致、职责清晰、各有侧重、各司其职、多领域、全方位的综合节能监察体系。

（三）节能监察长效机制建设目标

适当下移执法重心，建立健全和完善并形成长效的节能专项监察上下联动机制、日常节能监察与专项节能监察相结合的机制、部门之间联合执法的机制、节能违法案件与投诉举报运行机制、节能监察与帮促服务相结合的执法机制、节能处罚机制。

（四）节能监察队伍建设目标

全省节能监察人员全部轮训一遍，达到持证上岗，并建立评议考核制度，在全省形成一支严格执法、公正执法、文明执法、既懂法律知识又懂节能业务、既严格执法又热情服务的清正廉洁高素质的节能监察队伍。

（五）节能监察能力建设目标

制定省、市、县三级节能监察机构能力建设规范，省、市、县三级节能监察机构要按照相关能力建设规范的要求，配备相应的人员和技术装备，并加强信息化建设，建立和完善重点用能单位能源管理基础数据库，实现节能监察规范化、办公自动化管理和能源利用状况报告网上报送。省、市节能监察机构具备计量认证资质。

（六）能源管理师培训考核目标

到2013年底，全省6000人以上取得能源管理师资格，在全省初步建立一支专业化、高素质、稳定的能源管理师队伍。

五、主要工作

（一）组织实施节能专项监察

1. 对高耗能行业实施专项监察。每年选择两个高耗能行业，以核查单位产品能耗情况为切入点，利用 3 年的时间，把我省电力、冶金、化工、建材、轻工、煤炭等高耗能行业单位产品能耗情况摸清楚，对在监察中发现单位产品能耗超出预警控制线或超过单位产品能耗限额标准的，要依法予以处理。

2. 对工业固定资产投资项目实施专项监察。以建设单位新建、改建、扩建工业固定资产投资项目为切入点，加强对建设单位执行节能评估审查制度情况的专项监察，依法查处违法建设的工业固定资产投资项目，对在监察中发现违规建设的项目，要坚决予以制止，从源头抑制高耗能产业过快增长。

3. 对交通运输领域实施专项监察。会同交通运输主管部门，对交通运输领域能源消耗情况开展专项监察，对在监察中发现营运车船燃料消耗超标准的，依法交由交通运输主管部门处理。

（二）开展日常节能监察

1. 抓好对年综合能耗 5000 吨标准煤以上重点用能单位的节能监察。各市节能监察机构要以核查能源利用状况报告为切入点，对重点用能单位用能设备、计量、统计、岗位设立、人员培训等情况进行全面深入系统监察，利用 3 年的时间，把全省年综合能耗 5000 吨标准煤以上的重点用能单位监察一遍，摸清底数，建档立卷，针对发现的问题，帮促企业依法整改。

2. 对年综合能耗 5000 吨标准煤以下用能单位的用能设备、生产工艺情况实施日常节能监察。对在监察中发现仍在使用国家和省明令淘汰的用能设备或者生产工艺的，要报当地节能行政主管部门责令停止使用，并没收明令淘汰的用能设备。

3. 对能源生产经营单位实施日常节能监察。各市节能监察机构对在监察中发现能源生产经营单位无偿或者低于市场价格向本单位职工提供能源，或者对本单位职工按能源消费量给予补贴的，要报当地节能行政主管部门责令限期改正。

4. 对节能服务机构实施日常节能监察。各市节能监察机构要加强对节能咨询、设计、评估、检测、审计、认证等服务机构配备节能专业人才、健全管理制度和提供文件真实性等情况的监察。对在监察中发现从事节能咨询、设计、评估、检测、审计、认证等服务的机构提供虚假信息的，要报当地节能主管部门依法予以处理。

5. 对公共建筑、公共机构用能情况实施日常监察。各市节能监察机构要积极联合当地住房和城建部门、机关事务管理机构，对公共建筑、公共机构建立节能目标责任制、定期开展节能教育和培训、加强能源计量等基础工作，推行先进节能技术和信息化管理模式，合理使用能源等情况进行监督检查，切实帮促用能单位提高节能管理水平和能源利用效率。

（三）加强节能监察组织体系建设

一是省节能监察总队制定节能监察机构建设规范，全省节能监察机构要按照规范建设。二是按照适当重心下移的要求，各市节能监察机构要积极推动把县级节能监察机构建设情况纳入政府考核内容，加强所属县（市、区）节能监察机构建设，配备相应的人员和必要的技术装备，充分发挥县级节能监察机构的执法保障作用。

（四）建立健全节能监察长效机制

一是省节能监察总队要加强全省节能信息系统建设、宏观管理、业务指导、综合协调、监督检查、培训考核、重大活动组织协调等，组织实施全省专项节能监察。二是各市节能监察机构要积极推动县级节能监察机构建设，并结合实际，以日常节能监察和为企业及时提供有效的技术帮促服务为重点，加强自身并指导县级节能监察机构加强技术装备、人员业务技能、技术咨询指导等方面的能力建设，定期开展节能监察业务培训。三是省、市节能监察机构要依据《山东省节约能源条例》，积极与有关部门沟通，建立健全部门协调配合机制，完善节能监察网络，提高节能监察覆盖率。四是省、市节能监察机构要公开投诉举报电话，安排专人负责受理投诉举报，建立健全投诉举报制度。五是根据《山东省节能监察办法》等规定，研究制定全省节能监察和行政处罚操作规程，完善节能处罚机制。

（五）加强节能监察队伍建设

节能监察队伍是提高节能监察水平的基本保证。节能监察队伍整体素质的高低，关系到节能监察的水平和效能，关系到节能监察的社会形象。一是认真组织开展"学习型、实践型、创新型"节能监察机构活动，通过个人自学、集体学习、专项培训、执法研讨、案例分析、省内外国内外观摩交流学习以及深入开展调查研究等，千方百计提高节能监察人员的政策理论、法律法规标准知识、节能专业知识、计算机操作、公文写作等各方面水平，不断提高分析问题、解决问题的能力。二是制定和完善节能监察机构规章制度、执法人员行为规范、执法工作纪律、节能监察档案管理制度、节能监察评议考核制度、节能监察学习培训制度等，加强对全省节能监察人员的规范管理。

（六）加强节能监察能力建设

一是配备必要的能源监测设备、执法取证设备、执法交通工具和通讯设施，加强与所承担节能监察任务相适应的基础设施、仪器设备、培训场地、信息情报资料库、优秀节能技术和产品展示区设施等硬件设施建设。二是合理配置和优化节能监察人员的知识结构，配备电能、热工、法律等相关专业知识的监察人员。三是通过岗位技能和专业执法培训，节能监察人员能够对工业、交通运输、建筑和公共机构等领域用能设备、设施能源利用情况进行监测并做出准确评价，对固定资产投资项目进行审核评价，对煤、电、油、气等进行物理、化学指标分析。四是节能监察人员要达到持证上岗。五是节能监察机构具备省级计量认证（CMA）资质，确保节能监察数据的权威性、准确性。

（七）加强节能信息系统建设

按照高标准、高起点、统筹规划、分步实施的原则，建设覆盖全省、双向互动、功能完整的节能信息系统，提高节能主管部门、节能监察机构、重点用能单位节能信息化管理水平，为党委、政府科学决策提供信息保障，为用能单位提供节能信息和技术服务。一是省级信息系统要覆盖全省17市节能主管部门、节能监察机构、年综合能耗5000吨标准煤以上重点用能单位以及重点领域和有关部门，实现能耗数据采集、分析处理、预测预警、服务指导等功能。二是市级信息系统要覆盖所辖县（市、区）和本市年综合能耗5000吨标准煤以上重点用能单位，在向省级信息平台提供数据信息的同时，实现对所辖县（市、区）进行业务指导、对年综合能耗5000吨标准煤以上重点用能单位实施日常监管、为用能单位提供信息服务的功能。三是各县（市、区）节能主管部门通过所在市信息平台向其开放的相应功能，实现对本地区年综合能耗5000吨标准煤以上重点用能单位的节能监督管理。四是年综合能耗5000吨标准煤以上重点用能单位，按照统一要求，登录省或所在市节能信息系统报送本单位能耗数据和能源利用状况报告，获取相关节能信息。五是省市节能监察机构应配置专职人员，做好能耗数据收集、分析和处理工作。

（八）加大节能培训工作力度

根据省经信委、省政府节能办的要求，认真组织实施能源管理培训考核和发证工作。一是修订、完善能源管理师培训教材、考试大纲和辅导教材等。二是从具有良好的思想品德修养、热爱能源管理事业、具有高级专业技术职称、熟悉掌握能源管理相关专业知识、具有良好的语言表达能力和知识传授能力的专家队伍中选拔一批师资队伍。三是建立和完善能源管理师资格培训考试题库。四是建立健全能源管理师档案管理制度。五是深化和完善能源管理师制度，规范能源管理师培训、考核和发证工作，建立长效工作机制。在抓好能源管理师培训的同时，继续抓好用能设备操作人员、空调系统运行人员、节能管理（监察）人员和节约用电等常规培训工作，扩大对外交流与合作。

六、保障措施

（一）加强组织领导

节能监察是一个崭新的事业，涉及领域多、范围广，各市节能监察机构是实施的主体，节能监察机构的行政一把手是第一责任人，分管领导要亲自抓，把节能监察列入重要工作议程，周密部署，加强督促、检查和指导，狠抓落实。

（二）制定规划和计划

各市节能监察机构要结合本地实际，制定规划和工作计划，进一步深化、细化工作措施，明确实施步骤，创新工作思路和方法，按照轻重缓急，立足当前，着眼长远，有效推进各项工作深入开展。

（三）加强协调和指导

各市节能监察机构要积极与县（市、区）政府经信、住房和城建、交通运输、机关事务管理等部门与机构协商，建立节能监察的联席会议制度，及时协调解决对违法用能的依法处理问题，要对下级节能监察机构进行经常性的业务指导。

（四）争取执法经费

各级节能监察机构要积极争取有关领导和财政部门的支持，增加执法办案经费，配备监察设备，为节能监察工作的正常开展提供必要的保证。有条件的地方，要争取设立节能监察专项资金，用于支持节能监察执法活动。

（五）注重节能监察实效

一是对已经处理了的违法用能行为，要采取挂牌督办等形式及时进行跟踪问效，提高节能监察数量和质量。二是以追求节能监察效能为前提，注意将节能监察与节能评估、能效评价、能源监测、能源审计等帮促服务相结合，将依法查处与说服教育相结合，将事后查处与事前约谈、诫勉相结合，讲求方式方法。三是在节能监察的程序上和主要事实的认定上请本部门法制机构把关，在组织听证等环节与法制机构通力配合，在疑难案件的分析处理上与法制机构进行沟通。四是要注意加强与新闻媒体的合作，开展节能法律知识宣传活动，邀请有关媒体跟踪报道节能监察的执法过程，增进社会各界对节能监察工作的了解和理解。注意抓住一些典型案例，及时通过主要新闻媒体曝光，加大对违法违规用能单位的震慑力，提高节能监察工作的社会影响力，营造节能监察工作的良好氛围。

10. 山东省 2011 年节能监察工作意见

2011 年，全省节能监察工作要以科学发展观为指导，认真贯彻落实国家和省关于加强节能工作的决策部署，紧紧围绕实现全省"十二五"节能目标，巩固已有成果，创新工作思路，强抓队伍建设，完善体系机制，实现统一的全省节能监察格局。突出对重点领域、重点行业和重点企业的节能监察，注重节能监察与帮促服务相结合，确保节能法律、法规、标准和政策的贯彻落实，依法推进全省节能工作，为完成"十二五"节能目标打下坚实基础。

一、工作目标

（一）节能监察目标：对年综合能耗 5000 吨标准煤以上重点用能单位实施日常节能监察，全年全省完成 1000 家；对冶金、化工两大高耗能行业能耗情况开展节能专项监察；对全省工业固定资产投资项目节能评估审查情况开展节能专项监察；拓宽节能监察领域，对交通运输企业组织开展节能专项监察。通过节能监察，提高重点用能单位能源利用效率，促进全社会依法用能、合理用能、科学用能。

（二）体系机制建设目标：在巩固"十一五"体系机制建设成果的基础上，实行节能执法重心下移，使各级节能监察机构职责更加明晰。省节能监察总队重点加强宏观管理、业务指导、综合协调、监督检查、培训考核，组织专项监察和重大活动；市级节能监察机构以日常节能监察工作为重心，加强组织实施和技术指导。积极探索并逐步建立节能监察与节能评估、能源审计、能效评价、能源监测等帮促服务相结合的执法机制。整合执法资源，在全省形成目标统一、职责清晰、各有侧重、各司其职、全领域、全覆盖的节能监察综合执法格局。

（三）机构能力建设目标：完成全省节能信息系统建设，开展计量认证工作。建设节能信息系统，提高全省节能信息化管理水平，增强节能执法效能。认真做好计量认证工作，使全省节能监察机构具备计量认证资质，确保检测数据的权威性、准确性。

（四）能源管理师资格培训目标：加大对重点用能单位节能管理人员培训和考试力度，确保全省3000人以上取得能源管理师资格，使年综合能耗一万吨标准煤以上重点用能单位至少有一名具备能源管理师资格的节能管理人员，在全省逐步建立一支高素质、专业化、稳定的能源管理师队伍。

二、主要工作

（一）各市要对本地区年综合能耗5000吨标准煤以上重点用能单位能源利用状况和执行节能法律、法规、标准情况进行节能日常监察（2010年已实施监察的省千户重点用能单位除外），摸清底数，建档立卷，针对发现的问题，帮促企业依法整改。

（二）省节能监察总队组织对冶金、化工高耗能行业能耗情况进行专项监察。

（三）省节能监察总队组织对全省工业固定资产投资项目建设单位执行节能评估和审查验收制度情况实施专项监察。

（四）省节能监察总队会同交通运输主管部门对交通运输企业执行营运车船燃料消耗量限值标准情况进行专项检查。

（五）各市节能主管部门会同建设、机关事务主管部门对公共机构和公共建筑依法用能情况进行日常监察，对宾馆酒店逐步取消一次性日用品情况进行监督检查。

（六）按照《山东省2011年能源管理师资格培训和考试工作实施方案》，组织实施能源管理师资格报名、辅导、考试和发证等工作。完成《辅导教材》和《复习题集》的编写工作，完成3000名能源管理师资格培训、考试和发证任务。继续抓好常规培训工作。

（七）加快全省节能信息系统建设，2011年实现年综合能耗5000吨标准煤以上重点用能单位月度、年度能耗数据网上直报，与已建系统的市实现对接，对新建系统制定技术规范，提出建设标准要求。

（八）在总结完善我省能源管理体系建设推广工作的基础上，在全省重点用能单位逐步推行能源管理体系建设，帮助重点用能单位夯实节能管理基础。

（九）强化队伍建设，继续抓好创建"学习型、实践型、创新型"节能监察机构活动，加强组织学习和业务培训工作，提高节能监察人员的法规政策水平和专业技能。

（十）加强工作调研，针对"十二五"节能监察工作面临的新形势、新任务，积极研究新情况、新问题，注重运用调研成果推动全省节能监察工作。

三、工作要求

（一）要提高对做好"十二五"开局之年节能监察工作重要性的认识。着眼打牢基础，搞好日常监察，建立长效机制。要紧紧围绕年度节能监察任务目标，加强组织领导，制定实施方案，明确监察分工，落实工作责任，确保节能监察质量和效果。

（二）发挥专业优势，做好"结合"文章。要充分发挥节能监察机构的专业技术优势，实现节能监察与节能评估、能源审计、能效评价、能源监测等的有机结合，帮促重点用能单位提高能源利用效率，进一步增强企业依法用能、合理用能的意识。

（三）创新节能监察工作思路。要针对本地实际和节能监察中遇到的新情况、新问题，加强工作调研，积极研究开创节能监察工作新局面的新方法、新举措、新对策。

（四）加强能力建设，强化队伍素质。要重视练好内功，不断提高节能法规政策和专业执法水平，建设高素质、专业化、规范化的节能执法队伍。

（五）省节能监察总队要加强对全省节能监察工作的指导协调和监督检查，完善制度，强化考核，树立典型，推广经验，推动全省节能监察工作再上新台阶。

11. 山东省 2012 年节能监察工作意见

2012 年，全省节能监察工作要以科学发展观为指导，认真贯彻落实国家和省关于加强节能工作的决策部署，紧紧围绕巩固"十一五"节能成果，实现"十二五"节能目标，全面落实全省节能监察总体规划，突出抓好节能监察、节能培训和信息系统建设三项重点工作，在完善体系机制、强化队伍建设、创新工作思路、建立长效机制方面取得新的进展。推动节能法律法规、标准和政策的贯彻落实，依法促进全省节能工作，为完成全年节能目标做出积极贡献。

一、主要目标

（一）节能监察目标：突出抓好重点领域、重点行业、重点企业的节能监察。对辖区内重点用能单位进行深入系统全面的节能监察，全年确保完成 1000 家；完成年综合能耗万吨标准煤以上建材、石油加工两大高耗能行业企业的节能监察；对我省节能服务中介机构进行检查；开展对节能评估审查、能耗限额和高耗能淘汰设备的节能监察。通过节能监察，提高重点用能单位能源利用效率，促进全社会依法、合理、科学用能。

（二）体系机制建设目标：完善省、市、县三级节能监察体系。巩固省、市联动机制；完善日常全面监察与专项监察相结合的工作机制；建立节能监察与技术帮促相结合的执法机制。探索部门联合执法机制，在全省形成目标统一、职责清晰、各有侧重、各司其职、各负其责、全领域、全覆盖的节能监察综合执法格局。

（三）节能信息系统建设目标：全面完成全省节能信息系统建设工作，形成省、市两级系统平台互联互通，实现覆盖省、市、县节能监察机构及企业的节能信息系统。有效发挥信息系统功能作用，实现全省节能监察、能耗数据采集分析及预警调控等节能监督管理信息化。建立省、市、县节能监察机构能耗数据采集、审核管理队伍及企业能耗数据报送队伍，建立完善的运行管理机制，为建立节能长效机制提供技术支撑。

（四）节能培训目标：对主要耗能设备操作人员的常规培训，确保1000人持证。按照"十二五"全省培训能源管理师1万人的目标任务，2012年确保全省1600人以上取得能源管理师资格，在全省逐步建立一支高素质、专业化、稳定的能源管理师队伍。

（五）机构能力建设目标：按照国务院加强省、市、县三级节能监察机构能力建设的标准和条件，强化队伍能力建设，重点推进县级节能监察机构建设。

（六）长效机制研究目标：巩固2011年节能监察机制研究成果，通过深入系统研究，使节能监察机构的法律定位更加明确、能力建设更加过硬、工作目标更加清晰、工作机制更加健全、工作模式更加统一、评价考核更加科学。

二、主要工作任务

（一）节能监察法制建设参与组织修订《山东省节能监察办法》；研究提出三级节能监察机构的职责，细化节能监察内容和程序，明确法律责任；参与组织制（修）订地方节能标准。

（二）节能日常全面监察工作

1. 各市按计划对辖区内重点用能单位进行全面深入系统的节能监察。

2. 各市对辖区内能耗万吨标准煤以上建材、石油加工企业进行节能监察。监察的主要内容：执行单位产品能耗限额标准情况（包括2011年企业综合能耗、主要产品的单位产品能耗等情况）；对国家和省明令淘汰的用能产品、设备和生产工艺执行淘汰制度情况等。

3. 各市对辖区内2011年度新增用能企业能耗情况进行节能监察。监察的主要内容：企业生产用能情况；项目审批和节能评估审查情况等。

4. 各市对辖区内宾馆饭店取消一次性日用品情况进行监督检查。

（三）节能专项监察工作

1. 对2011年度单位产品能耗限额标准执行情况和高耗能落后机电设备（产品）淘汰情况进行监察。

2. 对 2011 年度固定资产投资项目节能评估审查制度执行情况进行监察。

3. 对我省节能服务中介机构进行检查。

4. 与相关部门开展联合执法。

5. 参与国家和省节能督查、核查和审查工作。

（四）节能信息系统建设

1. 2011 年未完成信息系统建设的市，要全面建设完成对上联通省级节能信息系统、对下覆盖县区节能主管部门、节能监察机构和企业的节能信息系统平台，全省实现省、市节能信息系统同步运行。

2. 全面实施年能耗 5000 吨标准煤以上重点用能单位月度能耗数据报送工作。包括："十一五"能耗数据填报；2011 年能源利用状况报告报送；2012 年能耗数据报送。确保按时编制省、市月度和年度能源利用状况分析报告。

3. 制定《山东省节能数据采集和分析管理办法》，组织能耗数据报送和审核人员培训，规范各级节能监察机构数据报送、审核、分析等工作，实现规范化管理。

4. 研究建立能源与经济数学模型，为政府决策提供支持；在省、市推行节能监察软件，实现节能监察管理信息化、规范化；进一步完善能源管理师网上报名及考核管理软件。

5. 适时接入行业管理数据，实现行业信息共享。

6. 组织实施对市级节能信息系统的实用化验收工作。

（五）节能培训工作

1. 深入开展全省用能设备操作人员的常规节能培训工作；对工业锅炉、中央空调、用电设备培训教材进行修订；组织对教师进行教学培训。

2. 继续组织实施能源管理师培训和考试工作，确保 1600 人以上取得能源管理师资格。

3. 加强节能监察机构执法人员培训。根据节能监察年度目标和任务要求，有计划地组织业务培训。

（六）基础性工作

1. 借助建立三级节能监察体系机遇，制定能力建设发展规划，发展壮大队伍，搞好各级节能监察机构能力建设。启动全省节能监察机构计量认证工作。

2. 开展节能监察长效机制研究。完善节能法规标准体系；制定三级节能监察机构能力建设标准；完善节能监察工作机制；统一节能监察工作模式；建立节能监察评价考核体系。

3. 积极开展国内外节能信息交流与合作。坚持"走出去、请进来"，加强与国际节能组织、协会、科研机构等交流与合作；争取国际项目支持；组织各市节能监察人员与国内先进的同行业进行业务交流与学习。

4. 研究制定能源管理师上岗履职的激励约束机制。

5. 建立和完善节能专家和法律专家专业团队，为节能监察提供业务支撑。

三、工作职责分工

（一）省节能监察总队重点加强宏观管理、业务指导、综合协调、监督检查、培训考核，组织专项监察，开展调查研究，组织重大活动。

（二）市级机构以全面深入系统的日常节能监察工作为重心，加强组织实施和技术帮促，加强对县级节能执法机构的业务指导，配合省搞好节能专项监察工作，处理省交办的投诉举报案件。

（三）县级节能监察机构主要配合市搞好日常节能监察工作，协助省、市搞好调查研究和情况摸底工作，处理市交办的投诉举报案件。具备监察条件和能力的县、市（区），可结合自身实际安排节能监察工作。

实行节能执法重心下移。全面深入系统的日常节能监察以各市为主组织实施，县、市（区）积极配合，使各级节能监察机构职责更加明晰，机构体系更加科学合理。

四、工作要求

（一）提高思想认识，加强组织领导。各级节能监察机构要提高对做好节能监察工作重要性的认识，着眼打牢基础，建立长效机制。要紧紧围绕年度节能监察任务目标，制定实施方案，明确监察分工，落实工作责任，确保节能监察质量和效果。

（二）加强工作调研，创新工作思路。要针对"十二五"全省节能监察工作面临的新形势、新任务、新情况，注重调查研究，结合本地实际，积极探索做好节能监察工作的新思路、新方法、新举措，积极运用调研成果推动全省节能监察工作。

（三）加强能力建设，强化队伍素质。要加强市、县节能监察机构能力建设，不断提高节能执法装备水平。要提高节能监察人员的法规政策水平和专业执法技能，建设高素质、专业化、复合型的节能执法队伍。

（四）完善制度措施，加强监督考核。省总队要加强对全省节能监察工作的指导协调和监督检查，完善各项制度，强化目标考核，树立先进典型，总结推广经验，推动全省节能监察工作再上新台阶。

12. 河南省发展和改革委员会关于下达
2011 年河南省节能监察计划的通知

（豫发改环资〔2011〕335 号）

各省辖市发展改革委（工信委、工业局），省直有关部门：

为进一步加强对用能单位能源利用状况的监督管理，推动完成全省年度节能目标，我委组织编制了 2011 年全省节能监察（监测）计划。现将有关事项通知如下。

一、节能监察（监测）依据

（一）《中华人民共和国节约能源法》（2007 年新修订）；

（二）《国务院关于加强节能工作的决定》（国发〔2006〕28 号）；

（三）《公共机构节能条例》（国务院令第 531 号）；

（四）《国务院关于进一步加强节油节电工作的通知》（国发〔2008〕23 号）；

（五）国务院办公厅关于严格执行公共建筑空调温度控制标准的通知（国办发〔2007〕42 号）；

（六）《高耗能落后机电设备（产品）淘汰目录（第一批）》公告（工节〔2009〕第 67 号）；

（七）《河南省节约能源条例》；

（八）《河南省重点用能单位节能管理办法》（豫政〔2006〕53 号）；

（九）《河南省人民政府贯彻国务院关于加强节能工作决定的实施意见》（豫政〔2006〕71 号）；

（十）《河南省节能监察办法》（省政府令第 131 号）；

（十一）《河南省公共机构节能管理办法》（省政府令第 132 号）；

（十二）《河南省发展和改革委员会关于河南省 2010 年重点耗能企业节能监察

第一阶段执行情况的通报》（豫发改环资〔2010〕1251号）；

（十三）《河南省发展和改革委员会关于河南省2010年重点耗能企业节能监察第二阶段执行情况的通报》（豫发改环资〔2010〕1566号）；

（十四）国家有关节能监测标准和国家、省有关能耗限额标准。

二、节能监察（监测）范围及内容

（一）重点用能单位

监察（监测）范围：列入省发展改革委豫发改环资〔2010〕1251号、豫发改环资〔2010〕1566号文通报的企业；纳入全省能源利用监测与信息管理系统，但未按要求注册、未定期报送数据的重点用能单位。

监察内容：对被通报企业落实整改措施情况进行复查；对重点用能单位主要耗能产品单位能源消耗情况进行专项能源监察审计。

（二）公共机构及大型公共建筑

监察（监测）范围：大专院校、大型商场、星级酒店宾馆、热力公司、省直机关。

监察内容：

1. 大专院校：综合能耗、人均能耗、单位建筑面积能耗比对（新旧校区分别比对）、锅炉节能监测、办公楼房间温度抽查。

2. 大型商场：环境温度抽查、空调主机能效测试、节能灯使用率。

3. 星级宾馆酒店：暖通空调系统运行时的室内温、湿度控制值测量；空调与采暖系统运行时的室内新风量控制值测量；建筑照度值测量；建筑照明功率密度值测量；锅炉节能监测。

4. 热力公司：综合能耗、热交换站换热效率测算、工业锅炉节能监测。

5. 省直机关：空调系统。

三、工作要求

（一）各省辖市节能主管部门要加强对用能单位的节能监督管理，督促有关党政机关、企事业单位依法接受节能监察（监测），确保各项工作顺利开展。有关部门根据今年全省节能监察计划，结合本领域、本行业节能工作重点，做好相关配合工作。

（二）各被监察（监测）单位要加强组织领导，抽调专门力量做好相关配合工作。要按照节能监察（监测）工作要求，及时提供所需资料，并对资料的真实性负责。任何单位不得以任何理由拒绝节能监察。节能监察（监测）的统计期为 2010 年 1～12 月。

（三）为加强各节能监察（监测）机构之间的业务交流，提升节能监察（监测）水平，今年全省节能监察（监测）工作采取工作人员、监察仪器、监察车辆"统一组织、统一培训、统一使用"的形式实施，委托省节能监测中心组织实施全省 2011 年节能监察（监测）计划。省节能监测中心要组织编制 2011 年节能监察（监测）计划实施方案并组织培训，抓紧开展工作，在 8 月底前全部完成年度节能监察任务，并提交 2011 年全省节能监察计划执行情况报告。

（四）按照《河南省节约能源条例》规定，实施节能监察（监测）计划的费用由省节能专项资金列支，不向被监察（监测）单位收取任何费用。

（五）各省辖市节能主管部门要根据本通知要求，结合本地实际情况，组织编制下达本地区 2011 年度节能监察（监测）计划。各地安排节能监察（监测）的范围为本地区年耗标煤 5000 吨至 5 万吨的重点耗能企业，企业数量比例在 30% 左右。节能监察（监测）所需经费在本地区节能专项资金中列支。

联系人：刘　霆　董巨威

电　话：0371—69691415

附件：1. 2011 年全省节能监察计划（工业企业）

　　　2. 2011 年全省节能监察计划（大专院校、大型商场、星级宾馆酒店、热力公司、省直机关）

二〇一一年三月二十五日

附件1

2011 年全省节能监察计划（工业企业）

序号	被监察单位	监察内容	监察时间	备注
\multicolumn{5}{c}{郑州市（29 家）}					
\multicolumn{5}{l}{列入 2010 年节能监察计划并受到通报的重点用能单位}					
1	郑州安耐克耐材营销有限公司		4～5 月	
2	郑州兴华特种水泥有限公司		4～5 月	
3	郑州久龙纸业有限公司		4～5 月	
4	郑州长城特种水泥有限公司		4～5 月	
5	郑州市黄河联营水泥厂		4～5 月	
6	郑州荣达工矿集团有限公司		4～5 月	
7	郑州隆昌耐火材料有限公司		4～5 月	
8	巩义市瑞雪彩色水泥有限公司		4～5 月	
9	河南永顺铝业有限公司		4～5 月	
10	中国铝业股份有限公司郑州研究院	落实整改措施情况进行复查	4～5 月	
11	巩义市东泰炉料有限公司		4～5 月	
12	郑州兴华耐火材料有限公司		4～5 月	
13	河南鑫泰铝业有限公司		4～5 月	
14	郑州宇翔特种水泥厂		4～5 月	
15	河南明泰铝业有限公司		4～5 月	
16	郑州东方耐火材料有限公司		4～5 月	
17	郑州市华宇耐火材料有限公司		4～5 月	
18	郑州市王楼水泥有限公司		4～5 月	
19	郑州华丰工贸纸业有限公司		4～5 月	
20	新密市正兴耐火材料有限公司		4～5 月	

序号	被监察单位	监察内容	监察时间	备注
未按要求定期报送能源利用状况的重点用能单位				
21	郑州裕中能源有限责任公司	主要耗能产品单位能源消耗情况进行专项能源监察审计	5～6月	
22	郑州中岳电力有限公司		5～6月	
23	郑州燃气发电有限公司		5～6月	
24	国投新登郑州水泥有限公司		5～6月	
25	新密市方园纸业有限公司		5～6月	
26	新密市天园纸业有限公司		5～6月	
27	郑州京华耐火材料实业有限公司		5～6月	
28	新密市三明纸业有限公司		5～6月	
29	河南鸽瑞复合材料股份有限公司		5～6月	
开封市（2家）				
列入2010年节能监察计划并受到通报的重点用能单位				
1	平煤集团开封兴化精细化工厂	落实整改措施情况进行复查	4～5月	
未按要求定期报送能源利用状况的重点用能单位				
2	河南晋开集团昕洲化工有限公司	主要耗能产品单位能源消耗情况进行专项能源监察审计	5～6月	
洛阳市（18家）				
列入2010年节能监察计划并受到通报的重点用能单位				
1	中铝洛阳铜业有限公司	落实整改措施情况进行复查	4～5月	
2	洛阳市紫罗山水泥有限公司		4～5月	
3	洛阳新黄河水泥有限责任公司		4～5月	
4	洛阳长铝宜铁水泥厂		4～5月	
5	河南省偃师市水泥二厂		4～5月	
6	洛阳LYC轴承有限公司		4～5月	
7	洛阳伟业轧钢有限公司		4～5月	
8	洛阳鑫冠化工有限公司		4～5月	

续表

序号	被监察单位	监察内容	监察时间	备注
未按要求定期报送能源利用状况的重点用能单位				
9	大唐洛阳热电厂	主要耗能产品单位能源消耗情况进行专项能源监察审计	5~6月	
10	洛阳洛钢集团钢铁有限公司		5~6月	
11	洛阳香江万基铝业有限公司		5~6月	
12	洛阳阳光热电有限公司		5~6月	
13	洛阳永安特钢有限公司		5~6月	
14	洛阳栾川钼业集团股份有限公司		5~6月	
15	洛玻集团洛阳龙昊玻璃有限公司		5~6月	
16	河南兴安线材有限公司		5~6月	
17	洛阳国泰钢铁有限公司		5~6月	
18	洛新耐火材料厂		5~6月	
平顶山市(5家)				
列入2010年节能监察计划并受到通报的重点用能单位				
1	宝源焦化有限公司	落实整改措施情况进行复查	4~5月	
2	虹剑煤化有限公司		4~5月	
3	汝丰焦化有限公司		4~5月	
4	汝州天瑞煤焦化有限公司		4~5月	
未按要求定期报送能源利用状况的重点用能单位				
5	河南神马氯碱发展有限责任公司	主要耗能产品单位能源消耗情况进行专项能源监察审计	5~6月	
安阳市(8家)				
列入2010年节能监察计划并受到通报的重点用能单位				
1	河南海皇旋窑水泥有限公司	落实整改措施情况进行复查	4~5月	
2	安阳国昌铁合金有限责任公司		4~5月	
3	安阳中联钢业有限公司		4~5月	
未按要求定期报送能源利用状况的重点用能单位				
4	河南亚新钢铁实业有限公司	主要耗能产品单位能源消耗情况进行专项能源监察审计	5~6月	
5	安阳市德亿车桥有限公司		5~6月	
6	安阳鑫磊实业有限公司		5~6月	
7	林州市方圆铸造有限公司		5~6月	
8	林州市圆通铸业有限公司		5~6月	

序号	被监察单位	监察内容	监察时间	备注
鹤壁市（1家）				
未按要求定期报送能源利用状况的重点用能单位				
1	鹤壁市立世蛋白质饲料有限公司	主要耗能产品单位能源消耗情况进行专项能源监察审计	5～6月	
新乡市（8家）				
列入2010年节能监察计划并受到通报的重点用能单位				
1	新乡神马正华化工有限公司	落实整改措施情况进行复查	4～5月	
未按要求定期报送能源利用状况的重点用能单位				
2	河南孟电集团热力有限公司	主要耗能产品单位能源消耗情况进行专项能源监察审计	5～6月	
3	河南中科化工有限责任公司		5～6月	
4	卫辉市天瑞水泥有限公司		5～6月	
5	新乡县刘庄农工商联合社		5～6月	
6	新乡市鸿泰纸业有限公司		5～6月	
7	辉县市亨利实业有限责任公司		5～6月	
8	辉县市纺织印染集团有限公司		5～6月	
焦作市（40家）				
列入2010年节能监察计划并受到通报的重点用能单位				
1	沁阳市中两水龙安造纸厂	落实整改措施情况进行复查	4～5月	
2	河南思可达新型能源材料有限公司		4～5月	
3	沁阳市新兴化工有限公司		4～5月	
4	沁阳市宏达钢铁有限公司		4～5月	
5	河南三星水泥工业有限公司		4～5月	
6	焦作市鑫诚轻工耐火材料有限公司		4～5月	
7	博爱县福利耐火材料厂		4～5月	
8	博爱县金海粉末冶金制品有限公司		4～5月	
9	焦作东方金铅有限公司		4～5月	
10	焦作市东晟粉末冶金有限公司		4～5月	
11	焦作市华康化工有限公司		4～5月	
12	河南省武陟县广源纸业有限公司		4～5月	
13	河南华英铝业有限公司		4～5月	
14	河南三星水泥工业有限公司		4～5月	

续表

序号	被监察单位	监察内容	监察时间	备注
未按要求定期报送能源利用状况的重点用能单位				
15	焦作华润热电有限公司		5~6月	
16	沁阳沁澳铝业有限公司		5~6月	
17	沁阳市永威装饰材料有限公司		5~6月	
18	河南思可达新型能源材料有限公司		5~6月	
19	温县神龙化纤有限公司		5~6月	
20	河南华丰纸业有限公司		5~6月	
21	焦作市中晶水泥有限责任公司		5~6月	
22	孟州市泰华有限公司		5~6月	
23	河南省江河纸业有限责任公司		5~6月	
24	焦作三合利众动力有限公司		5~6月	
25	焦作市崇义轻工机械有限公司		5~6月	
26	河南未来铝业（集团）有限公司	主要耗能产品单位能源消耗情况进行专项能源监察审计	5~6月	
27	河南省中原内配股份有限公司		5~6月	
28	焦作飞鸿包装有限公司		5~6月	
29	焦作市河阳酒精实业有限公司		5~6月	
30	河南省裕和玻璃有限公司		5~6月	
31	博爱县鑫宇线材有限责任公司		5~6月	
32	焦作市鑫达碳素工业有限公司		5~6月	
33	沁阳市万宝煤炭实业有限公司		5~6月	
34	河南省月山啤酒股份有限公司		5~6月	
35	孟州市华兴有限责任公司		5~6月	
36	沁阳市黄河碳素有限责任公司		5~6月	
37	温县双龙纸业有限公司		5~6月	
38	河南省艺龙塑胶有限公司		5~6月	
39	博爱县玄坦庙铝矾土加工厂		5~6月	
40	河南汇隆化工有限公司		5~6月	
濮阳市（8家）				
列入2010年节能监察计划并受到通报的重点用能单位				
1	濮阳市春盛化工有限公司	落实整改措施情况进行复查	4~5月	
2	台前民通华瑞纸业有限公司		4~5月	

续表

序号	被监察单位	监察内容	监察时间	备注
未按要求定期报送能源利用状况的重点用能单位				
3	中国石化集团中原石油勘探局	主要耗能产品单位能源消耗情况进行专项能源监察审计	5~6月	
4	国电濮阳热电有限公司		5~6月	
5	濮阳大化实业有限责任公司		5~6月	
6	濮阳县家雄灯饰有限公司		5~6月	
7	河南新光灯饰有限公司		5~6月	
8	濮阳市新光玻璃制品有限公司		5~6月	
许昌市（21家）				
列入2010年节能监察计划并受到通报的重点用能单位				
1	禹州市钧都建材有限公司	落实整改措施情况进行复查	4~5月	
2	长葛市恒光热电有限责任公司		4~5月	
3	鄢陵县安陵镇陵塔水泥有限责任公司		4~5月	
4	许昌龙兴达煤化有限公司		4~5月	
5	许昌宏发实业有限公司		4~5月	
6	河南平禹煤电有限责任公司		4~5月	
7	襄城县紫云焦化有限公司		4~5月	
未按要求定期报送能源利用状况的重点用能单位				
8	禹州市第一火力发电厂	主要耗能产品单位能源消耗情况进行专项能源监察审计	5~6月	
9	平顶山煤业许昌首山焦化有限公司		5~6月	
10	河南能信热电有限公司		5~6月	
11	河南宏腾纸业有限公司		5~6月	
12	许昌宏伟实业（集团）有限公司		5~6月	
13	襄城县明源燃气热电有限公司		5~6月	
14	河南省青山金汇不锈钢产业有限公司		5~6月	
15	襄城县鸿泰鑫工贸有限责任公司		5~6月	
16	河南省许昌新龙矿业有限责任公司		5~6月	
17	长葛市汇祥不锈钢铝业有限公司		5~6月	
18	许昌宏伟热力有限责任公司		5~6月	
19	河南爱迪德电力设备有限公司		5~6月	
20	许昌市恒源物资有限公司选煤厂		5~6月	
21	许昌市宇旭纸业有限公司		5~6月	

续表

序号	被监察单位	监察内容	监察时间	备注
漯河市（4家）				
未按要求定期报送能源利用状况的重点用能单位				
1	乐天澳的利饮料有限公司	主要耗能产品单位能源消耗情况进行专项能源监察审计	5～6月	
2	河南省北徐集团有限公司		5～6月	
3	漯河市兴茂钛业有限公司		5～6月	
4	中盐舞阳有限责任公司		5～6月	
三门峡市（5家）				
列入2010年节能监察计划并受到通报的重点用能单位				
1	河南威尔特化纤有限公司	落实整改措施情况进行复查	4～5月	
2	河南省振兴化工有限责任公司		4～5月	
未按要求定期报送能源利用状况的重点用能单位				
3	开曼铝业（三门峡）有限公司	主要耗能产品单位能源消耗情况进行专项能源监察审计	5～6月	
4	开曼（陕县）能源综合利用有限公司		5～6月	
5	灵宝市金源矿业有限责任公司		5～6月	
南阳市（11家）				
列入2010年节能监察计划并受到通报的重点用能单位				
1	南阳纺织集团有限公司	落实整改措施情况进行复查	4～5月	
2	河南新野纺织股份有限公司		4～5月	
3	河南新大地化工有限责任公司		4～5月	
4	淅川县九富冶炼有限公司		4～5月	
5	河南淅川县亚欣冶金材料有限公司		4～5月	
6	南阳市鼎鑫钢铁有限公司		4～5月	
7	南阳市大中冶金材料有限公司淅川分公司		4～5月	
8	西峡县灌河水泥有限责任公司		4～5月	
未按要求定期报送能源利用状况的重点用能单位				
9	桐柏县明星化工有限公司	主要耗能产品单位能源消耗情况进行专项能源监察审计	5～6月	
10	内乡县泰隆建材有限公司		5～6月	
11	河南省西保冶材集团有限公司		5～6月	
商丘市（2家）				
未按要求定期报送能源利用状况的重点用能单位				
1	国电民权发电有限公司	主要耗能产品单位能源消耗情况进行专项能源监察审计	5～6月	
2	商丘天龙投资有限公司		5～6月	

续表

序号	被监察单位	监察内容	监察时间	备注
信阳市（3家）				
未按要求定期报送能源利用状况的重点用能单位				
1	信阳豫信轧钢实业有限公司	主要耗能产品单位能源消耗情况进行专项能源监察审计	5~6月	
2	信阳市平桥区奥龙集团公司		5~6月	
3	河南省华英禽业集团		5~6月	
周口市（1家）				
未按要求定期报送能源利用状况的重点用能单位				
1	西华县晨辉工贸有限公司	主要耗能产品单位能源消耗情况进行专项能源监察审计	5~6月	
驻马店市（1家）				
未按要求定期报送能源利用状况的重点用能单位				
1	河南平煤蓝天股份有限公司	主要耗能产品单位能源消耗情况进行专项能源监察审计	5~6月	
济源市（4家）				
列入2010年节能监察计划并受到通报的重点用能单位				
1	河南奔月浮法玻璃有限公司	落实整改措施情况进行复查	4~5月	
未按要求定期报送能源利用状况的重点用能单位				
2	国电豫源发电有限责任公司	主要耗能产品单位能源消耗情况进行专项能源监察审计	5~6月	
3	济源市金利冶炼有限责任公司		5~6月	
4	济源市万洋冶炼（集团）有限公司		5~6月	

附件2

2011年全省节能监察计划（大专院校、大型商场、星级宾馆酒店、热力公司、省直机关）

序号	被监察单位	监察内容	监察时间	备注
一、大专院校（10所）				
1	郑州大学	综合能耗、人均能耗、单位建筑面积能耗比对（新旧校区分别比对）、锅炉节能监测、办公楼房间温度抽查	7～8月	郑州市
2	河南工业大学		7～8月	
3	河南农业大学		7～8月	
4	华北水利水电学院		7～8月	
5	郑州轻工业学院		7～8月	
6	中原工学院		7～8月	
7	河南师范大学		7～8月	新乡市
8	河南大学		7～8月	开封市
9	河南科技大学		7～8月	洛阳市
10	河南理工大学		7～8月	焦作市
二、大型商场（10家）				
1	丹尼斯百货人民路店	环境温度抽查、空调主机能效测试、节能灯使用率	7～8月	郑州市
2	丹尼斯百货花园路店		7～8月	
3	大商金博大店		7～8月	
4	北京华联		7～8月	
5	大商新玛特		7～8月	
6	胖东来		7～8月	许昌市
7	丹尼斯购物广场		7～8月	焦作市
8	丹尼斯		7～8月	平顶山市
9	丹尼斯百货		7～8月	洛阳市
10	金玛特		7～8月	南阳市

序号	被监察单位	监察内容	监察时间	备注
三、星级宾馆酒店（10家）				
1	郑州裕达国贸酒店	暖通空调系统运行时的室内温、湿度控制值测量；空调与采暖系统运行时的室内新风量控制值测量；建筑照度值测量；建筑照明功率密度值测量；锅炉节能监测	7～8月	郑州市
2	黄河迎宾馆		7～8月	
3	郑州中油花园酒店		7～8月	
4	河南民航大酒店		7～8月	
5	摩尔酒店		7～8月	
6	钼都利豪国际饭店		7～8月	洛阳市
7	开元名都大酒店		7～8月	开封市
8	柏林建国国际酒店		7～8月	驻马店市
9	鹤源饭店		7～8月	鹤壁市
10	香山宾馆		7～8月	平顶山市
四、热力公司（3家）				
1	郑州市热力总公司	综合能耗、热交换站换热效率测算、工业锅炉节能监测	12月上旬	郑州市
2	濮阳市热力公司		12月上旬	濮阳市
3	鹤壁市淇滨热力有限公司		12月上旬	鹤壁市
五、省直机关（3家）				
1	河南省公安厅办公大楼	空调系统	7～8月	郑州市
2	河南省质量技术监督局办公大楼		7～8月	
3	河南省工业和信息化厅办公大楼		7～8月	

13. 湖北省发展改革委关于印发 2011 年全省重点用能单位节能监察工作计划的通知

（鄂发改环资〔2011〕1200 号）

各市、州、直管市、林区发展改革委，省节能监察中心，各有关企业：

2011 年是"十二五"开局之年，做好 2011 年的节能工作，对全省实现科学发展、转变经济发展方式意义重大。为依法推动节能工作，促进国家及省的各项节能政策措施落到实处，确保 2011 年全省单位 GDP 能耗下降 3.5% 的年度节能目标，根据《中华人民共和国节约能源法》和《湖北省实施〈中华人民共和国节约能源法〉办法》的有关规定，省发展改革委制定了《2011 年湖北省节能监察工作计划》，并委托省节能监察中心具体实施节能监察工作。现印发给你们，请认真贯彻执行。

二○一一年八月十六日

《2011 年湖北省节能监察工作计划》

根据《中华人民共和国节约能源法》和《湖北省实施〈中华人民共和国节约能源法〉办法》的有关规定，按照《湖北省经济和社会发展第十二个五年规划纲要》确定的节能目标任务，为确保实现 2011 年全省单位 GDP 能耗同比下降 3.5% 的节能目标，依法加大推动节能工作力度，促进各项节能政策落到实处。为此，我委特制定本监察计划。

一、指导思想

坚持节约资源的基本国策，全面贯彻落实科学发展观，以科学发展为主题，以转变经济发展方式为主线，全面落实国家和省节能工作部署，依法推动节能工作，把节能监察作为节能的重要手段，充分发挥省市两级的积极性，促进节能各项政策措施落到实处。

二、基本原则

严格按照《中华人民共和国节约能源法》和《湖北省实施〈中华人民共和国节约能源法〉办法》的相关规定开展节能监督检查，做到有法可依、有法必依、执法必严、违法必究。规范执法程序，统一执法尺度，严明执法纪律，保证执法的公正性和合法性。

三、节能监察依据

（一）法律法规。《中华人民共和国节约能源法》、《国务院关于加强节能工作的决定》、《湖北省实施〈中华人民共和国节约能源法〉办法》、《湖北省节能监督检测管理办法》、《国家发改委关于加强固定资产投资项目节能评估和审查工作的通知》、《湖北省省固定资产投资项目节能评估和审查管理暂行办法》、《产业结构调整指导目录（2011 年本）》等。

（二）国家标准。GB/T 2587《用能设备能量平衡通则》、GB/T 2589《综合能耗计算通则》、GB/T 3484《企业能量平衡通则》、GB/T 13234《企业节能量计算方法》、GB/T 15316《节能监测技术通则》、GB/T 17166《企业能源审计技术通则》、GB/T 15317—94《工业锅炉节能监测方法》、GB/T 15910—95《热力输送系统节能监测方法》、GB/T 16664—96《企业供配电系统节能监测方法》、GB 12497—2006《三相异步电动机经济运行》、GB/T 15913—95《风机机组与管网系统节能监测方法》、GB 16666—1996《泵类及液体输送系统节能监测方法》等。

四、节能监察对象

1. 列入省发展改革委等部门确定"百家企业节能工程"的重点用能单位；

2. 列入各市、州、直管市、林区确定的本地区重点监管的用能单位。

五、节能监察内容

1. 用能单位节能基础管理、节能降耗措施、能源管理岗位的设立情况。主要查阅用能系统、设备台账资料，检查节能设计标准的执行情况；核对能源消耗计量记录和财务账单，评估分类与分项的能耗；检查用能系统、设备的运行状况；审查能源计量器具的运行情况，检查能耗统计数据的真实性、准确性；查找存在节能潜力的用能环节，提出合理使用能源的建议。

2. 用能设备是否符合强制性能源效率标准；单位产品能（电）耗限额标准执行情况；国家和省明令淘汰的用能设备或者生产工艺的使用情况。

3. 固定资产投资项目节能评估情况及能源利用状况报告情况。

4. 能源生产经营单位是否存在无偿或者低价向本单位职工提供能源；或向本单位职工按照能源消费量给予补贴；或对能源消费实行包费制等情况。

六、节能监察方式

省发展改革委委托省节能监察中心负责实施全省节能监察工作，各市州节能监察机构在各市州发展改革委及省节能监察中心的指导下负责监察本辖区内重点用能单位。

省、市节能监察（监测）机构在履行节能监督管理职责时，不得向监督管理对象收取费用。

七、监察时间安排

9～11月。

八、有关要求

（一）各重点用能单位应当依法接受政府对其能源利用状况的监督检查，不得以各种理由拒绝接受节能监察、监测。

（二）省、市节能监察机构要严格按照国家有关要求组织开展节能监察、监测工作，要认真抓好节能监察、监测工作措施的落实，确保本年度监察计划的完成。加大对能（电）耗限额标准的产品能耗监测力度，强化节能监督检查。同时要做好本轮监测数据汇总和统计工作，帮助企业提出切实可行的节能措施。

（三）对发现违反《节能法》的违法、违规用能行为和超限额用能的情况，要按照《节能法》有关条款规定给予处理及处罚。

（四）省节能监察中心要对各市州节能监察计划完成情况进行抽查。

（五）各市州节能监察机构要及时汇总监察（监测）结果，并于 2011 年 11 月 30 日前将监察（监测）结果以书面形式报省节能监察中心，省节能监察中心于 12 月 20 日前将全省的节能监察监测情况报省发展改革委。

14.《湖北省 2011 年全省节能监察（监测）工作实施方案》

（鄂节监〔2011〕11 号）

2011 年是实施"十二五"节能减排目标的开局之年，随着我省经济社会发展加快，节能减排工作的任务会更加艰巨，必须进一步增强危机感和紧迫感，坚定信心、科学谋划。紧紧围绕单位 GDP 碳强度降低 40%～45% 和国家下达我省"十二五"节能目标下降 16% 的约束性指标的完成，根据《中华人民共和国节约能源法》及其他相关法律、法规的规定，结合我省实际，制定本实施方案。

一、指导思想

2011 年节能监察（监测）工作以"十二五"节能规划为指导，认真贯彻落实科学发展观，转变工作思路，强化法律法规在节能减排中的地位和作用，按照中央和省委省政府关于节能减排的决策部署，在节能主管部门的领导下，加强自身建设，提高工作水平，克服困难，努力工作，开拓进取，一切从实际出发，真抓实干、务求实效，争当节能领域中的主力军。

二、工作目标

通过对全省重点用能单位的节能监察（监测）工作的开展，不断完善全省节能监察（监测）工作体系和工作程序，使各市、州、行业节能监察（监测）机构整体素质得到全面提升，节能监察（监测）能力不断加强，分析、判断节能形势水平有所提高，解决问题的办法逐步增强，不合理用能现象和违法用能行为得到有效扼制。全省重点用能单位的能源利用效率明显提高，为 2011 年各级政府节能目标的完成当好参谋和助手。

三、主要工作

1. 各级节能监察（监测）机构要在各级节能主管部门的领导下，结合本地区实际情况，组织制定 2011 年节能监察（监测）工作方案，理清思路，找准重点，适时有效地对所辖区内重点用能单位开展节能监察（监测）工作。

2. 在 2010 年的基础上，各级节能监察（监测）机构对本地区耗能 5000 吨标煤以上（含 5000 吨标煤）用能单位再进行一次摸底调查，按行业划分于 2011 年 6 月底以前报省节能监察中心（见附表）。

3. 抓住机遇，不断开拓节能监察（监测）工作的新局面。一是要对重点用能单位节能管理及能源利用状况进行专项监察；二是对重点用能单位"十二五"节能目标分解落实情况、中长期节能规划制定情况进行专项监察；三是对重点用能单位能源计量器具配备状况进行专项监察；四是对国家及省现已公布单位产品能耗限额执行情况进行专项监察；五是对能源利用状况报告报送及能源消耗统计制度情况进行专项监察；六是对全省"百家企业"2011 年度节能目标落实情况方案进行检查；七是主动与建筑、交通、公共机构的主管部门沟通、协调，探索上述领域开展节能监察工作的有效方法和操作程序。

4. 对国家和省节能主管部门交办的节能违法案件，重大投诉举报和跨地区的节能违法案件实施现场监察，监察情况及时上报省节能监察中心。

5. 积极参加本地区节能标准、法规、规章制（修）订工作。

6. 建立全省节能监察（监测）工作报告制度，各市州节能监察机构和有关行业节能监察机构要加强与省节能监察中心的业务沟通、交流，及时反馈节能监察工作信息、主要工作完成情况，有关工作情况每半年总结一次上报省节能监察中心。

7. 各单位要注重节能监察宣传工作。通过电视、广播、报刊等载体加大节能监察宣传力度，配合各级节能管理部门搞好每年度节能宣传周活动，为政府发布节能政策，为企业宣传节能典型案例，为民众报道节能理念。扩大节能执法社会影响力，提高全社会依法节能意识。各节能监察机构每月至少要向省节能监察中心推荐一份机关、学校、企业、合同能源管理公司等单位具有典型案例的节能改造、节能管理经验材料，此项工作要指定专人负责。

8. 加强理论学习，不断提高业务素质。各单位要开展多种形式的业务学习。一是制定学习计划，学习内容要适时适用；二是根据自身实际采取走出去、请进来的方式；三是到企业做好节能调查研究工作，调查研究也是一种学习方式。

9. 有关市州新成立的节能监察（监测）机构要在当地节能主管部门和质量技术监督管理部门的领导下，完善机构设置，完成《实验室资质认定》有关考核审查、审批工作。省节能监察中心负责帮助新组建节能监察（监测）机构的单位开展前期辅导工作。受省发改委的委托，省节能监察中心将于 2011 年下半年组织相关人员对 2009 年、2010 年财政支持的节能监察（监测）机构能力建设落实情况进行检查，各单位务必引起高度重视。

四、开展节能监察（监测）实施程序

（一）实施监察（监测）准备阶段

1. 根据节能主管部门的工作安排和要求，制定节能监察（监测）实施方案和年度工作计划。

2. 依据实施方案，组成监察小组，制作送达《节能监察（监测）通知书》，进行现场监察（监测）前准备工作。

（二）实施现场监察（监测）阶段

1. 出示执法证，进行现场告知；

2. 开展现场询问，查阅材料和现场核查；

3. 查阅或复制被监察单位与节能监察（监测）事项有关的文件、资料及其他有关的辅助材料；

4. 对查阅的文件、资料进行现场核查，必要时进行现场测试；

5. 对现场资料进行整理、收集、汇总；

6. 制作《现场监察（监测）笔录》。

（三）节能监察（监测）结果处理阶段

1. 提出节能监察（监测）整改意见。对被监察单位存在不合理用能行为，但尚未违反节能法律法规相关规定的，直接以《节能监察（监测）意见通知书》形式，明确指出其存在的问题和不足，要求其采取行之有效的措施予以改正。

2. 责令限期整改。通过现场监察发现，对违反节能法律法规规定的事实，依据规定权限，需要被监察单位改正的，由监察单位制作《节能监察（监测）责令整改通知书》，并经机构负责人批准，加盖公章后送达被监察单位。同时，告知对方对整改情况要进行监察复查。

3. 行政处罚，对严重违反节能法律法规或拒绝节能监察的被监察单位，按有关节能监察行政处罚程序办理。

五、工作实施要求

（一）各节能监察机构在实施节能监察（监测）工作中，要服从同级节能主管部门的组织领导，自觉完成节能主管部门交办的各项工作。脚踏实地、认真负责，在务求实效上下工夫、动脑筋、想办法、理思路、做文章。

（二）各节能监察机构及人员在实施节能监察（监测）时，要认真履行职责，严格执法行为，统一执法依据，统一节能监察标准，统一节能监察程序，要廉洁自律，轻车从简，树立良好执法形象。

（三）对在节能监察（监测）工作中发现的问题，帮助企业提出有针对性和可操作性的节能降耗措施，要严格按照法定程序依法处理节能监察（监测）工作中发现的节能违法行为，督促用能单位认真整改。

（四）各节能监察（监测）机构要高度重视能耗限额标准执行情况监督检查工作，在监察工作中充分发挥行业组织、节能执法机构、重点用能单位的主动性，创新实施机制，明确工作目标和责任，科学、客观地开展监察工作，严禁弄虚作假。做到有法必依、执法必严的原则，如实报告监督检查情况。监察（监测）过程中对不符合能耗限额标准要求的落后产能，应提请地方人民政府按照权限责令停业整顿或关闭。

二〇一一年三月二日

附表

能耗5000吨标准煤以上用能单位概况表

单位详细名称		企业所在地（市、县、区）		
单位详细地址		邮政编码		所属行业
企业主要产品		设计生产能力		
法人单位代码	法人代表	联系电话		电子邮箱
能源（节能）管理部门	负责人	联系电话		电子邮箱
能源（节能）管理联系人	联系电话	电子邮箱		能源管理岗位人数

产值能耗情况		报告年	上年		报告年	上年
	能源消费总量（吨标准煤）			工业产值（万元）		
	其中：电力（万千瓦时）			工业增加值（万元）		
	原煤（吨）			利税总额（万元）		
	焦炭（吨）			能源消耗总价值		
	成品油（吨）			能源消费占生产成本（%）		
				万元产值综合能耗（吨标准煤/万元）		
				万元工业增加值综合能耗（吨标准煤/万元）		

2006～2009年综合能源消费总量（吨标准煤）		2010年能源消费总量（吨标准煤）	

注：年综合能源消费总量必须附国家统计局P201表。

15. 《湖北省节能监察中心关于对全省重点用能单位
开展节能监察的实施方案（补充件)》

（鄂节监 ［2011］ 19 号）

各市、州节能监察（测）中心（站）：

根据《省发展改革委关于印发 2011 年全省重点单位节能监察工作计划的通知》（鄂发环资 ［2011］ 1200 号）文件要求，为了更好地、有效地开展全省重点单位节能监察工作，省节能监察中心对《全省重点用能单位开展节能监察的实施方案》（鄂节监 ［2011］ 11 号）进行了补充，具体内容如下，请各节能监察（测）机构将《实施方案》和《实施方案（补充件)》一并参照，开展重点用能单位节能监察工作。

一、节能监察工作对象和内容

严格按照《省发展改革委关于印发 2011 年全省重点单位节能监察工作计划的通知》（鄂发环资 ［2011］ 1200 号）要求，按属地管理原则开展对重点用能单位的节能监察工作。

省节能监察中心将按照上述文件要求对各地节能监察（测）机构监察工作情况进行监督检查，同时，对部分重点用能单位进行现场监察抽查。

二、现场节能监察执法程序

（一）按《湖北省节能监察通知书》（附件一）所确定的用能单位，赴现场进行节能监察执法。

（二）在用能单位按《通知书》所列内容进行监察。

（三）查看设备现场，收集相关资料和数据，就现场监察情况起草《现场监察笔录》（附件二）并与用能单位充分沟通后，由用能单位在《现场监察笔录》上签字盖章。

（四）每个用能单位的现场监察执法时间原则上为一天。

（五）根据现场监察情况编制《湖北省重点用能单位节能监察报告》。报告模式见附件三。

三、节能监察工作实施要求

（一）各节能监察（测）机构在实施节能监察工作中，要积极服从同级管理节能工作的部门的组织领导，自觉接受上级节能监察机构的业务指导，定期汇报节能监察工作的实施情况，及时提出做好节能监察工作的意见和建议，切实做好节能监察工作。

（二）要认真组织制定节能监察实施细则，排出节能监察进度表，明确组织分工，落实工作责任，确保节能监察质量和效果。

（三）在实施节能监察中，要认真履行职责，严格执法行为，统一执法依据，统一监察标准，统一监察程序，严格按照执法程序开展节能监察（监测）工作。

（四）对监察中发现的问题要提出有针对性和可操作性的节能降耗措施，督促用能单位对存在问题进行认真整改。

（五）按省发展改革委统一要求，在规定时间前将节能监察工作情况上报省节能监察中心。上报材料包含的内容要求见附件四。

附件：1.《湖北省节能监察通知书》（样版）（略）

　　　2.《湖北省节能监察现场监察笔录》（样版）（略）

　　　3.《湖北省重点用能单位节能监察报告》（样版）（略）

　　　4.《汇总上报材料内容》（样版）（略）

二〇一一年九月二日

16. 《印发 2011 年广东省节能监察行动计划的通知》

（粤经信节能〔2011〕162 号）

各地级以上市经济和信息化主管部门，顺德区经济促进局，国家监管重点耗能企业，有关单位：

今年是"十二五"开局之年，做好今年的节能工作，对我省实现科学发展、转变经济发展方式意义重大。为依法推动节能工作，促进国家及省的各项节能政策措施落到实处，确保今年全省单位 GDP 能耗下降 3.43% 的年度节能目标，我委制定了《2011 年广东省节能监察行动计划》。现印发给你们，请认真贯彻执行，有关情况请及时报我委（节能和循环经济处），抄送省节能监察中心。

广东省经济和信息化委员会

二〇一一年三月七日

《2011 年广东省节能监察行动计划》

2010 年，我省采取强有力措施，省市联动，开展了双百家企业节能监察行动以及公共机构节能、能耗限额标准和淘汰落后用能设备、用电增长控制等专项监察，取得了较好的成效，为确保完成全省"十一五"节能总目标发挥了重要的作用。2011 年是"十二五"的开局之年，要实现今年单位 GDP 能耗下降 3.43% 的年度节能目标，必须加大依法推动节能工作的力度，促进各项节能政策落到实处。为此，我委特制订本行动计划。

一、指导思想

坚持节约资源的基本国策，全面贯彻落实科学发展观，以科学发展为主题，以转变经济发展方式为主线，全面落实国家和省节能工作部署，把节能监察作为节能的重要手段，充分发挥省市两级的积极性，扩大节能监察的覆盖面，增强部门间联动，促进节能各项政策措施落到实处，确保实现全省 2011 年单位 GDP 能耗下降 3.43% 的年度目标。

二、基本原则

（一）重点突出、全面推进。把即将公布的"十二五"省重点用能企业作为节能监察的重点对象，节能监察覆盖工业、建筑、公共机构、商贸酒店等领域。

（二）部门联动、加强指导。坚持省市联动和部门联动，加强沟通协作。加强对市节能监察工作的业务指导，加强建筑、交通等领域节能联合执法能力建设，及时总结推广节能监察经验，形成工作合力。

（三）依法监察、规范行动。严格按照《节约能源法》和《广东省节约能源条例》的相关规定开展节能监督检查，做到有法可依、有法必依、执法必严、违法必究。规范执法程序，统一执法尺度，严明执法纪律，保证执法的公正性和合法性。

（四）定期通报、奖惩分明。充分发挥社会舆论的监督作用，定期公布节能监察情况，对违法用能单位和行为予以曝光。对节能工作成效突出的单位和个人进行奖励，对违法行为加大查处力度。

三、总体目标

对约 1000 家企业（单位）开展节能监察，其中，省节能监察中心完成 260 家，各市完成约 740 家。除了开展日常现场节能监察外，还开展能耗限额标准执行、淘汰落后设备、公共机构、设计单位执行节能标准规范、固定资产投资项目节能评估、省节能专项资金支持项目、能源消费量控制、节能服务机构、建筑领域节能等专项监察。

四、主要任务

（一）日常现场节能监察

监察对象：以省监管重点用能企业和商贸酒店企业为重点监察对象。同时根据能源利用状况报告审查情况，对不依法如实上报能源利用状况报告的单位开展现场监察。

监察内容：能源审计和"十二五"节能规划编制工作开展、依法建立健全能源管理制度（包括能源管理体系和能源管理中心建立情况）、节能目标责任制建立和执行、节能措施落实、能效对标、开展节能教育及岗位培训等情况。

计划任务：省节能监察中心全年完成不少于 50 家工业企业（能源生产、经营单位）、40 家商贸酒店的现场节能监察。各市节能监察机构完成不少于 300 家工业企业、200 家商贸酒店的现场节能监察。

（二）开展专项节能监察

1. 能耗限额标准执行情况专项监察

省节能监察中心计划对 70 家以上企业开展能耗限额标准执行情况专项节能监察。对超能耗限额及限额标准的企业进行通报，并根据实际情况，综合运用法律和经济手段给予不同程度的处罚，促进我省重点耗能行业和企业采取切实有效措施提高能效水平。

2. 淘汰落后设备和工艺专项监察

做好去年公布的 9 家使用淘汰落后设备和工艺企业的跟踪监督检查。采取省市联动的方式开展工业领域、商贸酒店领域淘汰落后用能设备和工艺使用情况专项监察。省节能监察中心计划完成对 30 家以上用能单位开展专项监察，各市节能监察机构完成 100 家以上。

3. 设计单位执行节能法规标准专项监察

对全省设计单位执行节能法规标准开展专项节能监察，工作重点放在非建筑类项目，主要监督检查生产工艺设计、节能咨询、设计、评估等内容。省节能监察中心计划完成 25 家以上，各市节能监察机构完成 80 家以上。

4. 固定资产投资项目节能评估专项监察

负责对工业领域固定资产投资项目节能评估和审查制度落实情况开展专项监察。省节能监察中心计划完成20家以上企业，各市节能监察机构完成80家企业。

5. 公共机构专项监察

对全省公共机构开展专项节能监察，监察内容包括：节能管理制度建设及能源管理负责人聘任、能源消费状况报告报送、能源审计与节能规划编制、能源统计与计量、车辆管理、节能办公产品采购等。对各市节能主管部门有独立办公楼的或可单独计量的区域开展节能监察和审计。省节能监察中心计划完成20家左右，各市节能监察机构完成100家。

6. 节能专项资金项目和节能服务机构专项监察

对2010年省节能专项资金项目以及负责节能量审核的节能技术服务机构开展现场监察。省节能监察中心计划完成20家企业的项目和相关节能服务机构监察。

7. 能源消费量控制专项监察

开展全社会用电量和能源消费量统计监测相关工作措施落实情况的专项监察，确保全年全社会用电量和能源消费总量控制在合理的水平。

8. 建筑领域节能专项监察

联合建筑节能主管部门开展建筑领域节能专项监察。监察内容包括：检查夏季室内空调温度是否控制不低于26℃，照明场所光照度是否符合国家要求，照明、用电系统是否采用节能型灯具和控制装置、节能技改情况等。

五、保障措施

（一）开展节能监察交流培训

我委将定期举办节能监察执法交流培训，总结监察工作经验，对各市节能主管部门、节能监察机构人员进行业务培训，提高各市节能监察人员的执法水平。同时，将加强对各地节能执法工作的指导，及时协调解决工作过程中出现的问题，总结推广各地好的节能监察经验和做法。

（二）加强节能监察能力建设

继续做好《广东省节约能源条例》宣贯工作，加大宣传力度，进一步推动各市、县建立健全节能监察机构。支持各地开展节能宣传培训、政策研究、能力建设等，支持各地加强节能监察能力建设，继续给每一个单独设立、有编制、有财政经费的市节能监察机构配备一辆节能监察车。

（三）建立节能监察定期通报制度

各地要定期举行新闻通报会，将节能监察情况及时向社会公布，对违法用能单位和行为予以曝光，充分发挥社会舆论的监督作用，动员全社会力量共同监督重点用能单位贯彻节能法律法规的情况。我委将对节能监察工作进展情况每季度报一次，每半年将相关情况抄送当地市政府。

（四）规范节能监察工作

我委将于今年上半年前制定出台《广东省节能监察管理试行办法》，进一步修改完善《节能监察手册》，规范各地的节能监察工作。

（五）建立节能执法奖惩制度

对节能执法工作成效突出的单位和个人，按照《广东省节能奖励试行办法》的有关规定予以表彰奖励，加大省节能专项资金以及省发展循环经济工作经费的支持力度。对节能监察工作进展缓慢或不落实的地区予以通报批评，并在对各市政府的节能考核中予以扣分。

附件：2011 年全省节能监察任务分解方案

附件

2011 年全省节能监察任务分解方案

序　号	监察主体	监察任务（家）
1	省中心	260
2	广州市	70
3	深圳市	60
4	珠海市	40
5	汕头市	30
6	佛山市	70
7	韶关市	30
8	河源市	30
9	梅州市	30
10	惠州市	50
11	汕尾市	20
12	东莞市	70
13	中山市	30
14	江门市	30
15	阳江市	20
16	湛江市	30
17	茂名市	25
18	肇庆市	40
19	清远市	35
20	潮州市	25
21	揭阳市	30
22	云浮市	25
合　计		1050

17. 《关于印发 2012 年广东省节能监察行动计划的通知》

(粤经信节能 [2012] 90 号)

各地级以上市节能主管部门,广州市经贸委、深圳市经贸和信息化委,顺德区经济促进局,有关单位:

为深入贯彻实施节能法律法规,依法推动节能工作,促进国家及省的各项节能政策措施落到实处,确保完成今年全省单位 GDP 能耗下降目标,我委制定了《2012 年广东省节能监察行动计划》。现印发给你们,请认真贯彻执行,有关情况请及时报我委(节能和循环经济处),并抄送省节能监察中心。

广东省经济和信息化委员会

二〇一二年二月十四日

《2012 年广东省节能监察行动计划》

2011 年,我省进一步加强节能监察工作,开展了日常节能监察及能耗限额和淘汰落后用能设备、公共机构、商贸酒店、设计单位等专项节能监察,有力地推动了全省重点领域、重点企业的节能工作,为我省全面完成"十二五"节能目标做出了积极贡献。2012 年是"十二五"的关键一年,要实现今年单位 GDP 能耗下降3.99%的年度节能目标,必须加大依法推动节能工作的力度,促进各项节能政策落到实处。为此,我委特制定本行动计划。

一、指导思想

坚持节约资源的基本国策，全面贯彻落实科学发展观，以推动科学发展为主题，以转变经济发展方式为主线，以"加快转型升级、建设幸福广东"为核心，全面落实国家和省节能工作部署，把节能监察作为节能的重要手段，充分发挥省、市、县三级的积极性，扩大节能监察的广度和深度，增强部门间联动，加大处罚力度，促进节能各项政策措施落到实处，确保实现今年单位 GDP 能耗下降 3.99% 的目标。

二、基本原则

（一）重点突出、全面推进。把列入我省万家企业名单的工业企业和商贸酒店作为节能监察的重点对象，节能监察覆盖工业、建筑、交通、学校、宾馆商场、公共机构等领域。

（二）部门联动、加强指导。坚持省市联动和部门联动，加强沟通协作。加强对市节能监察工作的业务指导，加强建筑、交通等领域节能联动执法能力建设，及时总结推广节能监察经验，形成工作合力。

（三）依法监察、规范行动。严格按照《节约能源法》和《广东省节约能源条例》的相关规定开展节能监督检查，做到有法可依、有法必依、执法必严、违法必究。规范执法程序，统一执法尺度，严明执法纪律，保证执法的公正性和合法性。

（四）定期通报、惩罚分明。充分发挥社会舆论的监督作用，定期公布节能监察情况，对违法用能单位和行为予以曝光。对节能工作成效突出的单位和个人进行奖励，对违法行为加大查处力度。

三、总体目标

全省拟对 1000 家以上企业（单位）开展现场监察，其中，省节能监察中心完成 260 家，各市完成 735 家。除开展日常节能监察外，还开展能耗限额、淘汰落后设备和工艺、公共机构、固定资产投资项目、财政资金奖励节能项目、节能服务机构、建筑领域节能、产品能源效率标识等专项监察。

四、主要任务

（一）深入开展日常节能监察

监察对象：以省"十二五"重点用能单位，特别是列入国家万家企业名单的重点用能单位为重点监察对象。

监察内容：工业企业方面，检查能源管理负责人岗位聘任及备案情况、"十二五"节能规划编制及 2011 年节能目标完成情况、合理用能标准执行情况、使用淘汰落后设备或工艺情况等，以能耗数据真实性，包括能源计量统计情况、数据溯源情况为重点。

非工业领域方面，检查非工业领域用能单位能源管理机构设立及能源管理负责人聘任情况、节能目标制定和分解落实情况、节能技改开展情况、能源计量与统计情况、能源利用状况报告报送情况、高效节能灯及景观照明使用情况等。

对未完成年度节能目标，或节能管理制度不健全、节能措施不落实、能源利用效率低的重点用能单位，责令实施强制能源审计。

计划任务：省节能监察中心全年完成不少于 50 家工业企业（含能源生产、经营单位）、20 家非工业领域用能单位的现场节能监察。各市节能监察机构完成不少于 300 家工业企业、200 家非工业领域用能单位的现场节能监察。省节能监察中心以省监管企业为主，各市节能监察机构以本地区非省监管企业为主。

（二）拓展专项节能监察广度和深度

1. 能耗限额专项监察

以列入"十二五"国家万家企业名单的省重点用能单位中涉及限额标准的企业，以及部分涉及限额标准的地市重点用能单位作为监察对象。对超能耗限额或数据不可溯源的企业列入超限额名单实行惩罚性电价，并予以通报；对拒不整改或整改不到位的企业可依法直接处罚。

省节能监察中心完成 80 家以上，各市节能监察机构可单独开展，部分采取省市联动形式。

2. 淘汰落后设备和工艺专项监察

开展工业领域、非工业领域淘汰落后用能设备和工艺使用情况专项监察，复查

2011 年使用淘汰落后设备的企业。对普遍存在的淘汰落后设备（如电动机、变压器等）的重点地区开展专项行动。

省节能监察中心完成 40 家以上，各市节能监察机构完成 100 家以上，重点地区采取省市联动方式。

3. 公共机构专项监察

以文体类场馆等公共机构作为重点监察对象。监察内容包括：节能管理制度建设及能源管理负责人聘任、能源消费状况报告报送、节能规划编制、能源统计与计量、车辆管理、节能办公产品采购等。对节能管理基础不好或能源利用水平较低的单位，责令实施强制能源审计。

省节能监察中心完成 20 家左右，各市节能监察机构完成 100 家以上。

4. 固定资产投资项目、财政资金奖励节能项目和节能服务机构专项监察

以固定资产投资项目节能评估和审查专项监察为主线，组织开展设计单位、节能服务机构、项目建设单位执行节能法规标准专项监察；以财政资金奖励节能项目专项监察为主线，组织开展第三方节能服务机构和项目建设单位专项监察，包括合同能源管理和节能技改奖励项目。对存在造假情况的节能服务机构进行通报，对问题严重的服务机构建议取消备案资格。

省节能监察中心完成固定资产项目监察 10 个（涉及建设单位和节能评估机构约 20 家）、财政资金奖励节能项目监察 10 个（涉及建设单位和节能评估机构约 20 家）。

5. 建筑领域节能专项监察

联合建筑节能主管部门开展建筑领域节能专项监察。监察内容包括：夏季室内空调温度控制；空调系统节能运行管理；景观照明；节能技改情况等。

省节能监察中心完成 10 家左右，各市节能监察机构完成 20 家以上。

6. 产品能源效率标识专项监察

结合节能宣传月活动，联合产品质量监督部门开展能源效率标识专项监察，对列入《中华人民共和国实行能源效率标识的产品目录》产品的生产商和销售商执行能源效率标识管理办法的情况开展监察。监察内容包括：生产商和进口商能源效率标识信息的真实性，是否存在伪造或冒用能源效率标识的情况；销售商是否销售应

当标注但未标注能源效率标识的产品，是否存在伪造或冒用能源效率标识的情况；是否存在利用能源效率标识对用能产品进行虚假宣传、误导消费者的情况。

省节能监察中心完成 3 家商场（6 种产品以上）、5 家以上生产企业。

五、保障措施

（一）完善能源管理和决策系统，大力推进能源管理中心的建设

1. 进一步完善能源利用状况报告直报系统，扩大用户范围和数量，涵盖省、市及县区所有监管企业。

2. 进一步完善广东省能耗分析决策系统，一方面要整合现有系统和资源，进一步提高系统的效率及安全性；另一方面要协调有关部门建立固定的数据汇总机制，定期向分析平台汇总相关数据。

3. 大力推进能源信息管理系统中心的建设，开展能源在线监测，利用信息化手段加强节能管理，促进"两化"融合。

（二）推动修订完善地方节能能耗限额（标准）

对照国家最新出台的能耗限额标准情况，清理我省 8 个产品能耗限额，组织修订旧的限额标准，如制浆造纸产品能耗限额等。出台新的限额标准，特别是相关重点行业以及非工业领域的能耗限额，为节能监察工作提供依据。

（三）加强节能专项培训

今年，我委将在现有培训模式的基础上，进一步扩大培训范围，优化培训方式。

1. 扩大培训范围。除了继续加强对重点耗能企业的培训外，把节能培训扩展至学校、社区、政府机构等范围。通过节能法律法规宣传、节能知识普及以及节能案例示范等形式，强化全民节能意识，倡导文明、节约、绿色、低碳的生产方式、消费模式和生活习惯。

2. 实施分类培训。专业培训与普及培训、省监管企业培训与地市监管企业培训、节能管理机构培训与节能服务单位培训等分类安排，针对不同的需求安排培训内容及师资。

3. 强化专业培训。为了使培训更加有针对性，对重点耗能企业分行业培训，增加行业节能标准、能效对标、能源利用状况分析等内容，帮助企业提升节能管理水

平。

2012 年，计划对省监管以上重点耗能企业能源管理负责人、节能服务单位从业人员和全省节能监察机构人员各举办 2 期培训班。

（四）强化节能监察定期通报制度

各地要借助社会舆论的力量，定期公布监察情况，对违法用能单位和行为予以曝光，促进节能监察执法工作的深化，2012 年至少要做到节能监察情况一季一通报。

（五）规范节能监察工作

进一步健全和完善省市节能监察机构联动机制，尽快完成《节能监察手册》、《节能监察行政处罚自由裁量适用规则》和《广东省能源信息管理平台规划及建设规范》等文件的编制工作。推动全省建立健全省、市、县（区）三级节能监察执法工作体系，进一步提高全省节能监察能力水平。

（六）建立健全节能执法奖惩制度

对节能执法工作成效突出的单位和个人，按照有关规定予以表彰奖励，加大省节能专项资金以及省发展循环经济工作经费的支持力度。对节能监察工作进度缓慢或不落实的地区予以通报批评，并在对各市政府的节能考核中予以扣分。

附件：2012 年全省节能监察任务分解方案

附件

2012 年全省节能监察任务分解方案

序 号	监察主体	监察任务（家）
1	省中心	260
2	广州市	70
3	深圳市	50
4	珠海市	40
5	汕头市	30
6	佛山市	50
	顺德区	15
7	韶关市	30
8	河源市	30
9	梅州市	30
10	惠州市	50
11	汕尾市	20
12	东莞市	70
13	中山市	30
14	江门市	30
15	阳江市	20
16	湛江市	30
17	茂名市	25
18	肇庆市	40
19	清远市	35
20	潮州市	25
21	揭阳市	30
22	云浮市	25
合　计		1035

18. 贵州省经济和信息化委员会
关于印发《2011 年贵州省工业和信息化节能监察
工作计划》的通知

（黔经信办〔2011〕4 号）

各市（州、地）经信委（工信委、工能委），有关企业（集团公司）：

2011 年是我省实施"工业强省战略"的开局之年，在加快工业发展的同时，加强节能降耗，实现双赢，意义十分重大。为了开好局、起好步，确保"十二五"节能降耗工作实现"开门红"，在采取各项强有力的政策措施的同时，必须加大节能执法的工作力度，扩大节能监察工作的覆盖面，促进国家和省的各项节能政策措施落到实处，全力推动工业和信息化节能降耗工作更上一个台阶。现将《2011 年贵州省工业和信息化节能监察工作计划》印发你们，请各市（州、地）经信委（工信委、工能委），有关企业（集团公司）认真贯彻执行。

联系人：于　筑　代　江

联系电话及传真：0851 - 6823475

电子邮箱：jczd@ gzjxw. gov. cn

附件：1.《2011 年贵州省工业和信息化节能监察工作计划》

　　　2. 省直接监控的 105 家重点用能企业名单（略）

　　　3. 各市（州、地）重点用能单位监察任务分解表（略）

二〇一一年二月 二十八日

附件 1

《2011 年贵州省工业和信息化节能监察工作计划》

为贯彻执行《中华人民共和国节约能源法》，进一步加强对我省各用能企业能源利用状况的监督管理，提高能源利用效率，按照国家节能降耗工作的要求，本年度节能监察工作紧紧围绕我省"十二五"工业节能目标，以"单位产品能耗限额标准执行情况"专项监察为工作主线，依法推进工业节能的基础工作，促进各项节能政策落到实处，特制订本工作计划。

一、监察目标和范围

对年耗能 5000 吨标准煤以上的 527 家用能单位（以下简称重点用能单位）（贵州省统计局 2010 年发布的企业名单）单位产品能耗限额标准执行情况、淘汰落后用能设备情况、节能目标责任制落实情况、能源利用状况报告制度执行情况等进行监督检查。对主要产品属于国家 22 项能耗限额标准目录的重点用能单位执行能耗限额标准情况、淘汰高耗能落后机电设备情况进行专项监察。

二、工作重点及内容

（一）单位产品能耗限额标准执行情况监察

为加快企业的结构升级和技术进步步伐，按照国家已颁布的 22 项能耗限额标准，在全省范围内开展重点用能单位产品能耗限额标准执行情况专项监察工作。具体由省级和各地工业节能执法机构组织实施，在规定时间内对本地区内的重点用能单位执行能耗限额标准情况实施专项监察，各地到年底要将监察结果汇总报贵州省工业和信息化节能监察总队。

（二）淘汰高耗能落后机电设备情况监察

根据《贵州省工业和信息化行业淘汰高耗能落后机电设备工作方案》（黔经信办［2010］199 号）具体工作安排，继续深入推进高耗能落后机电设备监察工作。

省级和各地工业节能执法机构要根据《重点用能单位监察任务分解表》（附件二、附件三）逐一排查，对仍未进行自查的重点用能企业，督促其尽快制定工作方案，进行自查，自行上报淘汰计划。6 月底之前，仍不能完成自查工作的企业，各地要向省工业和信息化节能监察总队上报具体企业名单；对 2010 年已完成自查工作的企业，要以自查阶段工作为基础，深入设备运行现场，对照其提交的自查报告，核实准淘汰落后机电设备真实情况；对不按计划要求淘汰现有落后机电设备的重点用能企业，要下达整改通知书，责令整改。

（三）节能基础管理情况监察

对重点用能企业节能目标责任制落实情况、能源利用状况报告制度执行情况、能源管理岗位设立和能源管理负责人聘任情况进行日常监察。

三、组织领导和监察任务分工

按照分级管理和属地管理的原则，对 527 家重点用能企业节能监察任务进行分解落实（具体名单见附件二、附件三）。

（一）省工业和信息化节能监察总队承担省重点监控 105 家用能单位的节能监察工作，并负责全省节能监察工作的业务指导。

（二）各市（州、地）经信委（工信委、工能委）节能执法机构负责本辖区内重点用能企业的节能监察工作，可根据本地实际情况对监察任务进行分解落实。

四、时间安排

本年度节能监察工作从 5 月开始至 12 月结束。各地经信委（工信委、工能委）应根据本地实际情况制定具体工作时间表。

五、工作措施及要求

（一）各市（州、地）经信委（工信委、工能委）节能执法机构要高度重视节能监察工作，明确组织分工，加强协调，落实责任，加强对各地节能监察工作的指导和督查。要严格按照《节约能源法》和《贵州省工业和信息化节能监察办法》的规定，依法开展节能监察工作，规范节能监察行为。要积极派员参加省举办的节能监察业务培训，提高节能执法人员的执法水平，保证执法过程中的合法性和合理性。

（二）各市（州、地）经信委（工信委、工能委）节能执法机构要认真履行职责，严格按照节能法律法规和其他有关规章规定，深入现场、扎实工作，防止走过场和流于形式。要认真研究解决节能监察工作中出现的困难和问题，提出切实可行的整改措施，需要省经济和信息化委帮助协调解决的，要及时报告。

特别是在能耗限额监察过程中，对严重超限且拒不整改的企业，报请省政府，建议对其实施惩罚性电价政策。

（三）各市（州、地）经信委（工信委、工能委）要做好监察资料的收集、整理、总结、归档等工作，在年度节能监察工作结束后，于12月30日前以书面形式将当年节能监察工作情况报告省经济和信息化委。

（四）各被监察企业要充分认识节能监察工作的重要性，强化节能管理工作，严格遵守节能法律、法规和规章，认真贯彻国家产业政策，严格执行国家单位产品能耗限额标准目录和高耗能落后机电设备淘汰目录，认真做好节能监察的配合工作，不得弄虚作假，不得拒绝或者妨碍节能监察工作正常进行。

19. 昆明市 2011 年节能监察工作意见

各县市区节能办、高新区、经开区、阳宗海旅游度假区、倘甸产业园区管委会经济发展局：

今年是"十二五"节能规划实施的开局之年，为更好地落实国家和省的各项节能法律法规、政策和措施，依法推进我市节能工作，确保完成全市 2011 年单位 GDP 能耗下降 3.3%、规模以上工业单位增加值能耗下降 4.3% 的目标任务，根据省工信委要求，结合我市实际，现就做好 2011 年节能监察工作提出以下意见。

一、指导思想

以科学发展观为统领，以全面完成全市 2011 年节能降耗各项指标为目标，进一步加大对各领域重点用能单位能源利用效率和节能管理基础工作的执法力度，强化执法措施，依法推进节能工作的开展，提升执法能力，贯彻落实节能法律法规和政策措施，确保实现我市 2011 年单位 GDP 能耗下降 3.3% 的预期目标。

二、基本原则

（一）突出重点、全面推进。按照省的要求，把省千家企业及年综合能源消耗 5000 吨以上标准煤的企业作为节能监察的重点对象，并把节能监察覆盖面扩大到公共机构领域。

（二）市县联动、加强协作。充分发挥各县（市）区节能主管部门的作用，市县联动，把节能监察任务分解，加强沟通协作，形成合力。

（三）依法监察、规范操作。要严格按照《节约能源法》的相关规定，依法开展节能监督检查，做到有法可依、有法必依、执法必严、违法必究。同时要规范执法程序，统一执法尺度，保证执法结果的公正性和合法性。

三、总体目标

根据《2011 年云南省节能监察行动计划》的安排，我市对 20 家重点耗能企业（名单见附件）开展节能监察活动。主要对获得国家、省和市节能专项资金支持项目的进展情况、落后耗能产品、设备使用情况、能耗限额标准执行情况开展重点监察；在各县（市）区、高新区、经开区、阳宗海旅游度假区、倘甸工业园区及市属范围内，选择 2～3 家公共机构（名单见附件）执行节能标准规范、节能产品推广情况开展专项监察。

四、节能监察方式及主要内容

（一）常规监察

1. 落后用能产品、设备能耗情况；

2. 节能目标责任制建立的执行情况；

3. 节能措施落实情况；

4. 能源管理岗位的设置及能源管理负责人聘用情况；

5. 能源利用状况报告制度执行情况；

6. 开展节能教育及岗位节能培训情况。

建筑、交通运输、商贸、酒店等非工业领域企业节能监察内容不包括能源利用状况报告制度执行情况。

（二）专项监察

1. 用能产品设备专项监察

对 10 家企业开展现场监察（名单见附件），重点监察企业使用国家明令淘汰的产品设备情况，加快落后产品、设备的淘汰进度，同时鼓励对未超过能耗限额但耗能比较高的产品、设备进行更新改造，为节能产品设备的推广应用腾出空间，促进扩大内需。计划于今年 4～6 月份开展。

2. 对公共机构节能专项监察

在各县（市）区、高新区、经开区、阳宗海旅游度假区、倘甸工业园区及市属范围内选择 2～3 家公共机构开展专项监察，重点监察公共机构节能管理制度的建立、节能宣传教育、年度节能目标和实施方案制定、能源消费状况报告报送、节能产品设备使用等情况。计划于今年 8～9 月份开展。

3. 开展能耗限额专项监察

对我市水泥、黄磷、铜冶炼、焦化、炼钢、合成氨、电石、烧碱、平板玻璃等生产企业中开展能耗限额专项监察，重点耗能企业执行国家能耗限额标准和省能耗限额的情况。此项监察将采取书面监察与现场监察相结合的方式开展。

五．监察对象

（1）能源消费较大的重点耗能企业；

（2）浪费能源严重、节能措施不落实、不按时报送能源利用状况报告的重点耗能企业；

（3）单位产品能耗超过国家、省、市能耗限额标准的企业；

（4）获得国家或省节能专项资金的企业。

六、保障措施

（一）加强培训。积极派员参加省举办的业务培训，提高节能执法人员的执法水平，保证执法过程中的合法性和合理性。同时，加强对各县市区、部门节能执法工作的指导，及时协调解决工作过程中出现的问题。

（二）认真履行节能监察执法职能，提高执法的针对性和有效性。做好执法监察工作重在严格、重在落实，对监察中发现的问题，要提出有针对性的节能降耗措施，督促用能单位认真整改，对整改不力的要依法予以处罚。在工作中要严格执法、大胆执法，敢于碰硬，对违法行为必须查处到位。

（三）加大力度，不断扩大执法覆盖面。2011 年节能监察要在以工业为重点的基础上，向公共机构领域拓展，多种途径强化执法覆盖面。逐步建立执法考核制度，通过执法考核制度的建立实施推动执法质量的提高。要充分发挥节能专家的作用，寓服务于执法之中。

（四）加强协作配合，认真落实执法责任。一是加强支队与节能办、与县市区之间的协调、配合和交流，进一步明确执法监察机构的职责，理顺责任分工。二是自觉接受上级执法监察机构指导，主动配合上级开展各项执法监察活动。三是加强与市有关部门的沟通联系和配合协调，探索联合执法工作机制，建立联席会议制度。

（五）加强调研，不断提高节能执法水平。要更新理念、开拓视野，探索和把握节能监察工作的新特点、新规律，预测趋势，研究对策，及时向政府和主管部门提供决策参考。要锐意进取，不断创新工作思路、丰富工作手段、改进工作方法，确保节能监察质量和效果，促进全市节能降耗工作的深入开展。

（六）廉洁自律，树立良好执法形象。加强监察队伍的思想、作风和制度建设，教育广大执法人员树立正确的权力观，努力做到情为企业所系、利为企业所谋、权为企业所用，做到严格执法、文明执法、干净执法。

附件

昆明市 2011 年重点节能监察名单

一、重点耗能单位节能监察名单（20 户）

云南天安化工有限公司、云南铜业新星锌合金有限公司、嵩明天南磷化工有限责任公司、昆明神龙汇丰化肥有限责任公司、宜良金珠水泥有限公司、东川昆明金水铜冶炼有限公司、晋宁鸿达钢铁机械制造有限公司、昆明玻璃股份有限公司、云南昆钢煤焦化有限公司安宁分公司、东川冶金工业总公司钢铁厂、昆明崇德水泥有限公司、云南国资水泥东骏有限公司、云南国资水富民公司、东川铝业有限责任公司、昆明马龙化工有限公司、云南云天化国际化工股份有限公司富瑞分公司、云南南磷集团寻甸磷电有限公司、云南常青树化工有限公司、云南盐化股份有限公司、云天化国际化工股份公司三环分公司

二、公共机构节能监察名单（3 户）

市级行政中心办公大楼、宜良县政府办公大楼、呈贡县政府办公大楼

三、节能现场监察名单（10 户）

昆明宏熙水泥有限公司、安宁永昌钢铁有限公司、宜良红狮水泥有限公司、昆明晋宁云峰钢铁有限公司、宜良越兴钢铁有限公司、云南弘祥化工有限公司、寻甸龙蟒磷化工有限责任公司、云南昆钢嘉华水泥建材有限公司、禄劝利源磷化工有限责任公司、昆明国资水泥海口有限公司

20.《陕西省 2011 年度节能监察工作计划》

（陕节监发〔2011〕8 号）

各重点用能单位、各有关单位：

今年是"十二五"开局之年，做好今年的节能工作，对我省科学发展、转变经济发展方式意义重大。要实现今年单位 GDP 能耗下降 3.50% 的节能目标，必须加大依法推动节能工作的力度，促进各项节能政策落到实处。根据《中华人民共和国节约能源法》、《陕西省节约能源条例》，结合我省今年节能工作要点，制订了 2011 年节能监察工作计划，现通知如下。

一、指导思想

坚持节约资源的基本国策，全面贯彻落实科学发展观，以科学发展为主题，以转变经济发展方式为主线，全面落实省节能工作部署，把节能监察作为促进节能工作的重要抓手，充分发挥市级节能中心的作用，扩大节能监察的覆盖面，增强部门间联动，促进节能各项政策措施落到实处，确保实现全省年度节能目标及能源消费总量控制目标。

二、基本原则

（一）重点突出、全面推进。以重点用能企业为节能监察重点，全面覆盖工业、建筑、公共机构、商贸酒店等领域。

（二）部门联动、加强指导。坚持省市联动和部门联动，加强沟通协作，加强对市节能监察工作的业务指导，加强建筑、交通等领域联合节能执法行动，及时总结推广节能监察经验，形成工作合力。

（三）依法监察、规范行动。严格按照《中华人民共和国节约能源法》和《陕西省节约能源条例》的相关规定开展节能监督检查，做到有法可依、有法必依、执法必严、违法必究。规范执法程序，统一执法尺度，严明执法纪律，保证执法的公正性和合法性。

（四）定期通报、奖惩分明。充分发挥社会舆论的监督作用，定期公布节能监察情况，对违法用能单位和行为予以曝光。对节能工作成效突出的单位和个人进行奖励，对违法行为加大查处力度。

三、总体目标

计划对全省160家重点用能单位实施节能监察，其中80家重点用能企业，80家国家机关、社会团体、企事业组织等单位。监察重点是用能单位执行节能法律法规和节能政策措施情况。

四、监察内容

（一）对重点用能企业的节能监察

在重点区域、重点领域、重点企业选择80家重点用能企业，重点组织开展五个方面的节能专项监察：

一是对依法建立健全能源管理制度、节能目标责任制建立和执行、节能措施落实、能效对标、开展节能教育及岗位培训等情况进行专项监察。

二是对重点用能单位的能源管理岗位设立和能源管理负责人聘任情况进行专项监察。主要监察是否设立能源管理岗位、是否按规定条件聘任能源管理负责人等。

三是对重点用能单位的能源利用状况报告执行情况进行专项监察。主要监察是否按照《中华人民共和国节约能源法》和《国家发展改革委关于印发重点用能单位能源利用状况报告制度实施方案的通知》（国发改环资〔2008〕1390号）的规定报送能源利用状况报告、报告包含的内容是否真实等。

四是对国家明令淘汰的用能设备进行专项监察。根据国家已公布的有关淘汰目录进行监察。

五是对国家已公布的27项高耗能产品能耗限额标准执行情况进行抽检。检查依法落实能源计量、能源消费统计管理规定，对纳入国家单位产品能耗限额标准管理的产品，建立独立、可核查的能源计量和统计管理体系，遵守强制性限额标准情况。

（二）公共建筑空调温度控制标准专项监察

开展公共建筑空调温度专项监察。监察对象为国家机关、社会团体、企事业组织等单位，重点检查执行公共建筑空调温度控制标准情况。

在西安市抽查 10 家单位，宝鸡市、咸阳市、渭南市、铜川市、延安市、榆林市、汉中市、商洛市、安康市、杨凌示范区各抽查 6 家单位。

（三）对公共机构的节能监察

会同省政府机关事务管理局，对全省公共机构开展专项节能监察。抽查 10 个地市级机关单位，按照《公共机构节能条例》和《陕西省建设节约型机关实施办法》有关要求进行节能专项监察。

一是对地市级机关单位建立健全节能管理规章制度、开展节能宣传教育和岗位培训等情况进行专项监察。主要监察：是否制订人均用能定额标准，是否制订节能运行管理制度，是否制订用能系统操作规程。

二是对地市级机关的能源管理岗位设立、实行能源管理岗位责任制情况，重点用能系统、设备的操作岗位配备专业技术人员情况进行专项监察。主要监察：是否设立能源管理岗位；是否制订能源管理岗位责任制；重点用能系统、设备的运行操作人员上岗证书和培训情况。

三是对地市级机关各部门、各单位推广使用高效照明灯具的情况进行专项监察。

四是对地市级机关各部门、各单位执行公共建筑空调温度控制标准的节能专项监察。

五是对地市级机关各部门、各单位能源消费分户、分类、分项计量情况进行专项监察。

五、监察时间

从 2011 年 1 月开始至 2011 年 12 月底结束（具体时间安排见附件）。

（一）对 80 家重点用能企业的节能监察安排在 5 ~ 12 月。

（二）公共建筑空调温度控制标准监察安排在 1 月、7 ~ 8 月和 12 月。

（三）公共机构节能监察安排在 8 ~ 9 月。

六、几点要求

（一）为确保今年节能监察工作的顺利进行，被监察单位应加强组织领导，积极予以配合。用能单位作为消耗能源资源的主体，必须依法接受对其能源利用状况的监督和检查。

（二）各市节能主管部门、节能监察机构配合做好本辖区范围内重点用能单位的节能监察。

（三）节能监察是行政执法行为，执法人员实施节能监察时必须严格执行节能法律、法规及节能规范、技术标准，同时参照国家《节能监察手册》的要求，统一执法文书格式。

（四）分析总结。请各设区市节能监察中心于 2011 年 12 月 30 日前，将 2011 年度节能监察工作总结报送省节能监察中心（含电子文档）。

联　系　人：李占新

电话及传真：029 – 87316947

电 子 邮 箱：jnjczx87316947@163.com

通 信 地 址：西安市许士庙街 4 号

邮　　　编：710003

附件：重点用能单位现场节能监察名单

二〇一一年三月十三日

附件

重点用能单位现场节能监察名单

	企业名称	地区	监察机构
10 户	庆安集团有限公司、西安北方秦川集团有限公司、中钢集团西安重机有限公司、陕西龙钢集团骏龙轧钢有限公司、西安惠大化学工业有限公司、陕西延长中立新能源有限责任公司、陕西龙钢集团西安钢铁有限公司、西安市城北供热有限责任公司、西安蓝田尧柏水泥有限公司、西安西郊热电有限公司	西安市	西安市节能监察监测中心
10 户	华能国际电力开发公司铜川电厂、陕西省满意水泥有限责任公司、铜川玉华选煤有限责任公司、陕西省电力公司铜川市供电公司、陕西省铜川市耀州区白水泥厂、陕西省崔家沟煤矿、铜川市耀州区浩涛化工有限公司、陕西华强煤业有限公司、铜川秦翰陶粒有限责任公司、铜川隆晟绿色农业发展有限责任公司	铜川市	铜川市节能中心
10 户	大唐宝鸡热电厂、宝鸡市众喜金陵河水泥有限公司、宝鸡市新荣化工有限公司、宝鸡石油钢管厂、秦川机床工具集团有限公司、陇县亚特水泥有限责任公司、陕西中烟工业公司宝鸡卷烟厂、宝鸡宝源硅电有限公司、陕西西凤酒股份有限公司、陕西中特陶瓷有限公司、	宝鸡市	省节能监察中心
5 户	冀东海德堡（泾阳）水泥有限公司、咸阳市西区集中供热有限公司、陕西宏远航空锻造有限公司、咸阳宝石钢管钢绳有限公司、陕西通达钢铁有限公司	咸阳市	省节能监察中心
10 户	渭南高新区渭河洁能有限公司、陕西省韩城钢铁炉料有限责任公司、澄城县金元铝业有限公司、韩城市合力煤焦有限责任公司、陕西渭南新秦金属镁有限公司、龙钢集团富平轧钢有限公司、白水县金泰实业有限公司、青岛啤酒渭南有限责任公司、华阴市新西北钢铁有限公司、陕西金盾纺织有限公司	渭南市	渭南市节能监测检查中心
5 户	黄陵矿业集团有限责任公司、子长县中达焦家沟煤业有限公司、子长县三军煤焦有限公司、延安市宝塔热力供应处、延川县供热站	延安市	延安市节能中心

	企业名称	地区	监察机构
5 户	陕西省电力公司汉中市供电公司、青岛啤酒汉中有限责任公司、陕西中烟工业公司汉中卷烟厂、汉中胶东水泥有限公司	汉中市	省节能监察中心
15 户	陕西国华锦界能源有限公司、陕西省德源府谷能源有限公司、陕西神木化学工业有限公司、陕西清水川发电有限公司、兖州能源榆林能化有限公司、神华神东电力有限责任公司、神华神东电力公司郭家湾煤矸石电厂、府谷京府煤化有限责任公司、神木县晟通商贸有限公司、神木县五洲煤化工有限公司、陕西莱德集团华盛炭质还原剂有限公司、陕西北元化工集团有限公司、府谷县西源化工有限责任公司、神木县兴永兰炭有限责任公司、陕西省神木瑞诚伏法玻璃有限公司	榆林市	榆林市节能中心
5 户	安康市尧柏水泥有限公司、陕西安康江华集团水泥有限公司、陕西金龙水泥有限公司、陕西中烟工业有限责任公司旬阳卷烟厂、陕西金隆硅业有限公司	安康市	省节能监察中心
5 户	商洛尧柏龙桥水泥有限公司、陕西大西沟矿业有限公司、商洛供电局、商南中剑实业有限责任公司、商南县秦东集团有限责任公司水泥厂	商洛市	商洛市节能中心

21. 青海省经济委员会关于印发《青海省 2011 年度重点用能单位节能监察工作方案》的通知

（青经办〔2011〕107 号）

各州、地、市经委（经商委、经发委），各重点用能单位：

为进一步做好全省节能监察工作，切实加强节能监督管理，提高能源利用效率，推进我省"十二五"开局之年节能工作取得新进展，现将《青海省 2011 年度重点用能单位节能监察工作方案》印发你们，请结合实际，认真执行。

二〇一一年三月二十三日

《青海省 2011 年度重点用能单位节能监察工作方案》

2011 年是实施"十二五"发展规划的开局之年。在巩固"十一五"节能降耗成果的基础上，做好今年的节能监察工作，为"十二五"节能降耗工作开好头十分重要。为进一步加大节能监察力度，发挥节能监察作用，根据《青海省节能监察办法》、《2011 年全省节能降耗工作指导意见》，制定本方案。

一、指导思想

2011 年，全省节能监察工作坚持以科学发展观为指导，认真贯彻落实中央和省委、省政府关于加强节能降耗工作的一系列决策部署，紧紧围绕实现全省节能目标，加大执法力度，创新监察思路，突出监察重点，拓展监察领域，确保节能法律法规和政策措施的贯彻执行，依法推进全省节能降耗工作。

二、工作目标

对全省上年综合能源消费量 5000 吨标煤以上的重点用能单位进行节能监察，推动节能监察向更广范围拓展。完善跟踪监察机制，确保整改意见得到落实。对存在问题且拒不整改的用能单位，按照法律、法规规定和有关程序，实施行政处罚，树立严格执法、公正执法形象。

三、监察计划

（一）监察依据

1.《中华人民共和国节约能源法》；

2.《重点用能单位节能管理办法》；

3.《青海省实施〈中华人民共和国节约能源法〉办法》；

4.《青海省节能监察办法》；

5.《产业结构调整指导目录（2005 年本）》；

6. 合理用能的相关标准。

（二）监察对象

省经委、省统计局《关于进一步加强重点耗能企业管理工作的通知》（青经资〔2011〕91 号）文件公布的年耗能 5000 吨标准煤以上的工业企业（详见附件）。

（三）监察方式

省节能监察总队负责对附表所列的工业企业进行现场监察；州、地、市经委（经商委、经发委）负责本地区确定的重点用能单位的监察工作，省节能监察总队在业务上给予协助指导。

省节能监察总队和各州、地、市经委（经商委、经发委）对下发《限期整改通知书》或《节能监察意见书》的用能单位进行跟踪监察。

（四）监察内容

1. 用能单位执行国家明令淘汰或者限制使用的用能产品、设备、工艺和材料目录的情况；

2. 用能单位能源管理岗位、人员设立和配备的情况；

3. 用能单位执行能源技术标准，以及国家、省制定的单位产品能耗限额和能效标准的情况；

4. 用能单位能源计量、消费统计等节能管理制度建立、执行与节能教育、培训的情况；

5. 用能单位报送上年度能源利用状况报告的情况；

6. 新建、改建、扩建工业固定资产投资项目合理用能评估、审查情况；

7. 节能技改财政奖励项目的实施情况。

（五）监察时间

2011 年度节能监察工作将于 3 月下旬开始，至 11 月底完成。具体时间安排届时由节能监察总队提前告知被监察企业。

四、相关要求

（一）各州、地、市经委（经商委、经发委）要加强组织领导，责任到人，具体安排好本地区工业企业的节能监察工作，并协助省节能监察总队完成监察任务。

（二）现场监察时，各有关企业应按检查内容及要求主动提供检查所涉及的全部资料，不得以任何理由推诿拒绝。

（三）节能监察执法人员开展节能监察活动时必须出示《青海省行政执法证》，并严格执行节能法律、法规及技术标准规定，公正执法，自觉接受监督。

（四）对存在的问题，被监察单位要按照整改通知书要求进行整改。对于整改达不到要求或拒不整改的，将依法予以处罚。

五、联系方式

省节能监察总队

联 系 人：沈存华　李永宁　李重禄

联系电话：0971－6312793

附件：2010 年度耗能 5000 吨标煤以上重点用能企业名单（132 户）

附件

2010 年度耗能 5000 吨标煤以上
重点用能企业名单（132 户）

地 区	序 号	单位名称
西宁	1	青海东胜化工有限公司
	2	青海金阳光电子材料股份有限公司
	3	亚洲硅业（青海）有限公司
	4	青海铝型材厂
	5	青海省中星化工有限公司
	6	青海国鑫铝业股份有限公司
	7	青海电子材料产业发展有限公司
	8	青海谦信化工有限责任公司
	9	青海华鼎实业股份有限公司
	10	西宁特殊钢股份有限公司
	11	青海江仓能源发展有限责任公司
	12	青海西部铁合金发展有限责任公司
	13	青海正维实业集团有限责任公司
	14	青海桥头铝电有限公司
	15	中国铝业股份有限公司青海省分公司
	16	青海华电大通发电有限公司
	17	青海水泥股份有限公司
	18	青海熠辉冶金有限责任公司
	19	青海平煤中鑫太阳能新材料科技有限公司
	20	青海黎明化工有限责任公司
	21	青海物产工业投资有限公司
	22	青海大通回族土族自治县元朔水泥有限公司
	23	青海东隆碳化硅有限公司
	24	青海省新型建材工贸有限责任公司
	25	青海铝业有限责任公司

续表

地 区	序 号	单位名称
西宁	26	青海省煤业集团有限责任公司
	27	青海宜化化工有限责任公司
	28	青海隆建商贸有限责任公司
	29	大通县长乐特钢制品有限责任公司
	30	青海金茂陶瓷有限公司
	31	青海黄河水电再生铝业有限公司
	32	青海黄河上游水电开发有限责任公司鑫业分公司
	33	青海百通高纯材料开发有限公司
	34	青海西部矿业百河铝业有限责任公司
	35	青海祁连山水泥有限公司
	36	青海金广镍铬材料有限公司
	37	青海高源特殊硅业有限公司
	38	西部矿业股份有限公司锌业分公司
	39	青海云天化国际化肥有限公司
	40	青海珠峰锌业有限公司
	41	青海福鑫硅业有限公司
	42	青海多巴福利特种合金有限公司
	43	青海西电铁合金有限公司
	44	恒通铁合金有限责任公司
	45	青海西部铟业有限责任公司
	46	青海西部化肥有限责任公司
	47	青海西部碳素有限责任公司
	48	青海众鑫矿业冶金炉料有限公司
	49	青海华晟铁合金冶炼有限责任公司
	50	青海华新冶炼有限责任公司
	51	青海华电铁合金股份有限公司
	52	青海青海湖水泥有限责任公司
	53	青海江河源水泥有限责任公司
	54	青海大盛硅业有限公司
海东	1	青海中圣新材料有限责任公司
	2	平安真元碳化硅有限责任公司
	3	平安三合碳化硅有限责任公司

续表

地 区	序 号	单位名称
	4	平安鑫海资源开发有限公司
	5	民和祁连山水泥有限公司
	6	青海恒利达碳化硅有限公司
	7	民和文宏科技磨料有限公司
	8	民和凌海冶金有限公司
	9	青海汇能冶炼有限公司
	10	民和乐华冶炼有限公司
	11	乐都福海碳化硅有限责任公司
	12	海东贵强碳化硅有限公司
	13	乐都烁华铁合金有限公司
	14	青海泰宁水泥有限公司
	15	乐都鑫丰铁合金有限公司
	16	青海乐都华夏水泥有限公司
	17	乐都盛基硅业有限公司
	18	青海通力铁合金有限公司
	19	青海乐天玻璃制品有限公司
海东	20	乐都县华泰碳化硅有限责任公司
	21	乐都长源特种硅业有限公司
	22	青海明迈特高新合金材料有限公司
	23	乐都中冶铁合金有限公司
	24	青海康泰锻造有限责任公司
	25	青海青乐化工机械有限责任公司
	26	青海互助金圆水泥有限公司
	27	海东地区高纯硅业科技有限公司
	28	青海丹峰磨料磨具有限公司
	29	青海鼓楼特种水泥有限公司
	30	青海汇恒矿产有限公司
	31	青海物通铁合金有限公司
	32	青海威远水泥有限公司
	33	青海华鑫硅业有限公司
	34	互助县回升碳化硅厂
	35	青海航威冶金有限责任公司

地 区	序 号	单 位 名 称
海东	36	圣戈班陶瓷原料（青海）有限公司
	37	青海互助青稞酒有限公司
	38	化隆县铝业有限责任公司
	39	化隆县盛兴冶金有限责任公司
海北	1	门源县三进碳化硅有限公司
	2	祁连县恒业供暖有限公司
	3	西部矿业股份有限公司唐湖电力分公司
	4	海晏县瑞丰铁合金有限责任公司
	5	青海弘川化工实业有限公司
	6	海晏中能精煤有限公司
	7	青海省西海煤炭开发有限责任公司
	8	青海省奥凯煤业发展集团有限责任公司
	9	青海西海煤电有限责任公司
黄南	1	青海金源铝业有限公司
海南	1	海南州鑫源铁合金矿业有限责任公司
果洛	1	青海威斯特铜业有限责任公司
海西	1	中国石油天然气股份有限公司青海油田分公司
	2	青海盐湖工业集团股份有限公司
	3	青海中信国安科技发展有限公司
	4	格尔木藏格钾肥有限公司
	5	格尔木市胜华矿业有限责任公司
	6	青海盐湖元通钾肥有限公司
	7	青海俊民化工有限责任公司
	8	北京昆龙伟业格尔木有限公司
	9	青海际华江源实业有限公司
	10	青海碱业有限公司
	11	青海海西化工建材股份有限公司
	12	青海昆仑碱业有限公司
	13	青海金峰实业有限公司
	14	青海金瑞矿业发展股份有限公司化工分公司
	15	青海庆华煤化有限责任公司
	16	青海省盐业股份有限公司

续表

地 区	序 号	单 位 名 称
海西	17	青海庆华矿冶煤化集团有限责任公司
	18	天峻义海能源煤炭经营有限公司
	19	青海天木能源集团有限公司
	20	青海江仓能源发展有限公司天峻煤业分工司
	21	青海焦煤产业（集团）有限公司
	22	青海创安有限公司
	23	青海茫崖康泰钾肥开发有限责任公司
	24	茫崖兴元钾肥有限责任公司
	25	青海大柴旦矿业有限公司
	26	青海省滨地钾肥股份有限公司
	27	青海中航资源有限公司

22. 新疆维吾尔自治区关于开展 2011 年
节能监察工作的通知

（新经信环资〔2011〕458 号）

伊犁哈萨克自治州经贸委，各地、州（市）经贸委（经委），自治区各行业管理办公室：

为全面落实节能目标责任制，强化监督检查工作，根据年度工作计划，我委将于 2011 年 9 月 20～10 月 31 日组织开展 2011 年节能监察工作。现将有关事宜通知如下。

一、监察目的

了解和掌握各地州市 2010 年度和 2011 年上半年工业节能总体情况和重点用能企业"十一五"节能目标任务落实情况，及重点行业主要产品单位能耗限额标准执行情况，督促落实各项节能措施。

二、监察范围

各地州市重点用能企业和相关单位共 100 户（名单详见附件 1）。

三、实施监察机构

本次监察工作委托自治区节能监察总队具体承担，各地州市经贸部门、自治区有关行办协助配合。

四、工作形式及内容

此次监察工作分小组进行，具体分组情况及时间安排由节能监察总队另行通知。

检查内容主要包括听取汇报、查阅相关资料、现场考察企业重点耗能环节设备配置及运行情况，主要产品生产工艺技术状况，以及企业实施的节能改造项目情况。

列入监察范围的地区和企业，要按照有关要求提供本地区本企业节能工作情况总结（详见附件2）。其中，生产22项能耗限额标准产品的企业，要对照能耗限额标准进行自查，填报能耗限额标准执行情况表（附件3）。

五、时间安排

第一阶段：2011年9月20日至2011年10月3日，根据分组情况，各小组开展节能监察工作。

第二阶段：2011年11月1日至2011年11月10日，各监察小组分别完成情况分析，对重点监察企业提出有针对性的节能措施和建议，及时向各地经贸部门和企业反馈，并提出整改要求。

第三阶段：2011年11月15日前，自治区节能监察总队完成监察情况汇总分析材料和年度节能监察报告，并根据监察结果，提出重点督办企业名单，书面形式报我委。

六、工作要求

各地、各企业和各单位要高度重视，积极配合，认真组织企业做好前期各项准备，督促企业做好2010年度节能工作情况汇报材料准备和有关报表填报工作，并完成收集整理和汇总分析。同时，根据监察工作具体时间要求，对列入被监察的企业要按照时间要求逐一抓好落实安排。

附件：1.2011年度重点监察企业名单（100户）

2. 节能工作总结汇报提纲

3. 能耗限额标准执行情况表

二〇一一年九月十四日

附件 1

2011 年度重点监察企业名单（100 户）

一、乌鲁木齐市（18 户）

1. 宝钢集团新疆八一钢铁有限公司

2. 新疆昊融实业有限公司

3. 新疆众和股份有限公司

4. 新疆焦煤集团有限责任公司

5. 乌鲁木齐环鹏有限公司

6. 中国石油天然气股份有限公司乌鲁木齐石化分公司

7. 国电新疆红雁池发电有限公司

8. 新疆华电苇湖梁发电有限责任公司

9. 华电新疆发电有限公司乌鲁木齐热电厂

10. 新疆华电红雁池发电有限责任公司

11. 新疆金纺纺织股份有限公司

12. 新疆华泰重化工有限责任公司

13. 新疆中泰化学股份有限公司

14. 新疆中泰矿冶有限公司

15. 中国石油天然气股份有限公司乌鲁木齐石化分公司

16. 新疆新化化肥有限责任公司

17. 神华神东电力有限责任公司新疆米东热电厂

18. 新疆电力公司

二、昌吉州（11 户）

1. 阜康市朝阳铸造有限公司

2. 吉木萨尔县弘光金属冶炼有限公司

3. 新疆新鑫矿业股份有限公司阜康冶炼厂

4. 中粮新疆屯河股份有限公司昌吉糖业分公司

5. 吉木萨尔县光源电业有限公司

6. 新疆阜康能源开发有限公司

7. 中粮新疆屯河股份有限公司奇台糖业分公司

8. 华能新疆阜康热电有限责任公司

9. 新疆天山电力股份公司玛纳斯发电分公司

10. 新疆华电昌吉热电二期有限责任公司

11. 阜康市天龙矿业股份有限公司

三、吐鲁番地区（10 户）

1. 新疆鄯善华兴铸造有限公司

2. 鄯善金汇铸造有限公司

3. 鄯善恒昌铸造有限公司

4. 吐鲁番市裕润钢铁工贸有限公司

5. 吐鲁番市源泰铸造有限公司

6. 吐鲁番沈宏金属工业有限责任公司

7. 吐鲁番沈宏热电有限责任公司

8. 新疆华电吐鲁番发电有限责任公司

9. 新疆新冶能源化工有限公司

10. 新疆圣雄能源开发有限公司

四、哈密地区（5 户）

1. 哈密市晋太冶炼铸造有限责任公司

2. 哈密星鑫镍铁合金有限责任公司

3. 新疆钢铁雅满苏矿业有限责任公司

4. 华电新疆发电有限公司哈密分公司

5. 新疆化工集团哈密碱业有限公司

五、巴音郭楞蒙古自治州（10 户）

1. 新疆金特钢铁股份有限公司

2. 和静县旭华铸造有限责任公司

3. 新疆巴州电力有限责任公司

4. 新疆泰昌实业有限责任公司

5. 中国石油天然气股份公司塔里木油田分公司

6. 中粮屯河股份有限公司焉耆糖业分公司

7. 新疆美克化工有限责任公司

8. 新疆富丽达纤维有限公司

9. 国投新疆罗布泊钾盐有限责任公司

10. 新疆博湖苇业股份有限公司

六、阿克苏地区（8 户）

1. 温宿县连亿冶金铸造机械有限公司

2. 新疆拜城发电厂

3. 新疆阿拉尔市新沪热电有限责任公司

4. 国电库车发电有限责任公司

5. 阿克苏华锦化肥有限责任公司

6. 拜城县众泰煤焦化有限公司

7. 库车新成化工有限公司

8. 天山环保库车二甲醚有限公司

七、喀什地区（4 户）

1. 叶城县兴祚矿业开发有限公司

2. 中国华电喀什二期发电有限责任公司

3. 喀什德利克石油工程技术有限公司

4. 国能巴楚生物发电有限公司

八、和田地区（1户）

1. 新疆和田电力有限责任公司

九、石河子市（5户）

1. 天业热电有限责任公司
2. 天富热电股份有限公司
3. 天富南热电有限公司
4. 新疆天业天辰化工有限公司
5. 石河子市长运生化有限责任公司

十、克拉玛依市（3户）

1. 中国石油克拉玛依石化公司
2. 中国石油天然气股份有限公司新疆油田分公司
3. 中国石油股份有限公司独山子石化分公司

十一、伊犁州直属（11户）

1. 首钢伊犁钢铁有限公司
2. 新疆伊犁钢铁有限责任公司
3. 新疆伊犁电力有限责任公司
4. 伊犁金志焦化有限责任公司
5. 中粮屯河新源糖业有限公司
6. 新疆四方实业股份有限公司
7. 中粮屯河新宁糖业有限公司
8. 新疆伊犁第二火电厂
9. 尼勒克县瑞祥焦化有限责任公司
10. 新疆伊河矿冶有限责任公司

11. 新疆奎屯糖业有限公司

十二、博尔塔拉蒙古自治州（2户）

1. 精河县新始源铸造有限公司
2. 精河县旭和铸造有限公司

十三、塔城地区（5户）

1. 沙湾县福升工贸有限责任公司
2. 新疆绿翔糖业有限责任公司
3. 乌苏市中德铁合金电化有限责任公司
4. 沙湾县宏发冶炼有限责任公司
5. 和布克赛尔蒙古自治县雪山水泥有限责任公司

十四、阿勒泰地区（7户）

1. 富蕴县健鑫还原铁铸造厂
2. 富蕴县国恒铸造有限责任公司
3. 阿勒泰地区中联荟兴金属制品有限公司
4. 新疆联合鑫旺铜业有限公司
5. 新疆有色金属工业集团稀有金属有限责任公司
6. 北屯热电有限责任公司
7. 新疆新鑫矿业股份有限公司喀拉通克铜镍矿

附件2

节能工作总结汇报提纲

一、节能工作总体情况

1. 地区工业节能总体情况（主要包括地区工业结构现状及行业分布状况，工业能源消费特点及占地区能源消费总量情况，单位工业增加值能耗情况，重点用能企业"十一五"完成节能量总体情况，"十二五"工业重点发展方向布局）

2. 企业节能工作总体情况（主要包括"十一五"节能目标落实和节能量完成情况，企业能源消耗品种、数量及主要产品单位能耗水平现状和主要耗能设备配置运行状况，企业能源管理组织机构设置情况及相关管理制度建立情况，重点岗位人员培训情况，开展能源审计报告和节能规划编制情况，企业实施节能改造项目情况）

二、主要做法及取得的成效

三、存在的问题和薄弱环节（对主要原因进行分析）

四、今后节能工作的基本思路和具体措施

五、对推进和加强节能工作的政策建议

附件 3

能耗限额标准执行情况表

企业名称：（盖章）

产品名称	能耗限额定值	2009 年			2010 年			2011 年上半年		
		产品产量	产品单耗	是否符合能耗要求	产品产量	产品单耗	是否符合能耗要求	产品产量	产品单耗	是否符合能耗要求
1.										
2.										
3.										

填报人： 联系电话： 传真： 电子邮件：

23. 《长春市节能监察工作实施方案》

(长工信字 [2001] 104 号 签发人：韩东)

按照长春市节能减排工作领导小组的安排和《关于对全市重点用能单位开展节能监察工作的通知》（长节减字 [2010] 7 号）要求，为进一步提高能源利用效率，推动全市节能减排工作深入开展，制定本实施方案。

一、监察对象

年综合能耗 3000 吨标煤以上工业企业，科研院所机关、学校、公共服务单位。

二、监察重点内容

1. 重点用能单位能源计量、能源统计及年度节能目标完成情况；

2. 淘汰或者限制使用落后的、耗能过高的用能产品以及生产设备、设施、工艺和材料情况；

3. 执行单位产品能耗限额情况；

4. 节能技术改造及采用节能新产品、新技术情况；

5. 能源利用状况报告报送情况；

6. 用能单位建立节能管理制度，设立节能机构和配备人员以及节能宣传培训情况；

7. 应用节电、节水、节材等器具及效果情况。

三、监察方式

采取现场监察和书面监察两种方式。

（一）被监察单位要在规定的时间内报送相关材料接受书面监察。

（二）对节能目标完成情况采用定量考核的方法，按目标完成情况进行评分，超额完成指标的适当加分。

（三）对节能管理基础工作和节能措施落实指标采用定性考核的方法，分项打分。

（四）对于下列情况之一的进行现场监察。

1. 两年内没有接受过现场节能监察的；

2. 不能及时报送相关材料的；

3. 被举报有违反国家及省节能法律、法规及标准情况的；

4. 上一年度节能监察得分较低且整改措施未落实的；

5. 因工作需要进行现场监察的。

四、监察时间

2011 年 5 月至 10 月。具体监察名单及时间由市节能监察支队另行通知。

五、监察结果

1. 综合考核分为优秀（90 分以上）、良好（70～89 分）、基本及格（60～69 分）、不及格（60 分以下）四个等级。

2. 综合评价得分情况以节能主管部门文件及简报形式通报全市。

3. 有违反节能法规行为，按程度轻重分别下达《节能监察意见书》、《责令改正通知书》。

4. 对严重违反节能法规或下达《责令改正通知书》后，仍未在规定的时间内改正的，要给予相应处罚并通过新闻媒体向社会公布。

六、组织领导

1. 2011 年的节能监察工作由长春市节能减排工作领导小组办公室组织实施，市工业和信息化局负责牵头组织、具体协调和指导。

2. 具体工作由市节能监察支队负责落实。按照属地，各县、市（区）开发区节能主管部门配合，市统计局、质监局在各自职责范围内对全市节能监察工作给予配合与支持。

七、有关要求

1. 市节能监察支队要精心组织实施，确保完成监察任务。节能监察支队应提前15 个工作日通知被监察单位。节能监察工作结束后 30 个工作日形成综合评价报告，一式两份送被监察单位，报节能主管部门。

2. 开展节能监察工作中，执法人员要认真履行职责，严肃执法行为，对监察中发现的问题应该提出有针对性的改进措施。

3. 被监察单位要积极配合节能监察人员依法实施节能监察，不得拒绝或妨碍节能监察工作正常开展。

二○一一年三月十日

24. 济南市 2011 年节能监察工作意见

2011 年是"十二五"时期开局之年,也是落实"十二五"节能目标和各项措施的关键之年,为推进节能监察工作再上新台阶,现就做好 2011 年节能监察工作提出以下意见。

一、指导思想

坚持以科学发展观为指导,认真贯彻落实国家和省关于加强节能工作的决策部署,根据全市经济发展和节能降耗的总体要求,创新思路,突出重点,完善体系,强化执法,提升能力,注重节能监察与帮促服务相结合,依法推进全市节能工作。

二、工作目标

(一)节能监察目标。实现对全市年综合耗能 5000 吨标准煤以上的工业重点用能企业现场监察率 100%,节能监测率 15%;非生产重点用能单位现场监察率 90% 以上;对冶金、化工行业能耗情况进行专项监察;对全市工业固定资产投资项目节能评估审查情况开展节能专项监察;拓宽交通运输等领域节能监察。通过节能监察,提高重点用能单位能源利用效率,促进全社会依法、合理、科学用能。

(二)机制建设目标。积极探索符合节能监察工作规律的科学运行机制,加强和完善日常监察和专项监察相结合、与同级有关部门联合执法的节能监察工作机制;整合节能法律法规与相关法律法规的执法资源,形成目标统一、职责清晰、各有侧重、各司其职、全领域、全覆盖的全市节能监察综合执法格局。

(三)体系建设目标。加强对全市节能监察工作的组织、协调和指导,逐步建立起市、县(区)两级执法队伍,形成分级负责、上下联动、重点突出的全市节能监察执法体系。

（四）能力建设目标。认真做好计量认证工作，使支队具备计量认证资质，增强节能执法效能；完善"济南节能网"和节能管理与监察信息平台，提高全市节能信息化管理水平。

（五）节能培训目标。认真组织能源管理师培训工作，全市有 200 名重点用能单位人员完成能源管理师资格培训。

三、主要工作

（一）深入开展日常节能监察。一是加强对重点用能单位建立节能目标责任制和节能考核奖励制度、制定节能计划和加快节能技术进步、能效对标管理、主要用能设备管理、执行单位产品能耗限额制度、设立能源管理岗位和聘任能源管理负责人制度、节能项目管理、节能培训工作等情况的节能监察的同时，强化对能源计量、能源统计、能源消耗定额、能源标准化等基础管理的指导检查。二是对部分重点用能单位主要用能设备和工艺流程按计划实施技术监测和分析，掌握企业能源利用效率等情况，帮助企业挖掘节能降耗潜力。三是加强对重点公共机构和公共建筑等非生产用能单位的节能监管，在帮促建立能源管理体系和推进基础管理工作上下功夫。四是加强对节能服务机构配备节能专业人才、健全管理制度和工作开展情况、提供文件真实性等情况的日常监察，建立监督规程，规范经营行为，提高服务能力。五是加强对交通行业重点用能单位贯彻落实节能法律法规工作的监督指导。

（二）认真实施节能专项监察。一是强化对落后产能淘汰任务完成情况的专项监察。二是对固定资产投资项目建设单位执行节能评估审查验收制度的专项监察要实现突破。三是对生产单位执行单位产品能耗预警调控制度和能耗限额标准情况实施专项监察。

（三）全面强化执法队伍建设。一是进一步加强支队能力建设，加大执法监察和能源监测的硬件投入。充分发挥全市节能管理与节能监察综合信息系统的作用，运用信息技术提高全市节能监察管理水平和工作效能。二是做好节能检测资质认定工作，组建高水平检测队伍，为支队节能执法提供技术支撑。三是逐步建立市、县（区）两级执法队伍，形成分级负责、上下联动、重点突出的全市节能监察执法体系。

（四）积极开展节能宣传和培训。通过新闻媒体、政务网站、网络信息等多种载体，加大节能监察宣传力度，扩大节能执法社会影响力，提高全社会依法节能意识。配合开展好 2011 年节能宣传周活动，做好节约型生产方式、消费模式和生活习惯的宣传引导。按照全省统一安排，在组织开展好我市能源管理师培训工作的同时，做好全省培训区域中心的协调配合。继续抓好常规节能培训工作。

四、工作计划

一季度

1. 参与对 2010 年全市节能目标完成情况的检查工作。

2. 组织对冶金、化工行业能耗情况进行专项监察。

3. 对重点用能单位进行年度考核和对能源利用状况报告进行审查。

4. 抓好节能目标的分解落实工作和能源管理负责人职能的落实。

5. 抓好重点用能单位能源消耗指标体系的建立。

6. 对能耗限额执行情况进行专项监察。

7. 制定全年能源审计计划并认真执行。

8. 做好节能检测机构资质认定工作。

9. 实现非生产重点用能单位能耗数据网上直报。

二季度

1. 会同交通运输部门对交通运输营运车船执行燃料消耗量限值标准情况进行专项检查。

2. 对重点用能单位能源利用状况报告制度的执行情况进行现场监察。

3. 开展固定资产能评审查的专项监察。

4. 组织开展高校长清片区节能工作研讨会。

5. 完善"济南节能网"和节能管理与监察信息平台，提高全市节能信息化管理水平。

三季度

1. 对全市重点用电单位进行节电专项监察。

2. 对部分公共用能单位的中央空调系统进行制冷效率测试。

3. 会同质监执法部门对销售市场家用电器能源效率标识制度执行情况进行监察。

4. 对重点用能单位的节能管理人员及锅炉、空调、电工等操作人员进行培训。

5. 会同建设、机关事务主管部门对公共机构和公共建筑依法用能情况进行日常监察，对宾馆酒店逐渐取消一次性日用品情况进行监督检查。

四季度

1. 对部分用能单位进行电平衡测试和锅炉热平衡测试。

2. 抓好"十一五"末制定的高耗能淘汰设备的落实工作。

3. 对全市工业固定资产投资项目建设单位执行节能评估和审查验收制度情况实施专项监察。

4. 对节能服务机构进行监察。

5. 对部分重点用能单位主要用能设备和工艺流程按计划实施技术监测和分析。

注：1. 对百户重点用能企业、80户非生产重点用能单位和部分交通重点用能单位的日常监察按照正常工作计划进行。

2. 按照上级部门的统一部署和安排，及时调整和充实工作计划。

五、工作要求

（一）高度重视开局工作。提高对做好"十二五"开局之年节能监察工作重要性的认识，紧紧围绕年度节能监察任务目标，明确分工，落实工作责任，确保节能监察质量和效果。

（二）扩大节能监察范围。在开展对重点用能企业节能监察的同时，注重对年耗标煤3000吨以上单位的监察指导；在以工业为重点的基础上，扩大公共机构和公共建筑领域节能监察覆盖面；探索对建筑、交通领域的节能监察的方式方法。

（三）加大节能执法力度。节能监察既要重视指导和规范用能单位的节能管理，也要督促用能单位认真及时整改监察中发现的问题，对整改不力的要依法予以处罚，树立节能法律法规的权威性。

（四）搞好节能监察协作配合。一是自觉接受上级主管部门和上级执法监察机构的指导，主动配合上级开展各项执法活动。二是注意加强与同级节能有关部门的交流沟通，探索联合执法工作机制。三是加强与节能办、县市区节能工作部门之间的协调联系，支持、配合在其责任范围内开展好工作。

（五）加强调研，创新节能监察工作思路。针对我市实际和节能监察中遇到的新情况、新问题，加强工作调研，不断创新工作思路、丰富工作手段、改进工作方法，确保节能监察质量和效果。

（六）不断提高队伍素质。练好内功，不断提高专业执法水平，教育广大执法人员树立正确的权力观，建设高素质、专业化、规范化的节能执法队伍。

（七）加强节能宣传，营造节能氛围。充分发挥报纸、电视、广播、网络等主流媒体的作用，策划开展一系列宣传活动，切实做好节能舆情分析和引导，营造全社会参与、支持节能减排的良好氛围。

济南市节能监察支队

二〇一一年一月二十日

25. 济南市 2012 年节能监察工作意见

2012 年是我市实施"十二五"节能规划的关键之年，为确保全市节能降耗目标任务的完成，现就做好 2012 年节能监察工作提出以下意见。

一、指导思想

坚持以科学发展观为指导，紧紧围绕实现全市"十二五"节能目标，认真贯彻落实省、市关于加强节能工作的决策部署，突出抓好执法监察、监察体系、节能培训和能源管理信息系统建设，完善日常监察与专项监察相结合、监管与帮促服务相结合的执法机制，为我市转变经济发展方式、保证经济社会平稳较快发展打下坚实基础。

二、工作目标

（一）节能监察目标。对工业重点用能单位和非生产重点用能单位开展日常监察，现场监察率达到 100%；专项监察计划执行率 100%。根据统一部署，对年综合能耗 5000 吨标准煤以上工业用能单位和年综合能耗 4000 吨标准煤以上非生产用能单位实行全面节能监察跟踪问效制度。

（二）节能监测目标。对工业重点用能单位和非生产重点用能单位的主要用能设备开展节能监测，监测实施率达到 60% 以上；对 2~3 家重点领域、高耗能行业的重点用能单位进行全面监测。

（三）节能信息系统建设目标。全面完成节能信息系统建设工作，全面提升能源计量、数据采集、统计分析、节能监测检查、预测预警等方面的能力，对重点用能单位的相关信息实现月调度、季考核，增强节能执法效能。

（四）机制建设目标。建立健全和完善并形成长效的节能监察上下联动机制、日常监察与专项监察相结合的机制、部门之间联合执法的机制、节能违法案件与投诉举报运行机制、节能监察与帮促服务相结合的执法机制、节能处罚机制，实现节能监察工作的规范化和制度化。

（五）组织体系建设目标。健全部门协调配合机制，逐步建立起市、县（区）两级节能监察组织体系，在全市形成目标统一、上下联动、职责清晰、各司其职、多领域、全方位的节能监察综合执法体系。

（六）节能培训目标。继续做好能源管理师培训、考试组织工作，完成 200 人能源管理师培训任务，力争使重点工业用能单位能源管理师配备数量达到省里规定的要求，非生产重点用能单位每户有 1 人具备能源管理师资格；完成 200 名重点用能设备操作人员业务培训。

三、主要工作

（一）深入开展日常监察工作。在做好重点用能单位节能管理基础工作深入监察的同时，对重点用能单位执行项目能评、能耗限额、淘汰落后能源利用状况报告等节能法律法规制度情况进行重点监察。

（二）组织实施专项监察工作。一是继续对高耗能行业能耗情况进行专项监察，对年综合能耗 10 万吨标准煤以上的电力、煤炭两大高耗能行业企业的能耗情况开展节能专项监察。二是对辖区内节能服务公司实施合同能源管理项目情况进行节能专项监察。三是联合住建、交通运输、公共机构、商务和旅游等部门开展相关领域节能专项监察，逐步形成全社会大节能监察的新格局。四是参与国家、省和市节能督查、核查和审查工作。

（三）节能培训工作。一是对重点用能单位的工业锅炉、用电设备管理与操作人员进行业务培训，提高节能意识和技术水平。二是做好能源管理师资格培训的动员工作，逐步扩大能源管理师资格培训的领域和范围。三是节能执法人员培训，参加省节能监察总队组织的专职节能监察机构执法人员业务培训。四是开展信息交流与培训，组织节能监察人员到先进地市、先进用能单位进行经验交流，做到走出去、引进来。五是做好对能源管理师上岗履责情况的跟踪调查和考评工作，将其作为检查和考核企业的重要依据之一，在我市逐步建立一支专业化、高素质、稳定的能源管理人才队伍。

（四）节能信息系统建设。一是完善节能信息系统的数据报送、审核、统计分析、节能监察、资源管理、预警预案、分析报告、协同办公及网站等功能并全部有效运行。二是继续完善规范工业重点用能单位和非生产重点用能单位能耗数据化管理，实现为相关部门提供能耗数据分析报告和预警预案管理的功能。三是逐步实现接入反映全社会总能耗的数据并接入有条件的重点用能单位能源管理中心数据，全面做好信息采集、会商和分析。四是建立和完善专家、管理和技术支持三支团队，为信息系统的运行提供保障。

（五）节能基础性工作。一是积极推动节能监察工作法制化建设，使节能监察机构具体权责细化，确立节能监察法律地位，完善法律责任。二是在全市重点用能单位逐步推行能源管理体系建设，帮助重点用能单位夯实节能管理基础。三是以日常监察工作为重心，加强组织实施和技术帮促，配合上级部门搞好节能专项监察工作，处理上级部门交办的投诉举报案件。四是加强对县级节能执法机构的业务指导，抓住有利契机，推动建立县（市、区）节能监察机构，发展壮大我市节能监察队伍。五是加强工作调研，针对"十二五"节能监察工作面临的新形势、新任务，积极研究新情况、新问题，注重运用调研成果推动全市节能监察工作。六是开展机制研究，总结我市"十一五"期间节能监察行之有效的制度措施，使之形成固定的模式，逐步建立和完善节能监察工作长效机制。七是强化队伍建设，推进素质提升工程，培养复合型人才，提高节能监察人员的法规政策水平和专业技能。

四、工作要求

（一）拓宽节能执法覆盖面。除重点抓好工业节能以外，进一步加强与住建、交通运输、公共机构、民商、农业及各县（市、区）经信局等相关部门的沟通和协调，建立联席会议制度，形成完善的节能监察网络，提高节能监察覆盖率，形成节能大监察格局。

（二）拓展节能执法深度。节能执法工作既要面面俱到，又要拓展深度。要继续推进日常监察和专项监察相结合的工作机制，突出重点，提高执法效能。

（三）创新节能执法思路和手段。注意将节能监察与节能监测、节能评估、能源审计、宣传教育等帮促服务相结合，处罚与教育相结合，及时制止违法用能、不合理用能行为，提高用能单位依法用能、合理用能的意识和自觉性。

（四）突出节能监测的地位和作用。要将节能监测作为提升节能监察工作水平的重要抓手，对用能单位的能源利用状况进行定量分析，挖掘企业节能潜力，提高节能监察工作的准确性和权威性。

（五）注重节能监察实效。加强对县（市、区）节能执法工作的业务指导，积极配合做好辖区内的节能管理和监察工作。对节能执法过程中发现的违法用能行为，采取督办等形式及时进行跟踪问效，一抓到底，提高节能监察的办案质量和实际效果。

（六）加强节能宣传。注意加强与新闻媒体的合作，开展节能法律知识宣传活动，邀请有关媒体跟踪报道节能监察的执法过程，增进社会各界对节能监察工作的了解和理解。做好节能监察与节能宣传的有机结合，在全社会形成关心、支持、参与节能的良好氛围。

附件：《济南市 2012 节能监察年工作计划》

二〇一二年一月四日

附件

《济南市 2012 节能监察年工作计划》

一季度

1. 参与对 2011 年全市节能目标完成情况的检查工作。

2. 对年综合能耗 10 万吨标准煤以上的电力、煤炭两大高耗能行业能耗情况开展节能专项监察。

3. 对重点用能单位进行年度考核并对能源利用状况报告进行审查。

4. 对能耗限额执行情况进行专项监察。

5. 完善节能信息系统的软硬件配置，做好济南市节能网的改版工作。

6. 对新增百户重点用能单位的用能设备、计量、统计、岗位设立、人员培训等基本信息进行现场核实，并纳入日常监察范围。

二季度

1. 对重点用能单位能源利用状况报告制度的执行情况进行监察。

2. 对辖区内节能服务公司实施合同能源管理项目情况进行节能专项监察。

3. 对重点用能单位的主要用能设备按计划实施技术监测和分析。

4. 逐步开展建筑领域的专项监察。

5. 对节能产品实行政府优先采购执行情况开展专项检查。

6. 继续做好能源管理师资格培训、考试工作。

三季度

1. 对辖区内公共机构、公共建筑节电情况进行检查。

2. 对 10 家非生产用能单位的中央空调系统进行制冷效率测试。

3. 会同质监执法部门对销售市场家用电器能源效率标识制度执行情况进行专项监察。

4. 对重点用能单位的工业锅炉、用电设备管理与操作人员进行培训。

5. 对辖区内宾馆饭店取消一次性日用品情况进行监督检查。

四季度

1. 抓好"十一五"末制定的高耗能淘汰设备的落实工作。

2. 对全市工业固定资产投资项目建设单位执行节能评估和审查验收制度情况实施专项监察。

3. 抽查重点领域、高耗能行业的部分重点用能单位,对其用能设备和工艺流程进行全面监测。

4. 对交通重点用能单位进行全面监察。

注: 1. 对百户重点用能企业、80 户非生产重点用能单位和部分交通重点用能单位的日常监察按照正常工作计划进行。

2. 按照上级部门的统一部署和安排,及时调整和充实工作计划。

26. 西安市节能监察监测中心关于印发《西安市 2010 年节能监察工作指导意见》的通知

（西能发〔2010〕5 号）

各区县经贸（经济）局、重点用能单位：

为贯彻落实《中华人民共和国节约能源法》、《陕西省节约能源条例》和《西安市节约能源管理条例》等法律法规，根据《西安市 2010 年工业节能降耗工作指导意见》的要求，为切实加强对我市重点用能单位的节能监管，我们制定了《西安市 2010 年节能监察工作指导意见》，现印发给你们，请认真组织配合我市节能监察工作。

二〇一〇年三月十二日

《西安市 2010 年节能监察工作指导意见》

2010 年是"十一五"规划的最后一年，也是我市实现"十一五"节能目标的关键一年。节能监察工作的指导思想是：以科学发展观为指导，紧紧围绕全市节能工作重点开展节能监察，确保各项节能法律、法规和政策措施落到实处，推动用能单位提高能源利用效率，全面推进我市节能降耗工作。

一、总体目标

2010 年是实现"十一五"节能目标的决战之年，全市上下要以科学发展观为指导，认真贯彻落实市委、市政府关于节能工作的战略部署，把节能降耗作为"转方式、调结构"的重要抓手,打好节能监察工作攻坚战役,确保实现"十一五"全市万元 GDP 能耗降低 25% 节能目标的实现。

(一)节能监察目标

1. 全面推进和建立重点用能单位的能源管理干部备案管理制度。完成我市辖区内的 110 户重点用能单位的能源管理干部审核、备案工作。

2. 建立和完善 110 户重点用能单位的能源利用状况报送制度、重点用能设备登记备案制度。

3. 对我市重点用能单位在用、备用的 800kVA 以上变压器和 50kW 以上电动机等重点用能设备开展专项节能监察活动。

4. 对我市工业 80 户重点用能企业"十一五"节能目标完成进度情况进行专项节能监察。

(二)体系机制建设目标

完善日常监察与专项监察相结合的工作机制;建立与建筑、交通运输、公共机构等重点领域主管部门联合执法的合作机制;建立节能监察与合理用能诊断相结合的技术指导机制;完善全市节能违法案件投诉举报运行机制等。

(三)节能信息化建设目标

建立全市重点用能单位能源管理基础数据库、能源利用状况报告网上报送以及全市节能监察网上办公等系统,提高节能监察效能。并在此平台的基础上实现对公共建筑室内温度的远程监控,对重点用能设备进行远程监控和诊断的远期目标。

(四)节能宣传培训目标

营造全社会依法节能的浓厚氛围;构建节能监察执法人员、重点用能单位节能管理人员、主要耗能设备操作人员和节能服务机构专业技术人员的多层次培训格局;建立以能源发展战略、节能法律法规、节能政策标准、节能管理知识、通用节能技术、行业节能知识、节能技术应用、节能新机制和国外先进节能管理模式为主的节能培训体系;建立"走出去、请进来"的学习交流长效机制。

二、主要工作

(一)日常节能监察工作

1. 建立我市重点用能单位、能源管理干部审核备案管理机制。根据《中华人民共和国节约能源法》第五十五条"重点用能单位应当设立能源管理岗位，在具有节能专业知识、实际经验以及中级以上技术职称的人员中聘任能源管理负责人，并报管理节能工作的部门和有关部门备案"的规定，对我市重点用能单位的能源管理干部的任职情况进行监察，建立我市重点用能单位、能源管理干部审核备案等管理机制。

2. 健全我市重点用能单位能源利用状况的报送制度。根据国家发改委《关于印发重点用能单位能源利用状况报告制度实施方案的通知》（发改环资［2008］1390号）、工信部《关于报送工业行业重点用能企业能源利用状况报告有关事项的通知》（工信厅节［2009］67号）的要求，建立健全我市重点用能单位能源利用状况报送制度，严格执行报送制度。

3. 建立重点用能设备登记、备案制度。根据《中华人民共和国节约能源法》的相关要求，对重点用能单位在用设备和备用重点设备实行登记、备案制度。今年的工作重点是建立800kVA以上变压器和50kW以上电动机等重点用能设备的登记、备案制度。

（二）专项节能监察工作

1. 重点用能设备专项监察工作。以加强重点用能单位设备管理，进一步提升用能设备的科技含量、运行效率和能源利用效率为目的，开展针对800kVA以上变压器和50kW以上电动机等重点用能设备的节能专项监察活动。监察工作采取书面监察和现场监察相结合的方式。监察的主要内容是：重点用能设备运行效率；重点用能设备的更新改造情况；操作人员的持证上岗及节能培训情况；依据《产业结构调整指导目录（2005年本)》确定的淘汰设备进行淘汰的执行情况；对重点用能设备进行的基础管理情况。

2. 淘汰落后高耗能设备专项监察活动。为加强对我市重点用能单位落实在用国家明令淘汰用能设备情况的监督检查，帮助企业了解自身是否存在着国家明令淘汰的高耗能设备，加快企业节能技术改造，提高能源利用效率，依据《节约能源法》和国家相关产业政策，依法对重点用能单位开展国家明令淘汰高耗能设备的专项节能监察。监察的重点是依据《产业结构调整指导目录（2005年本)》（第三类 淘汰类），对我市重点用能单位在用、备用的 800kVA 以上变压器和 50kW 以上电动机等重点用能设备进行专项监察。

3. 对我市工业 80 户重点用能企业的专项监察工作。以监督检查我市 80 户重点用能企业 2010 年节能目标完成情况、推动工业节能目标按期完成为目的。2010 年底，对我市工业 80 户重点用能企业进行专项节能监察。监察的重点为重点用能单位"十一五"节能目标完成进度情况、节能投入及节能技改实施情况、产品能耗水平、能源审计工作开展情况等。

4. 对公共机构、建筑、交通等领域的节能监察。加大对公共机构、建筑、交通等领域节能监察方面的工作力度，将实施室内温度远程监控的工作落到实处。与其他相关部门合作，按照《公共机构节能条例》、建筑节能、交通节能等法规的要求，点面结合，逐步深入，制定公共机构节能规划和节能考核评价办法，督促各公共机构建立能源消费计量以及能耗统计、监测体系，制定公共机构能源消耗定额标准。

5. 进一步规范、健全和完善节能违法案件投诉举报机制。

三、节能监察基础工作

1. 积极参与《西安市节能监察办法》的修订工作，配合相关部门完成前期工作，加快《西安市节能监察办法》的颁布进度。

2. 加快推进"节能信息平台"建设工作，推进节能监察网络平台建设，建立全市重点用能单位能源管理基础数据库；建立重点用能单位能源利用状况报告网上报送系统以及全市节能监察网上办公系统；逐步实现对公共建筑室内温度及重点用能设备的远程实时监控，提高节能监察效能。

3. 加强节能监察机构能力建设。立足当前节能监察工作的需要和长远发展，按照快速反应、及时诊断的要求，合理配备现场监察所必需的仪器设备，提高节能监察技术手段和装备水平。

4. 加强节能宣传和培训。在"节能宣传周"期间，面向全社会聘请一批"节能义务监督员"。通过这一活动激发广大市民的积极性和创造性，必将有利于广泛动员社会力量，积极参与节能减排工作，为节能降耗工作的深入开展创造一个良好的社会环境。不断开展节能监察人员的执法培训和交流活动，组织重点用能单位节能管理人员进行节能法律法规和节能政策措施及技术标准的培训。

四、工作要求

1. 西安市节能监察监测中心要在节能主管部门的组织领导下开展节能监察工作，要定期汇报节能监察工作的实施情况，及时提出做好节能监察工作的意见与建议。

2. 要认真组织制定节能监察实施计划，明确组织分工，落实工作责任，确保节能监察质量和效果。对监察中发现的问题，要提出有针对性和可操作性的节能降耗措施。要依法处理节能违法行为，督促用能单位认真整改。

3. 在实施节能监察中，要认真履行职责，严格执法行为，廉洁自律，树立良好的执法形象。

27. 西安市节能监察监测中心关于印发《西安市 2011 年节能监察工作指导意见》的通知

（西能字［2011］9 号）

各区县中小企业局（经贸局），莲湖区发改委，"五区两基地"经发局，各重点用能单位：

为认真贯彻落实国家、省、市关于"十二五"节能工作的安排部署，确保 2011 年全市节能指标完成，现将《西安市 2011 年节能监察工作指导意见》印发给你们，请遵照执行。

二〇一一年三月十八日

《西安市 2011 年节能监察工作指导意见》

"十一五"期间，我市以科学发展观为指导，坚持经济发展与节能工作同步，以产业结构调整为依托，以节能项目实施为重点，构建节能型产业体系，围绕既定的"十一五"节能指标任务，切实加强组织领导，加大工作力度，采取有效措施，顺利完成了我市的节能指标任务。为认真贯彻落实国家、省、市关于"十二五"节能工作安排部署，确保 2011 年全市节能指标完成，节能监察工作在"十二五"开局之年取得更大成效，结合我市节能工作重点，制定本指导意见。

一、2011 年节能监察工作指导思想

以科学发展观为指导，认真贯彻落实国家和省市关于加强节能工作的决策部署，紧紧围绕全年节能目标，巩固已有成果，创新工作思路，强抓队伍建设，完善体系机制，充分发挥节能监察的作用，确保节能监察工作实效，注重节能监察与帮促服务相结合，依法推进全市节能工作，为完成今年及"十二五"节能目标打下坚实基础。

二、2011 年节能监察目标

（一）对 100 户重点用能企业的节能监察

对全市年综合能耗 4000 吨标准煤以上重点用能企业的能源利用状况和执行节能法律、法规、标准情况进行节能日常监察，摸清底数，建档立卷。计划就以下几方面开展监察工作：

1. 对建立和执行用能单位节能管理制度情况的监察。

2. 对执行能源计量、能源消费统计制度情况进行监察。

3. 对电力生产和电网企业实施热电联产、利用余热余压发电及并网运行情况进行监察。

4. 对能源消费包费制和能源生产经营单位向本单位职工无偿提供情况进行监察。

5. 对主要用能设备运行情况进行监察。

6. 对落后的耗能过高的用能产品、设备和生产工艺执行淘汰制度情况进行监察。

7. 对执行单位产品能耗限额标准情况进行监察。

8. 对重点用能单位执行能源利用状况报告制度情况进行监察。

9. 对重点用能单位执行能源管理岗位设立和能源管理负责人聘任制度情况进行监察。

10. 对开展能源审计工作的情况进行监察。

（二）对固定资产投资项目进行节能监察

加强固定资产投资项目节能评估和审查制度，把节能作为项目审批、核准以及开工建设的前置条件，对不符合节能标准的项目实行前置否决，一方面能够约束新上项目落实有关节能法规、标准，不断提高能源利用效率；另一方面能够从源头上遏制能耗不合理增长。重点对我市年综合能源消费量 3000 吨标煤以上的固定资产投资项目，开展以下两方面专项监察：

1. 对节能评估审查制度执行情况进行节能监察。

2. 对建设、施工和监理单位在建设过程中执行强制节能标准、节能评估、审查意见情况进行监察。

（三）开展建筑节能监察

以《民用建筑节能条例》为依据，以提高建筑节能工程质量为重点，以加强建筑节能施工现场跟踪服务和管理为手段，进一步推进我市建筑节能管理工作法制化、规范化、制度化建设，努力使全市建筑节能工作上台阶、上水平。围绕这一思路，重点做好以下工作：

1. 对建筑工程的建设、设计、施工和监理单位遵守建筑节能标准情况进行监察。

2. 对房地产开发企业销售房屋时履行有关建筑节能信息的说明义务情况进行监察。

3. 对公共建筑室内温度控制温度的节能监察。

（四）实施公共机构节能监察

机关办公建筑和大型公共建筑能耗高、节能潜力大、社会影响大，据调查，机关办公建筑和大型公共建筑年耗电量约占全国城镇总耗电量的22%，每平方米年耗电量是普通居民住宅的10～20倍。做好机关办公建筑和大型公共建筑的节能工作，对促进和带动全社会节能工作，实现节能减排目标，落实"转方式、调结构"重大战略具有重要意义。围绕这一思路，重点做好以下工作：

1. 对年度节能目标和实施方案的制定、落实情况进行监察。

2. 对能源消费计量和监测管理的监察。

3. 对能源消费状况报告报送情况的监察。

4. 对用能系统管理情况的监察。

5. 对政府采供用能产品、设备的监察。

（五）做好上级交办、移送和投诉举报节能违法案件的监察处理

三、工作要求

1. 着眼打牢基础，搞好日常监察，建立长效机制。紧紧围绕年度节能监察任务

目标，加强组织领导，制定实施方案，明确监察分工，落实工作责任，确保节能监察质量和效果。

2. 发挥专业优势，做好"结合"文章。要充分发挥节能监察机构的专业技术优势，实现节能监察与节能评估、能源审计、能效评价、能源监测等的有机结合，帮促重点用能单位提高能源利用效率，进一步增强企业依法用能、合理用能的意识。

3. 创新节能监察工作思路。针对我市实际和节能监察中遇到的新情况、新问题，加强工作调研，积极研究开创节能监察工作新局面的新方法、新举措、新对策。

4. 加强能力建设，强化队伍素质。要重视练好内功，不断提高节能法规政策和专业执法水平，建设高素质、专业化、规范化的节能执法队伍。

28. 《关于下达 2011 年宁波市能源监察计划的通知》

(甬节能办〔2011〕21 号)

各县（市）区（管委会）经发局（发改局、科工局），市级有关部门，市（县）节
能监察中心（大队），有关单位：

　　为认真贯彻落实国家《节约能源法》、《宁波市节约能源条例》和《宁波市公共
机构节能办法》，依法强化对重点用能企业和大型公共建筑单位的节能监管，根据
《浙江省经济和信息化委员会关于下达 2011 年全省能源监察计划的通知》（浙经信
资源〔2011〕105 号）的要求，经与各县（市）区和市级有关部门衔接，确定了
2011 年宁波市重点用能企业（单位）能源监察计划，现予下达。

　　对重点用能企业（单位）开展能源监察，是贯彻落实今年全市"2463"节能专
项行动方案、节能执法年活动的重点内容，在省下达任务计划名单基础上，结合企
业的节能目标完成情况、重点耗能行业的能耗限额对标与能源审计等工作，共安排
82 家工业企业、11 家非工业单位实施能源监察。本次能源监察工作具体由市节能监
察中心负责，各县（市）区节能主管部门、市县两级节能监察机构、市级有关部门
要高度重视，按照各自职责做好重点用能企业（单位）节能监察工作。

　　附件：2011 年宁波市能源监察企业计划名单

二〇一一年六月二日

附件

2011 年宁波市能源监察企业计划名单

一、工业企业 82 家

1. 宁波狮丹奴集团有限公司（海曙）

2. 宁波波尔管业开发有限公司（海曙）

3. 宁波银河管桩有限公司（江北）

4. 宁波甬江精密板材有限公司（江北）

5. 宁波江北鑫华彩钢卷制造有限公司（江北）

6. 宁波嘉隆金属处理技术服务有限公司（江北）

7. 宁波爱柯迪汽车零部件有限公司（江北）

8. 宁波市五金索具有限公司（江北）

9. 宁波金田冶炼有限公司（江北）

10. 宁波四明化工有限公司（镇海）

11. 华美线业有限公司（镇海）

12. 百隆东方有限公司（镇海）

13. 宁波九龙气体制造有限公司（镇海）

14. 宁波陆霖机械铸造有限公司（镇海）

15. 宁波宁力高强度紧固件有限公司（镇海）

16. 浙江鑫甬生物化工有限公司（镇海）

17. 宁波人健医药化工有限公司（镇海）

18. 宁波博汇石油化工有限公司（镇海）

19. 宁波巨化化工科技有限公司（镇海）

20. 宁波乐金甬兴化工有限公司（镇海）

21. 宁波富邦精业集团股份有限公司铝材厂（镇海）

22. 浙江镇海联合发电有限公司（镇海）

23. 宁波市镇海光鑫特钢有限公司（镇海）

24. 宁波中新腈纶有限公司（北仑）

25. 浙江善高化学有限公司（北仑）

26. 浙江太平洋化学有限公司（北仑）

27. 宁波永祥铸造有限公司（北仑）

28. 宁波志达纺织品有限公司（北仑）

29. 宁波紫泉饮料工业有限公司（北仑）

30. 宁波侨泰纺织有限公司（北仑）

31. 金光食品（宁波）有限公司（北仑）

32. 宁波宝新不锈钢有限公司（北仑）

33. 利华（宁波）羊毛工业公司（北仑）

34. 宁波五洲星集团有限公司（鄞州）

35. 宁波奥克斯空调有限公司（鄞州）

36. 浙江英博浙东啤酒有限公司（鄞州）

37. 宁波天机织染有限公司（鄞州）

38. 宁波长利风玻璃制品有限公司（鄞州）

39. 宁波永利漂染有限公司（鄞州）

40. 亨斯利灵峰（宁波）铸业实业有限公司（鄞州）

41. 宁波市鄞州精铸五金厂（鄞州）

42. 宁波明州热电有限公司（鄞州）

43. 浙江银河印染有限公司（余姚）

44. 宁波金龙绒制品有限公司（余姚）

45. 宁波百隆纺织有限公司（余姚）

46. 浙江新纶化纤有限公司（余姚）

47. 宁波大成新材料股份有限公司（慈溪）

48. 浙江杭州湾纺织品有限公司（慈溪）

49. 海通食品集团股份有限公司（慈溪）

50. 宁波大发化纤有限公司（慈溪）

51. 宁波康鑫化纤股份有限公司（慈溪）

52. 宁波莱克调味品有限公司（奉化）

53. 宁波今日食品有限公司（奉化）

54. 宁波绿之健药业有限公司（奉化）

55. 宁波樱盛织染有限公司（奉化）

56. 宁波俊均出口包装有限公司（宁海）

57. 宁海华联纺织有限公司（宁海）

58. 宁波金海雅宝化工有限公司（宁海）

59. 重庆啤酒集团宁波大梁山有限公司（宁海）

60. 宁波雷其蒙纺织品有限公司（象山）

61. 宁波海山纸业有限公司（象山）

62. 宁波福甬印花有限公司（象山）

63. 宁波海达针织印染有限公司（象山）

64. 宁波鹰星针纺有限公司（象山）

65. 宁波大榭开发区晶达玻璃制造有限公司（大榭）

66. 慈溪市龙凤纸业有限公司（慈溪）

67. 慈溪市造纸厂（慈溪）

68. 宁波牡牛纸业有限公司（鄞州）

69. 宁波亚洲浆纸业有限公司（北仑）

70. 宁波中华纸业有限公司（鄞州）

71. 宁海县宁兴纸业有限公司（宁海）

72. 宁波鸿运纸业有限公司（鄞州）

73. 宁波市东腾纸业有限公司（宁海）

74. 余姚造纸厂（余姚）

75. 慈溪市华顺化纤有限公司（慈溪）

76. 慈溪市江南化纤有限公司（慈溪）

77. 慈溪市榕伟纺纱有限公司（慈溪）

78. 宁波大众化纤实业有限公司（慈溪）

79. 宁波卓成化纤有限公司（慈溪）

80. 浙江华盛化纤有限公司（余姚）

81. 浙江华鑫化纤有限公司（余姚）

82. 浙江振邦化纤有限公司（慈溪）

二、医院、学校等非工业企业 11 家

83. 宁波工程学院（教育局）

84. 宁波市公安局（宁波市机关事务管理局）

85. 宁波海关（宁波市机关事务管理局）

86. 宁波出入境检验检疫局（宁波市机关事务管理局）

87. 宁波市口岸与打击走私办公室（国际航运中心）（宁波市机关事务管理局）

88. 宁波市妇女儿童医院（卫生局）

89. 宁波市第一医院（卫生局）

90. 宁波市中医院（卫生局）

91. 宁波市第六医院（卫生局）

92. 宁波市鄞州人民医院（卫生局）

93. 宁波大学医学院附属医院（宁波第三医院）（卫生局）

29. 厦门市经济发展局关于开展 2010 年
节能监察工作的通知

（厦经能〔2010〕101 号）

各有关单位：

为贯彻落实节约资源基本国策，进一步加强对我市各用能单位能源利用状况的监督管理，提高能源利用效率，确保我市"十一五"节能目标的顺利实现，根据《厦门市节约能源条例》的有关规定，2010 年度我局将继续加大对相关用能单位的节能监察力度，现就有关事项通知如下。

一、节能监察依据

1.《中华人民共和国节约能源法》（2007 年新修订）；

2.《国务院关于加强节能工作的决定》（国发〔2006〕28 号）；

3.《国务院办公厅关于严格执行公共建筑空调温度控制标准的通知》（国办发〔2007〕42 号）；

4.《重点用能单位节能管理办法》（原国家经贸委令〔1999〕7 号）；

5.《能源效率标识管理办法》（国家发改委、国家质监总局令〔2004〕第 17 号）；

6.《国家发改委关于加强固定资产投资项目节能评估和审查工作的通知》（发改投资〔2006〕2787 号）；

7.《产业结构调整指导目录（2005 年本）》（国家发改委令〔2005〕第 40 号）；

8.《福建省人民政府关于加强节能工作的意见》（闽政〔2006〕36 号）；

9.《厦门市人民政府关于加强节能工作的意见》（厦府〔2007〕104 号）；

10.《厦门市节约能源条例》；

11.《厦门市固定资产投资项目节能评估和审查暂行办法》；

12.《用能单位能源计量器具配备和管理通则》（GB 17167—2006）；

13.《节能监测技术通则》（GB/T 15316—2009）；

14.《高耗能落后机电设备（产品）淘汰目录（第一批）》公告（工节〔2009〕第 67 号）。

二、节能监察内容

（一）对 70 家重点用能单位的节能监察

1. 贯彻落实节能法律、法规情况（包括建立能源管理制度，节能教育培训，设立能源管理员岗位，建立节能工作责任制，健全能源计量管理、能源统计和能源利用状况分析制度，停止使用国家明令淘汰的用能产品、设备等）；

2. 2009 年度综合能耗情况及主要耗能设备装备情况；

3. 2009 年度节能技改实施情况及 2010 年节能技改计划；

4. 新增或扩建的固定资产投资项目节能评估及审查情况；

5. 节能目标分解情况及 2009 年度节能量指标完成情况；

6. 对耗能设备的节能监测：工业锅炉、热力输送系统、企业供配电系统、三相异步电动机。

（二）对商场执行能效标识制度情况的监察

重点检查我市各商场电器专柜和用能产品生产企业能效标识的执行情况，未加贴能效标识的产品均不得进场销售，防止伪造、冒用能源效率标识或者利用能源效率标识进行虚假宣传的行为。

（三）对公共建筑空调温度控制标准的监察

所有公共建筑内的单位，夏季室内空调温度设置不低于 26℃。在夏季用电高峰期，检查政府机构、宾馆酒店、机场码头、大型超市等公共建筑室内空调温度的设置情况。对温度设置过低、整改不力的单位，要提出处理意见并督促其改正。

（四）对固定资产投资项目节能情况的监察

检查固定资产投资项目节能评估审查制度执行情况；对已批复固定资产投资项目，在设计和建设过程中落实经审查的节能措施的情况；固定资产投资项目的设计、选择使用的设备、材料是否符合强制性节能标准等。

三、时间安排

1. 对 70 家重点用能单位的节能监察具体日期安排详见附件;

2. 对商场和生产企业执行能效标识制度情况的监察时间主要安排在各个节假日前或新公布能效标识产品正式实施的时间（随机抽查）;

3. 对公共建筑空调温度控制标准的监察安排在 6 ~ 9 月份（随机抽查）;

4. 对已批复固定资产投资项目的节能情况的监察,将提前与被监察单位联系确定。

四、要求

1. 为确保今年节能监察工作的顺利进行,各被监察单位应加强组织领导,节能管理负责人要亲自参加配合监察工作。用能单位作为消耗能源资源的主体,必须依法接受政府对其能源利用状况的监督和检查,任何单位不得以各种理由拒绝接受节能监察。

2. 节能监察是政府执法行为,执法人员开展节能监察活动时必须出示"厦门市行政执法证",严格执行国家法律、法规及节能规范、技术标准,保证监察的公正性,圆满完成今年的节能监察计划。

3. 节能监察结束后,由节能监察机构出具《责令改正通知书》和《节能监察建议书》,客观反映各用能单位的能源管理情况及能源利用状况;存在浪费能源的被监察单位要提出切实可行的整改措施;节能监察机构要引导各用能单位加强节能技术改造,从制度上、管理上、技术上提高对能源的利用效率。

五、节能监察机构

厦门市节能监察中心是受厦门市经济发展局委托的节能监察机构,负责本计划的组织实施,并自觉接受被监察单位的监督。

附件：2010 年度 70 家重点节能监察单位名单及实施监察日期

厦门市经济发展局

二〇一〇年三月十七日

附件

2010 年度 70 家重点节能监察单位名单及实施监察日期

序 号	单 位 名 称	实施日期
1	厦门海翼新阳热电有限公司	4 月 1 日
2	厦门银鹭食品有限公司	4 月 6 日
3	厦门国际航空港集团有限公司	4 月 7 日
4	厦门智丞电子有限公司	4 月 8 日
5	厦门 TDK 有限公司	4 月 13 日
6	厦门松德电子有限公司	4 月 14 日
7	明达实业（厦门）有限公司	4 月 15 日
8	厦门虹鹭钨钼工业有限公司	4 月 20 日
9	厦门金达威维生素股份有限公司	4 月 21 日
10	厦门新技术集成有限公司	4 月 22 日
11	中日电热（厦门）有限公司	4 月 27 日
12	杰宏（厦门）电子有限公司	4 月 28 日
13	厦门日上钢圈有限公司	4 月 29 日
14	厦门明蓓塑胶有限公司	5 月 5 日
15	厦门惠尔康食品有限公司	5 月 6 日
16	厦门瑞滢塑胶有限公司	5 月 11 日
17	拥华（厦门）家用品有限公司	5 月 12 日
18	厦门陆宝陶瓷有限公司	5 月 13 日
19	厦门鑫同泰建材有限公司	5 月 18 日
20	厦门市禾强建材有限公司	5 月 19 日
21	厦门中禾实业有限公司	5 月 20 日
22	厦门洪氏企业有限公司	5 月 25 日
23	厦门喜盈门家具制品有限公司	5 月 26 日
24	来明工业（厦门）有限公司	5 月 27 日
25	厦门市凤山水泥有限公司	6 月 1 日

序　号	单 位 名 称	实施日期
26	厦门华铃集团有限公司	6 月 2 日
27	厦门威迪亚科技有限公司	6 月 3 日
28	厦门星鲨制药有限公司	6 月 8 日
29	世佳化工（厦门）有限公司	6 月 9 日
30	厦门华顺民生食品有限公司	6 月 10 日
31	厦门虹泰光学有限公司	6 月 17 日
32	厦门三荣陶瓷开发有限公司	6 月 22 日
33	先锋（厦门）电镀开发有限公司	6 月 24 日
34	厦门瑞尔特卫浴工业有限公司	6 月 29 日
35	厦门城市广场物业管理有限公司	7 月 1 日
36	厦门大学附属中山医院	7 月 6 日
37	厦门市台亚塑胶有限公司	7 月 13 日
38	厦门富山诚达百货商业广场有限公司	7 月 20 日
39	厦门市中医院	7 月 27 日
40	翠丰温泉度假酒店	8 月 3 日
41	日月谷温泉酒店	8 月 10 日
42	厦门来雅百货有限公司	8 月 17 日
43	厦门磐基大酒店有限公司	8 月 24 日
44	厦门海悦山庄酒店	8 月 31 日
45	厦门牡丹大酒店有限公司	9 月 7 日
46	温德姆和平国际厦门大酒店	9 月 14 日
47	厦门迈昕电子科技有限公司	9 月 15 日
48	厦门王氏明发打火机有限公司	9 月 16 日
49	厦门海莱照明有限公司	9 月 21 日
50	科维彤创（厦门）电子工业有限公司	9 月 28 日
51	厦门华洋鑫电子有限公司	9 月 29 日
52	辅讯光电（厦门）有限公司	10 月 12 日
53	厦门群鑫机械工业有限公司	10 月 13 日
54	厦门利富来机械有限公司	10 月 14 日
55	厦门银祥肉业有限公司	10 月 19 日
56	厦门金三角特种织物有限公司	10 月 20 日

序　号	单 位 名 称	实施日期
57	厦门万里石有限公司翔安分公司	10 月 21 日
58	厦门公交集团有限公司	10 月 26 日
59	厦门合兴包装印刷股份有限公司	10 月 28 日
60	厦高金属工业（厦门）有限公司	11 月 2 日
61	厦门航空有限公司	11 月 3 日
62	来福太（厦门）金属制品有限公司	11 月 4 日
63	厦门通达光缆有限公司	11 月 9 日
64	东亚电力（厦门）有限公司	11 月 10 日
65	厦门乾照光电股份有限公司	11 月 11 日
66	美吉斯制药（厦门）有限公司	11 月 16 日
67	厦门兴联电子有限公司	11 月 18 日
68	厦门侨兴工业有限公司	11 月 23 日
69	厦门吉源企业有限公司	11 月 24 日
70	厦门海嘉面粉有限公司	11 月 25 日

注：如节能监察日期有调整，将另行通知。

30. 厦门市经济发展局关于开展 2011 年
节能监察工作的通知

(厦经能〔2011〕82 号)

各有关单位：

为贯彻落实节约资源的基本国策，促进节约型社会建设，推动全社会合理用能和节约用能，根据《厦门市节约能源条例》的有关规定，2011 年度我局依法对有关单位贯彻执行节能法律、法规、规章和节能技术标准的情况实施节能监察，督促、帮助相关单位加强节能管理，提高能源利用效率，现就有关事项通知如下。

一、节能监察依据

1. 《中华人民共和国节约能源法》（2007 年新修订）；

2. 《国务院关于加强节能工作的决定》（国发〔2006〕28 号）；

3. 《国务院办公厅关于严格执行公共建筑空调温度控制标准的通知》（国办发〔2007〕42 号）；

4. 《能源效率标识管理办法》（国家发改委、国家质监总局令〔2004〕17 号）；

5. 《国家发改委关于加强固定资产投资项目节能评估和审查工作的通知》（发改投资〔2006〕2787 号）；

6. 《产业结构调整指导目录（2005 年本）》（国家发改委令〔2005〕40 号）；

7. 《福建省人民政府关于加强节能工作的意见》（闽政〔2006〕36 号）；

8. 《厦门市节约能源条例》；

9. 《厦门市人民政府关于加强节能工作的意见》（厦府〔2007〕104 号）；

10. 《厦门市固定资产投资项目节能评估和审查暂行办法》（厦府〔2008〕292 号）；

11. 《厦门市节能监察办法》（厦府办〔2010〕56 号）；

12.《节能监测技术通则》(GB/T 15316—2009);

13.《高耗能落后机电设备(产品)淘汰目录(第一批)》公告(工节〔2009〕第 67 号);

14.《用能单位能源计量器具配备和管理通则》(GB 17167—2006)。

二、节能监察内容

(一)对 70 家重点用能单位的节能监察

重点用能单位的节能监察主要包括以下内容:

1. 贯彻落实节能法律、法规情况(包括建立能源管理制度,节能教育培训,设立能源管理员岗位,建立节能工作责任制,健全能源计量管理、能源统计和能源利用状况分析制度,停止使用国家明令淘汰的用能产品、设备等);

2. 2010 年度综合能耗情况及主要耗能设备装备情况;

3. 2010 年度节能技改实施情况及 2011 年节能技改计划;

4. 新增或扩建的固定资产投资项目节能评估及审查情况;

5. 节能目标分解情况及 2010 年度节能量指标完成情况;

6. 对耗能设备的节能监测:工业锅炉、热力输送系统、企业供配电系统、三相异步电动机。

(二)对能效标识制度执行情况的监察

重点检查我市销售用能产品的商店(主要为各商场电器专柜)、用能产品生产企业等能效标识的执行情况,未加贴能效标识的产品均不得进场销售,防止伪造、冒用能源效率标识或者利用能源效率标识进行虚假宣传的行为。

(三)对公共建筑空调温度控制标准的监察

所有公共建筑内的单位,夏季室内空调温度设置不低于 26℃。在夏季用电高峰期,检查政府机构、宾馆酒店、机场码头、大型超市等公共建筑室内空调温度的设置情况。对温度设置过低、整改不力的单位,要提出处理意见并督促其改正。

(四)对固定资产投资项目节能评审情况的监察

检查企业固定资产投资项目节能评估审查制度执行情况;对已批复固定资产投资项目,在设计和建设过程中落实相关节能措施的情况;固定资产投资项目的设计、选择使用的设备、材料是否符合强制性节能标准等。

三、时间安排

1. 对 70 家重点用能单位的节能监察具体日期安排详见附件；

2. 对商场和用能产品生产企业执行能效标识制度情况的监察时间主要安排在各个节假日前或新公布能效标识产品正式实施的时间（随机抽查）；

3. 对公共建筑空调温度控制标准的监察安排在 6 ~ 9 月份（随机抽查）；

4. 对已批复固定资产投资项目节能情况的监察，将根据具体项目的建设进度确定监察单位，并提前与被监察单位联系确定。

四、要求

1. 为确保今年节能监察工作的顺利进行，各被监察单位应加强组织领导，节能管理负责人要亲自参加配合监察工作。用能单位作为消耗能源资源的主体，必须依法接受政府对其能源利用状况的监督和检查，任何单位不得以各种理由拒绝接受节能监察。

2. 节能监察是政府执法行为，执法人员开展节能监察活动时必须出示"厦门市行政执法证"，严格执行国家法律、法规及节能规范、技术标准，保证监察的公正性，圆满完成今年的节能监察计划。

3. 节能监察结束后，由节能监察机构出具《责令改正通知书》和《节能监察建议书》，客观反映各用能单位的能源管理情况及能源利用状况，对合理利用能源及节能效果显著的单位给予肯定；存在浪费能源的被监察单位要提出切实可行的整改措施；节能监察机构要引导各用能单位加强节能技术改造，从制度上、管理上、技术上提高对能源的利用效率。

五、节能监察机构

厦门市节能监察中心是受厦门市经济发展局委托的节能监察机构，负责本计划的组织实施，并自觉接受被监察单位的监督。

附件：2011 年度 70 家重点节能监察单位名单及实施监察日期

厦门市经济发展局

二〇一一年三月十四日

附件

2011 年度 70 家重点节能监察单位名单及实施监察日期

序　号	单 位 名 称	实施日期
1	戴尔（中国）有限公司	4 月 7 日
2	东洲（厦门）纺织有限公司	4 月 12 日
3	高时（厦门）石业有限公司	4 月 13 日
4	海堡（厦门）橡胶有限公司	4 月 14 日
5	厦门华夏国际电力发展有限公司	4 月 19 日
6	柯达（中国）股份有限公司	4 月 20 日
7	林德（中国）叉车有限公司	4 月 21 日
8	嘉诚（厦门）工业有限公司	4 月 26 日
9	隆基（厦门）塑胶有限公司	4 月 27 日
10	明达玻璃（厦门）有限公司	4 月 28 日
11	南亚塑胶工业（厦门）有限公司	5 月 4 日
12	腾龙特种树脂（厦门）有限公司	5 月 5 日
13	厦门船舶重工股份有限公司	5 月 6 日
14	厦门钢宇工业有限公司	5 月 10 日
15	厦门古龙罐头食品有限公司	5 月 11 日
16	厦门国际港务股份有限公司	5 月 12 日
17	达运精密工业（厦门）有限公司	5 月 17 日
18	玉晶光电（厦门）有限公司	5 月 18 日
19	厦门金龙旅行车有限公司	5 月 19 日
20	厦门华侨电子股份有限公司	5 月 24 日
21	厦门理研工业有限公司	5 月 25 日
22	厦门立扬光学科技有限公司	5 月 26 日
23	厦门绿泉实业有限公司	5 月 31 日
24	厦门众达钢铁有限公司	6 月 1 日
25	厦门民兴工业有限公司	6 月 2 日

续表

序　号	单 位 名 称	实施日期
26	厦门瑞丰密封件有限公司	6 月 7 日
27	厦门三圈电池有限公司	6 月 8 日
28	亚洲酿酒（厦门）有限公司	6 月 9 日
29	福建鑫叶投资管理集团有限公司	6 月 14 日
30	厦门娃哈哈食品有限公司	6 月 15 日
31	厦门厦化实业有限公司	6 月 16 日
32	厦门太平货柜制造有限公司	6 月 21 日
33	厦门中药厂有限公司	6 月 22 日
34	厦门延江工贸有限公司	6 月 23 日
35	厦门银华机械有限公司	6 月 28 日
36	厦门正新橡胶工业有限公司	6 月 29 日
37	联想移动通信科技有限公司	6 月 30 日
38	厦门宝龙大酒店	7 月 5 日
39	中国电信股份有限公司厦门分公司	7 月 7 日
40	厦门国家会计学院	7 月 12 日
41	厦门海景千禧大酒店	7 月 14 日
42	厦门国际会展酒店	7 月 19 日
43	厦门亚洲海湾大酒店	7 月 21 日
44	厦门国贸金门湾大酒店	7 月 26 日
45	华业（厦门）酒店有限公司泛太平洋大酒店	7 月 28 日
46	百脑汇（福建）电子科技开发有限公司	8 月 2 日
47	厦门市第二医院	8 月 4 日
48	厦门市第一医院	8 月 9 日
49	厦门京闽中心酒店	8 月 11 日
50	厦门蒙发利科技（集团）股份有限公司	8 月 16 日
51	亚美（厦门）皮件有限公司	8 月 18 日
52	春保材料科技（厦门）有限公司	8 月 23 日
53	厦门金日制药有限公司	8 月 25 日
54	宝宸（厦门）光学科技有限公司	8 月 30 日
55	厦门弘信电子科技有限公司	9 月 1 日
56	厦门福昶金属工业有限公司	9 月 6 日

续表

序　号	单 位 名 称	实施日期
57	厦门苏春兴合金有限公司	9 月 8 日
58	厦门圣源金属制造有限公司	9 月 13 日
59	厦门同恒金属有限公司	9 月 15 日
60	唐传生物科技（厦门）有限公司	9 月 20 日
61	鹏威（厦门）工业有限公司	9 月 22 日
62	厦门讯扬电子科技有限公司	9 月 27 日
63	麦克奥迪（厦门）电气股份有限公司	9 月 29 日
64	厦门顺峰包装材料有限公司	10 月 11 日
65	厦门恒钛锻造有限公司	10 月 12 日
66	厦门市育明工程机械有限公司	10 月 13 日
67	厦门 ABB 开关有限公司	10 月 18 日
68	厦门大统皮革制品有限公司	10 月 19 日
69	厦门市信达光电科技有限公司	10 月 20 日
70	厦门革新塑胶制品有限公司	10 月 25 日

注：如节能监察日期有调整，将另行通知。

VI　专项监察通知

1. 北京市关于开展冬季公共建筑室内温度控制
管理专项监察的通知

（京发改〔2010〕2113 号）

各有关单位：

为确保本市节能降耗目标的完成，加强本市公共建筑室内温度控制管理，贯彻落实《北京市实施〈中华人民共和国节约能源法〉办法》，我们将于 2010 年 12 月 6 日至 2011 年 3 月 10 日冬季供暖期间，对本市宾馆饭店、商场超市和写字楼等公共建筑单位开展冬季室内温度控制管理专项监察。为做好此次专项监察工作，现将有关事项通知如下。

一、监察内容

（一）空调系统运行操作人员上岗证书和培训情况。

（二）空调系统运行管理制度的制定和执行情况。

（三）室内温度及空调系统的运行记录。

（四）温度测量设备的可靠性，应满足规定的分辨率、准确度的要求以及计量校准证书。

（五）室内温度现场检测。

二、监察组织方式

市发展改革委和市住房城乡建设委开展联合执法，对部分单位进行重点监察。

三、监察要求

（一）全市宾馆饭店、商场超市和写字楼等公共建筑单位要加强室内温度控制管理，严格遵守冬季室内温度不得高于 20 摄氏度的规定。

（二）各有关单位要重视和配合此次专项监察，按照国家法律法规的要求做好准备工作。

（三）市发展改革委和市住建委在监察中将严格执法，对违反规定的单位依法责令改正，监察结果由市发展改革委、市住房城乡建设委及有关部门予以公布。

四、资料下载

各有关单位登陆北京市住房和城乡建设委员会（www.bjjs.gov.cn/publish/portal0/），查阅下载《公共建筑室内温度控制管理办法》及附件《空调系统节能运行管理制度示范文本》、《建筑物室内平均温度现场检测和合格判定方法》等有关内容。

2. 北京市关于开展夏季公共建筑室内温度控制管理专项监察的通知

（京发改〔2010〕1292 号）

各有关单位：

为加强本市公共建筑室内温度控制管理，贯彻落实《北京市实施〈中华人民共和国节约能源法〉办法》，市发展改革委和市住房城乡建设委于 2010 年 8 月 16 日至 9 月 17 日夏季供冷期间，将对本市宾馆饭店、商场超市和写字楼等公共建筑单位开展夏季室内温度控制管理专项监察。为做好此次专项监察工作，现将有关事项通知如下。

一、监察内容

（一）空调系统运行操作人员上岗证书和培训情况。

（二）空调系统运行管理制度的制定和执行情况。

（三）室内温度及空调系统的运行记录。

（四）温度测量设备的可靠性，应满足规定的分辨率、准确度的要求以及计量校准证书。

（五）室内温度现场检测。

二、监察组织方式

（一）市发展改革委和市住建委开展联合执法，对部分单位进行重点抽查，监督、指导此次专项监察工作的有效落实。

（二）各区县发展改革委和住房城乡建设委要抽出专人对所属区域的公共建筑

单位进行检查，并于 9 月 17 日前将检查情况分别报市发展改革委和市住房城乡建设委。

三、监察要求

（一）全市宾馆饭店、商场超市和写字楼等公共建筑单位要加强室内温度控制管理，严格遵守夏季室内温度不得低于 26℃的规定。

（二）各有关单位要重视和配合此次专项监察，按照国家法律法规的要求做好准备工作。

（三）市发展改革委和市住房城乡建设委在监察中将严格执法，对违反规定的单位依法责令改正，监察结果由市发展改革委会同市住房城乡建设委及有关部门予以公布。

四、资料下载

各有关单位登陆北京市住房和城乡建设委员会网址（www. bjjs. gov. cn/publish/portal0/），查阅下载《公共建筑室内温度控制管理办法》及附件《空调系统节能运行管理制度示范文本》、《建筑物室内平均温度现场检测和合格判定方法》等有关内容。

北京市发展和改革委员会

北京市住房和城乡建设委员会

二〇一〇年八月十六日

3. 北京市发展和改革委员会、北京市住房和城乡建设委员会关于开展夏季公共建筑室内温度控制管理专项监察的通知

(京发改〔2011〕949号)

各有关单位:

为加强本市公共建筑室内温度控制管理,贯彻落实《北京市实施〈中华人民共和国节约能源法〉办法》,市发展改革委和市住房城乡建设委于2011年6月至9月夏季供冷期间,将对本市宾馆饭店、商场超市和写字楼等公共建筑单位开展夏季室内温度控制管理专项监察。为做好此次专项监察工作,现将有关事项通知如下。

一、监察内容

(一)空调系统运行操作人员上岗证书和培训情况。

(二)空调系统运行管理制度的制定和执行情况。

(三)室内温度及空调系统的运行记录。

(四)温度测量设备的可靠性,应满足规定的分辨率、准确度的要求以及计量校准证书。

(五)现场检测室内温度。

二、组织方式

(一)市发展改革委和市住房城乡建设委开展联合执法,对部分单位进行重点抽查,并监督、指导此次专项监察工作的有效落实。

(二)各区县发展改革委和市住房城乡建设委相关人员对所属区域的公共建筑

单位进行检查督导。

三、监察要求

（一）全市宾馆饭店、商场超市和写字楼等公共建筑单位要加强室内温度控制管理，严格遵守夏季室内温度不得低于 26℃ 的规定。

（二）各有关单位要重视和配合此次专项监察，按照国家法律法规的要求做好各项工作。

（三）市发展改革委和市住房城乡建设委在监察中将严格执法，对违反规定的单位依法责令改正，监察结果由市发展改革委会同市住建委及有关部门予以公布。

四、资料下载

登陆市住房城乡建设委网站（www. bjjs. gov. cn/publish/portal0/），查阅下载《公共建筑室内温度控制管理办法》及附件《空调系统节能运行管理制度示范文本》、《建筑物室内平均温度现场检测和合格判定方法》等有关内容。

4. 北京市关于开展 2011 年全市重点用能单位
节能专项监察工作的通知

（京发改〔2011〕963 号）

各区县发展改革委、北京经济技术开发区发展改革局、各重点用能单位：

为有效推进本市"十二五"开局之年节能降耗工作，加快推动"内涵促降"，使节能管理工作向精细化、内涵化发展，确保完成节能目标，根据《中华人民共和国节约能源法》及《北京市实施〈中华人民共和国节约能源法〉办法》和《北京市节能监察办法》，市发展改革委于 2011 年 6 月至 12 月期间对全市重点用能单位开展节能专项监察，现将具体事项通知如下。

一、监察范围

全市年综合能源消费量 5000 吨标准煤以上的重点用能单位。

二、监察内容

（一）重点用能单位能源管理负责人备案情况

1. 设立能源管理岗位、聘任能源管理负责人是否符合规定；

2. 能源管理负责人是否按规定进行备案。

（二）重点用能单位能源利用状况报告填报情况

1. 2010 年度能源利用状况报告是否按规定进行报送；

2. 能源利用状况报告内容是否真实。

（三）重点用能单位主要用能设备能源利用效率情况

三、监察方式

由市节能监察大队执法小组会同区县发展改革委分别对所属重点用能单位进行现场监察，同时委托节能监测机构对主要用能设备进行节能监测。

四、各重点用能单位要高度重视和配合此次检查，按照国家法律法规的要求做好准备工作

五、市发展改革委依法对有违法行为的单位按《中华人民共和国节约能源法》相关规定实施处罚

特此通知。

2011 年 6 月 16 日

5. 山西省经济和信息化委员会关于转发工信部《关于开展 2011 年度重点用能行业单位产品能耗限额标准执行情况和高耗能落后机电设备（产品）淘汰情况监督检查的通知》的通知

（晋经信节能字〔2011〕564 号）

各市经信委、各级节能监察机构：

为贯彻落实《中华人民共和国节约能源法》及国务院有关文件精神，严格控制重点用能行业能源消耗过快增长，加快推进淘汰落后产能，确保"十二五"工业节能工作开好局、起好步，工信部决定开展重点用能行业单位产品能耗限额标准执行情况和高耗能落后机电设备（产品）淘汰情况监督检查工作，现将工信部《关于开展 2011 年度重点用能行业单位产品能耗限额标准执行情况和高耗能落后机电设备（产品）淘汰情况监督检查的通知》（工信部节〔2011〕310 号）文件转发给你们，请各市认真组织落实，有关事宜通知如下。

一、检查范围

主要产品列入国家 22 项能耗限额标准目录的重点用能企业和仍在使用落后机电设备（产品）的所有工业企业。

二、检查内容

（一）单位产品能耗限额标准执行情况。

（二）高耗能落后机电设备（产品）淘汰情况。

三、检查安排

监督检查工作分为企业自查、地方监察、国家抽查三个阶段进行。具体时间安排见工信部文件。

四、工作要求

（一）各市经信委要高度重视，按照文件要求，明确目标任务，落实责任分工，及时调度指导，确保按时、保质、高效完成各项检查任务。要把监督检查工作与制度建设结合起来，建立能耗限额标准和高耗能落后机电设备（产品）淘汰监督检查长效机制。

（二）各级节能监察机构具体承担本辖区监督检查工作。省节能监察总队要制定监督检查工作方案，报省经信委核准，并承担国家千家企业（86户）监察工作；各市节能监察机构要按照方案统一部署，科学、客观、公正地开展监察，承担除国家千家企业之外的重点用能企业的监督检查工作。各市监督检查结果于9月20日前报各市经信委及省节能监察总队，总队汇总后于9月28日前报省经信委节能处。

（三）各重点用能企业要按照文件要求进行自查，并于7月20日前将自查报告报市经信委。各市经信委汇总后于7月28日前报省经信委节能处。

五、联系方式

联　系　人：张新凯　杨建荣

电话及传真：0351－3046280　3043762

邮　　　箱：sxjxwjnc@126.com

二○一一年七月十五日

6. 山西省关于开展 2011 年度重点用能行业单位产品能耗限额标准执行情况和高耗能落后机电设备（产品）淘汰情况监督检查的通知

（工信部节〔2011〕310 号）

各省、自治区、直辖市及计划单列市、新疆生产建设兵团工业和信息化主管部门，有关行业协会：

为贯彻落实《节约能源法》及国务院有关文件精神，严格控制重点用能行业能源消耗过快增长，加快推进淘汰落后产能，确保"十二五"工业节能开好局、起好步，按照工业和信息化部等部门《关于印发淘汰落后产能工作考核实施方案的通知》（工信部联产业〔2011〕46 号）要求，我部决定开展 2011 年度重点用能行业单位产品能耗限额标准执行情况和高耗能落后机电设备（产品）淘汰情况监督检查工作。现将有关事项通知如下。

一、检查对象

主要产品列入国家 22 项能耗限额标准目录的重点用能企业（以下简称重点用能企业）和仍在使用落后机电设备（产品）的所有工业企业。

二、检查依据

22 项单位产品能耗限额强制性国家标准、《高耗能落后机电设备（产品）淘汰目录（第一批)》及《部分工业行业淘汰落后生产工艺装备和产品指导目录》等。

三、检查内容

（一）单位产品能耗限额标准执行情况

对辖区内涉及 22 项标准的重点用能企业进行一次全面检查，列出超能耗限额标准限定值企业名单及具体情况；超能耗限额标准限定值的企业整改情况；对改造无望或经过改造仍不达标的应将其列入淘汰名单；2010 年度专项监督检查中发现的问题整改落实情况，是否会同有关部门落实节能技改、差别电价、节能设备推广等改造措施，效果如何，存在的问题和建议等。

（二）高耗能落后机电设备（产品）淘汰情况

对辖区内各工业企业高耗能落后机电设备（产品）情况进行一次全面检查，列出仍在使用的高耗能落后机电设备（产品）明细表及企业名单，是否采取限期整改或淘汰等政策措施；2010 年度专项监督检查中发现的问题整改落实情况。

四、检查安排

监督检查工作分为企业自查、地方监察、国家抽查三个阶段进行。

（一）企业自查阶段（2011 年 7 月）

各企业应认真对照国家能耗限额标准和淘汰落后有关法律法规政策要求进行自查，并于 7 月底前将自查情况报当地工业和信息化主管部门。

（二）地方监察阶段（2011 年 8 月至 9 月）

根据企业自查情况，各省级工业和信息化主管部门会同有关部门组织实施对企业进行现场核查，填写《单位产品能耗超限额企业情况表》（附件 1）、《高耗能落后机电设备（产品）在用情况表》（附件 2）并形成监督检查报告。上述材料需于 9 月 30 日前报我部（节能与综合利用司）。

（三）国家督查阶段（2011 年 10 月）

工业和信息化部组织相关行业协会和专家组成督查组，对各地执行产品能耗限额标准情况和高耗能落后机电设备（产品）淘汰情况进行现场督查。督查工作采取听取汇报和实地抽查相结合的方式，每个省（区、市）实地抽查 3~4 家重点用能企业、1~2 家高耗能落后机电设备（产品）使用企业。

五、工作要求

（一）加强组织领导

各地工业和信息化主管部门要充分认识做好单位产品能耗限额标准执行情况和高耗能落后机电设备（产品）淘汰情况监督检查的重要性，认真组织落实，发挥节能监察机构、行业协会的积极作用，切实加强领导，精心安排部署，明确目标任务，落实责任分工，及时调度指导，确保按时、保质、高效完成各项检查任务。

（二）积极协同配合

本次监督检查工作时间紧、任务重，各地工业和信息化主管部门要树立大局观念，互相协调配合，形成整体合力，扎实有序推进。各省、自治区、直辖市工业和信息化主管部门要抽调 1~2 名有经验的节能监察人员参加我部组织的督查工作，并于 9 月 30 日前将参加督查人员名单报我部（节能与综合利用司）。

（三）扎实做好整改

各地工业和信息化主管部门要认真总结监督检查中发现的问题和薄弱环节，深刻分析原因，制定并实施针对性强、效果突出的政策措施，扎实做好整改落实工作。对 2010 年度专项监督检查中发现的问题及整改情况进行分析，尚未落实的要说明理由和计划采取的措施。

（四）注重机制建设

各地工业和信息化主管部门要把监督检查工作与制度建设结合起来，以查促改、以查促建，不断完善能耗限额标准监督检查制度和机制。对于发现的问题，要进行深层次研究，建立长效机制，研究提出有针对性和可操作性强的解决措施，不断强化源头治理和事先防范，推动工业节能工作深入开展。

联 系 人：尤　勇　崔志广

联系电话：010 – 68205338　68205367

传　　真：010 – 68205337

邮　　箱：jienengchu@ miit. gov. cn

附件：1. 单位产品能耗超限额企业情况表

　　　2. 高耗能落后机电设备（产品）在用情况表

二〇一一年六月二十七日

附件 1

单位产品能耗超额限额企业情况表

序号	行业	企业名称	所在地市	主要产品或工序名称	单位产品或工序综合能耗（kgce/t）			单位产品或工序电耗（kW·h/t）			备注
					数值	国家限额值	超限比例	数值	国家限额值	超限比例	

附件2

高耗能落后机电设备（产品）在用情况表

省（区、市）

序号	行业	企业名称	所在地市	落后机电设备名称及型号	数量	备注

7. 河北省发展和改革委员会关于开展重点用能企业专项节能监察行动的通知

（冀发改环资〔2011〕1695 号）

各设区市发展改革委，省节能监察监测中心：

为贯彻落实《河北省人民政府关于印发〈河北省"十二五"节能减排综合性实施方案〉的通知》（冀政函〔2011〕112 号）和《河北省人民政府关于确保完成全年节能减排目标任务实现"十二五"良好开局八项措施的通知》（冀政〔2011〕146号），根据省政府节能减排工作部署，决定从 2011 年 9 月中旬至 11 月中旬，组织全省节能监察机构对年综合能源消费 5000 吨标准煤及以上重点用能企业开展专项节能监察行动。现就有关事项通知如下。

一、节能监察范围

全省年综合能源消费 5000 吨标准煤及以上重点用能企业（名单见附件）。其中，新老"双三十"重点企业和省直接考核的"百家"重点用能企业节能监察由省节能监察中心负责，其他重点用能企业由各设区市和县（市、区）节能监察机构负责。

二、节能监察内容

（一）能耗限额标准执行情况。逐一对各重点用能企业 2011 年 1～8 月主要产品（工序）能耗情况进行统计、核算，核定单位产品（工序）综合能耗是否超过国家或省能耗限额标准，是否达到了年度计划目标。

（二）淘汰机电设备落实情况。依据国家有关文件和淘汰目录，监察企业是否仍在使用国家明令淘汰的机电设备，现场核查 2010 专项节能监察年查出问题整改落实情况。

（三）节能目标制定及分解落实情况。企业"十二五"及 2011 年节能目标是否确定，包括单耗指标、能（电）耗总量控制指标等，是否将今年能（电）耗指标按月度进行分解，是否将节能目标分解到了车间、班组或个人。

（四）能源管理体系建设和基础工作情况。企业三级能源管理网络是否健全，能源管理岗位是否聘任了符合条件的节能主管人员并报节能主管部门和节能监察机构备案，能源管理制度是否完善，企业用能设备和能耗统计台账是否真实、完整、规范，计量器具配备是否符合有关标准等。

三、时间进度安排

各市发展改革委接此通知后，要按照专项行动分工制定并实施本市重点用能企业专项节能监察方案，于 9 月 20 日前报省节能监察中心备案，于 11 月 20 日前将监察结果报省节能监察中心审定。省节能监察监测中心要在扎实做好 158 家重点用能企业节能监察工作的基础上，负责全省专项节能监察行动的组织、协调和汇总工作，于 11 月底前将全部专项节能监察结果报我委环资处。

四、主要工作要求

（一）密切配合，确保取得扎实成效。本次专项节能监察行动，是落实全省节能工作部署、确保实现全年节能目标的重要措施。对此，各设区市发展改革委、省节能监察中心要高度重视，精心组织，相互配合，做到企业一家不漏、内容一项不少、步骤一个不减，保质、保量、按时完成专项节能监察行动。

（二）严格执法，坚决查处违法用能行为。对查出的超能耗限额标准的企业，经省节能减排工作领导小组审定后，实行惩罚性电价政策；对查出的仍在使用国家明令淘汰的机电设备，由节能监察机构下达限期整改通知书，到期整改不到位的，责令停止使用、拆除和原地封存；对查出的未按规定设立能源管理岗位、聘任能源管理人员并报节能主管部门和节能监察机构备案的，由节能监察机构责令限期改正，拒不改正的，由节能主管部门根据有关规定给予处罚。

（三）积极配合，如实提供相关数据、资料。各设区市发展改革委要做好驻地重点用能企业的组织协调工作，督导企业积极配合节能监察机构开展工作，按要求提供相关数据、资料。对阻碍节能监察和弄虚作假的，依据《河北省节能监察办法》有关条款实施处罚；对不提供能源消耗数据和有关资料，无法核算企业单位产品综合能耗的，按超能耗限额标准一倍征收惩罚性电价。

（四）严肃纪律，坚持公平、公正执法。各级节能监察机构和监察人员要认真遵守节能监察的各项纪律，在监察过程中要客观公正，清正廉洁，不准弄虚作假。如有违反，一经查出，严肃处理。为方便基层和企业监督，特设立两部监督电话：省节能监察监测中心 0311－83036496，省发展改革委环资处 0311－886005070。

附件：1. 新老"双三十"重点用能企业名单（略）

2. "百家"重点用能企业名单（略）

3. "千家"重点用能企业（新老"双三十"和"百家"除外）名单（略）

二〇一一年九月十六日

8. 山西省经济和信息化委员会

关于印发《全省重点用能行业单位产品能耗限额标准执行情况和高耗能机电设备（产品）淘汰情况监督检查方案》的通知

（晋经信节能字〔2011〕582 号）

各市经信委、各级节能监察机构：

按照工信部《关于开展 2011 年度重点用能行业单位产品能耗限额标准执行情况和高耗能落后机电设备（产品）淘汰情况监督检查的通知》（工信部节〔2011〕310号）文件要求，我们制定了《全省重点用能行业单位产品能耗限额标准执行情况和高耗能机电设备（产品）淘汰情况监督检查方案》，现将此方案印发，请各市经信委、各级节能监察机构认真执行。

二〇一一年七月二十六日

《全省重点用能行业单位产品能耗限额标准执行情况和高耗能机电设备（产品）淘汰情况监督检查方案》

为贯彻落实《中华人民共和国节约能源法》及国务院有关文件精神，严格控制重点用能行业能源消耗过快增长，加快推进淘汰落后产能，确保"十二五"工业节能工作开好局、起好步，按照工信部《关于开展 2011 年度重点用能行业单位产品能耗限额标准执行情况和高耗能机电设备（产品）淘汰情况监督检查的通知》和省经信委《关于转发工信部〈关于开展 2011 年度重点用能行业单位产品能耗限额标准执行情况和高耗能机电设备（产品）淘汰情况监督检查的通知〉的通知》要求，制定本方案。

一、监督检查的总体目标

通过对全省重点用能企业的主要产品能源消费水平和高耗能落后机电设备（产品）淘汰情况的监督检查，掌握企业主要产品能源消费水平及存在的问题，促使企业分析原因，采取措施，通过加快先进节能工艺和技术的推广应用，加大淘汰落后产能力度，加强节能管理，提高能源使用效率，缩小与国际国内先进水平的差距。根据监督检查的结果，列出超限企业名单和仍在使用高耗能落后机电设备（产品）明细表及企业名单。同时，落实 2010 年度专项监察审计中发现问题的整改情况。

二、监督检查的范围及内容

监督检查范围：年能源消费量 5000 吨标准煤以上的重点用能单位。其中，省节能监察总队负责"国家千家企业"的监督检查，各市节能监察机构负责本辖区内"国家千家企业"以外的其他用能单位的监督检查。

监督检查内容：2011 年 1～6 月主要产品能源消耗情况和机电设备使用情况，重点是涉及已实施的 22 项国家能耗限额标准、3 项地方限额标准（电石、铁合金、金属镁）、即将实施的 5 项能耗限额标准的产品和《高耗能落后机电设备（产品）淘汰目录（第一批）》及《部分工业行业淘汰落后生产工艺装备和产品指导目录》等。对 2010 年度专项监察审计发现问题的整改落实情况进行分析，尚未落实的要说明理由并制定切实可行的整改措施。

三、监督检查方法

（一）主要产品能源消耗情况

依据国家及省能耗限额标准中的产品能源消耗核算原则，通过核实企业 2011 年 1～6 月生产成本、产品成本、财务会计报表；能源统计报表（P201、P201－1、P207）、能源消耗统计台账、生产月报、年报；燃料化验分析报表，计量器具台账、检定记录、计量器具配备率，能源利用状况报告等原始资料，核算企业主要产品的单位产品（工序）能耗和电耗。

（二）高耗能落后机电设备（产品）、部分落后生产工艺装备使用情况

对照《高耗能落后机电设备（产品）淘汰目录（第一批）》及《部分工业行业淘汰落后生产工艺装备和产品指导目录》，逐一查看设备台账，现场查看在用的机电设备型号、生产工艺装备，对企业高耗能落后机电设备（产品）使用情况进行全面检查。

四、监督检查程序

（一）企业自查

各重点用能单位对2011年1～6月主要产品的单位产品（工序）能耗、电耗情况和高耗能落后机电设备（产品）使用情况进行自查，准备相关报表资料，为监督检查提供真实、全面、准确依据。

（二）现场监督检查

省、市节能监察机构深入企业现场，了解企业能源管理系统、能源计量系统、能源购销系统、能源转换输送和利用系统、主要生产系统、机电设备使用的基本情况；收集有关数据和资料，主要包括能源管理、能源统计报表、各分系统和主要耗能设备的运行情况、生产报表、技改项目、机电设备台账等有关数据资料；依据国家、省能耗限额标准核定企业主要产品的单位产品（工序）能耗和电耗，填报能源消费基本情况表（附表一）、2011年1～6月产品或工序单耗表（附表二），依据目录对照企业实际情况填报高耗能落后机电设备在用情况表（附表三）。

（三）监督检查结果确认

省、市节能监察机构就检查结果与企业相关负责人沟通，并由企业法人或委托代理人在附表一、附表二、附表三上签字盖章。各市节能监察机构严格按附表三、附表四统一格式做好汇总（高耗能机电设备在用情况汇总按表三格式汇总）。

五、时间安排

7月20日～8月8日，各重点用能单位自查，各级节能监察机构对监察人员进行限额标准培训和依法监察教育。

8月8日～9月10日，省、市节能监察机构赴各用能单位现场监督检查，核定

单位产品能耗超限企业情况和高耗能落后机电设备（产品）在用情况。

9月10日~9月18日，各监察机构整理汇总监督检查情况。

9月19日~9月20日，各市节能监察机构将监督检查结果报各市经信委及省节能监察总队。

9月20日~9月28日，省节能监察总队整理汇总全省监督检查整体情况，报省经信委。

10月，省节能监察总队根据汇总结果，分行业进行抽查。

六、有关工作要求

（一）加强组织领导

各级节能监察机构要充分认识做好单位产品能耗限额标准执行情况和高耗能落后机电设备（产品）监督检查的重要性，按照方案要求，明确目标任务，切实加强组织领导，主要领导亲自挂帅，明确工作目标和责任，确保按期、保质完成各项监督检查任务。

（二）建立长效机制

要把监督检查工作与制度建设结合起来，以查促改、以查促建，不断完善能耗限额标准监督检查制度。每年定期对重点用能企业进行能耗限额专项监督检查，对监督检查中发现的问题和薄弱环节，要深刻分析原因，制定并实施针对性强、效果突出的政策措施，建立健全能耗限额标准和高耗能落后机电设备（产品）淘汰监督检查长效机制。

（三）明确责任义务

开展对重点用能企业的主要产品能源消费水平和高耗能落后机电设备（产品）淘汰情况的监督检查是一项政策性很强的工作，各级节能监察机构必须坚持实事求是，严格依法秉公办事，确保监督检查结果客观公正，要对辖区内监督检查结果负全责。同时，开展节能监督检查是节能法律法规赋予节能主管部门和节能监察机构的职责，各用能单位必须依法接受监察审计，必须准确、完整、如实提供所需的各项资料。监督检查结果一经确认，不再接受用能单位提供的补充资料。对于拒绝接受监察审计或拒不提供相关资料的，报请节能主管部门依法严肃进行处理。

（四）提高工作质量

各级节能监察机构要认真总结 2010 年专项能源监察审计中发现的问题和薄弱环节，在现场监察前组织监察人员进行教育培训，认真学习深刻领会国家、省限额标准和有关政策规定，切实加强工作责任心，提高监督检查工作质量。如发现企业生产报表、统计报表、财务报表数据不符情况，监督检查人员要综合分析，认真核算，原则上采用生产报表数据。如生产报表、统计报表严重不符，应深入挖掘，核实数据真伪，再进行核算。

（五）确保工作进度

本次监督检查工作时间紧、任务重、难度大，各市经信委和各级节能监察机构必须树立大局观念，互相协调配合，形成整体合力，扎实有效推进，确保按期、保质完成任务。

附件：1. 主要产品能源消耗核算原则

2. 能源消费基本情况表

3. 2011 年 1～6 月产品或工序单耗表

4. 高耗能落后机电设备（产品）在用情况表

5. 山西省重点用能单位主要产品能源消耗情况监督检查汇总表

附件1

主要产品能源消耗核算原则

对有国家能耗限额标准的产品（粗钢、焦炭、电力、合成氨、烧碱、电石、铁合金、水泥、平板玻璃、金属镁、碳素、铜冶炼、铜及铜管材、建筑卫生陶瓷、电解锌、电解铝、铝合金、氧化铝、铝电解用预焙阳极、铝电解用石墨质阴极炭块、铝及铝合金轧、拉制管、棒材），严格按照国家能耗限额标准的统计范围和计算方法进行核算；国家现阶段没有制定能耗限额的产品，按照统计要求核算，具体方法如下：

煤炭开采和洗选业（06）

吨煤综合能耗（0600）：

吨煤综合能耗（吨标准煤/吨）＝总能耗（吨标准煤）/原煤产量（吨）

子项：总能耗（原煤生产能耗＋非原煤生产能耗）－（煤矸石、油页岩、煤泥、瓦斯资源利用量）

计算时，应折算成标准煤后计算。煤矸石、油页岩、煤泥、瓦斯资源利用量按实测发热量数据计算标准煤量。

原煤生产能耗：指矿井（露天）原煤生产过程中的回采、掘进（剥离）、运输（不包括为矿区服务的大铁路运输）、提升、通风、排水、风压、坑木加工、瓦斯抽放、消火灌浆、井口选矸、矿井采暖、水砂充填、矿灯充电、矿机修、工业照明、工业供水等能源消耗，以及与上述有关的各项线路和变压器的能源损失。

非原煤生产能耗：指煤矿企业附属的其他工业产品生产的能源消耗。如选煤厂、机修厂、运输队、建材厂、火药厂、化工厂、支架厂、钢铁厂、综合利用厂等能源消耗和由各种专用基金支付的工程（如大修理、更新改造工程等）的能源消耗，以及与上述有关的各项线路和变压器的能源损失。

母项：原煤产量为矿井产量、露天产量、其他产量。矿井产量指回采产量、掘进产量和矿井其他产量。露天矿产量指采煤阶段产量、剥离阶段产量和露天其他产量。其他产量指基建工程煤、更改工程煤和不计能力小井（小露天）产量。

回采产量指生产矿井中全部回采工作面所采出的煤量。但对下列情况应做如下处理：

1. 矿井未正式移交之前，对准备出的回采工作面，进行实际采煤，其采煤量应计入基建工程煤内。

2. 列入科研计划的新采煤方法试验面和使用新机试采面的出煤量，应计入矿井其他产量内。

3. 掘进已完成，在回采过程中掘凿的巷道（一般称"采后掘进"）出煤，应计入回采产量内。

对已报废的矿井进行复采，由原煤生产费用负担的，计入矿井其他产量。

掘进产量指在生产矿井中由生产费用负担的生产掘进巷道所出的煤量，不包括由更改资金进行的掘进工作出煤和井巷维修工作出煤。对采掘产量混在一起分不清的，用下式计算：

掘进产量（吨）＝煤巷及半煤巷的煤断面（平方米）× 进尺（米）× 煤的容重（吨/立方米）

矿井其他产量指生产矿井回采和掘进产量以外的其他产量，主要包括井巷维修出煤、已报废矿井复采后所出的煤、不合质量经处理后合格的回收煤、科研试采出煤、出井无牌煤、水砂充填或水采矿井扫沉淀的煤泥、盘点发生的涨（亏）吨煤，以及由生产费用开支不计能力的矿井产量。

露天矿其他产量指露天采煤阶段和剥离阶段以外的其他产量，主要包括由生产费用开支的不计能力的露天产量、由排土场回收的拣煤量、露天坑内的残煤回收量。

其他产量指不由原煤生产费用开支所出的煤量，主要包括基建工程煤、更改工程煤、不计能力小井、小露天产量。

基建工程煤指基本建设矿井、露天矿在没有移交生产以前的工程出煤和试生产期间所发生的煤产量。

更改工程煤指在生产矿井中用更改资金进行掘进工作所发生的煤量。

不计能力小井、小露天产量指年生产能力 3 万吨以下的小井、小露天产量。

吨煤企业综合耗电量（0601）：

吨煤企业综合耗电量（千瓦时/吨）= 10000 × 企业综合用电量（万千瓦时）/原煤产量（吨）

子项：企业综合用电量为企业所属单位的全部用电量，不包括转供电量。主要包括如下方面的用电量：

1. 原煤生产用电量：指矿井（露天）原煤生产过程中的回采、掘进（剥离）、运输（不包括为矿区服务的大铁路运输）、提升、通风、排水、压风、坑木加工、瓦斯抽放、消火灌浆、井口选矸、矿井采暖、水砂充填、矿灯充电、矿机修、工业照明、工业供水等用电量，以及与上述有关的线路和变压器的电损失。

2. 非原煤生产用电量：指煤矿企业附属的其他工业产品生产用电量。如选煤厂、机修厂、运输队、建材厂、火药厂、化工厂、支架厂、钢铁厂、综合利用厂等用电量和由各种专用基金支付的工程（如大修理、更新改造工程等）用电量，以及与上述有关的线路和变压器的电损失。

3. 非生产部门的用电量：指煤矿企业的非生产部门用电量。如学校、托儿所、幼儿园、机关职工食堂、住宅区浴室、消防队等用电量，以及与上述有关的线路和变压器的电损失。

4. 基本建设工程用电量：指企业内基本建设工程用电量，以及与上述有关的线路和变压器的电损失。

5. 生活用电量：指职工家属住宅区的生活、照明用电量和采暖锅炉用电量，以及与上述有关的线路和变压器的电损失。

母项：原煤产量，说明同上。

吨原煤生产耗电量（0602）：

吨原煤生产耗电量（千瓦时/吨）= 10000 × 原煤生产用电量（万千瓦时）×［矿井产量 + 露天产量］（吨）

子项：原煤生产用电量，说明同上。

母项：矿井产量 + 露天产量，说明同上。

选煤电力单耗（0603）：

选煤电力单耗（千瓦时/吨）= 10000 × 选煤生产过程耗电量（万千瓦时）/入选

原煤量（吨）

子项：选煤生产过程耗电量按电业部门结算的电量计算，不包括选煤厂向外传供电量，以及与选煤生产无直接关系的各种用电量（如居民生活用电、基建工程用电、文化福利设施用电等）。

母项：入选原煤量指从入厂毛煤中拣出的不计原煤产量的大块（一般指 50 毫米以上）矸石后进入选煤过程，进行加工处理的原煤量。

精煤产出率（0604）：

精煤产出率（%）=［精煤产量（吨）/入选原煤量（吨）］×100%

子项：精煤产量为选煤厂的精煤产出量，包括冶炼用精煤和其他用精煤。

母项：入选原煤量，说明同上。

洗煤洗耗率（0605）：

洗煤洗耗率（%）=［洗耗量（吨）/入选原煤量（吨）］×100%

子项：洗耗量为洗煤过程中选出商品煤后的高灰分物料和加工损失，主要包括：

1. 洗三号：指利用洗矸石进行再加工得到的低热值洗煤副产品（包括沸腾炉用煤、电厂和建材行业用的低热值煤等）。

2. 煤尾：指在浮选过程中排出的废弃物。

3. 洗矸石：指洗煤机排出的矸石。

4. 损失：指在洗煤过程中损失的煤量。

母项：入选原煤量，说明同上。

纺织业（17）

每吨纱（线）混合数全厂生产用电量（1715）：

每吨纱（线）混合数用电量（千瓦时/吨）=10000×企业生产用电量（万千瓦时）/纱（线）混合数产量（吨）

子项：企业生产用电量，说明同上。

母项：纱（线）混合数产量。

每百米布混合数全厂生产用电量（1716）：

每吨纱（线）混合数用电量（千瓦时/百米）=10000×企业生产用电量（万千瓦时）/布混合数产量（百米）

子项：企业生产用电量，说明同上。

母项：布混合数产量。

每百米印染布用标准煤量（1717）：

每百米印染布用标准煤量（千克标准煤/百米）=1000×企业生产标准煤量（吨标准煤）/印染布产量（百米）

子项：企业生产用标准煤量，说明同上。

母项：印染布产量。

每百千克桑蚕丝用标准煤量（1718）：

每百千克桑蚕丝用标准煤量（千克标准煤/百千克）=1000×企业生产用标准煤量（吨标准煤）/桑蚕丝产量（百千克）

子项：企业生产用标准煤量，说明同上。

母项：桑蚕丝产量。

每百米丝织品用电量（1719）：

每百米丝织品用电量（千瓦时/百米）=10000×企业生产用电量（万千瓦时）/丝织品产量（百米）

子项：企业生产用电量，说明同上。

母项：丝织品产量。

每百米丝织品用标准煤量（1720）：

每百米丝织品用标准煤量（千克标准煤/百米）=1000×企业生产用标准煤量（吨标准煤）/丝织品产量（百米）

子项：企业生产有标准煤量，说明同上。

母项：丝织品产量。

造纸及纸制品业（22）

机制纸及纸板耗电（2201）：

机制纸及纸板耗电（千瓦时/吨）=10000×企业生产用电量（万千瓦时）/机制纸及纸板产量（吨）

子项：企业生产用电量包括直接生产系统、辅助生产系统和附属生产系统消耗的电量。直接生产系统如备料、制浆、造纸系统。辅助生产系统包括动力、供电、机修、供水、仪表及厂内原料厂等。附属生产系统包括生产指挥系统（厂部）和厂区内为生产服务的部门和单位，如车间浴室、开水站、蒸饭站、保健站、哺乳室等。

母项：机制纸及纸板产量为合格品产量。

机制纸及纸板综合能耗（2202）

机制纸及纸板综合能耗（千克标准煤/吨）＝1000×企业生产综合能耗（吨标准煤）/机制纸及纸板产量（吨）

子项：企业生产综合能耗包括直接生产系统、辅助生产系统和附属生产系统消耗的各种能源。直接生产系统如备料、制浆、造纸系统。辅助生产系统包括动力、供电、机修、供水、仪表及厂内原料厂等。附属生产系统包括生产指挥系统（厂部）和厂区内为生产服务的部门和单位，如车间浴室、开水站、蒸饭站、保健站、哺乳室等。

母项：机制纸及纸板产量为合格品产量。

每吨机制纸浆耗电（2203）：

每吨机制纸浆耗电（千瓦时/吨）＝10000×企业生产用电量（万千瓦时）/机制纸浆产量（吨）

子项：企业生产用电量，说明同上。

母项：机制纸浆产量为合格品产量。

每吨机制纸浆综合能耗（2204）：

每吨机制纸浆综合能耗（千克标准煤/吨）＝1000×企业生产综合能耗（吨标准煤）/机制纸浆产量（吨）

子项：企业生产综合能耗，说明同上。

母项：机制纸浆产量为合格品产量。

附件 2

能源消费基本情况表

企业名称						联系电话			
综合能耗（tce）	产值（万元）	增加值（万元）	节能管理负责人	主要产品（工序）					

各产品（工序）用能情况

产品（工序）名称及产能	各产品（工序）				用能情况						
	能源种类	实物量（万吨、$10^4\,m^3$、万 kW·h）	折标系数	折标量（tce）	能源种类	实物量（万吨、$10^4\,m^3$、万 kW·h）	折标系数	折标量（tce）	合计（tce）	占综合能耗比例	备注

企业法人或委托代理人（鉴章）：　　　　　　监察人员（签字）：　　　　　　日期：

续表

各产品（工序）用能情况

产品（工序）名称及产能	能源种类	实物量（万吨、10⁴ m³、万 kW·h）	折标系数	折标量（tce）	能源种类	实物量（万吨、10⁴ m³、万 kW·h）	折标系数	折标量（tce）	合计（tce）	占综合能耗比例	备注
其他											包括基建、非生产用能

企业法人或委托代理人（签章）：　　　　　监察人员（签字）：　　　　　日期：

435

附件 3

2011 年 1 ~ 6 月产品或工序单耗表

产品或工序名称	产量（单位）	产品或工序能耗（tce）	产品或工序单耗（kgce/ ）	国家限额值（kgce/ ）	超限倍数	产品或工序总电耗（kW·h）	单位产品电耗（kW·h/ ）	国家限额值（kW·h/ ）	超限倍数

企业法人或委托代理人（签章）：　　　　　　　监察人员（签字）：　　　　　　　日期：

附件 4

高耗能落后机电设备（产品）在用情况表

序号	行　业	企业名称	所在地市	落后机电设备名称及型号	数　量	备　注

企业法人或委托代理人（签章）：　　　　　监察人员（签字）：

日期：

附件 5

山西省重点用能单位主要产品能源消耗情况监督检查汇总表

序号	所在市	企业名称	行业分类	企业综合能耗 tce	产值（万元）	增加值（万元）	主要产品或工序名称	产能（单位）	产量（单位）	产品或工序综合能耗 tce	单位产品或工序综合能耗				单位产品或工序			备注
											数值	单位	国家限额值	超限倍数	数值	国家限额值	超限倍数	

2011 年数据（1～6 月）

9. 江苏省关于开展节能专项执法行动的通知

（苏经信节能〔2011〕419 号）

各市经信委：

为认真贯彻落实全省节能工作会议部署，切实加强用能管理，确保实现省定年度节能目标，根据《中华人民共和国节约能源法》和《江苏省节约能源条例》，现决定在全省开展以能源监察审计为重点的节能专项执法行动，现将有关事项通知如下。

一、执法重点

（一）对年综合能源消费量 3000 吨标准煤以上的企业（不含去年已监察审计的企业）2010 年度主要产品能源消耗情况进行能源监察审计，对其主要用能设备和工艺再进行拉网式排查，提出超能耗（电耗）限额标准及使用国家明令淘汰的用能设备的企业和产品（设备）名单。严肃查处单位产品能耗超限额标准用能、使用国家明令淘汰的用能设备或生产工艺等问题，情节严重的，依法责令停业整顿或者关闭。

（二）对重点用能单位（详见附件 1）执行节能法律法规情况进行监督检查，重点包括能源利用状况报告制度、固定资产投资项目节能评估和审查制度、重点用能设备的节能监测、能管员培训、能源计量等情况，发现问题，责令整改。对节能管理制度不健全、能源效率低的用能单位，组织实施用能设备能效监测，责令实施能源审计。

二、时序进度

（一）总体进度。7 月底完成年耗能 3000 吨标准煤以上企业能源审计、主要用能设备排查及执行法律法规情况监督检查。9 月底完成重点用能单位执行法律法规情况监督检查。

（二）6月5日前各市应上报专项执法行动工作方案及列入专项行动计划内年耗能 3000 吨标准煤以上企业和重点用能单位名单。

（三）此次专项执法行动实行旬报制，各市分别于 6 月 11 日、21 日，7 月 1 日、11 日、31 日将上一旬的专项执法行动实施情况及统计表（附件 2、3）经各市经信委盖章后，报省节能监察中心审核、汇总。

三、有关要求

（一）各市经信委要切实加强组织领导，认真组织节能监察机构制定工作方案，明确工作责任，及时协调解决有关问题。各级节能监察机构必须依法秉公办事，全面细致地做好监察工作，对滥用职权、徇私舞弊、玩忽职守的，依法追究责任。省节能监察中心负责人对本次专项执法行动进度和质量进行监督检查。

（二）实施节能执法是节能法律法规赋予节能主管部门及节能监察机构的重要职责，任何单位不得以任何借口拒绝监督检查，被监督检查单位拒绝、阻碍节能监督检查的，由节能主管部门责令限期整改；违反《治安管理处罚法》的，提请公安机关依法处理。

（三）节能监察机构进行监督检查不得向监督对象收取费用，执法经费由同级财政予以安排落实。

附件：1. 节能专项执法行动计划

2. 节能监察审计汇总表

3. 专项能源监察审计报表

二〇一一年五月二十七日

附件1

节能专项执法行动计划

地　区	监督检查重点用能单位户数
南京市	80
无锡市	100
徐州市	40
常州市	75
苏州市	120
南通市	100
连云港市	15
淮安市	20
盐城市	35
扬州市	50
镇江市	35
泰州市	30
宿迁市	15
合　计	675

附件 2

节能监察审计汇总表

用能单位名称	法定代表人	2010 年能耗（吨标煤）	2011 年 1~5 月能耗（吨标煤）	产品名称	2010 年单位产品能耗	比 2009 年增减（%）	2011 年单位产品能耗	国家限额	省限额	备注

填表日期：＿＿月＿＿日　　　　市经信委分管主任签字：＿＿＿＿＿　　　　市经信委盖章

附件3

专项能源监察审计报表

地区：

用能单位名称				法人代码			
用能单位地址				邮政编码			
法定代表人		电话			传　真		
节能负责人		电话			传　真		
2011 年 1～5 月 总能耗	吨标煤		实物能耗 （分品种）	原煤	t	电	万 kW·h
				油		天然气	万 m³
2010 年总能耗	吨标煤		实物能耗 （分品种）	原煤	t	电	万 kW·h
				油		天然气	万 m³

主要产品单耗		产品名称	产　量		2010 年 单耗实绩	2011 年 1～5 月 单耗实绩	国家 限额	省限额
			2010 年	2011 年 1～5 月				
	1							
	2							
	3							
	4							
	5							

淘汰设备情况			
能源利用报告		节能目标	
重点设备监测		固定资产投资能评	
能管员培训		能源计量	
其　　他			
检查人（签字）		责任人（签名）	

填表日期：2011 年　　月　　日

10. 江苏省关于在全省开展专项能源
监察审计工作的通知

（苏经信节能 ［2010］ 368 号）

各市经信委：

为贯彻落实《国务院关于进一步加大工作力度确保实现"十一五"节能减排目标的通知》（国发 ［2010］ 12 号）和温家宝总理在国务院节能减排工作电视电话会议上的重要讲话精神，按照省政府进一步加大节能减排工作力度，确保实现今年省定目标，超额完成国家下达的"十一五"目标任务的要求，现决定对全省年耗能5000 吨标准煤以上的重点用能单位（名单见附件1）开展专项能源监察审计，有关事项通知如下。

一、能源监察审计内容

（一）对重点用能单位 2009 年度和 2010 年上半年（到检查日期止）主要产品能源消耗情况进行专项能源监察审计，提出超能耗（电耗）限额标准的企业和产品名单。

（二）对所有重点用能单位的主要用能设备和工艺再进行拉网式排查，严肃查处使用国家明令淘汰的用能设备或生产工艺、单位产品能耗超限额标准用能等问题，情节严重的，依法责令停业整顿或者关闭。

（三）对能源利用状况报告制度执行情况、固定资产投资项目节能评估和审查制度执行情况、重点用能设备的节能监测情况、能管员培训情况、能源计量情况等进行监督检查，发现问题，责令整改。

二、时间进度及安排

（一）专项能源监察审计工作到 6 月底前完成，5 月 27 日前各市必须将专项能源监察审计工作计划分解、详细安排（每天检查企业名称及检查人员）报省节能监察中心；

（二）从 5 月 28 日起实施周报制（每周五 18：00 前上报），各市必须将本周专项能源监察审计工作的情况（包括《江苏省专项能源监察审计表》）报省节能监察中心（Tel：025 - 86631316　E - mail：jshnn0413@yahoo.com.cn）。

（三）6 月 15 日前必须完成对"国家千家"和"省百家"的专项节能监督检查；

（四）6 月 20 日前必须完成对国家和省有明确产品能耗限额的企业专项节能监督检查，并上报超能耗（电耗）限额标准的企业和产品名单。

（五）省节能监察中心负责对已上报的监督检查情况进行汇总、审核、复查，并组织对各市专项能源监察审计工作进行抽查。

三、有关工作要求

（一）切实加强组织领导。实施专项能源监察审计是强化用能管理、确保实现"十一五"节能目标的刚性措施，是国务院、省政府明确提出的重点工作任务，也是实施节能减排工作行政问责的重要环节。各地节能主管部门要切实加强组织领导，做到目标责任明确、人员精干配备、工作条件保障有力，确保按期、保质完成任务。

（二）严肃工作纪律。实施专项能源监察审计是节能法律法规赋予节能主管部门及节能监察机构的重要职责，任何单位不得以任何借口拒绝监督检查。同时，实施专项能源监察审计也是一项政策性很强的工作，必须坚持实事求是，依法秉公办事，节能监察机构必须深入现场检查，全面细致地做好监察工作。对滥用职权、徇私舞弊、玩忽职守的，依纪依法追究责任。

（三）请各市严格按时间进度要求，及时上报工作情况。

附件：1. 江苏省 2009 年年耗能 5000 吨以上企业名单（略）

　　　2. 江苏省专项能源监察审计表

　　　3. 国家部分高耗能产品能耗限额

　　　4. 江苏省主要产品单位耗能定额和限额

二〇一〇年五月十八日

附件 2

江苏省专项能源监察审计表

地区：

用能单位名称				法人代码		
用能单位地址				邮政编码		
法定代表人		电话		传　真		
节能负责人		电话		传　真		
2011 年 1 ~ 月总能耗	吨标煤	实物能耗（分品种）	原煤		电	
			油		天然气	
2010 年总能耗	吨标煤	实物能耗（分品种）	原煤		电	
			油		天然气	

主要产品单耗		产品名称	产　量		2009 年单耗实绩	2010 年单耗实绩	国家限额	省限额
			2009 年	2010 年				
	1							
	2							
	3							
	4							
	5							

淘汰设备情况	
能源利用报告	节能目标
重点设备监测	固定资产投资能评
能管员培训	能源计量
其　　他	
检查人（签字）	责任人（签名）

填表日期：2011 年　　月　　日

附件 3

国家部分高耗能产品能耗限额

1. 粗钢生产主要工序单位产品能源消耗限额

工序名称		单位产品能耗限额限定值/（kgce/t）	单位产品能耗限额准入值/（kgce/t）	单位产品能耗限额先进值/（kgce/t）
烧结工序		≤65	≤60	≤55
高炉工序		≤460	≤430	≤390
转炉工序		≤10	≤0	≤ -8
电炉工序	普钢电炉	≤215	≤190	≤180
	特钢电炉	≤325	≤300	≤280

2. 常规燃煤发电机组单位产品能源消耗限额

压力参数	容量级别/MW	供电煤耗限定值基础值［gce/（kW·h）］	供电煤耗先进值的基础值［gce/（kW·h）］	新建机组限额准入值［gce/（kW·h）］
超临界	600	≤320	≤300	
亚临界	600	≤330	≤319	
	300	≤340	≤327	
超高压	200，125	≤375（服役期满关停）	≤355	
高　压	100	≤395（运行满20年关停）		
一般地区				≤300
坑口电站				≤309

3. 水泥单位产品能源消耗限额

（1）现有水泥企业水泥单位产品能耗限额限定值

分　类	可比熟料综合煤耗限额限定值（kgce/t）	可比熟料综合电耗限额[a]限定值（kgce/t）	可比水泥综合电耗限额[b]限定值（kgce/t）	可比熟料综合煤耗限额限定值（kgce/t）	可比水泥综合煤耗限额限定值（kgce/t）
4000t/d 以上（含）	≤120	≤68	≤105	≤128	≤105

分类	可比熟料综合煤耗额定值（kgce/t）	可比熟料综合电耗限额[a]限定值（kgce/t）	可比水泥综合电耗限额[b]限定值（kgce/t）	可比熟料综合煤耗限额限定值（kgce/t）	可比水泥综合煤耗限额限定值（kgce/t）
2000（含）~4000t/d	≤125	≤73	≤110	≤134	≤109
1000（含）~2000t/d	≤130	≤76	≤115	≤139	≤114
1000t/d 以下	≤135	≤78	≤120	≤145	≤118
水泥粉磨企业			≤45		

（2）现有水泥企业水泥单位产品能耗限额准入值

分类	可比熟料综合煤耗额定值（kgce/t）	可比熟料综合电耗限额[a]限定值（kgce/t）	可比水泥综合电耗限额[b]限定值（kgce/t）	可比熟料综合煤耗限额限定值（kgce/t）	可比水泥综合煤耗限额限定值（kgce/t）
4000t/d 以上（含）	≤110	≤62	≤90	≤118	≤96
2000（含）~4000t/d	≤115	≤65	≤93	≤123	≤100
水泥粉磨企业			≤38		

（3）现有水泥企业水泥单位产品能耗限额先进值

分类	可比熟料综合煤耗限额限定值（kgce/t）	可比熟料综合电耗限额[a]限定值（kgce/t）	可比水泥综合电耗限额[b]限定值（kgce/t）	可比熟料综合煤耗限额限定值（kgce/t）	可比水泥综合煤耗限额限定值（kgce/t）
4000t/d 以上（含）	≤107	≤60	≤85	≤114	≤93
2000（含）~4000t/d	≤112	≤62	≤90	≤120	≤97
水泥粉磨企业			≤34		

4. 建筑卫生陶瓷单位产品能源消耗限额

分类	综合能耗限额限定值（kgce/t）	综合电耗限额限定值（kW·h/t）	综合能耗限额准入值（kgce/t）	综合电耗限额准入值（kW·h/t）	综合能耗限额先进值（kgce/t）	综合电耗限额先进值（kW·h/t）
卫生陶瓷	≤800	≤1000	≤700	≤800	≤550	≤600
吸水率 $E \leqslant 0.5\%$ 的陶瓷砖	≤340	≤400	≤330	≤380	≤300	≤320
吸水率 0.5%	≤300	≤360	≤260	≤350	≤220	≤280
吸水率 $E > 10\%$ 的陶瓷砖	≤320	≤360	≤280	≤340	≤240	≤260

5. 烧碱单位产品能源消耗限额

产品规格质量分数/%	烧碱单位产品综合能耗限额限定值（kgce/t）	烧碱电解单元单位产品交流电耗限额限定值（kW·h/t）	烧碱单位产品综合能耗限额准入值（kgce/t）			烧碱电解单元单位产品交流电耗限额准入值（kW·h/t）			烧碱单位产品综合能耗限额先进值（kgce/t）	烧碱电解单元单位产品交流电耗限额先进值（kW·h/t）
			≤12个月	≤24个月	≤36个月	≤12个月	≤24个月	≤36个月		
离子膜法液碱≥30.0	≤500		≤350	≤360	≤370				≤350	
离子膜法液碱≥45.0	≤600	≤2490	≤490	≤510	≤530	≤2340	≤2390	≤2450	≤490	≤2340
离子膜法液碱≥98.0	≤900		≤750	≤780	≤810				≤750	
隔膜法液碱≥30.0	≤980		≤800						≤800	
隔膜法液碱≥42.0	≤1200	≤2570	≤950			≤2450			≤950	≤2450
隔膜法液碱≥95.0	≤1350		≤1100						≤1100	

6. 铜冶炼企业单位产品能耗限额限定值

工序、工艺	能耗限额限定值（kgce/t）		能耗限额准入值（kgce/t）		能耗限额先进值（kgce/t）	
	工艺能耗	综合能耗	工艺能耗	综合能耗	工艺能耗	综合能耗
粗铜工序（铜精矿－粗铜）	≤750	≤800	≤500	≤530	≤330	≤340
阳极铜工艺（铜精矿－阳极铜）	≤800	≤850	≤550	≤580	≤380	≤390
电解工序（阳极铜－阴极铜）	≤210	≤220	≤160	≤170	≤120	≤130
铜冶炼工艺（铜精矿－阴极铜）	≤900	≤950	≤660	≤700	≤530	≤550
粗铜工艺（杂铜－粗铜）		≤340		≤300		≤230
阳极铜工艺 杂铜－阳极铜		≤390		≤350		≤290
阳极铜工艺 粗铜－阳极铜		≤300		≤280		≤230
铜精炼工艺 杂铜－阴极铜		≤510		≤470		≤400
铜精炼工艺 粗铜－阴极铜		≤420		≤400		≤350

7. 锌冶炼企业单位产品能耗限额限定值

工艺名称	综合能耗限额限定值（kgce/t）	能耗限额准入值（kgce/t）	能耗限额先进值（kgce/t）
火法炼锌工艺	≤2200	≤2100	≤1900
湿法炼锌浸出渣处理炼锌工艺	≤1850	≤1700	≤1200
湿法炼锌浸出渣处理炼锌工艺 氧化矿炼锌工艺	≤1250	≤1050	≤1000

8. 黄磷单位产品能源消耗限额

综合能耗限额限定值（tce/t）	≤3.60
电耗限额限定值（kW·h/t）	≤14200
电炉电耗限额限定值（kW·h/t）	≤13800
综合能耗限额准入值（tce/t）	≤3.20
电耗限额准入值（kW·h/t）	≤13500
电炉电耗限额准入值（kW·h/t）	≤13200
综合能耗限额先进值（tce/t）	≤3.0
电耗限额先进值（kW·h/t）	≤13200
电炉电耗限额先进值（kW·h/t）	≤12900

9. 焦炭单位产品能源消耗限额

综合能耗限额限定值（kgce/t）	综合能耗限额准入值（kgce/t）	综合能耗限额先进值（kgce/t）
≤155	≤125	≤115

10. 合成氨单位产品能源消耗限额

原料类型	综合能耗限额限定值	综合能耗限额准入值（kgce/t）	综合能耗限额先进值（kgce/t）
优质无烟块煤	≤1900	≤1500	≤1500
非优质无烟块煤	≤2200	≤1800	≤1800
天然气、焦炉气	≤1650	≤1150	≤1150

11. 铁合金单位产品能源消耗限额

合金品种	硅铁	电炉锰铁	锰硅合金	高碳铬铁	高炉锰铁
产品规格	FeSi75-A	FeMn68C7.0	FeMn64Si18	FeCr67C6.0	FeMn68C7.0
执行国家标准	GB/T 2272	GB/T 3795	GB/T 4008	GB/T 5683	GB/T 3795
标准成分	Si75	Mn65	Mn+Si82	Cr50	Mn65

续表

合金品种	硅 铁	电炉锰铁	锰硅合金	高碳铬铁	高炉锰铁
单位产品冶炼电耗限额定值（kW·h/t）	≤8800	≤2700	≤4400	≤3500	焦炭 1350kg/t
单位产品综合能耗限额限定值（kgce/t）（当量）	≤1980	≤790	≤1030	≤900	≤1250
单位产品综合能耗限额限定值（kgce/t）（等价）	≤4600	≤1610	≤2380	≤1950	

12. 平板玻璃单位产品能源消耗限额

分 类	综合能耗限额限定值（kgce/重量箱）	熔窑热耗限额限定值（kJ/kg）
≤300t/d	≤20.5	≤8200
>300t/d、≤500 t/d	≤19.5	≤7500
>500t/d	≤18.5	≤7100

13. 电解铝企业单位产品能源消耗限额

指 标	能耗限额限定
铝液交流电耗	≤14400kW·h/t
重熔用铝锭综合能源单耗	≤1.900tce/t

14. 铝合金建筑型材单位产品能源消耗限额

产品分类	原 料	能耗限额限定值/（kgce/t）	
		工艺能耗	综合能耗
		不大于	
基 材	圆铸锭	145	160
	电解铝液、重熔用铝锭等熔炼炉喂给料	370	410
成 品	基 材	165	180
	圆铸锭	310	340
	电解铝液、重熔用铝锭等熔炼炉喂给料	540	590

15. 铜及铜合金管材单位产品能源消耗限额

工 序	限定值/（kgce/t）				
	紫铜管	简单黄铜管	复杂黄铜管	青铜管	白铜管
熔 铸	≤95	≤90	≤100	≤150	≤150

工　序	限定值/（kgce/t）				
	紫铜管	简单黄铜管	复杂黄铜管	青铜管	白铜管
加　工	≤280	≤310	≤500	≤400	≤450
各种类管材综合能耗	≤375	≤400	≤600	≤550	≤600
全部管材综合能耗	≤530				

16. 电石单位产品能源消耗限额

项　目	限定值	准入值	先进值
单位产品综合能耗限额（tec/t）	≤1.20	≤1.10	≤1.05
单位产品电炉电耗限额/（kW·h/t）	≤3400	≤3250	≤3050

17. 炭素单位产品能源消耗限额

产品名称		单位产品综合能耗限额限定值		单位产品电耗限额限定值
		电力折标系数取等价值	电力折标系数取当量值	
石墨电极	普通功率石墨电极	≤4600	≤2680	≤6783
	高功率石墨电极	≤5650	≤3590	≤7578
	超高功率石墨电极	≤6600	≤4450	≤8068
炭电极	直　径	≤1150	≤1850	—
	直　径	≤2050	≤1050	—
炭　块	普通炭块	≤1400	≤1290	—
	（半）石墨质炭块	≤1650	≤1480	—
	微孔炭块	≤1850	≤1670	—

附件4

江苏省主要产品单位能耗定额和限额

序号	指标名称	单 位	2006 年		2010 年	
			定额	限额	定额	限额
1	原煤生产综合电耗	千瓦时/吨原煤	26	33	24	30
2	炼油单位能量因数能耗	千克标准油/吨因数	11.5	15	10	13
3	乙烯综合能耗	千克标准油/吨	660	680	640	660
4	火电厂供电标准煤耗	千克标准煤/千瓦时	350	400	330	380
5	吨钢综合能耗	千克标准煤/吨	720	780	680	720
6	吨钢可比能耗（联合企业）	千克标准煤/吨	700	750	670	710
7	电炉钢冶炼耗电	千瓦时/吨	350	480	320	400
8	电解铝耗电	千瓦时/吨	14200	15000	14000	14600
9	水泥综合能耗（回转窑）	千瓦时/吨	95	115	90	105
10	水泥熟料煤耗（回转窑）	千克标准煤/吨	120	140	110	135
11	平板玻璃综合能耗	千克标准煤/重量箱	18	20	17	19
12	日用玻璃综合能耗	千克标准煤/吨	460	500	420	480
13	建筑陶瓷综合能耗	千克标准煤/吨	260	300	240	280
14	纤维板生产综合能耗	千克标准煤/立方米	220	260	200	240
15	合成氨综合能耗	千克标准煤/吨	1600	1900	1400	1600
16	烧碱综合能耗	千克标准煤/吨	1200	1550	1150	1360
17	纯碱综合能耗（联碱法）	千克标准煤/吨	430	500	400	450
18	纯碱综合能耗（氨碱法）	千克标准煤/吨	500	550	460	500
19	炭黑综合能耗	千克标准煤/吨	2700	3000	2600	2900
20	瓦楞原纸综合能耗	千克标准煤/吨	490	600	420	520
21	箱纸板综合能耗	千克标准煤/吨	500	680	420	550
22	印染布可比综合能耗	千克标准煤/吨	33	50	30	45
23	棉纱全厂生产用电（折标）	千瓦时/吨	1400	1600	1300	1500
24	棉布全厂生产用电（折标）	千瓦时/百米	16.5	18	16	17
25	卷烟综合能耗	千克标准煤/箱	35	40	30	35

11. 浙江省关于开展饭店、商场、超市能耗限额标准执行情况专项监察的通知

（浙能监〔2011〕18 号）

各市能源监察支队（中心）：

为认真贯彻落实全省节能减排电视电话会议精神，根据省经信委《关于对重点用能行业单位产品能耗限额标准执行情况开展专项监察的通知》（浙经信资源〔2011〕253 号）和《浙江省超限额标准用能电价加价管理办法》（浙政发〔2010〕39 号）的要求，决定对饭店、商场、超市能耗限额标准执行情况开展专项监察。现将有关事项通知如下。

一、监察对象

三星级及以上饭店，包括宾馆、酒店、大厦、度假村等；营业面积 1 万平方米以上的商场；营业面积 3000 平方米以上的超市。具体监察单位由各市能源监察机构确定，每个市不少于 20 家。

二、监察依据

监察依据为《饭店单位综合能耗、电耗限额及计算方法》（DB 33/760—2009）、《商场、超市单位电耗、综合能耗限额及计算方法》（DB 33/759—2009），可在浙江省能源监察总队网站（http：//www.zjesc.gov.cn）上查询下载。

三、监察主要内容

2010 年度能耗限额标准执行情况，监察指标为 2010 年度单位面积综合能耗、单位面积电耗。

四、程序及要求

建立和实施能耗限额管理制度,对依法推进我省节能降耗工作具有十分重要的作用,能耗限额标准执行情况的专项监察是 2011 年全省节能监察工作的重点任务,各市能源监察机构要高度重视。接到通知后,各市能源监察机构要抓紧落实工作计划,集中力量,尽快对辖区内的饭店、商场、超市开展专项监察工作,并会同统计、质监等部门核实超限额用能单位的能耗数据,报当地节能主管部门确认后,逐级上报省经信委。省经信委将按程序提请有关部门对超能耗限额标准的企业实行惩罚性电价。第二批超限额用能单位名单和监察数据要求 2011 年 7 月 10 日前报送省经信委资源处,同时抄送省能源监察总队。

专项监察工作联系人:

顾政强:0571 - 88836014　15605888258

缪　剑:0571 - 88088133　13600536211

总队地址:杭州市河东路 249 号

邮政编码:310014

传　　真:0571 - 88072798

二〇一一年六月十六日

12. 浙江省经济和信息化委员会
《关于对重点用能行业单位产品能耗限额标准执行情况开展专项监察》的通知

（浙经信资源〔2011〕253 号）

各市、县（市、区）经信委（经贸委、经委、经贸局）：

为推进主要耗能产品能耗限额标准的执行，切实加强重点用能行业和用能企业的用能管理，根据国家发展改革委等三部门《关于清理对高耗能企业优惠电价等问题的通知》（发改价格〔2010〕978 号）、工信部《关于开展重点用能行业单位产品能耗限额标准执行情况监督检查的通知》（工信部节〔2010〕171 号）和《浙江省超限额标准用能电价加价管理办法》（浙政发〔2010〕39 号）的要求，决定对重点用能行业单位产品能耗限额标准执行情况开展专项监察。现将有关事项通知如下。

一、监察对象

年综合能源消费总量 5000 吨标煤以上的重点用能单位及年耗电 295 万 kW·h 以上的用电企业，且生产的产品已实施能耗限额标准。重点用能企业及主要用电企业名单可在浙江省能源监察总队网站（http：//www.zjesc.gov.cn）上查询下载。

二、监察内容

2010 年度主要产品能耗限额标准执行情况。依据的标准为国家和我省已颁布实施的主要耗能产品能耗限额标准（见附件，可在浙江省能源监察总队网站上查询下载）。

三、监察方式

各市经信部门和能源监察机构须将主要耗能产品能耗限额标准执行情况的监察

作为 2011 年节能监察工作的重点，尽快成立核查小组，抓紧落实专项监察工作计划。组织能源监察机构对辖区内重点用能企业及主要用电企业（含省属企业）执行能耗限额标准情况进行专项监察，会同统计、质监等部门核实用能单位的能耗数据，确认超限额标准的能源品种、数量等，逐级上报省经信委。我委将按程序提请有关部门对超能耗限额标准的企业实行惩罚性电价。我委和省能源监察总队将派出核查人员赴相关市地协助开展专项监察工作（具体分组安排及核查时间另行通知）。

四、有关要求

建立和实施能耗限额管理制度，对依法推进我省节能降耗工作具有十分重要的作用。本次专项监察任务重、时间紧，各级经信部门要高度重视，积极组织能源监察力量，加强对辖区内重点用能行业单位产品能耗限额标准执行情况的监察工作，会同统计、质监等部门及时审核上报超限额用能企业（产品）名单和相关数据，确保专项监察工作的顺利开展。第一批超限额用能企业（产品）名单和监察数据要求在 2011 年 5 月 31 日前报送我委资源处，同时抄送省能源监察总队。

2010 年度《重点用能企业能耗限额标准执行情况自查报告表》可在浙江省能源监察总队网站上查询下载。

专项监察工作联系人：省经信委资源处，俞文苗

联系电话：0571 - 87056763（传真）

电子邮箱：zyc@ zjjxw. gov. cn

省能源监察总队，朱海燕

联系电话：0571 - 88068316

传　　真：0571 - 88072798

电子邮箱：zhy0118@ yeah. net

附件：国家和我省已颁布实施的主要耗能产品能耗限额标准目录

二〇一一年五月十六日

附件

<h1 style="text-align:center">国家和我省已颁布实施的主要耗能产品
能耗限额标准目录</h1>

一、国家已颁布实施的能耗限额标准（29 项）

1. 《水泥单位产品能源消耗限额》（GB 16780—2007）

2. 《铜冶炼企业单位产品能源消耗限额》（GB 21248—2007）

3. 《锌冶炼企业单位产品能源消耗限额》（GB 21249—2007）

4. 《铅冶炼企业单位产品能源消耗限额》（GB 21250—2007）

5. 《镍冶炼企业单位产品能源消耗限额》（GB 21251—2007）

6. 《建筑卫生陶瓷单位产品能源消耗限额》（GB 21252—2007）

7. 《粗钢生产主要工序单位产品能源消耗限额》（GB 21256—2007）

8. 《烧碱单位产品能源消耗限额》（GB 21257—2007）

9. 《常规燃煤发电机组单位产品能源消耗限额》（GB 21258—2007）

10. 《平板玻璃单位产品能源消耗限额》（GB 21340—2008）

11. 《铁合金单位产品能源消耗限额》（GB 21341—2008）

12. 《焦炭单位产品能源消耗限额》（GB 21342—2008）

13. 《电石单位产品能源消耗限额》（GB 21343—2008）

14. 《合成氨单位产品能源消耗限额》（GB 21344—2008）

15. 《黄磷单位产品能源消耗限额》（GB 21345—2008）

16. 《电解铝企业单位产品能源消耗限额》（GB 21346—2008）

17. 《镁冶炼企业单位产品能源消耗限额》（GB 21347—2008）

18. 《锡冶炼企业单位产品能源消耗限额》（GB 21348—2008）

19. 《锑冶炼企业单位产品能源消耗限额》（GB 21349—2008）

20. 《铜及铜合金管材单位产品能源消耗限额》（GB 21350—2008）

21.《铝合金建筑型材单位产品能源消耗限额》（GB 21351—2008）

22.《炭素单位产品能源消耗限额》（GB 21370—2008）

23.《单位产品能源消耗限额编制通则》（GB/T 12723—2008）

24.《铜精矿生产能源消耗限额》（YS/T 693—2009）

25.《镍精矿生产能源消耗限额》（YS/T 708—2009）

26.《锡精矿生产能源消耗限额》（YS/T 709—2009）

27.《变形铝及铝合金单位产品能源消耗限额》第 1 部分：铸造锭（YS/T 694.1—2009）

28.《变形铝及铝合金单位产品能源消耗限额》第 2 部分：板、带材（YS/T 694.2—2009）

29.《变形铝及铝合金单位产品能源消耗限额》第 3 部分：箔材（YS/T 694.3—2009）

二、浙江省能耗限额标准（44 项）

1.《热电联产能效能耗限额及计算方法》（DB 33/642—2007）

2.《炼油综合能耗限额与计算方法》（DB 33/643—2007）

3.《火力发电厂供电标煤耗限额及计算方法》（DB 33/644—2007）

4.《水泥单位产品能耗限额及计算方法》（DB 33/645—2007）

5.《烧碱单位产品综合能耗、交流电消耗限额及计算方法》（DB 33/646—2007）

6.《合成氨（大型）单位综合能耗限额及计算方法》（DB 33/661—2007）

7.《合成氨（中型）单位综合能耗限额及计算方法》（DB 33/662—2007）

8.《合成氨（小型）单位综合能耗限额及计算方法》（DB 33/663—2007）

9.《电解铝综合交流电耗限额及计算方法》（DB 33/664—2007）

10.《电石单位综合能耗和电耗限额及计算方法》（DB 33/665—2007）

11.《吨钢可比能耗限额和电炉钢冶炼电耗限额及计算方法》（DB 33/666—2007）

12.《啤酒单位综合能耗限额及计算方法》（DB 33/667—2007）

13.《粘胶（长、短）纤维综合能耗限额与计算方法》（DB 33/678—2008）

14.《黄酒单位综合能耗限额及计算方法》（DB 33/679—2008）

15. 《玻璃单位产品能耗限额及计算方法》（DB 33/682—2008）

16. 《涤纶（长、短）纤维单位综合能耗限额与计算方法》（DB 33/683—2008）

17. 《建筑陶瓷单位产品综合能耗限额及计算方法》（DB 33/684—2008）

18. 《印染布可比单位综合能耗限额及计算方法》（DB 33/685—2008）

19. 《机制纸板和卷烟纸能耗限额与计算方法》（DB 33/686—2008）

20. 《棉布单位产品可比电耗、综合能耗限额及计算方法》（DB 33/757—2009）

21. 《棉纱单位产品可比综合电耗限额及计算方法》（DB 33/758—2009）

22. 《商场、超市单位电耗、综合能耗限额及计算方法》（DB 33/759—2009）

23. 《饭店单位综合能耗、电耗限额及计算方法》（DB 33/760—2009）

24. 《铜及铜合金线材、棒材单位产品综合能耗限额及计算方法》（DB 33/761—2009）

25. 《合成革单位产量可比电耗、综合能耗限额及计算方法》（DB 33/762—2009）

26. 《低温冷库单位电耗限额及计算方法》（DB 33/763—2009）

27. 《氨纶长丝单位产品可比电耗、综合能耗限额及计算方法》（DB 33/764—2009）

28. 《玻璃纤维单位产品综合能耗限额及计算方法》（DB 33/765—2009）

29. 《工业气体空分单位产品综合电耗限额及计算方法》（DB 33/766—2009）

30. 《烧结砖单位产品综合能耗限额及计算方法》（DB 33/767—2009）

31. 《行政机关单位综合能耗、电耗定额及计算方法》（DB 33/ T 736—2009）

32. 《普通高等院校单位电耗定额及计算方法》（DB 33/T737—2009）

33. 《医疗机构单位综合能耗、综合电耗定额及计算方法》（DB 33/T738—2009）

34. 《用能单位节能监测技术要求》（DB 33/T799—2010）

35. 《锅炉运行能效限额及监测技术要求》（DB 33/800—2010）

36. 《轧钢、锻造火焰加热炉能耗限额及监测技术要求》（DB 33/806—2010）

37. 《压缩空气站运行电耗限额及节能监测技术要求》（DB 33/805—2010）

38. 《铸铁件可比单位综合能耗限额及计算方法》（DB 33/807—2010）

39. 《铝合金铸件可比单位综合能耗限额及计算方法》（DB 33/802—2010）

40. 《纤维板单位产品综合能耗限额及计算方法》（DB 33/804—2010）

41. 《耐火陶瓷纤维及制品单位产品能耗定额及计算方法》（DB 33/ T 791—2010）

42.《塑料编织袋可比单位产品电耗限额及计算方法》（DB 33/803—2010）

43.《乙烯单位产品综合能耗限额和计算方法》（DB 33/808—2010）

44.《精对苯二甲酸单位产品综合能耗限额及计算方法》（DB 33/801—2010）

13. 江西省关于开展重点用能企业高耗能
落后机电设备（产品）淘汰情况
专项检查的通知

（赣工信节能字〔2010〕369 号）

各设区市工信委，节能监察中心：

为深入贯彻落实国务院《关于进一步加大工作力度，确保实现"十一五"节能减排目标的通知》（国发〔2010〕12 号）和省政府《关于确保实现"十一五"节能减排目标的贯彻实施意见》（赣府发〔2010〕17 号）精神，切实加强重点用能企业用能管理，根据省政府办公厅《关于印发江西省工业节能实施方案的通知》（赣府厅字〔2010〕113 号）统一部署，经研究，我委近期将组织对全省重点用能企业高耗能落后机电设备（产品）淘汰情况进行一次专项检查，现将有关事项通知如下。

一、检查范围

全省辖区内年耗能 5000 吨标准煤及以上重点用能企业（具体名单见赣工信节能字〔2010〕299 号文）。

二、检查内容

按照《高耗能落后机电设备（产品）淘汰目录（第一批）》要求，本次检查共包括 9 大类 272 项设备（产品），其中：电动机 27 项，电焊机和电阻炉 13 项，变压器和调压器 4 项，锅炉 50 项，风机 15 项，泵 123 项，压缩机 33 项，柴油机 5 项，其他设备 2 项。

三、检查依据

工信部发布的《高耗能落后机电设备（产品）淘汰目录（第一批)》，淘汰目录可直接从省节能监察总队网站（www.jxjnjc.org）下载。

四、具体安排

本次专项检查由省节能监察总队组织，各设区市节能监察机构负责对辖区内的重点用能单位实施检查。检查分三个阶段进行。

（一）企业自查阶段（2010 年 8 月 25 日~9 月 15 日）

由重点用能企业在规定的时间内，对照工信部发布的《高耗能落后机电设备（产品）淘汰目录（第一批)》，填报高耗能落后机电设备（产品）自查表（见附件1)，并在 9 月 15 日前将自查情况以书面材料上报当地设区市工信委和节能监察中心。

（二）现场核查阶段（2010 年 9 月 16 日~9 月 30 日）

由各设区市工信委组织节能监察中心根据企业自查情况，对照《高耗能落后机电设备（产品）淘汰目录（第一批)》进行现场核查，并在 9 月 30 日前将核查结果报省节能监察总队。

（三）抽查汇总阶段（2010 年 10 月 1 日~10 月 20 日）

省节能监察总队对各设区市核查情况进行重点抽查，核定全省高耗能落后机电设备（产品）淘汰企业名单，并在 10 月 20 日前将汇总材料上报省工信委。

五、工作要求

（一）各设区市工信委要高度重视此次高耗能落后机电设备（产品）淘汰情况专项检查工作，切实加强组织领导。分管领导要亲自挂帅，按照统一部署、分工负责、密切配合的原则，采取有效措施，确保高耗能落后机电设备（产品）淘汰情况专项检查工作的顺利实施。

（二）各设区市节能监察中心要对企业报送的高耗能落后机电设备（产品）淘汰自查情况进行认真的现场核查。对发现的问题，要提出有针对性、可操作的解决措施和淘汰计划。

（三）此次专项检查时间紧、要求高、工作量大，各设区市工信委要尽快制定专项检查实施方案，周密组织，精心实施，防止流于形式和走过场，确保检查质量和效果。

（四）省节能监察总队要加强此次专项检查活动的协调、指导和监督工作，确保按时完成专项检查任务。

联 系 人：杨　晨　赖华文

联系电话：0791 – 6227352 – 8013，8004

传　　真：0791 – 6239184

邮　　箱：jxjianceke@ yahoo. com. cn

附件：1. 高耗能落后机电设备（产品）淘汰情况自查表

　　　2. 高耗能落后机电设备（产品）淘汰情况汇总表

二〇一〇年八月二十七日

附件 1

高耗能落后机电设备（产品）淘汰情况自查表

填报企业（公章）：

企业名称		企业地址		邮　编		企业类型	
法人代表		部门负责人		传　真		E-mail	
联系电话	联系电话						
淘汰产品名称	型号规格	数　量	淘汰理由	淘汰时间	淘汰方式		
电动机							
电焊机、电阻炉							
变压器、调压器							
锅　炉							
风　机							
泵							
压缩机							
柴油机							
其　他							
合　　计							

单位负责人：　　　　　　　　　填表人：　　　　　　　　　联系电话：　　　　　　　　　填表日期：

附件 2

填报设区市（公章）：

高耗能落后机电设备（产品）淘汰情况汇总表

淘汰产品名称	型号规格	数 量	企业数量	淘汰时间	淘汰方式
电动机					
电焊机、电阻炉					
变压器、调压器					
锅 炉					
风 机					
泵					
压缩机					
柴油机					
其 他					
合 计					

填表人：　　　　　　　　　　　　　　　　　　　　　　　　　　　联系电话：　　　　　　　　　　　　　　　　　　　　填表日期：

14. 湖北省发展和改革委员会关于对全省重点用能单位执行能耗限额标准情况进行专项检查的通知

（鄂发改环资〔2010〕482号）

各市州发展改革委，各节能监察（监测）机构，有关用能单位：

为贯彻落实《国务院关于进一步加大工作力度，确保实现"十一五"节能减排目标的通知》（国发〔2010〕12号）和全国全省节能减排工作电视电话会议精神，按照中央和省委、省政府的决策部署，推动重点用能行业加快淘汰落后产能，严格控制高耗能行业主要产品能源消耗，切实加强用能管理，确保完成"十一五"节能减排目标，经研究决定，对全省重点用能单位执行能耗限额标准情况进行一次专项检查，现将有关事项通知如下。

一、检查范围

列入全省"百家企业节能工程"名单和电力、钢铁、有色金属、石油石化、化工、建材等高耗能行业年综合能耗在5000吨标准煤及以上的重点用能单位。

二、检查内容

2009年度和2010年1~6月份主要产品执行能耗限额标准情况。

三、检查依据

国家和省已公布的单位产品能耗（电耗）限额标准。

四、组织形式

本次专项检查委托省节能监察中心具体组织实施，各市州节能监测机构负责对辖区内的重点用能单位实施检查。检查分三个阶段进行。

（一）企业自查阶段：企业按附表 1～表 3 内容进行自查，5 月底前将自查情况加盖单位公章后报送所在市州节能监测机构。

（二）核查上报阶段：各市州节能监测机构根据企业自查自报情况进行核查。对重点用能单位 2009 年度和 2010 年 1～6 月份主要产品能源消耗情况进行检查，汇总本市州超能耗（电耗）限额标准的企业和产品名单，加盖公章后于 2010 年 6 月 20 日前书面报送省节能监察中心。联系人：杨柳，电话：027 - 87307901，邮箱：hbsjnjczx@ 126. com。

（三）抽查汇总阶段：省节能监察中心对各市州核查情况进行重点抽查，抽查方式采取听取汇报、座谈会、深入基层实地抽查相结合等方式进行，以此汇总、核查、确定全省超能耗（电耗）限额标准企业和产品名单，并于 2010 年 7 月底前报省发展改革委。

五、工作要求

（一）各市州发展改革委、各重点用能企业要高度重视，把这次专项检查工作作为贯彻落实"国发 12 号文件"的重要举措，切实加强组织领导，确定负责人负责。

（二）各市州节能监测机构要对企业报送的能耗指标、计量统计和计算方法及结果等进行严格认真的审核，确保数据的真实、完整和有效。

（三）此次专项检查时间紧、要求高、工作量大，各市州要制定检查实施方案，周密组织，精心实施；要统筹兼顾，合理安排，防止流于形式和走过场，确保检查质量和效果。

（四）省节能监察中心要加强全省节能专项检查活动的协调指导和监督抽查工作，并具体参与现场核查，确保按时完成专项节能检查任务。

二〇一〇年五月二十四日

附表 1　　　　　　　　　　　企业能源消费结构表

能源种类	单　位	实物量	等价值		当量值	
			tce	%	tce	%
原料煤	吨					
燃料煤	吨					
电	万 kW·h					
柴　油	吨					
合　计						

附表 2

工业企业能源购进、消费与库存

表　　号：P201 表
制表机关：国家统计局
文　　号：国统字（2008）119 号
有效期至：2010 年 1 月

企业法人代码

企业详细名称

2010 年　　　　月

能源名称	计量单位	代码	年初库存量	1 至本月购进量		1 至本月消费量				期末库存量	采用折标系数	参考折标系数
				实物量	金额（千元）	合计	1. 工业生产消费	用于原材料	2. 非工业生产消费	合计中:运输工具消费		
甲	乙	丙	1	2	3	4	5	6	7	8	9	10	丁
原煤	吨	1										0.7143
洗精煤	吨	2										0.9
其他洗煤	吨	3										0.2~0.8
煤制品	吨	4										0.5~0.7143
#型煤	吨	5										0.5~0.7
水煤浆	吨	6										0.6416~0.7133
煤粉	吨	7										0.7143
焦炭	吨	8										0.9714
其他焦化产品	吨	9										1.1~1.5
焦炉煤气	万立方米	10										5.714~6.143

续表

甲	乙	丙	1	2	3	4	5	6	7	8	9	10	丁
高炉煤气	万立方米	11											1.286
其他煤气	万立方米	12											1.7~12.1
天然气	万立方米	13											11~13.3
液化天然气	吨	14										1.7572	1.7572
原油	吨	15										1.4286	1.4286
汽油	吨	16										1.4714	1.4714
煤油	吨	17										1.4714	1.4714
柴油	吨	18										1.4571	1.4571
燃料油	吨	19										1.4286	1.4286
液化石油气	吨	20										1.7143	1.7143
炼厂干气	吨	21										1.5714	1.5714
其他石油制品	吨	22											1~1.4
热力	百千万焦	23										0.0341	0.0341
电力	万千瓦时	24										1.229	1.229
其他燃料	吨标准煤	25										1	—
#煤矸石	吨	26										0.1786	0.1786
生物质能	爪标准煤	27										1	—
工业废料	吨标准煤	28										1	—
城市固体垃圾	吨标准煤	29										1	—
能源合计	吨标准煤	30										—	—

补充资料：

续表

		单位								
上年同期：	（31）综合能源消费量	吨标准煤								
	（32）工业总产值（当年价）	千元								
	（33）非工业生产消费	吨标准煤								
	（34）电力消费合计	万千瓦时								
	（x1）火力发电投入	吨标准煤								
本　期：	（37）综合能源消费量	吨标准煤	0							
	（38）工业总产值（当年价）	千元								
	（x2）工业总产值（上年价）	千元								
单位负责人			统计负责人		填表人		电话		报出日期	

注：1. 本表统计范围：季报：辖区内主营业务收入（产品销售收入）500万元及以上的法人工业企业；月报：年综合能源消费量在1万吨标准煤及以上工业企业。

2. 主要逻辑审核关系：（1）消费合计＝工业生产消费＋非工业生产消费；（2）工业生产消费≥用于原材料；（3）消费合计≥运输工具消费。

3. 综合能源消费量计算方法：非工业生产消费的能源合计，综合能源消费量＝工业生产消费的能源合计－回收利用合计（P201－1表第12列）；能源加工转换企业，综合能源消费量＝工业生产消费的能源合计－能源加工转换产出合计（P201－1表第11列）－回收利用合计（P201－1表第12列）。

附表3

2010年湖北省企业国家及省现已公布单位产品能耗限额执行情况表
2010年1~6月

企业名称	所属地区	所属行业	指标名称	计量单位	工　序		国家单位产品能源消耗限额限定值	湖北省单位产品能源消耗限额限定值	企业实际单位产品能源消耗限额
			单位产品综合能耗	千克标煤/吨	烧结		≤65		
					高炉		≤460	一类企业：≤700 二类企业：≤730	
					转炉		≤10		
					电炉	普钢电炉	≤215		
						特钢电炉	≤325		
		炼钢	单位产品综合电耗	千瓦时/吨	烧结				
					高炉				
					转炉				
					电炉	普钢电炉			
						特钢电炉			
			单位产品综合煤耗	千克标煤/吨	烧结				
					高炉				
					转炉				
					电炉	普钢电炉			
						特钢电炉			

续表

企业名称	所属地区	所属行业	指标名称	计量单位	压力参数	容量级别（MW）	国家单位产品能源消耗限额限定值	湖北省单位产品能源消耗限额限定值	企业实际单位产品能源消耗限额
		火力发电	供电标准煤耗	克标煤/千瓦时	超临界	600	≤320	≤320	
					亚临界	600	≤330	≤320	
						300	≤340	≤340	
					超高压	200，125	≤375（服役期满关停）	≤365	
					高压	100	≤395（运行满20年关停）		
备 注	火力发电厂（热电联产）供电煤耗应不大于385克标煤/千瓦时								

续表

企业名称	所属地区	所属行业	指标名称	计量单位	分　类	国家单位产品能源消耗限额限定值	湖北省单位产品能源消耗限额限定值	企业实际单位产品能源消耗限额
		平板玻璃制造	单位产品综合能耗	千克标准煤/重量箱	≤300t/d	≤20.5	≤20.5	
					>300t/d，≤500t/d	≤19.5	≤19.5	
					>500t/d	≤18.5	≤18.5	
			单位产品综合电耗	千瓦时/重量箱	≤300t/d			
					>300t/d，≤500t/d			
					>500t/d			
			单位产品综合煤耗	千克标准煤/重量箱	≤300t/d			
					>300t/d，≤500t/d			
					>500t/d			
备　注								

续表

企业名称	所属地区	所属行业	指标名称	计量单位	原料类型	国家单位产品能源消耗限额限定值	湖北省单位产品能源消耗限额限定值	企业实际单位产品能源消耗限额
		合成氨	单位产品综合能耗	千克标煤/吨	优质无烟块煤	≤1900	≤1480	
					非优质无烟块煤、焦炭、型煤	≤2200	≤1750	
					天然气、焦炉气	≤1650		
			单位产品综合电耗	千瓦时/吨	优质无烟块煤			
					非优质无烟块煤、焦炭、型煤			
					天然气、焦炉气			
			单位产品综合煤耗	千克标煤/吨	优质无烟块煤			
					非优质无烟块煤、焦炭、型煤			
					天然气、焦炉气			
备注								

续表

企业名称	所属地区	所属行业	指标名称	计量单位	国家单位产品能源消耗限额限定值	湖北省单位产品能源消耗限额限定值	企业实际单位产品能源消耗限额
		汽车制造	单位产品综合能耗	千克标煤/台		≤210	
			单位产品综合电耗	千瓦时/吨			
			单位产品综合煤耗	千克标煤/吨			
		电解铝	铝液交流电耗	千瓦时/吨	≤14400	≤14000	
			铝锭综合交流电耗	千瓦时/吨		≤14400	
			重熔用铝锭综合能源消耗	吨标煤/吨	≤1.900	≤1.900	

备　注

续表

企业名称	所属地区	所属行业	指标名称	计量单位	工序、工艺类型	国家单位产品能源消耗限额限定值		湖北省单位产品能源消耗限定值		企业实际单位产品能源消耗限额	
						工艺能耗	综合能耗	工艺能耗	综合能耗	工艺能耗	综合能耗
		铜冶炼	单位产品综合能耗	千克标准煤/吨	粗铜工艺（铜精矿→粗铜）	≤750	≤800	≤600	≤650		
					阳极铜工艺（铜精矿→阳极铜）	≤800	≤850	≤700	≤750		
					电解工序（阳极铜→阴极铜）	≤210	≤220	≤180	≤200		
					铜冶炼工艺（铜精矿→阴极铜）	≤900	≤950	≤880	≤900		
					粗铜工艺（杂铜→粗铜）	—	≤340	—	≤300		
					阳极铜工艺（杂铜→阳极铜）	—	≤390	—	≤370		
					阳极铜工艺（粗铜→阳极铜）	—	≤300	—	≤290		
					铜精炼工艺（杂铜→阴极铜）	—	≤510	—	≤490		
					铜精炼工艺（粗铜→阴极铜）	—	≤420	—	≤410		

备注

注：1. 各工艺中回收的余热量和余热发电量输出时应予以扣除；
2. 电的折标准煤系数为 0.1229 千克标准煤/千瓦小时。

续表

企业名称	所属地区	所属行业	指标名称	计量单位	工序、工艺类型	国家单位产品能源消耗限额限定值		湖北省单位产品能源消耗限额限定值		企业实际单位产品能源消耗限额	
						工艺能耗	综合能耗	工艺能耗	综合能耗	工艺能耗	综合能耗
		铜冶炼	单位产品综合电耗	千瓦时/吨	粗铜工艺（铜精矿—粗铜）						
					阳极铜工艺（铜精矿—阳极铜）						
					电解工序（阳极铜—阴极铜）						
					铜冶炼工艺（铜精矿—阴极铜）						
					粗铜工艺（杂铜—粗铜）						
					阳极铜工艺（杂铜—阳极铜）						
					阳极铜工艺（粗铜—阳极铜）						
					铜精炼工艺（杂铜—阴极铜）						
					铜精炼工艺（粗铜—阴极铜）						

备注

注：1. 各工艺中回收的余热量和余热发电量输出时应予以扣除；
2. 电的折标准煤系数为 0.1229 千克标准煤/千瓦时。

续表

企业名称	所属地区	所属行业	指标名称	计量单位	工序、工艺类型	国家单位产品能源消耗限额定值		湖北省单位产品能源消耗限额定值		企业实际单位产品能源消耗限额	
						工艺能耗	综合能耗	工艺能耗	综合能耗	工艺能耗	综合能耗
		铜冶炼	单位产品综合煤耗	千克标煤/吨	粗铜工艺（铜精矿—粗铜）						
					阳极铜工艺（铜精矿—阳极铜）						
					电解工序（阳极铜—阴极铜）						
					铜冶炼工艺（铜精矿—阴极铜）						
					粗铜工艺（杂铜—粗铜）						
					阳极铜工艺（杂铜—阳极铜）						
					阳极铜工艺（粗铜—阳极铜）						
					铜精炼工艺（杂铜—阴极铜）						
					铜精炼工艺（粗铜—阴极铜）						
备注					注：1. 各工艺中回收的余热量和余热发电量输出时应予以扣除； 2. 电的折标准煤系数为 0.1229 千克标准煤/千瓦小时。						

续表

企业名称	所属地区	所属行业	分类	国家单位产品能源消耗限额限定值					湖北省单位产品能源消耗限额限定值					企业实际单位产品能源消耗限额限定值				
				可比熟料综合煤耗限额（kgce/t）	可比熟料综合电耗a限额（kW·h/t）	可比水泥综合电耗b限额（kW·h/t）	可比熟料综合能耗限额（kgce/t）	可比水泥综合能耗限额（kgce/t）	可比熟料综合煤耗限额（kgce/t）	可比熟料综合电耗a限额（kW·h/t）	可比水泥综合电耗b限额（kW·h/t）	可比熟料综合能耗限额（kgce/t）	可比水泥综合能耗限额（kgce/t）	可比熟料综合煤耗限额（kgce/t）	可比熟料综合电耗a限额（kW·h/t）	可比水泥综合电耗b限额（kW·h/t）	可比熟料综合能耗限额（kgce/t）	可比水泥综合能耗限额（kgce/t）
		水泥	4000t/d以上（含4000t/d）	≤120	≤68	≤105	≤128	≤105	≤120	≤68	≤105	≤128	≤105					
			2000~4000t/d（含2000t/d）	≤125	≤73	≤110	≤134	≤109	≤125	≤73	≤110	≤134	≤109					
			1000~2000t/d（含1000t/d）	≤130	≤76	≤115	≤139	≤114	≤130	≤76	≤115	≤139	≤114					
			1000t/d以下	≤135	≤78	≤120	≤145	≤118	≤135	≤78	≤120	≤145	≤118					
			水泥粉磨企业	—	—	≤45	—	—	—	—	≤45	—	—					

注：a. 对只生产水泥熟料的水泥企业；
　　b. 对只生产水泥的水泥企业（包括水泥粉磨企业）。

备注

续表

企业名称	所属地区	所属行业	产品规格质量分数（%）	国家单位产品能源消耗限额限定值		湖北省单位产品能源消耗限额限定值		企业实际单位产品能源消耗限额	
				单位产品综合能耗限额（kgce/t）	单位产品交流电耗限额（kW·h/t）	单位产品综合能耗限额（kgce/t）	单位产品交流电耗限额（kW·h/t）	单位产品综合能耗限额（kgce/t）	单位产品交流电耗限额（kW·h/t）
		烧碱	离子膜法液碱≥30.0	≤500		≤500			
			离子膜法液碱≥45.0	≤600	≤2490	≤600	≤2490		
			离子膜法固碱≥98.0	≤900		≤900			
			隔膜法液碱≥30.0	≤980		≤960			
			隔膜法液碱≥42.0	≤1200	≤2570	≤1200	≤2450		
			隔膜法固碱≥95.0	≤1350		≤1350			

备注：注：表中隔膜法烧碱电解单元交流电耗限额限定值，是金属阳极隔膜电解槽电流密度为 1700A/m² 时的值。当金属阳极隔膜电解槽电流密度变化时，电流密度每增减 100A/m²，烧碱电解单元单位产品交流电耗增减 44kW·h/t。

续表

企业名称	所属地区	所属行业	产品名称	指标名称	计量单位	国家单位产品能源消耗限额限定值	湖北省单位产品能源消耗限额限定值	企业实际单位产品能源消耗限额
		纯碱（氨碱法）	轻质碳酸钠	单位产品综合能耗	千克标煤/吨		≤415	
				单位产品综合电耗	千瓦时/吨			
				单位产品综合煤耗	千克标煤/吨			
			重质碳酸钠	单位产品综合能耗	千克标煤/吨		≤485	
				单位产品综合电耗	千瓦时/吨			
				单位产品综合煤耗	千克标煤/吨			
		纯碱（联碱法）	轻质碳酸钠	单位产品综合能耗	千克标煤/吨		≤320	
				单位产品综合电耗	千瓦时/吨			
				单位产品综合煤耗	千克标煤/吨			
备注								

续表

企业名称	所属地区	所属行业	指标名称	计量单位	国家单位产品能源消耗限额限定值	湖北省单位产品能源消耗限额限定值	企业实际单位产品能源消耗限额
		黄磷	单位产品综合能耗	吨标煤/吨	≤3.60	≤3.55	
			单位产品综合电耗	千瓦时/吨	≤14200	≤14000	
			单位产品电炉电耗	千瓦时/吨	≤13800	≤13600	
		造纸	单位产品综合能耗	千克标煤/吨		≤650	
			单位产品综合电耗	千瓦时/吨			
			单位产品综合煤耗	千克标煤/吨			
		炼油	单位能量因数能耗限额	千克标准油/吨因数		≤14	
		涤纶短丝	单位产品综合能耗	千克标准油/吨		≤130	
			单位产品综合电耗	千瓦时/吨			
			单位产品综合煤耗	千克标煤/吨			
备注							

15. 广东省关于开展全省能耗限额标准
执行情况专项监察的通知

（粤经信节能函〔2011〕1446 号）

各地级以上市节能主管部门，广州市经贸委、深圳市科工贸信委，顺德区经济促进局，有关单位：

根据国家和省节能法律法规有关规定，按照《印发 2011 年广东省节能监察行动计划的通知》（粤经信节能〔2011〕162 号）要求，我委决定从 6 月下旬起在全省范围内开展 2011 年重点用能单位能耗限额标准执行情况专项监察，具体工作委托省节能监察中心承担。现将有关事项通知如下。

一、监察对象

省重点用能单位、各市自行纳入监管企业，国家能耗限额标准及省能耗限额涉及行业的重点用能企业。

二、监察内容

2010 年度和今年一季度主要产品、工艺执行能耗限额标准及省能耗限额执行情况。

三、监察依据

已公布的国家单位产品能耗限额标准和省能耗限额（标准），可直接从省节能监察中心网站（www. gdecc. cn）下载。

四、工作安排

（一）确定现场监察企业名单。省节能监察中心根据原省千家重点用能企业、

2010 年度和今年一季度能源利用状况报告填报情况，分阶段确定现场监察企业名单。

（二）现场核查。坚持省市联动的原则，省节能监察中心于 6 月下旬起，分期会同各市节能监察机构开展对相关企业能耗限额标准执行情况的现场监察。尚未成立监察机构的地市，请当地节能主管部门积极配合。

五、工作要求

（一）各市要加强对本次专项监察的宣传和监督，督促辖区内相关企业认真开展能耗限额标准执行情况自查工作，对照已公布的国家单位产品能耗限额标准和省能耗限额要求，检查主要产品能耗指标、计量统计和计算方法的合法性和合理性，积极配合节能监察机构做好现场监察工作。企业要对能耗数据的真实性和完整性负责，一经发现弄虚作假行为，将依法依规处理。

（二）各市要积极配合参与本次专项监管工作。现场核查阶段，各市要选派节能监察人员，联合省节能监察中心核查组开展对当地相关企业的现场监察。

（三）省节能监察中心要加强对各地专项监察工作的指导和监督，现场监察要防止流于形式和走过场，确保检查质量和效果。

广东省经济和信息化委员会

二〇一一年六月八日

16. 广东省关于开展淘汰落后设备和
工艺专项监察的通知

（粤经信节能〔2011〕451 号）

各地级以上市节能主管部门，广州市经贸委、深圳市科工贸信委，顺德区经济促进局，有关企业：

　　根据国家和省节能法律法规有关规定，按照《印发 2011 年广东省节能监察行动计划的通知》（粤经信节能〔2011〕162 号）、《关于公布我省商贸酒店领域重点用能企业名单的通知》（粤经信节能〔2010〕728 号）等要求，我委决定在全省开展重点用能单位淘汰落后设备和工艺专项监察，具体工作委托省节能监察中心承担。现将有关事项通知如下。

一、监察对象

　　年综合能源消费量 5000 吨标准煤以上的纺织印染企业（共 201 家，名单见附件 1）及省公布的商贸酒店领域重点用能企业（共 239 家）。

二、监察时间

　　本次专项监察自 6 月份开始，分两个阶段进行。其中，6 月 2～20 日为书面调查阶段，6 月 25 日～8 月 30 日为现场监察阶段。

三、监察方式

　　（一）企业自查阶段：相关企业对照《产业结构调整指导目录（2011 年本）》（国家发改委令 2011 年第 9 号）第三类淘汰类目录规定的落后生产工艺装备和落后产品，以及工信部《高耗能落后机电设备（产品）淘汰目录（第一批）》公告（工节〔2009〕第 67 号）所列淘汰目录逐项核对，填写淘汰落后用能设备和生产工艺调查表（见附件 2），进行自查，于 6 月 20 日前将自查表格电子版和纸质版同时上报当地市节能主管部门，抄送当地节能监察机构。

（二）各地上报阶段：各市节能主管部门负责对辖区内企业的上报材料进行汇总（见附件 3），于 6 月 25 日前将汇总表（电子版和纸质版）和建议现场监察的企业名单报省节能监察中心。

（三）现场核查阶段：省节能监察中心于 6 月下旬起，会同各地节能主管部门、节能监察中心，根据企业自查情况和各地的具体建议，开展省市联动执法监察，对 130 家以上企业开展现场监察。其中，省中心完成 30 家以上企业现场监察，各市节能监察机构完成 100 家以上。现场监察时间及事项另行通知。

四、监察结果处理

对存在违反《中华人民共和国节约能源法》和《广东省节约能源条例》等节能法律法规情节的企业，依法做出相应处罚。

五、其他

为便于企业开展自查，省节能监察中心已将相关文件和规定列在省节能监察中心网站（www.gdecc.cn）"节能监察"专栏的"资源下载"项内，企业可自行下载查看。

附件：1. 淘汰落后设备和工艺专项监察调查企业名单（略）
2. 淘汰落后用能设备和生产工艺调查表（略）
3. 淘汰落后用能设备和生产工艺汇总表（略）

广东省经济和信息化委员会

二〇一一年六月二日

17. 广东省关于开展 2011 年公共机构
节能专项监察的通知

（粤经信节能〔2011〕420 号）

各地级以上市公共机构节能主管部门、经济和信息化主管部门，广州市发展改革委、深圳市发展改革委，顺德区经济促进局，省直有关部门，有关单位：

为贯彻落实《公共机构节能条例》，根据《印发 2011 年广东省节能监察行动计划的通知》（粤经信节能〔2011〕162 号）和《关于印发 2011 年我省节能和循环经济工作要点的通知》（粤经信节能〔2011〕76 号）要求，我委将于今年 6~7 月份在全省范围内开展公共机构节能专项监察，具体工作委托省节能监察中心负责。现就有关事项通知如下。

一、监察目的

通过公共机构节能专项监察，强化公共机构节能意识，建立健全节能管理制度，完善节能管理机制，进一步提高节能管理水平，提高能源利用效率，发挥公共机构在全社会节能中的表率作用。

二、监察对象和方式

（一）监察对象。全省范围内的公共机构，包括全部或者部分使用财政性资金的国家机关、事业单位和团体组织。

（二）监察方式。本次监察采取抽查方式，现场监察具体时间由监察机构另行通知。

三、监察内容

（一）节能管理规章制度建立及能源管理负责人聘任情况。检查是否落实《公共机构节能条例》第七条、第二十四条、第二十五条：

1. 建立健全本单位节能管理的规章制度；

2. 节能宣传教育和岗位培训；

3. 设置能源管理岗位，实行能源管理岗位责任制。

（二）节能目标和实施方案的制定和落实情况。检查是否落实《公共机构节能条例》第十三条：

1. 制定年度节能目标和实施方案；

2. 报本级（上级）公共机构节能主管部门备案；

3. 采取节能管理或者节能改造措施，确保完成节能目标。

（三）能源消费计量、监测和统计情况。检查是否落实《公共机构节能条例》第十四条、第十五条：

1. 实行能源消费分户、分类、分项计量；

2. 指定专人负责能源消费统计；

3. 如实记录能源消费计量原始数据，建立统计台账；

4. 公共机构于每年 3 月 31 日前，向本级（上级）公共机构主管部门报送上一年度能源消费状况报告。

（四）制定本级节能规划和开展能源审计情况（各地市公共机构主管部门）。检查是否落实《公共机构节能条例》第十条、第十一条、第二十二条、第二十三条：

1. 制定本行政区域内"十二五"公共机构节能规划；

2. 组织本级公共机构开展能源审计。

（五）公务用车配备、使用情况。检查是否落实《公共机构节能条例》第三十四条：

1. 按规定使用公务用车，推行单车能耗核算制度；

2. 优先选用低能耗、低污染、使用清洁能源的车辆，严格执行车辆报废制度。

（六）节能产品设备使用情况。检查是否落实《公共机构节能条例》第十八条：

1. 采购列入节能产品、设备政府采购名录和环境标志产品政府采购名录中的产品、设备；

2. 不得采购国家明令淘汰的用能产品、设备。

四、工作要求

（一）省节能监察中心负责组织实施省直公共机构及所属单位的节能监察工作。

（二）各地级以上市公共机构节能主管部门要会同同级节能主管部门、经济和信息化主管部门，按照 2011 年我省节能监察任务要求，开展本级公共机构节能专项监察。各市要定期将监察情况以书面形式报送我委（节能和循环经济处），并抄送省节能监察中心。我委将每半年向全社会公布一次省市公共机构节能监察情况。

（三）在 6 月份节能宣传月期间，我委将与省有关部门开展联合行动，选取部分监察对象开展公共建筑节能监察。

（四）各有关单位要重视和配合此次专项监察，按要求准备相关材料，指定专人负责，确保监察工作按时顺利开展。

（五）对违反《公共机构节能条例》等规定的公共机构，由有关部门依法下达整改意见书并监督落实；对逾期不改正的，予以通报并依法追究领导人和直接责任人的责任。

广东省经济和信息化委员会

二〇一一年五月二十五日

18. 广东省关于开展全省 2011 年度
重点用能行业单位产品能耗限额标准执行情况和
高耗能落后机电设备（产品）淘汰情况
专项监察的通知

（粤经信节能〔2011〕577 号）

各地级以上市经济和信息化主管部门，顺德区经济促进局，省有关行业协会，有关企业：

按照我省《关于开展全省能耗限额标准执行情况专项监察的通知》（粤经信节能函〔2011〕1446 号）、《关于开展淘汰落后设备和工艺专项监察的通知》（粤经信节能〔2011〕451 号）要求，相关专项监察工作自 6 月份开始启动。根据工业和信息化部《关于开展 2011 年度重点用能行业单位产品能耗限额标准执行情况和高耗能落后机电设备（产品）淘汰情况监督检查的通知》（工信部节〔2011〕310 号）要求，结合我省实际，现提出我省专项监察工作意见，请一并贯彻执行。专项监察具体工作委托省节能监察中心承担，有关事项通知如下。

一、监察对象

省重点用能单位，具体名单见《关于做好"十二五"我省重点用能单位节能管理工作的通知》（粤经信节能〔2011〕543 号）附件；各市自行纳入监管的所有工业企业。

二、监察内容

（一）2010 年度和今年上半年主要产品、工艺执行 22 项单位产品能耗限额强制性国家标准和 8 项省能耗限额情况。

（二）高耗能落后机电设备（产品）淘汰情况。

三、监察依据

已公布实施的 22 项国家单位产品能耗限额强制性标准、8 项省能耗限额、《高耗能落后机电设备（产品）淘汰目录（第一批)》及《部分工业行业淘汰落后生产工艺装备和产品指导目录》等。相关文件可直接从省节能监察中心网站（www. gdecc. cn）下载。

四、组织形式

专项监察分四个阶段进行：

（一）企业自查阶段：各企业对照已公布的国家单位产品能耗限额标准、省能耗限额（标准），按自查报告内容进行自查（见附件 1），填写淘汰目录自查表（见附件 2），并于 7 月 28 日前将自查报告和自查表的电子版和纸质版同时上报当地市经济和信息化主管部门。今年已接受能耗限额现场监察的企业，不需报送执行能耗限额标准情况的自查报告。在 2010 年度专项监察中发现问题的企业，应将整改措施落实情况（包括整改后取得的节能成效）报当地经济和信息化主管部门。

（二）各地上报阶段：各市经济和信息化主管部门负责对辖区内企业的上报材料进行汇总（见附件 3），同时提出建议开展现场监察的企业名单（见附件 4），于 8 月 3 日前将汇总表电子版和纸质版报省节能监察中心，抄送我委（节能和循环经济处）。

（三）现场核查阶段：省节能监察中心在各地市上报材料的基础上确定现场监察企业名单，并于 8 月 4 日起会同各地经济和信息化主管部门、节能监察机构和有关行业协会，对相关企业开展现场监察。现场监察培训动员会议时间另行通知。9 月底前完成专项监察情况汇总并将材料报工信部。

（四）国家督查阶段：工信部于今年 10 月组织相关行业协会和专家组成督查组，对各地执行产品能耗限额标准情况和高耗能落后机电设备（产品）淘汰情况进行现场督查。每个省实地抽查 3～4 家重点用能企业、1～2 家高耗能落后机电设备（产品）使用企业。

五、工作要求

（一）各企业要认真对照已公布的国家单位产品能耗限额标准、省能耗限额及淘汰目录，如实填写自查材料，确保能耗指标、计量统计和计算方法的科学性，对数据资料的真实性和完整性负责，并按时上报。一经发现瞒报数据、弄虚作假行为，将依法进行严处。

（二）各市经济和信息化主管部门要加强对本地区开展专项监察的宣传和监督，及时汇总企业材料报送情况。企业有关能耗指标等数据和资料由各市经信主管部门留存一年以上，以备查用。现场核查阶段，各地市、有关行业协会要按照省里统一安排（见附件5）选派一定数量的专业人员，配合省节能监察中心开展对当地相关企业的现场监察，并将参加专项监察人员名单（附件6）于7月22日前报省节能监察中心，抄送我委（节能和循环经济处）。

（三）省节能监察中心要加强对各市专项监察工作的指导和监督，认真组织实施监察工作。现场监察要防止流于形式和走过场，确保监察质量和效果。对2010年度专项监察中发现的问题及整改情况进行分析，查缺补漏，提出改进的计划和措施。

附件：1. 广东省重点用能行业单位产品能耗限额执行情况自查报告（略）

2. 广东省淘汰落后用能设备和生产工艺自查表（略）

3. 广东省重点耗能企业能耗限额执行情况地区统计汇总表、广东省重点耗能企业能耗限额执行情况地区统计明细表、广东省重点耗能企业淘汰落后用能设备和生产工艺汇总表（略）

4. 建议现场监察重点耗能企业名单（略）

5. 各市及省有关行业协会参加专项监察人数（略）

6. 参加专项监察人员名单（略）

7. 关于开展2011年度重点用能行业单位产品能耗限额标准执行情况和高耗能落后机电设备（产品）淘汰情况监督检查的通知（工信部〔2011〕310号）（略）

广东省经济和信息化委员会

二〇一一年七月十九日

19. 贵州省经济和信息化委员会关于印发《贵州省工业和信息化行业淘汰高耗能落后机电设备工作方案》的通知

（黔经信办〔2010〕199号）

各市（州、地）经信委（工信委、工能委），有关企业（集团公司）：

为切实贯彻落实好《中华人民共和国节约能源法》有关精神，力争实现贵州省"十一五"规模以上工业增加值能耗下降22%的总体目标，必须加快推动工业和信息化行业落后机电设备的淘汰更新工作，建立高耗能落后机电设备淘汰工作制度，贵州省经济和信息化委员会制定了《贵州省工业和信息化行业淘汰高耗能落后机电设备工作方案》（下称《方案》），力争用三年左右的时间逐步淘汰年耗能5000吨标准煤以上的641家用能单位（下称重点用能单位）（贵州省统计局、原贵州省经贸委已将企业名称公告于2009年5月4日《贵州日报》）的落后机电设备，现将《方案》印发你们，请各市（州、地）经信委（工信委、工能委），有关企业（集团公司）严格按照《方案》工作要求，认真贯彻执行。

联系人：代 江 于 筑

联系电话及传真：0851－6823475

电子邮箱：jczd@gzjmw.gov.cn

附件：1.《贵州省工业和信息化行业淘汰高耗能落后机电设备工作方案》

2. 国家明令淘汰高耗能落后机电设备情况表（略）

二○一○年四月十三日

附件 1

<h1 style="text-align:center">《贵州省工业和信息化行业淘汰高耗能
落后机电设备工作方案》</h1>

一、目标任务

建立高耗能落后机电设备淘汰工作机制，加大淘汰落后用能设备的监督检查力度，督促重点用能单位制定分年度淘汰落后用能设备计划和实施办法，力争用三年左右的时间完成重点用能单位淘汰落后机电设备目标任务。

二、依据

（一）《中华人民共和国节约能源法》；

（二）《产业结构调整指导目录（2005 年本）》（国家发改委第 40 号令）；

（三）《高耗能落后机电设备（产品）淘汰目录（第一批）》（工信部工节 [2009] 第 67 号公告）。

（以上法律法规和相关文件详见省经济和信息化委网站节约能源栏。网址：http：//www. gzjmw. cn）

三、组织实施

省经济和信息化委负责全省淘汰高耗能落后机电设备的组织协调工作，按照分级管理和属地管理的原则，省工业和信息化节能监察总队负责 105 家省重点监控企业淘汰落后机电设备的实施工作，各市（州、地）经信委（工信委、工能委）负责辖区内重点用能单位（省重点监控的 105 家重点用能单位除外）淘汰落后机电设备的实施工作。

四、时间安排

淘汰落后机电设备工作采取自查和监督检查相结合的方式。首先由重点用能单位按《方案》进行自查，清理出应淘汰的机电设备，制定年度淘汰计划，报省或各市（州、地）经信委（工信委、工能委）备案；然后各市（州、地）经信委（工信委、工能委）节能管理部门或节能监察机构根据年度监察工作计划，到现场实施核查，督促重点能耗单位按计划完成淘汰任务。

淘汰落后机电设备的工作按照三个阶段实施：

一是自查、制定淘汰计划阶段（2009 年 4 月 20 日～6 月 30 日）：重点用能单位根据《高耗能落后机电设备（产品）淘汰目录（第一批）》（工信部工节［2009］第 67 号公告）要求对主要用能设备进行自查，清理出应该淘汰的高耗能落后机电设备，如实地填写《国家明令淘汰高耗能落后机电设备情况表》（见附件二），撰写自查报告，制定高耗能落后机电设备分年度淘汰计划，并于 6 月 30 日前将自查报告和淘汰计划以书面和电子文档形式上报，其中省重点监控的 105 家重点用能单位直接报送省工业和信息化节能监察总队，其余重点用能单位报各市（州、地）经信委（工信委、工能委）。

二是监督检查阶段（2009 年 7 月 10 日～12 月 30 日）：7 月 10 日起，各市（州、地）经信委（工信委、工能委）节能管理部门或节能监察机构根据各重点用能单位自查报告情况实施现场监督检查。重点监督检查没有进行自查或制定分年度淘汰计划的重点用能单位。节能监察机构对照企业提交的自查报告，查阅企业设备台账，深入设备运行现场，认真进行核实检查，对存在的问题当场指正，责令改正。

三是分年度实施阶段（2010 年 7 月～2012 年 12 月）：重点用能单位按照制定的淘汰计划分年度实施，省工业和信息化节能监察总队和各市（州、地）经信委（工信委、工能委）不定期检查淘汰高耗能落后机电设备工作的进展情况。

五、工作措施和要求

（一）各市（州、地）经信委（工信委、工能委）要按照省经济和信息化委的统一部署，集中行动，加大监察工作力度，推动淘汰高耗能落后机电设备工作的顺利进行。各地要根据本《方案》进行具体的工作安排，指导和帮助企业进行自查，督促企业制定并完成淘汰计划。

各市（州、地）经信委（工信委、工能委）节能管理部门或节能监察机构要建立属地内重点用能单位高耗能落后机电设备数据库。

每年节能监察工作结束后，各市（州、地）经信委（工信委、工能委）节能管理部门或节能监察机构于当年 12 月 30 日前形成书面工作报告上报省经济和信息化委。

（二）重点用能单位要按时完成自查工作，如实地记录本单位主要用能设备、应淘汰用能设备等情况，及时报送自查报告和淘汰计划，积极配合节能管理部门和节能监察机构的监察工作，不得弄虚作假，不得以任何理由拖延、阻挠和拒绝监察。对节能监察中发现的问题，重点用能单位要制定切实可行的整改措施，认真组织整改，并自觉接受复查。

（三）对 2010 年能淘汰全部落后高耗能机电设备 50% 以上的重点用能单位，省经济和信息化委 2011 年将安排一定的节能专项资金给予补助；对不进行自查、不能按期上报淘汰计划的，虚报、瞒报真实情况的，拒绝接受现场监察的，不能完成年度淘汰计划，且拒不整改或整改达不到要求的重点用能单位，从 2011 年起暂停安排包括技术改造、节约能源等专项资金；对连续两年不能完成淘汰计划的重点用能单位，报经省政府同意后，建议有关部门对其执行淘汰类差别电价政策，注销生产许可证手续，取消其享受的税收减免等政策，并依据国家节能法律法规和有关规定进行处罚。

20. 贵州省经济和信息化委关于印发《贵州省 2011 年度重点用能行业单位产品能耗限额标准 执行情况和高耗能落后机电设备（产品）淘汰情况 专项监督检查工作方案》的通知

（黔经信办〔2011〕38 号）

各市（州、地）经信委（工信委、工能委），有关企业（集团公司）：

为贯彻落实好国家工信部《关于开展 2011 年度重点用能行业单位产品能耗限额标准执行情况和高耗能落后机电设备（产品）淘汰情况监督检查的通知》（工信部节〔2011〕310 号）的有关精神，结合我省 2011 年节能监察工作安排和实际，省经信委制定了《贵州省 2011 年度重点用能行业单位产品能耗限额标准执行情况和高耗能落后机电设备（产品）淘汰情况专项监督检查工作方案》，现将工作方案印发你们，请各市（州、地）经信委（工信委、工能委），有关企业（集团公司）严格按照《方案》工作要求，认真贯彻落实。

联系人：于 筑 代 江

联系电话及传真：0851 - 6823475

电子邮箱：jczd@ gzjxw. gov. cn

附件：1.《贵州省 2011 年度重点用能行业单位产品能耗限额标准执行情况和高耗能落后机电设备（产品）淘汰情况专项监督检查工作方案》

2.《关于开展 2011 年度重点用能行业单位产品能耗限额标准执行情况和高耗能落后机电设备（产品）淘汰情况监督检查的通知》（工信部节

〔2011〕310 号）（略）

3. 各市（州、地）涉及 22 项单位产品能耗限额强制性国家标准重点用能企业名单（略）

二〇一一年七月十五日

附件1

《贵州省 2011 年度重点用能行业单位产品能耗限额
标准执行情况和高耗能落后机电设备（产品）淘汰情况
专项监督检查工作方案》

一、工作内容

（一）单位产品能耗限额标准执行情况

对辖区内涉及 22 项单位产品能耗限额标准的所有工业企业进行一次全面检查，列出超能耗限额标准限定值企业名单及具体情况；超能耗限额标准限定值的企业整改情况；对改造无望或经过改造仍不达标的应将其列入淘汰名单；2010 年度专项监督检查中发现的问题整改落实情况，是否会同有关部门落实节能技改、差别电价、节能设备推广等改造措施，效果如何，存在的问题和建议等。

（二）高耗能落后机电设备（产品）淘汰情况

对辖区内各工业企业高耗能落后机电设备（产品）情况进行一次全面检查，列出仍在使用的高耗能落后机电设备（产品）明细表及企业名单，是否采取限期整改或淘汰等政策措施；2010 年度专项监督检查中发现的问题整改落实情况。

二、组织实施

省经济和信息化委负责全省重点用能行业单位产品能耗限额标准执行情况和高耗能落后机电设备（产品）淘汰情况专项监督检查工作的组织协调，按照分级管理和属地管理的原则，省工业和信息化节能监察总队负责 105 家省重点监控企业的专项监察工作，各地工业和信息化主管部门负责本辖区内其他所有工业企业（105 家省重点监控企业除外）的专项监察工作。

三、工作安排

（一）企业自查阶段：2011 年 7 月 15 日至 8 月 15 日

各企业要对照 22 项单位产品能耗限额强制性国家标准和《高耗能落后机电设备（产品）淘汰目录（第一批)》及《部分工业行业淘汰落后生产工艺装备和产品指导目录》进行自查。各企业要如实填报《单位产品能耗超限额企业情况表》（附表 1）和《高耗能落后机电设备（产品）在用情况表》（附表 2），对自身存在的问题提出有针对性、可操作的整改措施或淘汰计划，并于 2011 年 8 月 15 日前将自查情况报送所在地工业和信息化主管部门，105 家省重点监控企业直接报送省工业和信息化节能监察总队。

（二）核查汇总阶段：2011 年 8 月 16 日至 9 月 10 日

根据企业自查情况，各级工业和信息化主管部门和节能监察机构要对重点用能企业进行现场核查，并将《单位产品能耗超限额企业情况表》、《高耗能落后机电设备（产品）在用情况表》以及企业提出的整改措施或淘汰计划进行汇总分析，形成监督检查报告，于 2011 年 9 月 10 日前报送我委省工业和信息化节能监察总队。

（三）迎接国家检查阶段：2011 年 10 月

按照国家统一部署，今年 10 月份国家工信部将会同有关部门组织相关行业协会和专家对我省执行产品能耗限额标准和淘汰高耗能落后机电设备情况进行专项检查。各地工业和信息化主管部门积极做好迎接国家检查的企业联络、路线安排、资料汇总等相关准备工作，确保专项检查工作顺利完成。

四、工作要求

（一）各地工业和信息化主管部门要高度重视能耗限额标准执行情况和高耗能落后机电设备（产品）淘汰情况监督检查工作，加强对重点用能企业和节能监察机构的指导，按照统一部署、分工负责、密切配合的原则，周密制订工作方案，明确工作目标和责任，按时完成各阶段工作任务。

（二）各地在自查和监察工作中要切实按照本通知要求，严格按照单位产品能耗限额标准和高耗能落后机电设备淘汰目录内容，科学、客观地开展自查和专项监察，如实报告监察情况，严禁弄虚作假。

（三）对单位产品能耗达不到限额标准或仍在使用国家明令淘汰用能设备的企业，各地节能监察机构要提出整改意见，督促企业及时整改，做好迎接 10 月初开始的国家督查相关工作。

附表：1. 单位产品能耗超限额企业情况表

　　　　2. 高耗能落后机电设备（产品）在用情况表

附表 1

单位产品能耗超限额企业情况表

序号	行业	企业名称	所在地市	主要产品或工序名称	单位产品或工序综合能耗（kgce/t）			单位产品或工序电耗（kW·h/t）			备注
					数值	国家限额值	超限比例	数值	国家限额值	超限比例	

附表2　高耗能落后机电设备（产品）在用情况表

省（区、市）

序号	行业	企业名称	所在地市	落后机电设备名称及型号	数量	备注

21. 云南省工业和信息化委关于开展
2011 年度重点用能行业单位产品能耗限额标准
执行情况和高耗能落后机电设备（产品）
淘汰情况现场核查工作的通知

（节能〔2011〕634 号）

有关州市工信委（局），有关企业：

按照工业和信息化部《关于开展 2011 年度重点用能行业单位产品能耗限额标准执行情况和高耗能落后机电设备（产品）淘汰情况监督检查的通知》（工信部节〔2011〕310 号）要求，我委及时转发了文件，安排各州市及有关企业认真开展自查并上报自查报告。在此基础上，我委决定开展 2011 年度重点用能企业单位产品能耗限额标准执行情况和高耗能落后机电设备（产品）淘汰情况现场核查工作。现将有关事项通知如下：

一、核查对象

（一）主要产品列入国家 22 项能耗限额标准目录的重点用能企业（以下简称重点用能企业）。

（二）仍在使用落后机电设备（产品）的工业企业。

二、检查内容

依据 22 项单位产品能耗限额强制性国家标准、《高耗能落后机电设备（产品）淘汰目录（第一批）》及《部分工业行业淘汰落后生产工艺装备和产品指导目录》等，对重点用能企业开展单位产品能耗和高耗能落后机电设备（产品）使用情况现场核查。

三、核查时间及方式

2011 年 9 月 23~27 日，我委将组织省节能技术服务中心、曲靖市节能监察支队、红河州节能技术服务中心组成核查组，对昆明市、曲靖市、玉溪市、红河州和文山州等州市执行产品能耗限额标准情况和高耗能落后机电设备（产品）淘汰情况进行现场核查。核查工作采取听取汇报、现场检查和查阅台账相结合的方式，每个州市实地抽查 3~4 家重点用能企业。

四、核查安排

本次现场核查分为 5 个组，人员组成及核查分工安排如下：

第一组：昆明市

组　长：李　平　省节能技术服务中心主任

组　员：马建伟　省节能技术服务中心高级工程师

　　　　付炳林　省节能技术服务中心高级工程师

核查企业：昆明神农汇丰化肥有限责任公司、云南南磷集团寻甸磷电有限公司、安宁市永昌钢铁有限公司、云南万盛炭素有限责任公司。

联系人：马建伟　13908840086

第二组：曲靖市

委托曲靖市节能监察支队负责核查，省节能技术服务中心主任助理魏志和参加，其他人员组成由曲靖市自行安排。

核查企业：云南驰宏锌锗股份有限公司、国投曲靖发电有限公司、云南曲靖麒麟焦化有限公司、云南云翔玻璃有限公司。

第三组：玉溪市

组　长：颜　芳　省节能技术服务中心总工程师

组　员：杨丽莉　省工信委节约能源处副主任科员

　　　　董志刚　省节能技术服务中心工程师

核查企业：易门铜业有限公司、云南省易门县中瑞（集团）建材有限公司、云南南鹰陶瓷有限公司。

联系人：董志刚　13888281079

第四组：红河州

委托红河州节能技术服务中心负责核查，省工信委节约能源处主任科员李笑帆参加，其他人员组成由红河州自行安排。

核查企业：云南解化集团有限公司、云南乘风有色金属股份有限公司、个旧市天梯冶炼厂、云南润鑫铝业有限公司。

第五组：文山州

组　长：张德康　省节能技术服务中心监察室主任

组　员：魏云辉　省节能技术服务中心工程师

　　　　杨晓青　省节能技术服务中心工程师

核查企业：云南文山斗南锰业股份有限公司、云南普阳煤化工有限责任公司、砚山县阿舍冶炼厂。

联系人：魏云辉　13708721948

五、有关要求

（一）请各州市工信委、有关单位高度重视，认真组织落实，明确责任分工，及时通知被核查企业提前做好准备工作。

（二）各现场核查组要确保按时保质高效完成各项核查任务，按照核查内容要求撰写总结报告，于 9 月 28 日前将报告报送省工信委节约能源处。对核查中发现的问题要分析原因，督促企业确定整改目标、制定整改措施，限时整改完成。

（三）本次核查具体行程由各组联系人与各州市工信委对接确定。

二〇一一年九月二十一日

22.　云南省工业和信息化委关于转发工业和信息化部 《开展 2011 年度重点用能行业单位产品能耗限额标准 执行情况和高耗能落后机电设备（产品）淘汰情况 监督检查》文件的通知

（云工信节能〔2011〕604 号）

各州市工信委（局）：

现将工业和信息化部《关于开展 2011 年度重点用能行业单位产品能耗限额标准 执行情况和高耗能落后机电设备（产品）淘汰情况监督检查的通知》（工信部节 〔2011〕310 号）转发给你们，并结合我省实际，提出以下具体要求，请一并认真贯 彻执行：

一、检查方式

监督检查分为企业自查、州市监察、省级核查三个阶段进行。

（一）企业自查阶段。各企业应认真对照已公布的国家单位产品能耗限额标准，按《企业单位产品能耗限额标准执行情况表》（附件 3）内容进行自查，填写《企业高耗能落后机电设备（产品）在用情况表》（附件 4），于 2011 年 8 月 10 日前将自查情况表的纸质版和电子版上报当地工信委（局）。

（二）地方监察阶段。根据企业自查情况，各州市工信委（局）应会同当地统计、质监等部门对企业开展现场监察工作，负责对辖区内企业的上报材料进行汇总、审核，编制监察总结报告并填写《州（市）单位产品能耗限额标准执行情况统计表》（附件 5）、《州（市）单位产品能耗超限额企业情况汇总表》（附件 6）、《州（市）高耗能落后机电设备（产品）在用情况汇总表》（附件 7），于 2011 年 8 月 30 日前将上述材料纸质版和电子版报送省工信委节约能源处。

（三）省级核查阶段。省工信委将组织省节能技术服务中心、省有关部门、行业专家组成多个核查组，于 2011 年 9 月 30 日前对各州市执行产品能耗限额标准情况和高耗能落后机电设备（产品）淘汰情况进行现场核查。核查工作采取听取汇报和实地抽查相结合的方式，每个州市实地抽查 2～3 家重点用能企业（具体分组安排及核查时间另行通知）。

二、工作要求

（一）各企业要如实填写自查情况表，确保能耗数据的真实性、统计方法的科学性。对达不到能耗限额标准的企业，应认真分析原因，提出整改措施，形成报告说明，按时上报当地工信委（局）。

（二）各州市工信委（局）要将单位产品能耗限额标准执行情况和高耗能落后机电设备（产品）淘汰情况监督检查作为 2011 年节能监察工作的重点，制订工作计划，逐步建立和实施能耗限额管理制度，认真核实用能单位的能耗数据，确定单位产品能耗超限额企业，按时按质上报本州市监察报告及相关表格。我委将根据检查情况按程序提请有关部门对能耗超限额企业实行惩罚性电价。企业有关上报资料由各州市工信委（局）留存一年以上，以备查用。

联 系 人：省工信委节约能源处 张 兢 李笑帆

联系电话：0871-3512374 3518107 3513260（传真）

电子邮箱：ynsjnb@126.com

附件：1. 工业和信息化部《关于开展 2011 年度重点用能行业单位产品能耗限额标准执行情况和高耗能落后机电设备（产品）淘汰情况监督检查的通知》（工信部节［2011］310 号）（略）

2. 22 项单位产品能耗限额强制性国家标准目录

3. 企业单位产品能耗限额标准执行情况表

4. 企业高耗能落后机电设备（产品）在用情况表

5. 州（市）单位产品能耗限额标准执行情况统计表

6. 州（市）单位产品能耗超限额企业情况汇总表

7. 州（市）高耗能落后机电设备（产品）在用情况汇总表

二〇一一年七月二十六日

附件 2

22 项单位产品能耗限额强制性国家标准目录

序号	名　称	标准编号	批准时间	实施时间
1	粗钢生产主要工序单位产品能源消耗限额	GB 21256—2007	2007.12.3	2008.6.1
2	常规燃煤发电机组单位产品能源消耗限额	GB 21258—2007	2007.12.3	2008.6.1
3	水泥单位产品能源消耗限额	GB 16780—2007	2007.12.3	2008.6.1
4	建筑卫生陶瓷单位产品能源消耗限额	GB 21252—2007	2007.12.3	2008.6.1
5	烧碱单位产品能源消耗限额	GB 21257—2007	2007.12.3	2008.6.1
6	铜冶炼企业单位产品能源消耗限额	GB 21248—2007	2007.12.3	2008.6.1
7	锌冶炼企业单位产品能源消耗限额	GB 21249—2007	2007.12.3	2008.6.1
8	铅冶炼企业单位产品能源消耗限额	GB 21250—2007	2007.12.3	2008.6.1
9	镍冶炼企业单位产品能源消耗限额	GB 21251—2007	2007.12.3	2008.6.1
10	黄磷单位产品能源消耗限额	GB 21345—2008	2008.1.9	2008.6.1
11	焦炭单位产品能源消耗限额	GB 21342—2008	2008.1.9	2008.6.1
12	合成氨单位产品能源消耗限额	GB 21344—2008	2008.1.9	2008.6.1
13	铁合金单位产品能源消耗限额	GB 21341—2008	2008.1.9	2008.6.1
14	平板玻璃单位产品能源消耗限额	GB 21340—2008	2008.1.9	2008.6.1
15	电石单位产品能源消耗限额	GB 21343—2008	2008.1.9	2008.6.1
16	电解铝企业单位产品能源消耗限额	GB 21346—2008	2008.1.9	2008.6.1
17	锡冶炼企业单位产品能源消耗限额	GB 21348—2008	2008.1.9	2008.6.1
18	锑冶炼企业单位产品能源消耗限额	GB 21349—2008	2008.1.9	2008.6.1
19	镁冶炼企业单位产品能源消耗限额	GB 21347—2008	2008.1.9	2008.6.1
20	铝合金建筑型材单位产品能源消耗限额	GB 21351—2008	2008.1.9	2008.6.1
21	铜及铜合金管材单位产品能源消耗限额	GB 21350—2008	2008.1.9	2008.6.1
22	炭素单位产品能源消耗限额	GB 21370—2008	2008.1.21	2008.6.1

附件 3

企业单位产品能耗限额标准执行情况表

企业名称：　　　　　　　　　所属州市：　　　　　　　　行业：

主要产品或工序名称	主要耗能品种及数量（吨标煤）			单位产品或工序综合能耗（kgce/t）			单位产品或工序电耗（kW·h/t）			超能耗限额的整改措施	2010年检查发现问题落实情况
	综合能耗	煤	焦炭	电力（千瓦·时）	数值	国家限额值	超限比例	数值	国家限额值	超限比例		

填表人：　　　　　　　　填报日期：　　　　　　　　单位负责人（公章）：

附件 4

企业高耗能落后机电设备（产品）在用情况表

企业名称：
所属州市：
行业：

序号	落后机电设备名称	落后机电型号	额定功率（kW）	数量	淘汰更新计划	2010 年检查发现问题整改落实情况合计

填表人：　　　　　　　填报日期：　　　　　　　单位负责人（公章）：

附件5

————州（市）单位产品能耗限额标准执行情况统计表

所属行业	应查企业数量	已查企业数量	未达限定值企业数量	达标率（%）	责令停产改造企业数量	列入淘汰名单企业数量

填表人：　　　　　　　　填表日期：　　　　　　　　单位负责人（公章）：

附件 6

_____州（市）单位产品能耗超限额限企业情况汇总表

行业	企业名称	主要产品或工序名称	能耗指标值（单位：kgce/t 或 kW·h/t）	国家能耗限额限定值	超限额比例	整改措施

填表人：　　　　　　　　　　　填报日期：　　　　　　　　　　　单位负责人（公章）：

附件7

——州（市）高耗能落后机电设备（产品）使用情况汇总表

行业	企业名称	淘汰型耗能设备			淘汰更新计划	2010 年检查发现的问题整改落实情况
		设备名称	型号	数量（台）	总额定功率（kW）		
	合　计						

填表人：

填表日期：

单位负责人（公章）：

23. 关于开展重点用能企业节能专项监察的通知

（陕节监发 [2011] 25 号）

各市节能监察机构，各相关重点用能企业：

按照 9 月 27 日省节能减排工作电视电话会议精神，省节能监察中心联合各市节能监察机构组织对今年以来全省前 50 名耗能大户进行节能专项监察。现将有关事项通知如下：

一、监察对象

2011 年 1~7 月综合能源消费量全省排在前 50 名的重点用能企业（重点用能企业名单见附件 3）。

二、监察内容

1. 对国家明令淘汰的用能设备或生产工艺的使用情况进行专项监察。

2. 对国家已公布的 27 项高耗能产品能耗限额标准执行情况进行专项监察。

三、监察结果处置

监察结果将在媒体上进行公示。对不达标单位将予以曝光、整改和处罚。整改不力的，给予罚款，提请有关部门暂停其享受资源综合利用和西部大开发税收优惠政策。情节严重的，依法停业整顿或关闭。

四、分组及时间安排

监察工作组分成 2 个组对有关企业进行现场监察，每组 4~5 人，人员由省节能监察中心和各市节能监察机构人员组成，分组名单见附件 2。监察时间定于 2010 年

10 月 20 日至 11 月 8 日（具体时间安排见附件 1）。

五、监察要求

1. 在现场监察中，受检企业向监察工作组同时提交 2010 年、2011 年上半年的企业能源利用状况报告和 3 个附表：①2010 年重点用能企业能耗限额执行情况自查表；②2011 年上半年重点用能企业能耗限额执行情况自查表；③2005 年至 2015 年已淘汰和计划淘汰落后耗能工艺、设备和产品情况汇总表。

2. 各市节能监察机构于 10 月 18 日前将本市联系人姓名、联系电话报省节能监察中心。

3. 请各有关重点用能企业按照通知要求，认真做好准备工作。

联系人：省节能监察中心　李占新

电　话：029 - 87316947（传真）

附件：1. 监察时间安排

　　　2. 监察工作组人员名单

　　　3. 50 户重点用能企业名单

附表：1. _____年度重点用能企业能耗限额执行情况自查表

　　　2. 2005 ~ 2015 年已淘汰和计划淘汰落后耗能工艺、设备和产品情况汇总表

二○一一年十月十四日

附件1

监察时间安排

组　名	地　区	计划时间	备　注
第一组 23 户	西　安	10 月 20 日 ~ 10 月 21 日	3 户
	咸　阳	10 月 24 日	2 户
	延　安	10 月 25 日	1 户
	榆　林	10 月 26 日 ~ 11 月 8 日	17 户
第二组 27 户	汉　中	10 月 20 日 ~ 10 月 22 日	5 户
	渭　南	10 月 24 日 ~ 10 月 28 日	9 户
	宝　鸡	10 月 31 日 ~ 11 月 2 日	8 户
	商　洛	11 月 3 日	1 户
	安　康	11 月 4 日	1 户
	铜　川	11 月 7 日 ~ 11 月 8 日	3 户

附件 2

监察工作组人员名单

第一组：西安、咸阳、榆林、延安

组　　长：石　峻

成　　员：胡海涛、苗　杨、相关市节能监察机构人员 1～2 名

联系人：石　峻

电　　话：029 – 87378591

手　　机：13891829683

第二组：宝鸡、渭南、铜川、汉中、安康、商洛

组　　长：李占新

成　　员：薄　军、程　方、相关市节能监察机构人员 1－2 名

联系人：李占新

电　　话：029 – 87316947

手　　机：13186192939

附件 3

50 户重点用能企业名单

序 号	单位名称	地 区
1	长庆油田公司	西 安
2	大唐户县第二发电厂	西 安
3	西安雁东供热有限公司	西 安
4	华能国际电力开发公司铜川电厂	铜 川
5	陕西省药王山水泥有限责任公司	铜 川
6	铜川市声威建材有限责任公司	铜 川
7	千阳海螺水泥有限责任公司	宝 鸡
8	大唐宝鸡热电厂	宝 鸡
9	冀东水泥凤翔有限责任公司	宝 鸡
10	国电宝鸡发电有限公司	宝 鸡
11	陕西宝鸡第二发电有限责任公司	宝 鸡
12	宝鸡众喜凤凰山水泥有限公司	宝 鸡
13	陕西宝氮化工集团有限公司	宝 鸡
14	宝鸡市育才玻璃（集团）有限公司	宝 鸡
15	大唐渭河热电厂	咸 阳
16	大唐彬长电有限责任公司	咸 阳
17	陕西龙门钢铁（集团）有限责任公司	渭 南
18	陕西华电蒲城第二发电有限责任公司	渭 南
19	陕西尧柏特种水泥有限公司蒲城分公司	渭 南
20	陕西陕焦化工有限公司	渭 南
21	陕西拓日新能源科技有限公司	渭 南
22	陕西兴龙热电有限公司	渭 南
23	陕西海燕焦化（集团）有限责任公司	渭 南
24	陕西三秦能源群生发电有限公司	渭 南
25	白水县金泰实业有限公司	渭 南

续表

序　号	单位名称	地　区
26	陕西延长石油（集团）有限责任公司	延　安
27	陕西汉中钢铁集团有限公司	汉　中
28	汉中勉县尧柏水泥有限公司	汉　中
29	陕西略阳钢铁有限责任公司	汉　中
30	中材汉江水泥股份有限公司	汉　中
31	汉中锌业有限责任公司	汉　中
32	陕西国华锦界能源有限公司	榆　林
33	陕西北元化工集团有限公司	榆　林
34	神华神东电力公司郭家湾煤矸石电厂	榆　林
35	陕西省德源府谷能源有限公司	榆　林
36	陕西煤业化工集团神木天元化工有限公司	榆　林
37	府谷县金万通镁业有限责任公司	榆　林
38	陕西神木化学工业有限公司	榆　林
39	府谷县万鑫煤电化有限责任公司	榆　林
40	陕西榆林天然气化工有限责任公司	榆　林
41	神木县恒升煤化工有限责任公司	榆　林
42	神木县万邦洗选煤炭经营有限公司	榆　林
43	神木县鑫磊鸿盛煤化工有限公司	榆　林
44	府谷县黄河集团煤电化有限责任公司	榆　林
45	陕西银河榆林发电有限公司	榆　林
46	府谷县黄河集团西滨煤电化有限公司	榆　林
47	榆林华宝特种玻璃工业有限公司	榆　林
48	陕西清水川发电有限公司	榆　林
49	陕西金龙水泥有限公司	安　康
50	陕西锌业有限公司商洛炼锌厂	商　洛

附表1　　　　　　　　　　年度重点用能企业能耗限额执行情况自查表

企业名称：　　　　　行业：　　　　　所属地区：

序号	生产线名称	主要产品或工序名称	单位产品或工序综合能耗			单位产品或工序电耗		
			国家限额值	实际值	结论	国家限额值	实际值	结论

负责人：　　　　填表人：　　　　填表日期：

注：1. 企业有多条生产线或产品有多项指标的，请逐条生产线、逐项指标填写；

2. 表中"实际值"栏填写按照相应国家能耗限额标准修正后的数值；

3. "结论"栏填写"超限额"或"达标"。

附表 2　2005～2015 年已淘汰和计划淘汰落后耗能工艺、设备和产品情况汇总表

企业名称：　　　　　行业：　　　　　所属地区：

序　号	淘汰落后耗能工艺、设备和产品名称	数　量	淘汰时间

负责人：　　　　　填表人：　　　　　填表日期：

24. 甘肃省工业和信息化委员会关于对超单位产品能耗限额标准的企业进行复查的通知

（甘工信发〔2011〕743 号）

各市、州工信委，省节能监察中心，有关企业：

根据有关规定和相关会议精神的要求，我委于 2011 年三季度组织省、市节能监察中心对全省年耗能 5000 吨标煤以上的 294 户涉及国家 27 项强制性能耗限额标准的企业进行了标准执行情况的专项监察。监察结果：庄浪县大金山水泥有限公司、临洮金峡水泥有限责任公司等 39 户企业的单位产品能耗超过国家能耗限额标准（见附件 1）。为检查落实整改情况，经研究，决定对上述 39 户企业能耗限额标准执行的整改结果进行复查，现将有关事宜通知如下：

一、复查时间

复查整改的时间段为 2011 年 9 月至 11 月，复查报告提交时间为 2011 年 12 月 15 日前。

二、复查任务

1. 企业写出整改报告，填写能耗限额整改情况表。

2. 省节能监察中心负责对庄浪县大金山水泥有限公司等 10 户超标准限额 10% 以上的企业进行复查；各市州节能监察中心（工信委）对属本地区的其他超能耗限额企业进行复查（见附件 2）。

三、有关措施

对整改不力或能耗指标仍不达标的企业，从次月起执行惩罚性电价政策。

联　系　人：马培柱　0931 - 7703650　13919281041

电子信箱：64783173@qq. com

联　系　人：车海龙　0931 - 4609253　13893295215

电子信箱：jnpg103@163. com

附件：1. 2011 年重点用能企业能耗限额核查超标企业名单（略）

　　　2. 能耗限额整改情况表（略）

二〇一一年十一月十八日

25. 甘肃省工业和信息化委员会关于对重点用能行业单位产品能耗限额标准执行情况和高耗能落后机电设备（产品）淘汰情况进行监督检查的通知

（甘工信发〔2011〕435号）

各市州工信委，省节能监察中心，有关重点用能企业：

为贯彻工业和信息化部《关于开展2011年度重点用能行业单位产品能耗限额标准执行情况和高耗能落后机电设备（产品）淘汰情况监督检查的通知》（工信部节〔2011〕310号）要求，确保我省"十二五"工业节能开好局、起好步，我委决定对2011年度重点用能行业单位产品能耗限额标准执行情况和高耗能落后机电设备（产品）淘汰情况进行监督检查。现将有关事项通知如下：

一、检查对象

全省涉及执行国家27项能耗限额标准的重点用能企业（以下简称重点用能企业）和仍在使用落后机电设备（产品）的所有工业企业。重点检查年综合能耗5000吨标准煤以上的重点用能企业（具体企业名单见附件6）。

二、检查依据

27项单位产品能耗限额强制性国家标准、《高耗能落后机电设备（产品）淘汰目录（第一批）》及《部分工业行业淘汰落后生产工艺装备和产品指导目录》等。

三、检查内容

（一）单位产品能耗限额标准执行情况

1. 对各市州辖区内涉及27项标准的重点用能企业2011年上半年执行能耗限额

标准情况进行一次全面检查，列出超能耗限额标准企业名单；

2.2010 年度专项监督检查中发现的问题整改落实情况。

（二）高耗能落后机电设备（产品）淘汰情况

1. 对各市州辖区内各工业企业 2011 年上半年高耗能落后机电设备（产品）情况进行一次全面检查，列出仍在使用的高耗能落后机电设备（产品）的企业名单和设备明细表；

2.2011 年上半年淘汰高耗能落后机电设备（产品）工作开展情况及取得的成效；

3.2010 年度专项监督检查中发现的问题整改落实情况。

四、检查安排

监督检查工作分为企业自查、专项监察、国家督查三个阶段进行。

（一）企业自查阶段（2011 年 7 月 20 日～8 月 5 日）。各重点用能企业要严格按照国家能耗限额标准和淘汰落后有关法律法规政策要求认真做好自查。自查工作结束后，确定专人填报《企业能耗限额执行情况自查表》（附件 3）和《高耗能落后机电设备（产品）在用情况自查表》（附件 4），编制《企业单位产品能耗限额自查报告》（具体要求见附件 5），并务必于 8 月 5 日之前将《企业能耗限额执行情况自查表》、《高耗能落后机电设备（产品）在用情况自查表》、《企业单位产品能耗限额自查报告》书面材料和电子版上报当地市州工信委，经审核后，由市州工信委于 8 月 10 日前上报我委。

（二）专项监察阶段（2011 年 8 月 11 日～9 月 15 日）。按照属地化管理的原则，各市州工信委自行组织，对所辖区域内涉及执行国家 27 项能耗限额标准的企业进行拉网式的专项执法监察。监察工作结束后，填写《企业单位产品能耗限额核查情况汇总表》（附件 1）、《高耗能落后机电设备（产品）在用情况汇总表》（附件 2），并形成监督检查报告。上述材料于 9 月 15 日之前报我委。

甘肃省节能监察中心在各市州工信委核查基础上，每个市州抽查 3 户以上企业，并形成专项监察报告。

（三）国家督查阶段（2011 年 10 月）。工业和信息化部组织相关行业协会和专家组成督查组，对各地执行产品能耗限额标准情况和高耗能落后机电设备（产品）

淘汰情况进行现场督查。督查工作采取听取汇报和实地抽查相结合的方式，每个省（区、市）实地抽查3~4家重点用能企业、1~2家高耗能落后机电设备（产品）使用企业。

五、有关要求

（一）加强组织领导。各市州工信委要高度重视本次检查工作，精心组织，统筹安排，明确目标任务，靠实责任分工，确保按时保质高效完成各项检查任务。

（二）积极协同配合。本次监督检查工作时间紧、任务重，各市州工信委要树立大局观念，互相协调配合，充分发挥基层节能中心作用，形成整体合力，扎实有序推进。

（三）对2010年度专项督查中发现的问题及整改情况进行回头看；对本次监督检查中发现的问题和薄弱环节，要深刻分析原因，视企业情况分别提出具体措施，扎实做好整改落实工作。

（四）注重机制建设。各市州工信委要把监督检查工作与制度建设结合起来，以查促改、以查促建，不断完善能耗限额标准监督检查制度和机制。对于发现的问题要进行深层次研究，建立长效机制，研究提出有针对性和可操作性强的解决措施，不断强化源头治理和事先防范，推动工业节能工作深入开展。

（五）强化监察力度。对超能耗限额标准的企业和产品，根据国家发改委、电监会、能源局联合下发的《关于清理对高耗能企业优惠电价等问题的通知》（发改价格〔2010〕978号）文件精神实行惩罚性电价；对超过限额标准一倍以上的，比照淘汰类电价加价标准执行；对改造无望或经改造验收仍不达标的企业应报请地方人民政府按照权限依法责令停业整顿或关闭。

联 系 人：车海龙

联系电话：4609253　13893295215

地　　　址：兰州市中央广场1号省工信委环资处

邮　　　编：730000

电子信箱：jnpg103@163.com

附件：1. 企业单位产品能耗限额核查情况汇总表（略）

2. 高耗能落后机电设备（产品）在用情况汇总表（略）

3. 企业能耗限额执行情况自查表（略）

4. 高耗能落后机电设备（产品）在用情况自查表（略）

5. 企业单位产品能耗限额自查报告提纲（略）

6. 年耗能 5000 吨标准煤以上企业名单（略）

二〇一一年七月十八日

26. 新疆维吾尔自治区关于开展水泥企业
能效对标现场考核工作的通知

(新建材行〔2011〕13 号)

各水泥企业:

按照《新疆水泥行业能效对标活动管理暂行办法》(以下简称《暂行办法》)要求,定于 2011 年 7～8 月对全疆水泥企业能效对标活动开展情况进行现场考核。现将有关事宜通知如下。

(一)考核范围:《暂行办法》规定新疆境内所有水泥企业(含兵团)都应按要求启动并参加全区水泥行业能效对标活动。2010 年企业能效现状将作为"十二五"期间能效对标工作考核的基础。为摸清并准确掌握企业能效现状,今年现场考核的范围将覆盖全疆所有水泥企业。

(二)考核的主要内容及要求:对照《暂行办法》规定的内容进行考核。具体考核企业能效对标五项指标(附件 1)完成情况、企业能效对标活动综合基础状况(附件 2)、企业能效分析报告(附件 3)中的内容措施是否准确、有效。要求所有水泥企业都要高度重视能效对标工作,按照《暂行办法》要求"成立能效对标工作组织机构,确定企业法人代表为第一责任人,确定能源管理专职人员具体负责企业能效对标工作"。并要求提前做好对标现场评价考核各项准备工作。

(三)考核时间安排:考核时间安排在 7～8 月完成。届时我办将选派获得审核员资格的专业技术人员组成 3 个现场评价考核组,每组 3～5 人,在全疆范围内同时开展考核工作。

(四)对尚未开展能效对标活动和完成上年度能效分析报告(附件 3)、水泥企业能效对标汇总表(附件 4)以及网上申报工作的企业,应尽快按照《暂行办法》要求完善上述工作。

按照《暂行办法》要求，水泥企业能效对标现场考核工作由自治区建材行办具体负责，请各地州市经贸委（经委）做好配合工作。

联系地址：乌鲁木齐市光明路 26 号建设广场 11 楼
联 系 人：董燎原　石歌晴
联系电话：0991－8860717　8860710

附件：1. 企业年度能效指标完成情况考核表
　　　2. 新疆水泥行业能效对标活动综合评价考核表
　　　3. 能效分析报告提纲
　　　4. 水泥企业能效对标汇总表

二〇一一年六月二十日

附件 1

企业年度能效指标完成情况考核表

企业名称（盖章）　　　　企业能源管理负责人：　　　　联系方式：

生产线窑型规格 ＼ 指标 ＼ 年度		可比熟料综合煤耗（kgce/t）	可比熟料综合电耗（kW·h/t）	可比熟料综合能耗（kgce/t）	可比水泥综合电耗（kW·h/t）	可比水泥综合能耗（kgce/t）
企业完成情况	年					
	年					
	增减（±%）					
分生产线完成情况	年					
	年					
	增减（±%）					
	年					
	年					
	增减（±%）					
	年					
	年					
	增减（±%）					
	年					
	年					
	增减（±%）					
	年					
	年					
	增减（±%）					
	年					
	年					
	增减（±%）					

填表人：　　　　电话：　　　　日期：　　年　月　日

附件 2

新疆水泥行业能效对标活动综合评价考核表

类别	考核项目	总分值	考核内容	分值标准	评分标准	考核分数
主要考核指标（50）	主要产品单位能耗	50	超额完成产品单位能耗限额	+2	完成限额的 90% 减 2 分，完成 80% 减 4 分；超额完成节能量目标 5% 加 2 分，以此类推。超额完成本指标 5% 及以上，才可评为"超额完成"。拥有多条不同窑型的水泥企业，采用加权平均法分别考核	
			完成产品单位能耗限额	50		
			未完成产品单位能耗限额	-2		
基本要求（50）	能源管理制度	5	建立节能工作领导小组	1	出具相应文件	
			设立节能管理专门机构	1		
			设立专职能源管理岗位	1		
			建立企业能源管理方面的相关制度	2		
	能源统计及上报	27	建立完备的能源原始记录和统计台账	10	每发生 1 次（起）扣 3 分	
			按时编报各种能源统计报表，无迟报、虚报、漏报、瞒报现象	12		
			能效分析报告完成及编写情况	5		
	能源计量	8	能源计量器具达到《企业能源计量器具配备和管理导则》规定的国家标准	4	达不到要求按比例扣分，扣完为止	
			定期对计量器具检定、校准	4		
	节能措施	7	采用节能设备、技术	7		

类别	考核项目	总分值	考核内容	分值标准	评分标准	考核分数
基本要求（50）	节能宣传、培训	3	定期组织开展节能宣传活动	1		
			定期组织主要耗能设备操作人员、能源统计、管理人员业务学习和培训	2		
总分值						

附件 3

能效分析报告提纲

一、分析依据

（一）相关法律、法规、规划、行业准入条件和产业政策。

（二）工业类相关标准及规范：设计及管理方面的标准和规范，产品能耗限（定）额标准，设备能效标准。

（三）相关工程资料和技术合同等。

（四）同行业国内国际先进水平。

二、企业概况

企业基本情况包括：名称、性质、地址、邮编、法人代表、项目联系人及联系方式，企业运营总体情况；介绍企业能效对标工作情况（工作机制的建立、节能管理体系的建立、能源统计和计量体系的建立、节能措施落实和执行情况等）。

三、能源消耗及能效分析

（一）企业能源消费种类、来源及消费量分析。

（二）主要工序的能源利用状况分析。

（三）能效水平分析。单位产品（产值）综合能耗、可比能耗、主要工序（工艺）单耗的分析计算，单位产品综合能耗和主要工序（工艺）单耗指标与国内外先进水平对比分析等。

四、存在问题及原因分析

找出能效对标活动中存在的问题及原因，拟定下一年度的工作计划及拟采取的主要节能措施。

附件4

水泥企业能效对标汇总表

（＿＿年）

单位名称				详细地址			邮 编	
法人代码	隶属关系	中央、省属、地方		所属行业（按《国家经济行业分类和代码》填写）				
法人代表	职务称谓		职工人数		负责节能的机构	负责人	电 话	
主管节能的领导	职务		电 话		节能工作人员	职务或职称	电 话	

企业规模（具体生产线情况）

	单 位	报告期	上年同期		报告期	上年同期		报告年	上 年
工业产值（万元）				能源消费总量（吨标准煤）			单位产值综合能耗（吨标准煤/万元）		
工业增加值（万元）				其中：电力					
利税总额（万元）				原煤			单位工业增加值综合能耗（吨标准煤/万元）		
能源消耗总价值（万元）				汽油					
能源消费占生产成本（%）				柴油			单位工业总产值电耗 kW·h/万元		

指标名称	单 位	报告年指标值			2006 年以来历史最好水平		国家标准限额		节能潜力（吨标准煤）	
		指标值 子项	单位 母项	单位	年份	指标值	国家标准限额定值	现有企业限定值	水泥企业先进值	达历史最好水平	达国内先进水平
		1	2			3		4		(1-3)×2	(1-4)×2

主要产品单位能耗水平

可比熟料综合煤耗限额限定值（kgce/t）										
可比熟料综合电耗限额限定值（kW·h/t）										
可比水泥综合电耗限额限定值（kW·h/t）										
可比熟料综合能耗限额限定值（kgce/t）										
可比水泥综合能耗限额限定值（kgce/t）										

单位负责人：　　　　　填表人：　　　　　填表人统计证编号：　　　　　报出日期：　　年　月　日　　　　　填表单位盖章：

27. 新疆维吾尔自治区关于对化工行业能效
对标活动进行专项检查的通知

自治区有关地区经贸委（经委）及有关企业：

根据自治区经信委《关于开展化工行业能效对标阶段性监督检查工作的通知》（新经信环资〔2011〕469号）文件要求，自治区石化行办、自治区节能监察总队将于2011年11月29日起在有关地区开展2011年化工行业能效对标阶段性监督检查工作。具体工作安排如下：

监督检查工作组

组　长：刘　锋　自治区节能监察总队调研员

组　员：高学中　自治区石化行办行业管理处副处长

　　　　富　强　自治区节能监察总队监察一室副主任

　　　　吴　凡　自治区石化行办行业管理处副主任科员

请有关地区经贸委（经委）组织所属辖区企业做好准备工作。监督检查时间若有变动，另行通知。

附件：企业名单及时间安排表

新疆维吾尔自治区节能监察总队

二〇一一年十一月二十一日

附件

企业名单及时间安排表

企业名单	所在地区	日　　期
新疆中泰矿冶有限公司	乌鲁木齐市	11 月 29 日
乌鲁木齐环鹏有限公司	乌鲁木齐市	11 月 30 日
新疆天业（集团）有限公司	石河子市	12 月 1 日
天辰化工有限公司	石河子市	12 月 1 日
天能化工有限公司	石河子市	12 月 1 日
新疆圣雄能源开发有限公司	吐鲁番地区托克逊县	12 月 2 日
新疆新业化工股份有限公司	吐鲁番地区托克逊县	12 月 3 日

联络员：富　强

电　话：0991 - 4599213　13999298202

传　真：0991 - 4540880

28. 济南市关于对全市宾馆酒店行业取消一次性
日用品情况进行专项检查的通知

（济节监字［2011］23 号）

各县（市）、区节能办、各有关单位：

根据省经信委等 14 个部门联合下发的《关于逐步取消宾馆酒店行业一次性日用品的通知》（鲁经信循字［2010］509 号）和山东省节能监察总队《关于对全省宾馆酒店行业取消一次性日用品情况进行专项检查的通知》（鲁节监字［2011］7号）文件精神，经研究，定于 9 月份在全市范围内对宾馆酒店行业执行取消一次性日用品情况进行专项检查，现将有关事宜通知如下：

一、检查对象

宾馆、酒店、招待所。

二、检查内容

1. 免费提供一次性日用品情况。

2. 一次性日用品改为明码标价，有偿提供情况。

3. 提供报纸、免费洗衣、免费早餐、环保小纪念品、水果等替代措施情况。

4. 2010 年一次性日用品采购金额。

三、检查依据

《中华人民共和国循环经济促进法》、《中华人民共和国清洁生产促进法》、《山东省清洁生产促进条例》、绿色饭店国家标准（GB/T 21084—2007）、《国务院办公厅关于深入开展全民节能行动的通知》（国办发［2008］106 号）、《国务院批转住房城乡建设部等部门关于进一步加强城市生活垃圾处理工作意见的通知》（国发［2011］9 号）、《关于逐步取消宾馆酒店行业一次性日用品的通知》（鲁经信循字

［2010］509 号)。

四、组织实施

1. 各县(市)、区结合本地实际,于 9 月份开展联合检查。

2. 市节能监察支队会同有关单位组成联合检查组,适时实施督导检查,并邀请新闻媒体进行跟踪报道。

五、工作要求

1. 检查采取听取汇报、现场检查、情况反馈等方式进行。

2. 各县(市)、区于 8 月 31 日前,将落实《通知》的实施方案报市节能监察支队。

3. 各县(市)、区节能办在检查结束后及时汇总检查情况,并于 9 月 30 日前报市节能监察支队。

4. 各县(市)、区要认真履行职责,统一检查标准,规范检查程序。对不按规定执行的单位,提出整改意见,并监督其整改。拒不整改的,予以通报。对落实好的单位,给予宣传、表彰。

联 系 人：王海波　孙国欣

联系电话：86056503

传　　真：86056503

电子邮箱：jnjczd102@ 126. com

附件：1. 一次性日用品检查任务分配表

2. 宾馆、酒店、招待所一次性日用品检查项目表

3. 2011 年一次性日用品检查情况汇总表

4.《关于逐步取消宾馆酒店行业一次性日用品的通知》(鲁经信循字［2010］509 号) 见网址：www. sdeic. gov. cn (略)

5.《关于对全省宾馆酒店行业取消一次性日用品情况进行专项检查的通知》(鲁节监字［2011］7 号) 见网址：www. sdeic. gov. cn/jnjczd (略)

二○一一年八月十八日

附件1

一次性日用品检查任务分配表

序　号	市	任务指标（共90家）
1	历下区	12
2	市中区	12
3	槐荫区	8
4	天桥区	8
5	历城区	10
6	长清区	10
7	高新区	4
8	章丘市	10
9	平阴县	6
10	济阳县	6
11	商河县	4

附件 2

宾馆、酒店、招待所一次性日用品检查项目表

宾馆酒店名称 （盖章）		地　　址	
所在区县 （市）		联系电话		星　级	

序号	检查项目	检查情况 是（√）/否（×）	整改时间 （20 天）
1	是否免费提供一次性日用品		
2	一次性日用品是否明码标价，有偿提供		
3	是否有替代措施		
4	2010 年一次性日用品采购金额（元）		
备注			

注：一次性日用品是指一次性牙刷、牙膏、拖鞋、梳子、洗发水、沐浴液、香皂、浴帽等；替代措施是指提供报纸、免费洗衣、免费早餐、环保小纪念品、水果等。

检查单位：

检查人员：

宾馆酒店负责人（签字）：

年　　月　　日

附件 3

2011 年一次性日用品检查情况汇总表

_____县（市）、区

序号	检查情况	宾　馆	酒　店	招待所	合　计
1	实际检查数量（家）				
2	取消免费提供一次性日用品情况				
3	一次性日用品明码标价，有偿提供情况				
4	替代措施实施情况				
5	2010 年一次性日用品采购金额（元）				
备注					

注：各县（市）、区于 9 月 30 日前将此表随检查总结一并报市节能监察支队。

填表人：　　　　　　　　　　　　　联系电话：

年　月　日

29. 关于对济南市工业固定资产投资项目执行节能评估和审查制度情况进行专项监察的通知

（济节监字 ［2011］ 14 号）

各有关单位：

为落实省经信委和省节能办《关于对全省工业固定资产投资项目进行节能专项监察的通知》（鲁经信节监字〔 2011 〕265 号）的部署和要求，市经信委决定，根据《中华人民共和国节约能源法》和《山东省节约能源条例》，对全市工业固定资产投资项目执行节能评估和审查制度的情况进行一次专项监察。现将有关事项通知如下：

一、指导思想

以科学发展观为指导，认真落实市委、市政府关于"转方式、调结构"的要求，从源头控制高耗能、高排放项目的建设，推进产业结构优化升级，促进我市经济平稳较快发展。依法推动我市固定资产投资项目节能评估和审查制度的落实，查处和纠正节能违法行为。

二、监察范围

2010 年新建、改建、扩建工业固定资产投资项目，并符合以下条件之一的：

（一）年综合能源消费量 3000 吨标准煤以上；

（二）年电力消费量 500 万千瓦时以上；

（三）年石油消费量 1000 吨以上；

（四）年天然气消费量 100 万立方米以上。

以上项目是指 2010 年已审批、核准、备案和在建以及竣工的项目。

三、监察内容

（一）项目建设单位执行固定资产投资项目节能评估和审查制度情况。主要包括：建设项目是否有节能评估报告、是否经过节能审查、是否经过节能验收。

（二）市有关部门和县（市）区节能评估和审查制度执行情况。

四、组织实施

本次专项监察由市节能监察支队组织实施，相关部门和单位配合。实施时间从6月中旬开始到7月20日，分三个阶段进行：

（一）自查阶段

有关部门和各县（市）区根据通知要求，对2010年已审批、核准、备案和在建以及竣工的且符合本次监察范围的项目，进行排查筛选，分别填写《固定资产投资项目节能评估和审查情况汇总表》（表一、表二）和《2010年工业固定资产投资项目汇总表》，于6月25日前报市节能监察支队。

（二）实施监察阶段

自6月26日开始，节能监察支队组织执法人员以审查资料、现场核查和抽查等方式进行监察。

省节能监察总队届时将对我市部分项目进行抽查。

（三）落实整改阶段

监察结束后，监察支队将对本次监察情况进行分析汇总，形成书面报告，报市经信委和省节能监察总队。

对监察中发现的问题和不足，依据节能法律法规，对项目建设单位下达《限期整改通知书》和《节能监察意见书》，项目建设单位应按要求进行整改。

五、工作要求

（一）各有关单位要高度重视此次固定资产投资项目节能专项监察，加强协调，严格把关，通过专项监察进一步完善管理程序，严格审查制度。

（二）有关项目建设单位要积极配合，如实提供监察所需的相关资料，对监察机构下达的限期整改意见要认真落实整改措施。

（三）根据省里的要求，此次专项监察严格按节能执法程序进行，事前下达《节能监察告知书》，监察过程形成监察笔录，对查出的问题逐一提出处理意见，并跟踪整改落实情况。

联 系 人：刘　洋

联系电话：86056508

电子邮箱：jnjczd103@126.com

附件：1. 固定资产投资项目节能评估和审查情况汇总表（一）

2. 固定资产投资项目节能评估和审查情况汇总表（二）

3. 2010 年工业固定资产投资项目汇总表

济南市节能监察支队

二〇一一年六月十五日

附件 1

固定资产投资项目节能评估和审查情况汇总表（一）

单位＿＿＿＿＿（公章）　　　　　　　　　　　　　　　　　　　　　　　　填报时间：2011 年　　月　　日

序号	项目名称	建设单位	项目进度	项目投资管理类型	项目建设单位		项目性质	日期	
					负责人	联系电话		节能审查通过	节能验收通过

注：项目审批类型为审批、核准、备案三类。项目性质为新建、改建、扩建三类。

附件 2

单位_____ （公章）

固定资产投资项目节能评估和审查情况汇总表（二）

填报时间：2011 年 月 日

序号	项目名称	隶属行业	总投资额（万元）	项目工业增加值（万元）	项目年综合能耗（吨标准煤）	万元工业增加值综合能耗（吨标准煤）	是否节能评估	是否节能审查	是否节能验收	审批部门	项目建设地址

注：项目类型为《产业结构调整指导目录（2005 年本）》规定的鼓励类、限制类、淘汰类和允许类四类。

附件 3

单位＿＿＿＿＿（公章）

2010 年工业固定资产投资项目汇总表

填报时间：2011 年　　月　　日

序号	项目建设单位	项目名称	隶属行业	项目类型	总投资额（万元）	项目工业增加值（万元）	项目年综合能耗（吨标准煤）	万元工业增加值综合能耗（吨标准煤）	是否节能评估	是否节能审查	是否节能验收	审批部门	项目建设地址

注：项目类型为《产业结构调整指导目录（2005 年本）》规定的鼓励类、限制类、淘汰类和允许类四类。

30. 济南市关于开展能耗限额标准执行情况和高耗能
落后机电设备（产品）淘汰情况监督检查的通知

（济节监字〔2011〕18 号）

各县（市）区节能办、重点用能单位：

为贯彻落实《节约能源法》和国务院有关文件精神及山东省经信委《关于开展
能耗限额标准执行情况和高耗能落后机电设备（产品）淘汰情况监督检查的通知》
（鲁经信节监字〔2011〕379 号）要求，严格控制重点用能行业能源消耗过快增长，
加快推进淘汰落后产能，促进企业节能技术进步和产业结构调整，我市确定组织开
展全市能耗限额标准执情况和高耗能落后机电设备（产品）淘汰情况监督检查。现
将有关事项通知如下：

一、检查对象

主要产品列入国家 22 项能耗限额标准目录和山东省 52 项能耗限额标准目录的
年综合能耗 5000 吨标准煤及以上重点用能单位，仍在使用落后机电设备（产品）
的工业企业。

二、检查依据

22 项单位产品能耗限额强制性国家标准、52 项山东省能耗限额标准、《高耗能
行业落后机电设备（产品）淘汰目录（第一批）》（工节〔2009〕第 67 号）、《部分
工业行业淘汰落后生产工艺装备和产品指导目录》（2010 年本）、《产业结构调整指
导目录（2011 年本)》。

三、检查内容

（一）单位产品能耗限额标准执行情况

对辖区内涉及国家 22 项标准和省 52 项标准的重点用能单位进行全面检查，列出超能耗限额标准限定值企业名单及具体情况，超能耗限额标准限定值的企业整改情况，2010 年度专项监督检查中发现的问题整改落实情况等。

（二）高耗能落后机电设备（产品）淘汰情况

对辖区内工业企业高耗能落后机电设备（产品）情况进行全面检查，列出仍在使用的高耗能落后机电设备（产品）明细表及企业名单；是否采取限期整改或淘汰等政策措施；2010 年度专项监督检查中发现的问题整改落实情况。

四、检查安排

（一）企业自查（2011 年 7 月 28 日至 8 月 15 日）。各企业应认真对照国家、省能耗限额标准和淘汰落后有关法律法规政策要求进行自查，填写《单位产品能耗超国家限额企业情况表》（附件 1）、《单位产品能耗超省限额企业情况表》（附件 2）、《高耗能落后机电设备（产品）在用情况表》（附件 3），并于 8 月 15 日前将自查情况加盖单位公章后报所在地节能办和市节能监察支队。

（二）市节能监察支队核查（2011 年 8 月 16 日至 9 月 5 日）。根据企业自查和掌握的情况，市节能监察支队将联合各县（市）区节能办进行现场核查，并形成监督检查报告，报省节能监察总队。

（三）省督查（2011 年 9 月 5 日至 9 月 15 日）。省节能监察总队将会同有关部门组成督查组，对我市执行产品能耗限额标准情况和高耗能落后机电设备（产品）淘汰情况进行现场督查。

（四）国家抽查（2011 年 10 月）。工信部将组成督查组，对我市执行产品能耗限额标准情况和高耗能落后机电设备（产品）淘汰情况进行现场督查。各重点用能单位要做好迎接督查准备，具体要求另行通知。

五、工作要求

（一）加强组织领导。各重点用能单位要高度重视和充分认识做好单位产品能耗限额标准执行情况和高耗能落后机电设备（产品）淘汰情况监督检查的重要性，切实加强领导，精心安排部署，明确目标任务，落实责任分工，认真组织落实，确保优质高效完成各项检查任务。

（二）做好协调指导。各县（市）区节能办要加强辖区内重点用能单位节能监督检查工作的协调调度和现场督查，指导企业的自查工作，确保核查情况客观、真实和准确。

（三）注重机制建设。要把监督检查工作与制度建设结合起来，以查促改、以查促建，不断完善能耗限额标准和淘汰落后监督检查制度和机制，建立长效机制，推动工业节能工作深入开展。

联系人：陈亮升　杨　正

电话/传真：0531－86920039　86056508

附件：1. 单位产品能耗超国家限额企业情况表

    2. 单位产品能耗超省限额企业情况表

    3. 高耗能落后机电设备（产品）在用情况表

二〇一一年七月二十八日

附件1

企业名称: _____ （盖章）

单位产品能耗超国家限额企业情况表

序号	主要产品或工序名称	单位产品或工序综合能耗（kgce/t）			单位产品或工序电耗（kW·h/t）			备注
		数值	国家限额值	超限比例	数值	国家限额值	超限比例	

附件2

单位产品能耗超省限额企业情况表

企业名称：——————————（盖章）

序号	主要产品或工序名称	单位产品或工序综合能耗（kgce/t）			单位产品或工序电耗（kW·h/t）			备 注
		数 值	国家限额值	超限比例	数 值	国家限额值	超限比例	

附件 3

企业名称：＿＿＿＿＿＿＿（盖章）

高耗能落后机电设备（产品）在用情况表

序号	落后机电设备名称及型号	数量	限期整改或淘汰计划

31. 济南市关于开展商场、超市等大型公共建筑节约用电情况专项监察的通知

(济节监字〔2011〕16 号)

各有关单位:

为贯彻落实节能法律、法规,加强商场、超市等大型公共建筑节约用电,促进全市节能工作。经研究决定,近期在全市范围内对商场、超市等大型公共建筑开展节约用电情况专项监察,为做好此次专项监察工作,现将有关事项通知如下:

一、监察内容

1. 建立节约用电管理制度情况;

2. 执行公共建筑空调温度控制规定情况;

3. 办公、经营场所照明光照度执行标准情况;

4. 照明、用电系统采用节能型灯具和节电型控制装置情况;

5. 用电设备岗位人员接受节能教育培训和持证上岗情况。

二、监察依据

《中华人民共和国节约能源法》、《山东省节约能源条例》、《国务院关于进一步加强节油节电工作的通知》(国发〔2008〕23 号)、《山东省人民政府印发关于进一步加强节油节电工作实施方案的通知》(鲁政发〔2008〕83 号)、《山东省人民政府办公厅关于贯彻国办发〔2007〕42 号文件严格执行公共建筑空调温度控制标准的通知》(鲁政办发〔2007〕47 号)、《商场、超市合理用电》(DB 37/T 1493—2009)。

三、监察时间

监察时间为 2011 年 7 月 11 日至 22 日。

四、工作要求

1. 监察采取听取工作汇报、现场检查、情况反馈等方式进行。

2. 各有关单位要重视和配合此次专项监察工作，按照专项监察要求，认真做好各项准备工作，真实、客观、正确地反映本单位用能、用电情况和节能法律法规贯彻落实情况。

　　联　系　人：王海波

　　联系电话：86056503

　　电子邮箱：jnjczd102@126.com

　　附件：1. 节约用电情况监察项目表

　　　　　2. 现场监察记录表

二〇一一年七月五日

附件 1

节约用电情况监察项目表

被监察单位	名　　称			联系人	
	地　　址			联系电话	

监　察　情　况			备　　注
制度建立情况	建立节电管理制度		
室内空调温度情况	检查区域数量（个）		
	设置温度低于26℃的房间数量（个）		
场所照度情况	检查区域数量（个）		
	超过标准规定的房间数量（个）		
节能灯使用情况	节能灯使用数量（只）		
	节能幻灯利用潜力（只）		
人员培训情况	用电设备管理、操作人员总数（人）		
	参加各类培训人员总数（人）		
监察人员			

填报人：　　　　　　　　　　　　　　　　日期：　　　年　　月　　日

注：1. 请在"备注"栏内对相关情况进行描述叙述，若空间不够可另加附页；

　　2. 请所有参与监察人员在相应栏目内签名；

　　3. 请详细填写表格的每一项内容。

附件2

现场监察记录表

被监察单位	名　称		联系人	
	地　址		联系电话	
主要仪器仪表		名　称	型　号	编　号

1. 温度（℃）

区域							
面积							
测点 1							
测点 2							
测点 3							
测点 4							
均值							

2. 照度（1x）

区域							
面积							
测点 1							
测点 2							
测点 3							
测点 4							
均值							

监察人员	

填表人：　　　　　　　　　　　　　　　　　　　　　日期：　　年　　月　　日

　　注：该监察参照 CB/T 18204.13—2000《公共场所空气温度测定方法》和 CB/T 12455—1990《宾馆、饭店合理用电》执行。

32. 西安市节能监察监测中心关于开展 重点用能单位节能监察的通知

（西能发［2011］15 号）

各区县中小企业局（经贸局）、莲湖区发改委，高新区、经开区、航空基地、航天基地经发局，各重点用能单位：

为加强对我市重点用能单位的节能监督管理，依据《中华人民共和国节约能源法》、《陕西省节约能源条例》、《西安市节约能源管理办法》等法律法规，按照《西安市 2011 年工业节能降耗工作指导意见》等文件的要求，2011 年 4 月起，我中心将依法对西安市 100 户重点用能单位进行节能监察。现就监察工作有关事项通知如下：

一、监察对象

西安市重点用能单位（年综合能耗 4000 吨标煤以上的工业企业）

二、监察时间

2011 年 4 月 20 日～5 月 31 日

三、监察内容

1. 用能单位是否建立了健全能源管理体系及体系的运行情况。

2. 2010 年度节能目标分解落实情况。

3. 2010 年度节能目标完成情况（出具详细的节能量计算方法及过程）。

4. 能源审计工作开展落实情况。

5. "重点用能单位能源利用报告"报送执行情况。

6. 企业有无节能改造项目及实施情况。

7. 淘汰落后高耗能设备工作开展情况。

四、组织实施

西安市节能监察监测中心在市工信委领导下，会同各区县、开发区中小企业局（经贸局）进行联合执法监察。

监察采取自查自报和现场监察的方式进行。

1. 自查自报阶段：各相关单位要认真总结 2010 年的节能工作进展情况，根据本次监察内容形成书面汇报材料，并于 5 月 5 日前报送西安市节能监察监测中心。

2. 现场监察阶段：西安市节能监察监测中心对各相关单位报送的自查资料进行汇总，并根据汇总情况开展现场监察工作。

3. 此次现场监察工作重点是新列入西安市百户重点用能单位的企业。

五、基本要求：

1. 各相关单位要认真组织配合此次监察工作，按照监察内容认真报送汇报资料。汇报材料应包括 09、10 年度 P201 表、P207 表的统计情况，节能组织机构成立及相关资料。

2. 不得瞒报、虚报、拒报或拒绝监察。

3. 按照有关规定应该开展能源审计而至今尚未开展的企业，要限期开展。

4. 对未如期报送自查报告或在报告中弄虚作假的企业，将给予通报批评，限期整改；对逾期不改者，将按照节能法有关条款进行处理。

联系人：张 磊 于 鑫

联系电话：86511912 - 830   86526809 - 831

传　　真：86525561

邮　　箱：zlsu04@163.com

通讯地址：西安市节能监察监测中心（经济技术开发区凤城三路 18 号）

附件：100 户重点用能企业调查表（略）

二〇一一年四月十九日

33. 西安市节能监察监测中心关于开展公共建筑室内空调温度控制制度专项节能监察的通知

（西能字［2011］30 号）

各相关单位：

为加强对我市公共建筑室内温度控制制度的管理，提高公共建筑中央空调的运行效率，确保我市在夏季用电高峰期更加合理有效地利用电能，依据《中华人民共和国节约能源法》、《公共建筑室内温度控制管理办法》、《国务院办公厅关于严格执行公共建筑空调温度控制标准的通知》（国办发［2007］42 号）规定，西安市节能监察监测中心将对我市辖区内宾馆饭店室内空调温度进行专项监察及中央空调运行设备检测工作。

现将相关事项通知如下：

一、监察依据

《中华人民共和国节约能源法》

《公共建筑室内温度控制管理方法》

《国务院办公厅关于严格执行公共建筑空调温度控制标准的通知》（国办发［2007］42 号）

《宾馆、饭店合理用电》（GB/T12455－2010）

二、监察内容

（一）中央空调运行操作人员管理情况；

（二）建立公共建筑室内温度控制制度的情况；

（三）执行公共建筑室内温度控制制度的情况；

（四）中央空调运行设备诊断；

（五）对公共建筑室内温度现场测量。

三、监察范围

西安市辖区内三星以上的宾馆饭店。

四、时间安排

2011 年 7 月 25 日至 7 月 29 日，为现场监察阶段；

2011 年 8 月 3 日至 8 月 5 日，为复查阶段。

五、监察要求

（一）全市宾馆饭店等公共建筑单位要加强室内温度控制管理，严格遵守夏季室内温度不得低于 26 摄氏度的规定。

（二）各有关单位要高度重视并配合此次专项监察，保证专项监察顺利实施，取得实效。

（三）监察机构将严格执法，对违反规定的单位依法责令限期整改，并严格复查；对拒不整改的单位，将依据相关法律给予处罚，并将处罚结果报市政府有关部门及新闻媒体予以公布。

联 系 人：高　铵

联系电话：86511912 – 837

手　　机：13002927601

传　　真：86525561

附件：专项监察时间安排表

二〇一一年七月十九日

附件

专项监察时间安排表

序　号	被监察单位	监察时间	联系人	联系电话
1	西安富凯酒店	7 月 25 日上午		
2	皇城豪门酒店	7 月 25 日下午		
3	阳光秦大酒店	7 月 26 日上午		
4	万嘉国际	7 月 26 日下午		
5	紫金山大酒店	7 月 27 日上午		
6	皇后酒店	7 月 27 日下午		
7	万年饭店	7 月 28 日上午		
8	西安香格里拉大酒店	7 月 28 日下午		
9	高速神州	7 月 29 日上午		
10	军安王朝	7 月 29 日下午		

34. 西安市节能监察监测中心关于开展高耗能落后机电设备专项监察的通知

（西能发〔2010〕23号）

各重点用能单位：

为贯彻落实国务院《关于进一步加大工作力度，确保实现"十一五"节能减排目标的通知》精神，根据国家工信部《高耗能落后机电设备（产品）淘汰目录（第一批）》（工业和信息化部工节〔2009〕第67号公告）的要求，按照市工信委对节能工作的安排，从2010年8月开始，对我市辖区内的重点用能单位开展高耗能落后机电设备淘汰专项检查。现将有关事项通知如下：

一、检查目的

以重点用能单位开展主要耗能设备自查工作为基础，摸清企业在用耗能设备的实际情况，审查企业制定高耗能落后机电设备分年度淘汰计划；通过现场监督检查，对企业的自查情况认真进行核实，督促企业按计划完成淘汰任务。对存在的问题，要帮助企业进行分析并责令其及时改正，切实做好高耗能落后设备淘汰监督检查工作。

二、检查范围和时间

1. 检查范围：年综合能源消费量3000吨标准煤以上重点用能单位。

2. 检查时间：2010年8月10日至11月30日。

三、检查内容

正在使用或备用的属于国家工信部《高耗能落后机电设备（产品）淘汰目录

（第一批）》（工业和信息化部工节〔2009〕第 67 号公告）所涉及的中小型配电变压器、接触调压器、DJMB 系列照明用干式变压器和 DBK 系列控制用干式变压器、电动机等。

四、检查阶段和时间安排

分三个阶段进行。时间安排如下：

2010 年 8 月 10 日至 10 月 10 日为各单位自查自报阶段；

2010 年 10 月 10 日至 11 月 10 日为现场监察阶段；

2010 年 11 月 10 日至 11 月 30 日总结汇总、通报阶段。

五、检查要求

（一）提高认识，认真落实。此项检查对促进重点用能单位做好节能减排工作，优化设备配置具有重要意义，各单位要充分认识开展专项检查的重要性，通过检查使国家节能相关法律、法规及政策落实到位。

（二）认真填报，责任到人。此次检查涉及淘汰用能设备型号较多，各单位能源管理负责人和能管员要认真学习有关法律、法规和政策文件，熟知国家明令淘汰用能设备目录，认真填报自查情况表并及时上报，保证检查进度的实施和成效。

（三）加强执法，及时沟通。市节能监察监测中心在检查中将严格执法，对不进行自查、不能按期上报淘汰计划的，虚报、瞒报真实情况的，拒绝接受现场监察的重点用能单位，将进行通报批评；对不能完成年度淘汰计划，且拒不整改或整改达不到要求的重点用能单位，将暂停安排技术改造、节能等专项资金；对连续两年不能完成淘汰计划的重点用能单位，报经市政府同意后，建议有关部门对其执行淘汰类差别电价政策，注销生产许可证手续，并依据国家节能法律、法规和有关规定进行处罚。

六、填报要求及说明

（一）各重点用能单位务必于 2010 年 9 月 30 日前，按要求填写《使用国家明令淘汰用能设备自查情况表》，并将其电子版发送到市节能监察监测中心电子邮箱

xajnjcjc@163.com，同时将经主管领导签字并加盖公章后的纸质材料报送或邮寄至市节能监察监测中心。

（二）《国家明令淘汰电力变压器和电动机目录》，《使用国家明令淘汰用能设备自查情况表》及填表说明，可在西安市节能监察监测中心网站 xa－ec.com 上查阅下载。

七、联系人及联系方式

联　系　人：张　磊　于　鑫

联系电话：86511912－830/831

　　　　　86520615－830/831

　　　　　张　磊：13002900457

　　　　　于　鑫：13519180658

传　　　真：86525561

地　　　址：西安市经济技术开发区凤城三路 18 号

邮政编码：710021

附件：1.《使用国家明令淘汰用能设备自查情况表》及填表说明（略）

　　　2. 国家公布的淘汰电力变压器和电动机目录（略）

二〇一〇年八月五日

35. 西安市工业和信息化委员会关于开展工业重点用能行业单位产品能耗限额标准执行情况专项监督检查工作的通知

各区县经贸局，各重点企业，各相关单位：

为推动我市重点用能行业加快淘汰落后产能，进一步推进重点用能企业节能管理和技术进步，按照工信部《关于开展重点用能行业单位产品能耗限额标准执行情况监督检查的通知》（工信部节〔2010〕171号）和省工信厅《关于开展工业重点用能行业单位产品能耗限额标准执行情况监督检查的通知》（陕工信发〔2010〕207号）精神，我委决定在全市范围内开展重点用能行业单位产品能耗限额标准（以下简称"能耗限额标准"）执行情况的专项监督检查工作。现就有关事项通知如下：

一、充分认识开展能耗限额标准执行情况监督检查工作重要意义

能耗限额标准是强化现有和新建生产能力节能管理、实施能耗准入和淘汰落后产能工作的重要依据。2008年，国家发布并实施涉及钢铁、有色、建材、化工等行业的22项国家强制性能耗限额标准，规定了产品（装置）强制性能耗限额限定值、准入值和先进值指标。《关于开展重点用能行业单位产品能耗限额标准执行情况监督检查的通知》（工信部节〔2010〕171号）和全国工业系统淘汰落后产能会议明确提出开展重点用能行业单位产品能耗限额标准专项监督检查，并要求各地开展"拉网式"的检查，7月初国家将进行抽查。为此，各区县要高度重视此项工作，通过此次监督检查工作，基本摸清我市工业单位产品能耗现状，为开展能效对标、进一步推进淘汰落后产能、加强重点用能企业节能监管工作打下基础。

二、具体工作安排

（一）时间安排

7月1日～7月10日，我委组织市节能监察中心，采用抽查方式，对企业执行能耗限额标准情况开展专项监察，希望企业在此之前做好自查。

（二）内容安排

监督检查工作采取企业自查和监督检查相结合的方式。企业自查：凡涉及生产国家22项高耗能限额标准产品的年耗能5000吨标准煤及以上的电力、钢铁、有色、化工、建材、造纸等重点用能企业在规定的时间内，对照国家有关法律法规和能耗限额标准进行自查，并将自查情况报市节能监察中心。

市工信委专项监察：7月1日开始，组织市节能监察中心采用抽查方式，对部分重点用能企业（具体抽查名单我委另行通知）执行能耗限额标准情况进行专项监察。

三、有关要求

（一）此次专项监督检查时间紧、涉及面广，为了在规定时限内完成监督检查任务，重点是对国家22项能效限额标准中的高耗能产品生产企业进行监察，对单位产品能耗达不到限额标准的企业要提出整改意见督促及时整改，做好迎接7月初开始的国家抽查相关工作。

（二）各区县要高度重视能耗限额标准执行情况监督检查工作，切实按照本通知和对照能耗限额标准，科学、客观地开展自查和专项监察，加强对重点企业自查工作的督促，密切配合专项监察工作，按时完成各阶段任务。要充分发挥能耗限额标准在淘汰落后产能工作中的依据作用，加快淘汰落后生产能力、工艺、技术和设备，加强对重点用能企业的指导，创新工作机制，采取有效措施确保能耗限额标准执行情况监督检查工作的顺利实施。

（三）节能监察中心在专项监察中，对于发现的问题要提出有针对性、可操作的解决措施和淘汰计划，对达不到能耗限额标准要求的落后产能，要如实报告。要根据专项检查情况，开展相关培训工作，总结推广宣传执行能耗限额标准好的企业经验，营造有利于淘汰落后生产能力、工艺、技术和设备的舆论氛围。

  联 系 人：郭延兵 龚小宁

  联系电话：87295384

  附件：1. 22 项能耗限额标准目录

     2. 企业执行国家主要耗能产品能耗限额标准自查情况表

二〇一〇年六月七日

附件1

22 项能耗限额标准目录

序 号	标 准 名 称	标 准 编 号
1	粗钢生产主要工序单位产品能源消耗限额	GB 21256—2007
2	焦炭单位产品能源消耗限额	GB 21342—2008
3	铁合金单位产品能源消耗限额	GB 21341—2008
4	炭素单位产品能源消耗限额	GB 21370—2008
5	水泥单位产品能源消耗限额	GB 16780—2007
6	建筑卫生陶瓷单位产品能源消耗限额	GB 21252—2007
7	平板玻璃单位产品能源消耗限额	GB 21340—2008
8	烧碱单位产品能源消耗限额	GB 21257—2007
9	电石单位产品能源消耗限额	GB 21343—2008
10	合成氨单位产品能源消耗限额	GB 21344—2008
11	黄磷单位产品能源消耗限额	GB 21345—2008
12	铜冶炼企业单位产品能源消耗限额	GB 21248—2007
13	锌冶炼企业单位产品能源消耗限额	GB 21249—2007
14	铅冶炼企业单位产品能源消耗限额	GB 21250—2007
15	镍冶炼企业单位产品能源消耗限额	GB 21251—2007
16	电解铝企业单位产品能源消耗限额	GB 21346—2008
17	镁冶炼企业单位产品能源消耗限额	GB 21347—2008
18	锡冶炼企业单位产品能源消耗限额	GB 21348—2008
19	锑冶炼企业单位产品能源消耗限额	GB 21349—2008
20	铜及铜合金管材单位产品能源消耗限额	GB 21350—2008
21	铝合金建筑型材单位产品能源消耗限额	GB 21351—2008
22	常规燃煤发电机组单位产品能源消耗限额	GB 21258—2007

附件 2

企业执行国家主要耗能产品能耗限额标准自查情况表

企业名称（章）：

年度：

指标名称	计量单位			本年度			上年度			国家限额标准	本年度指标值比限额（＋－%）
	指标单位	子项单位	母项单位	指标值	子项值	母项值	指标值	子项值	母项值		

填报负责人：　　　填报人：　　　联系电话：　　　填报日期：

备注：

36. 宁波市关于开展重点用能行业单位产品能耗限额 标准执行情况专项监察（第二阶段）的通知

（甬经信资源〔2011〕134 号）

各县（市）区（管委会）经发局（发改局、科工局）、节能监察机构，市级有关部门，有关企业：

根据《浙江省经济和信息化委员会关于对重点用能行业单位产品能耗限额标准执行情况开展专项监察的通知》（浙经信资源〔2011〕253 号）和市经信委、市节能监察中心《关于开展重点用能行业单位产品能耗限额标准执行情况专项监察的通知》（甬经信资源〔2011〕134 号）文件要求，在第一阶段对部分重点企业单位产品能耗限额标准执行情况进行监察的基础上，现决定开展第二阶段专项监察，具体事项通知如下：

一、监察对象

（1）我市年综合能耗 1000tce 以上的造纸、氯碱、玻璃和水泥等行业重点企业（单位）；（2）年用电 100 万 kW·h 以上的宾馆（分地区企业名单详见附件 1）。

二、监察内容

依据国家和浙江省已颁布实施的主要耗能产品能耗限额标准，对上述企业（单位）2010 年度主要产品或经营服务项目能耗限额标准执行情况进行专项监察。

三、监察方式及时间

本次专项监察采取企业自查与现场核查相结合方式。

1. 工业企业。由企业所属县（市）区（管委会）经发局（发改局、科工局）

通知有关企业对照限额标准进行自查，根据所属行业、产品类别下载并填列《重点用能企业能耗限额标准执行情况报告表》（无对应行业报告表的可填列"通用企业能耗限额标准执行情况报告表之一"，并可根据企业实际生产情况对标个栏目进行调整），连同企业 2010 年度工业企业能源购进、消费与库存表（P201 表）、工业产销总值及主要产品产量表（B201 表），加盖企业公章后于 6 月 15 日前报送当地经发局（发改局、科工局）。

各县（市）区经发局（发改局、科工局）收到自查资料后进行整理汇总，并请于 6 月 20 日前填写"重点企业单位产品能耗限额对标自查汇总表"（附件 2）以电子稿形式报送市节能监察中心。

2. 宾馆行业重点单位。由市旅游局通知列入第二阶段专项监察单位对照限额标准进行自查，下载并填列《通用企业能耗限额标准执行情况报告表之二》，连同单位 2010 年度"商贸、旅游系统重点用能企业（单位）能源利用情况月报表"（PJW201－3 表），加盖企业公章后于 6 月 15 日前报送市旅游局。市旅游局收到自查资料后进行整理汇总，并请于 6 月 20 日前填写"重点企业单位产品能耗限额对标自查汇总表"（附件 2）以电子稿形式报送市节能监察中心。

3. 市节能监察中心根据汇总上报情况对部分自查超标企业进行现场核查，并上报市经信委，由市经信委审核后上报省经信委核定，依照《浙江省超限额标准用能电价加价管理办法》（浙政发〔2010〕39 号）文件对超标企业实施电价加价。

四、有关要求

1. 本次专项监察任务重、时间紧，请各县（市）区（管委会）经发局（发改局、科工局）、节能监察机构和市（县）级旅游主管部门高度重视，及时通知有关企业进行限额对标自查，并积极配合现场核查。

2. 各重点用能单位要认真开展自查和对标工作，并如实填报能耗数据，对伪造、篡改能源统计资料或者编造虚假数据的，将依法进行处罚。

五、相关资料

国家、浙江省已颁布的主要耗能产品能耗限额标准、有关文件通知和 2010 年度

《重点用能单位能耗限额标准执行情况自查报告表》（分行业），可从宁波市节能公共服务网（www. nbjnw. com）下载。

　　联 系 人：陆海斌

　　联系电话（传真）：87313933

　　邮　　箱：hblu2004@ yahoo. com. cn

　　附件：1. 2011 年单位产品能耗限额对标监察企业（单位）名单（第二批）

　　　　　2. 重点企业单位产品能耗限额对标自查汇总表

二〇一一年六月七日

附件 1

2011 年单位产品能耗限额对标监察企业（单位）名单（第二批）

序号	企业名称	属地	主要产品	限额指标	
1	浙江善高化学有限公司	北仑	烧碱	DB 33 646—2007	烧碱单位产品综合能耗、交流电耗限额及计算方法
2	梅塞尔阳光（宁波）气体产品有限公司	北仑	工业氧	DB 33 766—2009	工业气体空分单位产品综合电耗限额及计算方法
3	林德气体（宁波）有限公司	北仑	工业气体	DB 33 766—2009	工业气体空分单位产品综合电耗限额及计算方法
4	台化兴业（宁波）有限公司	北仑	精对苯二甲酸	DB 33 801—2010	精对苯二甲酸单位产品综合能耗限额及计算方法
5	浙江逸盛石化有限公司	北仑	精对苯二甲酸（PTA）	DB 33 801—2010	精对苯二甲酸单位产品综合能耗限额及计算方法
6	宁波海螺水泥有限公司	北仑	PO42.5 水泥	DB 33 645—2007	水泥单位产品能耗限额及计算方法
7	宁波三菱化学有限公司	大榭	精对苯二甲酸	DB 33 801—2010	精对苯二甲酸单位产品综合能耗限额及计算方法
8	宁波东港电化有限责任公司	大榭	烧碱	DB 33 646—2007	烧碱单位产品综合能耗、交流电耗限额及计算方法
9	宁波大榭开发区晶达玻璃制造有限公司	大榭	平板玻璃	DB 33 682—2008	玻璃单位产品能耗限额及计算方法
10	宁波大榭开发区万华热电建材有限公司	大榭	水泥生产销售；粉煤灰	DB 33 645—2007	水泥单位产品能耗限额及计算方法
11	宁波招宝纸业有限公司	镇海	高强瓦楞原纸	DB 33 686—2008	机制纸板及卷烟纸能耗限额及计算方法
12	宁波镇洋化工发展有限公司	镇海	烧碱	DB 33 646—2007	烧碱单位产品综合能耗、交流电耗限额及计算方法
13	宁波九龙气体制造有限公司	镇海	危化品	DB 33 766—2009	工业气体空分单位产品综合电耗限额及计算方法
14	宁波康力玻璃有限公司	镇海	浮法玻璃制造深加工	DB 33 682—2008	玻璃单位产品能耗限额及计算方法
15	宁波九龙玻璃制品有限公司	镇海	玻璃制品	DB 33 682—2008	玻璃单位产品能耗限额及计算方法

续表

序号	企业名称	属地	主要产品	限额指标	
16	宁波长利风玻璃制品有限公司	鄞州	日用玻璃制品制造	DB 33 682—2008	玻璃单位产品能耗限额及计算方法
17	宁波市鄞州金星玻璃厂	鄞州	玻璃制品制造	DB 33 682—2008	玻璃单位产品能耗限额及计算方法
18	宁波牡牛纸业有限公司	鄞州	机制纸生产	DB 33 686—2008	机制纸板及卷烟纸能耗限额及计算方法
19	宁波国铧利时包装有限公司	鄞州	纸板生产	DB 33 686—2008	机制纸板及卷烟纸能耗限额及计算方法
20	宁波鸿运纸业有限公司	鄞州	高档纸制造	DB 33 686—2008	机制纸板及卷烟纸能耗限额及计算方法
21	象山海山纸业有限公司	象山	高档纸及纸板生产	DB 33 686—2008	机制纸板及卷烟纸能耗限额及计算方法
22	宁波中亚同利纸业有限公司	象山	纸板、纸箱加工	DB 33 686—2008	机制纸板及卷烟纸能耗限额及计算方法
23	宁波象山港水泥有限公司	象山	水泥生产	DB 33 645—2007	水泥单位产品能耗限额及计算方法
24	象山海螺水泥有限责任公司	象山	水泥	DB 33 645—2007	水泥单位产品能耗限额及计算方法
25	宁波森林纸业有限公司	象山	纸板制造	DB 33 686—2008	机制纸板及卷烟纸能耗限额及计算方法
26	宁海强蛟海螺水泥有限公司	宁海	水泥	DB 33 645—2007	水泥单位产品能耗限额及计算方法
27	宁波三省纸业有限公司	宁海	机制纸	DB 33 686—2008	机制纸板及卷烟纸能耗限额及计算方法
28	宁波俊均出口包装有限公司	宁海	生产纸板	DB 33 686—2008	机制纸板及卷烟纸能耗限额及计算方法
29	宁海县宁兴纸业有限公司	宁海	纸制纸及纸板	DB 33 686—2008	机制纸板及卷烟纸能耗限额及计算方法
30	宁波市东腾纸业有限公司	宁海	瓦楞原纸生产	DB 33 686—2008	机制纸板及卷烟纸能耗限额及计算方法
31	余姚杭湾包装有限公司	余姚	生产白坯纸制品	DB 33 686—2008	机制纸板及卷烟纸能耗限额及计算方法
32	宁波金鼎包装有限公司	余姚	纸片	DB 33 686—2008	机制纸板及卷烟纸能耗限额及计算方法

续表

序号	企业名称	属地	主要产品	限额指标	
33	浙江明星包装印刷有限公司	余姚	瓦楞纸制造	DB 33 686—2008	机制纸板及卷烟纸能耗限额及计算方法
34	余姚市河姆渡外贸纸箱有限公司	余姚	瓦楞纸板	DB 33 686—2008	机制纸板及卷烟纸能耗限额及计算方法
35	宁波科环新型建材有限公司	余姚	水泥制造业	DB 33 645—2007	水泥单位产品能耗限额及计算方法
36	浙江明峰水泥有限公司	余姚	水泥	DB 33 645—2007	水泥单位产品能耗限额及计算方法
37	余姚市明达玻纤有限公司	余姚	玻纤制品	DB 33 765—2009	玻璃纤维单位产品综合能耗限额及计算方法
38	宁波山泉玻纤有限公司	余姚	玻璃纤维网格布	DB 33 765—2009	玻璃纤维单位产品综合能耗限额及计算方法
39	慈溪市天叙五金制品有限公司	慈溪	玻璃纤维网格布	DB 33 765—2009	玻璃纤维单位产品综合能耗限额及计算方法
40	慈溪市震旦包装用品有限公司	慈溪	瓦楞纸版	DB 33 686—2008	机制纸板及卷烟纸能耗限额及计算方法
41	慈溪市龙凤纸业有限公司	慈溪	机制纸	DB 33 686—2008	机制纸板及卷烟纸能耗限额及计算方法
42	慈溪市造纸厂	慈溪	瓦楞纸	DB 33 686—2008	机制纸板及卷烟纸能耗限额及计算方法
43	慈溪市正和包装有限公司	慈溪	纸版制造	DB 33 686—2008	机制纸板及卷烟纸能耗限额及计算方法
44	慈溪福山纸业橡塑有限公司	慈溪	瓦楞纸制造	DB 33 686—2008	机制纸板及卷烟纸能耗限额及计算方法
45	慈溪市晨阳包装有限公司	慈溪	瓦楞纸制造	DB 33 686—2008	机制纸板及卷烟纸能耗限额及计算方法
46	宁波贝壳包装有限公司	慈溪	纸板	DB 33 686—2008	机制纸板及卷烟纸能耗限额及计算方法
47	奉化市莱克造纸有限公司	奉化	机制纸制造	DB 33 686—2008	机制纸板及卷烟纸能耗限额及计算方法
48	奉化国泰纸厂	奉化	瓦楞纸制造	DB 33 686—2008	机制纸板及卷烟纸能耗限额及计算方法

续表

序号	企业名称	属地	主要产品	限额指标
49	奉化海山芯瓦楞纸板有限公司	奉化	瓦楞包装纸板制造	DB 33 686—2008 机制纸板及卷烟纸能耗限额及计算方法
50	南苑饭店	旅游局	五星级饭店	DB 33 760—2009 饭店单位综合能耗、电耗限额及计算方法
51	中信宁波国际大酒店	旅游局	五星级饭店	DB 33 760—2009 饭店单位综合能耗、电耗限额及计算方法
52	凯洲皇冠假日酒店	旅游局	五星级饭店	DB 33 760—2009 饭店单位综合能耗、电耗限额及计算方法
53	远洲大酒店	旅游局	五星级饭店	DB 33 760—2009 饭店单位综合能耗、电耗限额及计算方法
54	溪口银凤凰江旅游度假村	旅游局	五星级饭店	DB 33 760—2009 饭店单位综合能耗、电耗限额及计算方法
55	太平洋大酒店	旅游局	五星级饭店	DB 33 760—2009 饭店单位综合能耗、电耗限额及计算方法
56	余姚宾馆	旅游局	五星级饭店	DB 33 760—2009 饭店单位综合能耗、电耗限额及计算方法
57	杭州湾大酒店	旅游局	五星级饭店	DB 33 760—2009 饭店单位综合能耗、电耗限额及计算方法
58	华侨豪生大酒店	旅游局	五星级饭店	DB 33 760—2009 饭店单位综合能耗、电耗限额及计算方法
59	大榭国际大酒店	旅游局	五星级饭店	DB 33 760—2009 饭店单位综合能耗、电耗限额及计算方法
60	东港喜来登酒店	旅游局	五星级饭店	DB 33 760—2009 饭店单位综合能耗、电耗限额及计算方法
61	开元名都大酒店	旅游局	五星级饭店	DB 33 760—2009 饭店单位综合能耗、电耗限额及计算方法
62	象山港国际大酒店	旅游局	五星级饭店	DB 33 760—2009 饭店单位综合能耗、电耗限额及计算方法
63	石浦羊岛酒店	旅游局	五星级饭店	DB 33 760—2009 饭店单位综合能耗、电耗限额及计算方法
64	万豪酒店	旅游局	五星级饭店	DB 33 760—2009 饭店单位综合能耗、电耗限额及计算方法

附件 2

重点企业单位产品能耗限额对标自查汇总表

县（市）区（管委会）、部门：

序号	企业名称	对标产品名称	折标产品 2010 年产量（或饭店营业面积）	折标产品 2010 年综合能耗（等当量）	折标产品 2010 年单位产品能耗（或单位面积能耗、电耗）	限额指标	是否超标	备注

填报人：   填报人：   联系电话：

填报日期：

37. 宁波市关于开展重点用能行业单位产品能耗限额标准执行情况专项监察（第三阶段）的通知

（甬能监〔2011〕134 号）

各县（市）区（管委会）经发局（发改局、科工局）、节能监察机构，市级有关部门，有关企业：

根据《浙江省经济和信息化委员会关于对重点用能行业单位产品能耗限额标准执行情况开展专项监察的通知》（浙经信资源〔2011〕253 号）和市经信委、市节能监察中心《关于开展重点用能行业单位产品能耗限额标准执行情况专项监察的通知》（甬经信资源〔2011〕134 号）文件要求，在第一、第二阶段对部分重点企业单位产品能耗限额标准执行情况进行监察的基础上，现决定开展第三阶段专项监察，具体事项通知如下：

一、监察对象

（1）我市年综合能耗 1000tce 以上的化纤、低温冷库等行业重点企业；（2）年用电 100 万 kW·h 以上的学校、医院及其他公共机构（分地区企业名单详见附件 1）。

二、监察内容

依据国家和浙江省已颁布实施的主要耗能产品能耗限额标准，对上述企业（单位）2010 年度主要产品或经营服务项目能耗限额标准执行情况进行专项监察。

三、监察方式及时间

本次专项监察采取企业自查与现场核查相结合方式。

1. 工业企业。由企业所属县（市）区（管委会）经发局（发改局、科工局）通知有关企业对照限额标准进行自查，根据所属行业、产品类别下载并填列《重点用能企业能耗限额标准执行情况报告表》（无对应行业报告表的可填列"通用企业能耗限额标准执行情况报告表之一"，并可根据企业实际生产情况对标个栏目进行调整），连同企业 2010 年度工业企业能源购进、消费与库存表（P201 表）、工业产销总值及主要产品产量表（B201 表），加盖企业公章后于 7 月 20 日前报送当地经发局（发改局、科工局）。

各县（市）区经发局（发改局、科工局）收到自查资料后进行整理汇总，并请于 7 月 27 日前填写"重点企业单位产品能耗限额对标自查汇总表"（附件 2）以电子稿形式报送市节能监察中心。

2. 学校、医院及其他公共机构。由市节能监察中心通知列入第三阶段专项监察单位对照限额标准进行自查，下载并填列《通用企业能耗限额标准执行情况报告表之二》，加盖单位公章，由市节能监察中心进行现场核查。

3. 市节能监察中心根据汇总上报情况对部分自查超标企业进行现场核查，并上报市经信委，由市经信委审核后上报省经信委核定，依照《浙江省超限额标准用能电价加价管理办法》（浙政发〔2010〕39 号）文件对超标企业实施电价加价。

四、有关要求

1. 本次专项监察任务重、时间紧，请各县（市）区（管委会）经发局（发改局、科工局）和节能监察机构高度重视，及时通知有关企业进行限额对标自查，并积极配合现场核查。

2. 各重点用能单位要认真开展自查和对标工作，并如实填报能耗数据，对伪造、篡改能源统计资料或者编造虚假数据的，将依法进行处罚。

五、相关资料

国家、浙江省已颁布的主要耗能产品能耗限额标准、有关文件通知和 2010 年度《重点用能单位能耗限额标准执行情况自查报告表》（分行业），可从宁波市节能公共服务网（www.nbjnw.com）"通知公告"下载。

联　系　人：陆海斌

联系电话（传真）：87313933，13252263601

邮　　　箱：hblu2004@ yahoo. com. cn

联　系　人：戴盛强

联系电话（传真）：87313933，13884413992

附件：1. 2011 年单位产品能耗限额对标监察企业（单位）名单（第三批）

　　　2. 重点企业单位产品能耗限额对标自查汇总表

二〇一一年七月四日

附件1

2011 年单位产品能耗限额对标监察企业（单位）名单（第三批）

序号	企业名称	属地	主要产品	限额指标	
1	宁波格林纺织品有限公司	慈溪	化纤纺织	DB 33/683—2008	涤纶（长、短）纤维单位综合能耗限额及计算方法
2	慈溪市三泰化纤实业有限公司	慈溪	涤纶短纤	DB 33/683—2008	涤纶（长、短）纤维单位综合能耗限额及计算方法
3	慈溪市新兴化纤有限公司	慈溪	涤纶短纤维	DB 33/683—2008	涤纶（长、短）纤维单位综合能耗限额及计算方法
4	慈溪市亚太化纤线业有限公司	慈溪	涤纶化纤	DB 33/683—2008	涤纶（长、短）纤维单位综合能耗限额及计算方法
5	浙江振邦化纤有限公司	慈溪	化纤制造	DB 33/683—2008	涤纶（长、短）纤维单位综合能耗限额及计算方法
6	宁波康鑫化纤股份有限公司	慈溪	化纤制造	DB 33/683—2008	涤纶（长、短）纤维单位综合能耗限额及计算方法
7	慈溪市三盛化纤有限公司	慈溪	涤纶短纤维	DB 33/683—2008	涤纶（长、短）纤维单位综合能耗限额及计算方法
8	宁波大发化纤有限公司	慈溪	涤纶短纤维制造	DB 33/683—2008	涤纶（长、短）纤维单位综合能耗限额及计算方法
9	慈溪市江南化纤有限公司	慈溪	涤纶短纤维加工	DB 33/683—2008	涤纶（长、短）纤维单位综合能耗限额及计算方法
10	慈溪市兴科化纤有限公司	慈溪	涤纶丝	DB 33/683—2008	涤纶（长、短）纤维单位综合能耗限额及计算方法
11	慈溪市华顺化纤有限公司	慈溪	化纤制造	DB 33/683—2008	涤纶（长、短）纤维单位综合能耗限额及计算方法
12	宁波东星电子有限公司（慈溪市东星光源电器有限公司）	慈溪	涤纶丝	DB 33/683—2008	涤纶（长、短）纤维单位综合能耗限额及计算方法
13	宁波华星轮胎有限公司	慈溪	涤纶丝	DB 33/683—2008	涤纶（长、短）纤维单位综合能耗限额及计算方法
14	慈溪市吉鸿达化纤纺织有限公司	慈溪	涤纶长丝	DB 33/683—2008	涤纶（长、短）纤维单位综合能耗限额及计算方法

续表

序号	企业名称	属地	主要产品	限额指标	
15	宁波联纺化纤有限公司	慈溪	涤纶短纤	DB 33/683—2008	纤维单位综合能耗限额及计算方法 涤纶（长、短）
16	宁波卓成化纤有限公司	慈溪	涤纶丝	DB 33/683—2008	纤维单位综合能耗限额及计算方法 涤纶（长、短）
17	宁波帅邦化纤有限公司	慈溪	涤纶短纤	DB 33/683—2008	纤维单位综合能耗限额及计算方法 涤纶（长、短）
18	浙江华盛化纤有限公司	慈溪	化纤制造	DB 33/683—2008	纤维单位综合能耗限额及计算方法 涤纶（长、短）
19	宁波金盛纤维科技有限公司	慈溪	差别化学纤维制造	DB 33/683—2008	纤维单位综合能耗限额及计算方法 涤纶（长、短）
20	宁波森特化纤有限公司	慈溪	涤纶丝	DB 33/683—2008	纤维单位综合能耗限额及计算方法 涤纶（长、短）
21	宁波天捷化纤有限公司	慈溪	涤锦复合丝	DB 33/683—2008	纤维单位综合能耗限额及计算方法 涤纶（长、短）
22	宁波新纶化纤有限公司	慈溪	涤纶短纤	DB 33/683—2008	纤维单位综合能耗限额及计算方法 涤纶（长、短）
23	慈溪市三江化纤有限公司	慈溪	涤纶短纤制造	DB 33/683—2008	纤维单位综合能耗限额及计算方法 涤纶（长、短）
24	慈溪市恒辉化纤有限公司	慈溪	涤纶长丝加工	DB 33/683—2008	纤维单位综合能耗限额及计算方法 涤纶（长、短）
25	浙江华鑫化纤有限公司	余姚	涤纶长丝	DB 33/683—2008	纤维单位综合能耗限额及计算方法 涤纶（长、短）
26	奉化市朝阳纺织有限公司	奉化	涤纶纱加工	DB 33/683—2008	纤维单位综合能耗限额及计算方法 涤纶（长、短）
27	宁波宏泰化纤有限公司	北仑	汽车内饰件涤纶丝	DB 33/683—2008	纤维单位综合能耗限额及计算方法 涤纶（长、短）
28	浙江万洋纺织有限公司	象山	化纤制造	DB 33/683—2008	纤维单位综合能耗限额及计算方法 涤纶（长、短）
29	象山石浦国龙水产有限公司	象山	低温冷库	DB 33/763—2009	低温冷库单位电耗限额及计算方法

续表

序号	企业名称	属地	主要产品		限额指标
30	宁波超星海洋生物制品有限公司	象山	低温冷库	DB 33/T 763—2009	低温冷库单位电耗限额及计算方法
31	象山南方水产食品有限公司	象山	低温冷库	DB 33/T 763—2009	低温冷库单位电耗限额及计算方法
32	宁波飞日水产实业有限公司	象山	低温冷库	DB 33/T 763—2009	低温冷库单位电耗限额及计算方法
33	宁波工程学院			DB 33/T 737—2009	普通高等院校单位电耗定额及计算方法
345	宁波市公安局			DB 33/T 736—2009	行政机关单位综合能耗、电耗定额及计算方法
35	宁波海关			DB 33/T 736—2009	行政机关单位综合能耗、电耗定额及计算方法
36	宁波出入境检验检疫局			DB 33/T 736—2009	行政机关单位综合能耗、电耗定额及计算方法
37	宁波市口岸与打击走私办公室			DB 33/T 736—2009	行政机关单位综合能耗、电耗定额及计算方法
38	宁波市妇儿医院			DB 33/T 738—2009	医疗机构单位综合能耗、综合电耗定额及计算方法
39	宁波市第一医院			DB 33/T 738—2009	医疗机构单位综合能耗、综合电耗定额及计算方法
40	宁波市中医院			DB 33/T 738—2009	医疗机构单位综合能耗、综合电耗定额及计算方法
41	宁波市第六医院			DB 33/T 738—2009	医疗机构单位综合能耗、综合电耗定额及计算方法
42	宁波市鄞州人民医院			DB 33/T 738—2009	医疗机构单位综合能耗、综合电耗定额及计算方法
43	宁波大学医学院附属医院（宁波市第三医院）			DB 33/T 738—2009	医疗机构单位综合能耗、综合电耗定额及计算方法

附件 2

县（市）区（管委会）、部门：

重点企业单位产品能耗限额对标自查汇总表

序号	企业名称	对标产品名称	折标产品2010年产量	折标产品2010年综合能耗（等当量）	折标产品2010年单位产品能耗	限额指标	是否超标	备注

填报人：　　　　　　　　　　联系电话：

填报日期：

38. 宁波市关于开展重点用能行业单位产品
能耗限额标准执行情况专项监察的通知

（甬经信资源〔2011〕134号）

各县（市）区（管委会）经发局（发改局、科工局）、节能监察机构，市级有关部门，有关企业：

为贯彻落实《中华人民共和国节约能源法》、《宁波市节约能源条例》精神，根据工信部《关于开展重点用能行业单位产品能耗限额标准执行情况监督检查的通知》（工信部节〔2010〕171号）、《浙江省经济和信息化委员会关于对重点用能行业单位产品能耗限额标准执行情况开展专项监察的通知》（浙经信资源〔2011〕253号）要求，结合宁波市2011年节能重点工作部署和"2463"节能行动计划，决定对重点用能行业单位产品能耗限额标准执行情况开展专项监察，具体通知如下：

一、监察重点对象

（1）年综合能耗1000tce以上工业重点用能企业；（2）年用电100万kW·h以上的非工业重点用电单位；（3）其他列入县（市）区、部门的重点用能企业（单位）。

二、监察内容及要求

2010年度、2011年1～4月主要产品或经营服务项目能耗限额标准执行情况。依据国家和浙江省已颁布实施的主要耗能产品能耗限额标准开展对标检查。

三、监察方式及时间安排

本次专项监察采取企业自查与现场检查相结合，条块结合，以块为主和突出重点、分步推进的原则，分三个阶段实施。

第一阶段 5 月 24 日 ~ 5 月 30 日，省确定的重点监察企业，共 25 家（详见附件）。

第二阶段 6 月 1 日 ~ 6 月 30 日，重点为造纸、氯碱、玻璃、水泥和宾馆等行业。

第三阶段 7 月 1 日 ~ 7 月 30 日，重点为化纤、PTA、低温冷库、行政机关、医疗机构和商场超市等行业。

四、有关要求

1. 本次专项监察任务重、时间紧、要求高，市节能监察中心、各县（市）区（管委会）经发局（发改局、科工局）、节能监察机构和市级有关部门要高度重视，加强沟通，积极实施，及时通知有关企业，进行自查和现场检查准备。各县（市）区和市级有关部门可进一步扩大监察的范围。

2. 各重点用能单位要认真开展自查和对标工作，并如实填报能耗数据，对伪造、篡改能源统计资料或者编造虚假数据的，将依法进行处罚。

3. 对超能耗限额标准的重点用能单位，将按《浙江省超限额标准用能电价加价管理办法》（浙政发〔2011〕39 号）文件征收惩罚性电价。

4. 国家、浙江省已颁布的主要耗能产品能耗限额标准和 2010 年度《重点用能单位能耗限额标准执行情况自查报告表》（分行业），可从宁波市节能公共服务网（www. nbjnw. com）下载。

市节能监察中心联系人：施建新

联系电话：87320167

联　系　人：陆海斌

联系电话：87313933